情感博弈
合作演化的感性机制

谢能刚　王　璐
暴　伟　王　萌　著

北京师范大学出版集团
安徽大学出版社

图书在版编目(CIP)数据

情感博弈:合作演化的感性机制/谢能刚等著.—合肥:安徽大学出版社,2023.3
ISBN 978-7-5664-2544-7

Ⅰ.①情… Ⅱ.①谢… Ⅲ.①社会关系－建立模型－研究 Ⅵ.①C912.3

中国国家版本馆 CIP 数据核字(2023)第 008352 号

情感博弈:合作演化的感性机制

谢能刚等 著

出版发行:	北京师范大学出版集团 安 徽 大 学 出 版 社 (安徽省合肥市肥西路 3 号 邮编 230039) www.bnupg.com www.ahupress.com.cn
印　　刷:	合肥华苑印刷包装有限公司
经　　销:	全国新华书店
开　　本:	710 mm×1010 mm　1/16
印　　张:	21
字　　数:	314 千字
版　　次:	2023 年 3 月第 1 版
印　　次:	2023 年 3 月第 1 次印刷
定　　价:	88.00 元

ISBN 978-7-5664-2544-7

策划编辑:刘中飞　　　　　　　　　装帧设计:李　军
责任编辑:陈玉婷　　　　　　　　　美术编辑:李　军
责任校对:宋　夏　　　　　　　　　责任印制:赵明炎

版权所有　侵权必究

反盗版、侵权举报电话:0551－65106311
外埠邮购电话:0551－65107716
本书如有印装质量问题,请与印制管理部联系调换。
印制管理部电话:0551－65106311

前　言

社会达尔文主义者认为，人类利己行为源于生存竞争的动物性，弱肉强食构成社会丛林法则。从理性经济人的假定出发，人类自利行为源于理性决策，即追求自身利益最大化。但在现实的社会系统和经济关系中，合作现象和利他行为无处不在。那么，如何理解个体之间合作的产生机制呢？

针对自发、无集权、非强制（无约束）的合作，基于动物性，可以从基因层面的适应度和群体层面的适应度出发，解释亲缘选择和种群选择的利他合作机制；基于经济理性，可以从时空层面的广义适应度出发，根据回报原理，解释利己之心产生利他与合作行为的直接互惠、间接互惠和网络互惠机制。针对社会化合作，托马斯·霍布斯融合人类的天性和理性，在《利维坦》一书中提出两个原则：第一个原则是每个人都具有独享一切美好事物而不愿与别人分享的天性；第二个原则是每个人都具有趋利避害的理性。基于这两个原则，所有人需要依据共同认定的原则（契约规范），形成社会共同生活（社会化分工与合作），这便是由社会理性（形成并维持契约）驱动形成的合作博弈（受契约约束）。

但为什么人们会帮助素不相识的陌生人？为什么存在没有特殊目的的捐赠者？为什么会有舍己为人、成仁取义、鞠躬尽瘁、公而忘私？这些"纯粹"的利他行为很难用人类的动物性、经济理性和社会理性来解释。亚当·斯密认为，个体可以通过合宜和慈善实现克己与利他。他在《道德情操论》中指出："一个人无论在别人看来有多么自私，其天性中显然还存在某些本能，会激励他去关注他人的命运,并对他人的幸福感同身受,他会因目睹别人的快乐而快乐,尽管除此之外他一无所得。这种情感就是怜悯或同情心。当我们目睹或者设身处地想象他人的不幸遭遇之时,就会产生这种情感。"亚当·斯密对人类行为中情感的考查为解释人类合作行为提供了新的理论基础。

既然从众、偏见和攻击出自人性,那么,解决之道也应该出自人性,即喜欢、爱和关联。马特·里德利在《美德的起源:人类本能与协作的进化》中研究了诸如坦诚、信任、忠实等连接人类个体使其共同完成事业的道德情操和社会性合作倾向之间的关系。《孟子·公孙丑上》中写道:"所以谓人皆有不忍人之心者,今人乍见孺子将入于井,皆有怵惕恻隐之心。非所以内交于孺子之父母也,非所以要誉于乡党朋友也,非恶其声而然也。"这段话通过假设看到一个小孩就要跌到井里的故事情境,说明人皆存在"怵惕恻隐之心",会立刻拼命赶上去拉住小孩。这样做既不是求孩子父母的感谢,也不是想得到乡邻父老的赞颂,更不是怕社会舆论的谴责,只是出于内心的"一体之仁"。在法国哲学家和社会学家奥古斯特·孔德创造的"利他主义"体系中,"利他"代表着对他人的正向情感总和,其中包括仁慈、同情、信仰、希望、关怀、共情、同理心和道德感,人类全部利他行为都是在强有力的情感驱动下形成的。因此,我们可以尝试从情感角度研究合作的演化机制。那么,情感能促进合作吗?情感又是如何促进合作的呢?情感可以量化计算吗?

正如熊十力先生所言:"古今哲人对于宇宙人生诸大问题求解决,其行思辨也,则必有实感为之基。"人类的知识、学问通常都有情感因素作为基础。费孝通先生在《试谈扩展社会学的传统界限》一文中明确提出,社会学研究要进入人的内心世界,研究那些目前用电脑还"计算不了"的"隐藏的我"的概念。基于此,本书提出"情感与合作之间相互关联、螺旋发展、协同演化"的观点(篇端)。首先,针对"人类的合作行为如何演进"的世纪科学之问,以个体心态和情绪作为竞合行为的逻辑起点(第1章),定性阐述变化的情感如何导致个体之间的情感博弈(第2章),给出演化博弈的定量分析方法(第3章)。然后,将个体之间的博弈互动还原为情感层面的量化计算,将外化的行为适应性转变为内化的情感适应性,基于囚徒困境博弈模型,定量分析无限种群(第4章)、均匀混合的有限种群(第5章和第6章)、基于复杂网络的有限种群(第7章),以及考虑个体声誉影响(第8章)、网络结构的共演化(第9章)等不同群体情境的情感表现型和对应竞合行为的演化;基于最后通牒博弈模型,从行为实验(第10章)和仿真分析(第11章)两方面揭示收益比较情境下的竞合行为和情感表现型的演化特征;基于三策略博弈模型,提出善者动态策略(第12章),分析君子策略在无限种群(第13章)、有限种群(第14章)、基于复杂网络的有限种群(第15章)和量子情境(第16章)中驱动的合作演化。最后,针对格劳秀斯难题,提出"道"始于情的破解之法。

本书主要从两个视角进行探讨,其一是博弈的三个要素,其二是情感影响的时间尺度。博弈存在博弈方、博弈方收益和博弈方策略三个要素。本书从博弈方视角出发,将个体分为强者和弱者,分析二者之间的情感博弈,其中涉及的情感有同情、漠然、欺凌、尊敬、畏惧及嫉妒(这些情感延续时间相对适中);从博弈方收益视角出发,分析追求净收益的情感博弈,其中涉及的情感有公平、慷慨、吝啬、贪婪和善良(这些情感延续的时间相对较短);从博弈方策略视角出发,研究长尺度(甚至跨越代际)的情感(这些情感已经沉淀升华为处世之道,如策略模因),分析策略模因驱动的合作演化。

弗兰西斯·哈奇森认为,人类的关键属性是社交性,社交性的核心是道德感。本书主要考虑涉及人类社会属性的两类重要情感,即社会身份(比较)激发的情感和社会获得(分配与被分配)激发的情感。在群体情境的模型假设中,研究是渐进展开和逐步逼近社会现实状态的:首先考虑最理想的无限种群,接着考虑有限种群,然后考虑具有特定组织结构(网络)的有限种群,随后引入声誉影响,最后探讨个体属性和网络结构的共演化。

本人指导的众多研究生也参与了此项工作:代亚运、李松杰参与了第4、5、7、8、9章的研究工作;叶顺强参与了第10、11章的研究工作;詹光杰参与了第13、14、15、16章的研究工作。在此一并表示感谢!

本书的论证更偏重定量分析的计算社会学视角,书中观点、证据和结论建立在理论分析与仿真模拟以及社会学、心理学和神经科学发现的基础上,阅读本书需要一点博弈论、概率论和数理统计以及复杂网络方面的背景知识。

感谢教育部人文社会科学研究规划基金(编号:19YJAZH098、13YJAZH106、22YJCZH174)、国家自然科学基金(编号:61375068)、安徽省高校优秀科研创新团队项目(编号:2022AH010027)、安徽省省属公办普通本科高校领军骨干人才项目和安徽省高校协同创新项目(编号:GXXT-2021-044)对本书相关研究的资助。

书中难免有疏漏错误之处,望方家指正。

谢能刚
2022 年 12 月

目　录

篇　端　情感与合作的双螺旋 ··· 1

世纪科学之问　人类的合作行为如何演进

第 1 章　合作的情理逻辑 ··· 11
　1.1　合作的物理机制 ·· 11
　1.2　合作的感性逻辑 ·· 14

第 2 章　多变的情感 ··· 24
　2.1　情感的主要特征 ·· 24
　2.2　情感的变化方式 ·· 26
　2.3　情感博弈的若干情境 ·· 26

第 3 章　演化博弈 ··· 30
　3.1　定量分析方法 ·· 30
　3.2　复杂网络模型 ·· 32

博弈方　强者 vs 弱者

第 4 章　基于复制动态方程的情感博弈 ····························· 37
　4.1　社会比较情境 ·· 37
　4.2　个体情感与竞合行为的对应关系 ······························ 38
　4.3　博弈模型 ·· 38
　4.4　复制动态方程 ·· 39

4.5　平衡点 ··· 40
　　4.6　稳定性 ··· 40
　　4.7　噪声影响 ··· 49
　　4.8　结果分析 ··· 51
第5章　基于Moran过程的情感博弈 ·· 53
　　5.1　方法 ·· 53
　　5.2　适应度 ··· 54
　　5.3　系统情感状态 ·· 56
　　5.4　Moran过程 ··· 56
　　5.5　转移概率矩阵与吸收态 ·· 59
　　5.6　吸收概率 ··· 60
　　5.7　扎根概率 ··· 68
　　5.8　两策略囚徒困境博弈 ··· 70
　　5.9　系统合作水平和平均收益 ·· 72
　　5.10　结果分析 ·· 73
第6章　基于代际进化仿真的情感博弈 ·· 76
　　6.1　设想 ·· 76
　　6.2　个体情感特征的表达 ··· 76
　　6.3　个体行为规则与博弈收益 ·· 77
　　6.4　模型特点 ··· 77
　　6.5　代际进化 ··· 79
　　6.6　特征指标分析 ·· 80
　　6.7　结果分析 ··· 84
第7章　基于复杂网络的情感博弈 ··· 87
　　7.1　社会网络与社会互动 ··· 87
　　7.2　考虑情感的囚徒困境博弈模型 ··· 89
　　7.3　基于二维格子网络的演化分析 ··· 94
　　7.4　基于随机网络的演化分析 ··· 105
　　7.5　基于BA无标度网络的演化分析 ······································ 108
　　7.6　结果分析 ·· 111

第 8 章　考虑声誉影响的情感博弈 ······ 114
8.1　声誉 ······ 114
8.2　声誉对情感响应的影响 ······ 116
8.3　声誉对博弈策略的影响 ······ 118
8.4　博弈动力学演化算法 ······ 119
8.5　基于二维格子网络的演化分析 ······ 120
8.6　基于随机网络的演化分析 ······ 126
8.7　基于 BA 无标度网络的演化分析 ······ 130
8.8　结果分析 ······ 134

第 9 章　考虑共演化的情感博弈 ······ 136
9.1　共演化 ······ 136
9.2　共演化算法 ······ 137
9.3　偏好背叛型参数下的共演化分析 ······ 138
9.4　偏好合作型参数下的共演化分析 ······ 150
9.5　结果分析 ······ 153

收益　达己 vs 成人

第 10 章　收益比较情境下的最后通牒博弈实验 ······ 157
10.1　最后通牒博弈 ······ 157
10.2　收益比较情境下的相对优势 ······ 160
10.3　行为实验 ······ 161
10.4　实验数据分析 ······ 161
10.5　结果分析 ······ 163

第 11 章　基于最后通牒博弈模型的情感演化仿真分析 ······ 165
11.1　考虑净收益的最后通牒博弈模型 ······ 165
11.2　基于代际进化仿真的情感演化博弈 ······ 166
11.3　基于网络的情感演化博弈 ······ 169
11.4　结果分析 ······ 178

策略　兼济天下 vs 独善其身

第12章　基于善者策略的多人重复囚徒困境博弈 ·········· 183
　12.1　演化策略 ·········· 183
　12.2　善者策略 ·········· 184
　12.3　策略间重复博弈 ·········· 184
　12.4　多人重复博弈 ·········· 187
　12.5　结果分析 ·········· 195

第13章　考虑君子参与的三策略复制动态演化博弈 ·········· 197
　13.1　君子策略 ·········· 197
　13.2　考虑君子参与的囚徒困境博弈模型 ·········· 198
　13.3　复制动态方程 ·········· 199
　13.4　平衡点 ·········· 200
　13.5　稳定性 ·········· 201
　13.6　复制动态的平面相图 ·········· 203
　13.7　结果分析 ·········· 204

第14章　考虑君子参与的三策略随机演化博弈 ·········· 206
　14.1　基于Moran过程的随机动力学分析 ·········· 206
　14.2　系统吸收态 ·········· 208
　14.3　吸收概率 ·········· 209
　14.4　系统稳态特征 ·········· 216
　14.5　结果分析 ·········· 219

第15章　考虑君子参与的三策略网络演化博弈 ·········· 221
　15.1　蒙特卡洛迭代 ·········· 221
　15.2　基于二维格子网络的三策略演化博弈 ·········· 222
　15.3　基于随机网络的三策略演化博弈 ·········· 226
　15.4　基于BA无标度网络的三策略演化博弈 ·········· 229
　15.5　结果分析 ·········· 231

第16章　考虑君子参与的三策略量子博弈 ·········· 233
　16.1　量子博弈模型 ·········· 233

	16.2	考虑君子参与的三策略博弈量子化	234
	16.3	纯策略的演化稳定性	239
	16.4	量子模型的退化	242
	16.5	结果分析	244

终 章　格劳秀斯难题的破解之道 ································ 247

附　录 ·· 253

　　附录Ⅰ　35 种初始状态一步转移的概率 ························ 253
　　附录Ⅱ　35 种初始状态自循环简化后一步转移的概率 ········ 259
　　附录Ⅲ　到达 2 种吸收态的概率 ································ 264
　　附录Ⅳ　到达 3 种吸收态的概率 ································ 267
　　附录Ⅴ　两策略囚徒困境博弈模型的吸收概率 ················· 271
　　附录Ⅵ　21 种初始状态一步转移的概率 ························ 276
　　附录Ⅶ　21 种初始状态自循环简化后一步转移的概率 ········ 279
　　附录Ⅷ　被 2 种吸收态吸收的概率 ······························ 282
　　附录Ⅸ　被 3 种吸收态吸收的概率 ······························ 284

本书彩图 ··· 285
　　第 4 章彩图 ·· 285
　　第 5 章彩图 ·· 287
　　第 6 章彩图 ·· 290
　　第 7 章彩图 ·· 291
　　第 8 章彩图 ·· 298
　　第 9 章彩图 ·· 304
　　第 11 章彩图 ·· 305
　　第 12 章彩图 ·· 308
　　第 13 章彩图 ·· 313
　　第 14 章彩图 ·· 315
　　第 15 章彩图 ·· 316
　　第 16 章彩图 ·· 322

篇　端

情感与合作的双螺旋

  显而易见,一切科学都或多或少与人性有着某种关系;不管看起来与人性相隔多远,每门科学都会通过这种或那种途径返回到人性之中。

——大卫·休谟
《人性论》

  精神的眼睛,除了在人的心里,再没有旁的地方可以见到更多的异彩、更多的黑暗;再没有比那更可怕、更复杂、更神秘、更变化无穷的东西。世间有一种比海洋更大的景象,那便是天空;还有一种比天空更大的景象,那便是内心活动。

——维克多·雨果
《悲惨世界》

  这天之深远,地之辽阔,万物之生生不息,人之寻求不止的欲望和人之终于有限的智力,从中人看见了困境的永恒,听见了神命的绝对,领悟了:唯宏博的爱愿是人可以期求的拯救。

——史铁生
《病隙碎笔》

目前,关于情感对合作影响的观点主要有共情利他、社会交换、社会启发、社会比较、社会认同、社会贴现、社会责任、社会信仰等理论和假说。但不论从上述哪种观点来看,情感驱动合作的机制都必须具有可验证性和强反馈性,否则合作不会涌现和演化。

情感促进合作的证据

(1)田野调查

温情利他的情感故事每天都在自然界和人类社会中上演。日本京都大学研究团队通过持续观察发现,野生倭黑猩猩会收养落单或被遗弃的幼崽,且存在没有血缘关系的幼崽收养案例,其中的驱动因素应该是怜悯和喜爱。

(2)社会行为实验

Kahneman 等在 1986 年首次开展独裁者博弈的行为实验,由独裁者决定某种资源(如一笔固定额度的金钱)的分配,而接受者只能接受独裁者的分配方案,没有机会对独裁者进行回报或惩罚,接受者和独裁者互不相识且匿名。随后,众多学者在不同国家、不同时间针对不同人群开展了上百次实验。结果一致表明,绝大多数独裁者都会将手里的钱分一部分给接受者。Forsythe 等[1]发现,将一半资源分给接受者的独裁者能达到 20%;Camerer[2]发现独裁者的平均出价介于 20% 和 30% 之间。对于独裁者的这种类似捐赠的利他行为,经济理性无法解释,而仁爱、善良、公平可能是这种利他行为的内生原动力。

(3)认知神经科学

针对合作行为的神经机制,研究者采用功能性磁共振成像(functional magnetic resonance imaging,fMRI)和脑电图(electroencephalogram,EEG),深入考查脑区之间的功能交互与合作行为之间的关系[3]。

1)fMRI 方面的证据

在最后通牒博弈行为实验中,由提议者提出资源分配方案,由回应者表决。如果同意,就按提议者的方案进行分配;如果不同意,两人皆一无所获。最后通牒博弈行为实验的 fMRI 结果显示,个体在社会博弈中的合作决策主要激活了认知控制系统、社会认知系统以及奖励加工系统相关的神经网络。当回应者面对公平提议时,与利益考量有关的双侧腹内侧前额叶皮层、后脑岛以及左侧后扣带被显著激活;当回应者面对不公平提议时,与负向情感和情绪加工有关的前脑岛、杏仁核、前扣带皮层和背外侧前额叶皮层被显著激活。中国学者关于哺乳动物合作行为的演化及其神经表征的最新研究[4]表明:与合作相关的信号和与奖励相关的信号在大脑中的神经表征不同;除物质奖励外,大脑内还存在其他促进合作的因素。这为理解"合作的驱动力"的神经机制提供了新的实验证据。目前,利用 fMRI 开展的研究主要关注合作决策的效用评估和行为执行。

2)EEG 方面的证据

基于 EEG 的事件相关电位(event-related potential,ERP)可以反映认知过程中大脑的神经电生理改变,被众多研究者应用于对合作决策结果的评价加工过程的逻辑推理。参与公平及合作的主要 ERP 成分包括反馈负波(feedback-related negativity,FRN)和 P300(事件发生后 300 ms 左右出现的脑电信号,与认知密切相关)。最后通牒博弈行为实验的 ERP 结果显示:不公平提议引起的 FRN 波幅大于公平提议引起的 FRN 波幅;公平提议引起的 P300 波幅显著大于不公平提议引起的 P300 波幅。

由上述认知神经科学的研究结果可知,决策的每个阶段(效用评估、行为执行和结果评价加工)都受理智和情绪两种因素的影响,并且对应脑区的参与程度也有所不同。[5]在 Declerck 等提出的合作脑机制模型中,认知控制系统负责对外部刺激进行推理加工,社会认知系统负责与信任有关的情感评估,认知控制系统和社会认知系统共同对奖励加工系统进行调节,然后作出合作与否的决策,同时影响这一过程中相应脑区的激活程度。[6]

情感促进合作的生理反馈机制

合作回报机制和互惠原理需要"情感引擎"。在未建立友谊和无法预见未来的前提下,首先需要善意地"伸出橄榄枝"进行沟通交流;合作的发展与稳定需要诚信、宽容和大度。通过局部的善良情感探索建立合作后,情感驱动的合作个体可以获得较好的适应度。在经验和记忆的作用下,个体会给第一次体验到的情境做标记。当再次体验相同情境时,个体可以把以前的标记翻出来作为参照的模板。同时,个体还会对行为作后续评估,并产生相应的情感。例如,合作的奖赏带来愉悦,不合作的低收益带来后悔,背叛对方带来内疚,被对方背叛带来愤怒等。

正向情感和负向情感都会给个体留下深刻记忆(回忆上一次合作的美妙经历或者背叛带来的忏悔心结),对下一次行为产生影响,由此形成选择合作行为的"趋利避害"式情感反应。这些情感反应由大脑实现,而大脑的基本构造又源自进化过程。获得进化优势的情感反应对应的脑神经元进一步扩展连接,从原始的脑干上进化出"情感脑",发展出情绪中枢。杏仁核是大脑边缘系统中小小的、形似杏仁的部位,它在"趋""避"行为对应的情感信息储存方面发挥重要作用。杏仁核(及相关脑神经网络)按比例激活情绪反应,产生激发正向情感和抑制负向情感的生理反应,以适应合作(附背景资料)。这是情感驱动—合作—情感反应—大脑进化—情感强化的生理正反馈路径,情感与其物质载体"情感脑"相互促进的协同进化之路形成了情感促进合作的生理机制。

特殊利他主义者的神经和认知特征

个人行为的利己性或利他性不仅仅取决于人的道德水平,还与人的脑神经生理结构有关。美国乔治敦大学的神经学家 Marsh 等[7]对两类人群的性格特征和脑部扫描结果进行了对比。结果显示,缺乏帮助他人欲望的精神异常人群具有三个共同特征:较难感知别人的痛苦或恐惧情绪,杏仁核不活跃,杏仁核尺寸普遍小于平均值。而另一类真正的极端利他主义者(愿意无偿为陌生人捐赠自己健康的肾脏)似乎天生就能更好地感同身受。他们擅长识别他人面部表情中的悲痛迹象,他们的杏仁核也更为活跃(具有强同情心和情感敏锐性),尺寸比平均值大。

情感促进合作的模因反馈机制

人们会把经验和记忆编成故事并广为传播。其中,合乎古往今来众人情感的、经受了历史检验(适应性强)的那一部分故事,逐渐沉淀、聚合、凝练、抽象和升华,形成观念、信仰、行为方式等方面的模因,如"仁""礼""公意"等。孔子将"仁"视为人的本质呈现,认为行"仁"符合普遍人情,并提出"夫礼,先王以承天之道,以治人情"和"克己复礼",认为人应当做到内心有敬,外在有让。卢梭提出的"公意"则着眼于公共的利益,等同于共同的良善。

人类的"情感脑"具有学习功能。在模因的教化下,人们通过学习在后天层面形成精神信仰、哲学思想和道德准则,使得非合作博弈走向合作博弈(精神契约)。由信仰、思想、道德驱动的合作已基本脱离"施恩图报"的互惠动因,而"真善美"的具象故事不断涌现又会进一步强化模因。这是合作经验和记忆—情感故事—精神模因—教化和学习—合作精神契约的社会正反馈路径,个体情感与其精神载体模因之间的关系类似于"花"与"春"的关系:一方面,满园的"花"凝华出春光与春色;另一方面,"春"又润养出花的万紫千红。个体情感与其精神载体模因的相得益彰形成了情感促进合作的社会机制。

爱德华·威尔逊肯定了模因的教化机制,他在《社会生物学:新的综合》中写道:"人类很容易地就可以灌输——人类需要这个。……这些利他主义基因可能就是那种甚至是以顺从的个体为代价而灌输的。例如,战斗中愿意冒死的个体以严格的军纪的基因为代价,有利于在类群处于生存危险时帮助群体生存。类群选择假设足以说明灌输能力的进化。……遵奉者展示利他主义行为,甚至可能是达到了冒着生命危险的程度,不是因为在类群水平上选择自我否定的基因,而是因为类群偶尔会取得灌输能力的优势,而这一优势在其他一些场合是有利于个体的。……文化能力可以通过超级群体的遗传组成而推动基因的扩展。这一过程一旦开始,这种相互增强就是不可逆的。"由此可见,思想模因教化对大脑的影响不仅体现在精神意识性方面,而且体现在基因和神经结构的物质性方面(附背景资料)。思想模因的累积与演化通过塑造基因所面临的环境,推动了人类在生理和心理方面的遗传进化。

精神信仰与人类进化过程中的亲社会性行为

研究表明,精神信仰与以中脑导水管周围灰质为中心的特定脑回路紧密相关。这些脑回路位于大脑进化程度最高的某些结构之中,而这些结构与恐惧调节、疼痛调节、利他行为和无私之爱有关。

精神信仰与利他行为具有共同的神经物质基础,这也间接证明了"精神信仰促进了人类进化过程中的亲社会性行为"这一假设。该研究虽未能完全解释灵性和信仰的神经基础及信息加工的脑机制,但在某种程度上证明了人类高级精神活动的复杂性需要复杂的神经脑回路作为物质支撑。[8]

情感与合作的协同演化机制

丛林法则的特点是没有平等,它基于残酷的二分法将群体分为强者和弱者、富者和穷者、胜利者和失败者、统治者和被统治者、剥削者和被剥削者,并使得相互之间的竞争成为惨烈的零和博弈。但"造物主"总是这样,给一个黑暗舞台的同时,再给一颗"心怀善念、向光而生"的心。每当至暗来临之时,思想都会熠熠生辉,正如王阳明临终所言,"此心光明,亦复何言"。合作的根源存在于人们的头脑中。在那里,人们拥有天生的人性之光。只要你光明,世界就不再黑暗。情感促进合作形成和发展的过程,由生理机制和社会机制共同主宰。基因遗传和文化遗传是感觉迟钝的工具,一般不会对孤立的个人发挥作用。那些继承了合作基因(或文化)的人,更有可能享受同胞合作的利益。[9]情感与合作之间相互关联、螺旋发展、协同演化(附背景资料),这种默契的"双螺旋"不仅刻在基因里,也印在模因上。

生物与社会文化的协同进化[10]

由于原人的社会文化的进步促进了大脑进化和青春化,而大脑进化和青春化又促进了社会文化的复杂化,因此存在着一个选择性地互相关联的环路促进着族类、个人、文化、社会等所有层次上的复杂性的发展。……这样,过去的把自然和文化对立起来的认识范式就崩溃了。生物进化和文化发展是原人进化这个总体现象互相关联、互相干预的两个方面、两极。从具有一定智力水平的灵长类动物和它们的已经相当复杂的社会开始,生物进化作为一个技术—社会—文化的多方面的形态生成过程而继续着,而这个过程又反过来推动和刺激引起青春化和大脑发达化的生物进化过程。……心理学、社会文化、生物学的方面不能被看作是彼此隔绝或彼此等级性地重叠的。因此，在看起来相隔极其遥远和不能彼此化归的东西——比如最受遗传决定的性、高级神经活动以及介于中间的情感性（爱情）——之间存在着紧密的和惊人的联系。

▌参考文献

[1] FORSYTHE R, HOROWITZ J L, SAVIN N E, et al. Fairness in simple bargaining experiments[J]. Games and Economic Behavior, 1994, 6(3): 347−369.

[2] CAMERER C F. Behavioral game theory: experiments in strategic interaction[M]. Princeton: Princeton University Press, 2003.

[3] 王赟, 魏子晗, 沈丝楚, 等. 世纪科学之问"合作+行为是如何进化的"：中国学者的回应[J]. 科学通报, 2016, 60(1): 20−33.

[4] JIANG M, WANG M, SHI Q, et al. Evolution and neural representation of mammalian cooperative behavior[J]. Cell Reports, 2021, 37(7): 110029.

[5] 叶航, 陈叶烽, 贾拥民. 超越经济人：人类的亲社会行为与社会偏好[M]. 北京：高等教育出版社, 2013.

[6] 张蔚, 袁博, 宋霞刚, 等. 人类合作行为的神经生物基础及脑模型[J]. 福州大学学报（自然科学版）, 2016, 44(6): 906−912.

[7] MARSH A A, STOYCOS S A, BRETHEL-HAURWITZ K M, et al. Neural and cognitive characteristics of extraordinary altruists[J]. Proceedings of the National Academy of Sciences of the United States of America, 2014, 111(42): 15036−15041.

[8] FERGUSON M A, SCHAPER F L W V J, COHEN A, et al. A neural circuit for spirituality and religiosity derived from patients with brain lesions[J]. Biological Psychiatry, 2022, 91(4): 380−388.

[9] 杨春学. 利他主义经济学的追求[J]. 经济研究, 2001(4): 82−90.

[10] 莫兰. 迷失的范式：人性研究[M]. 陈一壮, 译. 北京：北京大学出版社, 1999.

世纪科学之问
人类的合作行为如何演进

尽管某些动物能够利用别的一些动物的本能,那也是为了它自己的利益,而不是别的动物的利益。

——查尔斯·达尔文
《物种起源》

成功的基因的一个突出特性是其无情的自私性。……在某些特殊情况下,也会滋长一种有限的利他主义。

——理查德·道金斯
《自私的基因》

尽管竞争是自然选择的天然特性,但在直接和间接互惠的赢家策略中,以下的"慈善"属性却是必不可少的:心存希望,慷慨大方,宽宏大量。

——马丁·诺瓦克 和 罗杰·海菲尔德
《超级合作者》

第 1 章　合作的情理逻辑

竞争是生物的本能,但合作无时、无处不在,不仅体现在种内动物的分工协作上,如蜂群、蚁群等社会性动物的社群行为,也体现在种间动物的共生关系上,如鲨鱼和舟鲕、犀牛和犀牛鸟的共生关系。

自然现象和社会过程显示合作普遍存在。合作是文明的基石。生物有机体的合作行为是达尔文自然选择学说难以解释的现象之一。为什么个体组成的群体会产生合作行为？存在何种合作机制？什么样的条件才会促使合作行为涌现？

1.1　合作的物理机制

马丁·诺瓦克提出,合作的产生有亲缘选择、直接互惠、间接互惠、网络互惠和种群选择五种物理机制,其中间接互惠、网络互惠和种群选择机制在一定程度上解释了普遍存在的跨血缘关系的合作行为。在此基础上,诺瓦克进一步提出,合作与自然选择、遗传变异居于同等地位,是演化理论的第三条基本规则。

(1) 从数理社会学的角度分析

从研究生物竞合行为的社会计算平台——博弈模型出发,合作产生的条件可分为三类。

1) 合适的博弈载体

基于时间载体的重复博弈揭示,当博弈次数趋于无限时,群体合作可自发产生。从基因的水平看,代际间的遗传机制使关系密切基因(基因和基因的拷贝)的博弈次数趋于无限,这可能是亲缘选择产生合作的数理基础。基于空间载体的网络博弈研究揭示,空间网络结构对合作行为存在重要影响：无标度网络结构能够导致较高的合作水平;网络的增长以及优先连接机制可为合作行为提供良好的条件,增强网络的异质性,使合作行为更显著。

2) 有利的内部博弈格局

博弈方、博弈方的策略以及博弈收益的构建方式是构成博弈格局的三要素,如果它们发生有利的变化,就可以产生合作行为。其中建立在合作与竞争策略基础上的动态策略,如"tit-for-tat"(TFT,一报还一报)策略、"win-stay, lose-shift"(WSLS;赢则坚守,输则改变)策略等,可有效引导合作的产生。另外,还有利用博弈方的多样性、博弈方的标识(如声誉)、对背叛者的惩罚机制或设置动态收益矩阵,改变博弈格局,以产生并维持高频率的合作行为。

3) 适当的外部选择方式

如果将决定"优胜劣汰"的自然选择建立在种群水平上,则群体演化博弈结果可显示合作策略的适应性,揭示种群选择机制的数理基础。

(2) 从生物进化论的角度分析

基于合作行为的进化和适应性机制,可认为有机体之间的作用方式影响了个体对适应度的考量,个体主观上对适应度的不同考量产生了客观上的合作行为。

1) 基于基因水平的考量

由于具有亲缘关系的有机体之间的基因有相似性,因此,个体基于基因水平的广义适应度的考量,产生了亲缘合作行为。爱德华·威尔逊在《社会生物学:新的综合》中写道:"设想在一个群体内,存在着由具有血缘关系的个体组成的连在一起的网络。这些血缘个体,作为一个总体,以增加网(类群)内成员平均适应度的方式,彼此合作或彼此给予利他主义恩惠,……在群体中这种'血缘—网络'繁荣的增强作用称为血缘选择。"

2) 基于时间维度的考量

如果两个个体之间存在持续的相互作用,且未来相对现在足够重要,那么个体会尝试合作。个体尝试合作的主观动机是希望因本次利他而受损的适应度在未来的合作回报中得到补偿,以提升自己在整个时间维度上的平均适应度。因此,个体基于时间维度的平均适应度的考量,产生了基于回报的直接互惠合作行为。

3) 基于空间维度的考量

如果相互作用发生在多个个体之间(这里并不要求相互作用具有持续

性,强调的是相互作用在空间分布上的广泛性,任意一个个体可以和多个个体存在相互作用),且任意两个个体之间的作用关系能被群体中的其他个体观察到,那么个体也会尝试合作。个体尝试合作的主观动机是希望利他行为有助于自己在群体中获得"好名声",以"好名声"换取其他个体与自己的高概率合作行为,进而提升自己在整个群体空间维度上的平均适应度。因此,个体基于空间维度的平均适应度的考量,产生了基于声誉(包括形象计分策略和名声策略)的间接互惠合作行为。

这里需要说明的是,基于回报的直接互惠机制对个体的认知要求是具有回报能力,即识别对手和记忆对局历史的能力;基于声誉的间接互惠机制对个体的认知要求是具有观察群体中其他个体行为方式和评定对方声誉的能力。这些认知要求的存在限制了合作行为的产生和繁荣。值得庆幸的是,现实中生物个体之间的相互作用总是以一定的网络结构为载体开展的,网络结构的存在弱化了对个体的认知要求,提升了个体合作意愿和族群合作频率。

4) 基于种群层次的考量

如果将生物的组成分为种群和个体两个层次,那么就存在两个适应度,即种群适应度和个体适应度。个体利他行为有利于提升种群适应度,因此,个体基于种群层次的适应度考量,产生了群体内亲社会的合作行为。正如黄少安等[1]所言:"由于在弱肉强食的社会里,群体之间的冲突和斗争经常发生,具有更广泛亲社会行为的群体由于其适应性强而生存下来,从而其亲社会的他涉偏好会固化于基因中,随着个体的繁衍生息而被保留下来。并且战争的获胜方(具有更广泛利他行为的一方)也可以把自己群体的文化传统强加给失败的一方,从而使得人类社会的亲社会行为薪火相传、生生不息。"

(3) 从学科交叉的角度分析

近年来,随着研究的不断深入,出现了一些关于合作演化机制的新思路。在学科交叉发展的新形势下,部分心理学、行为经济学研究者从新的分析视角出发,建立新的理论框架,研究人类合作行为,提出了非策略性合作和有限理性合作观。

1) 非策略性合作

"人们之所以合作,并不仅仅是出于自利的原因,也是出于对他人福利的真正关心、试图维护社会规范的愿望,以及给合乎伦理的行为本身以正面的价值"[2],因此,存在超越"经济人理性"的亲社会合作类型。"社会偏好是利他合作的直接原因",由社会偏好所驱动的合作行为称为"非策略性合作"[3]。

2) 有限理性合作观

受客观条件约束,人类的理性是受限的,因此无法完全实现决策的最优化。将有限理性思想引入合作演化领域,基于启发式规则的描述模型,出现了有限理性合作观,其主要包含三个基本的论断[4]:合作决策是有限理性的启发式过程;有限理性启发的合作存在个体差异和情境变异;有限理性导致的合作行为具有一定的社会适应性。

1.2 合作的感性逻辑

目前,关于合作行为演化机制的分析大都建立在个体追求适应度的理性层面上。关于最后通牒博弈的行为实验表明,个体理性的假设很难解释实验结果。基于脑功能活动的认知神经科学研究对该实验结果的神经生理机制作出有益探索,发现负向情感和情绪反应是影响个体合作的重要因素。

(1) 情感驱动行为

人类认知和行为的任何一个方面几乎都受到情感驱动,如果缺乏情感的驱动,人类的互动将变得完全不可能。当代神经科学领域的著名学者安东尼奥·达马西奥在《笛卡尔的错误》一书中揭示了情感在决策中的关键作用,阐明人类的理性决策离不开对情感状态的依赖。在人际互动中,情感是隐藏在对他人的社会承诺背后的力量。其中,同理心和羞耻感是影响合作的最主要情感。同理心与镜像神经元有关。分散在人类大脑各个部位的镜像神经元的主要作用是储存或感受他人的经历和体验,因此,人们能够对他人的喜怒哀乐同情共感,能够形成某种感情和行为倾向,能够站在他人的立场上评判自己的行为。羞耻感是人类进化时产生的一种保护机制。人类是唯一会脸红的生物,这一点可能有进化论上的意义。羞耻感促进了人在群体中的自律,有利于个体在族群中的生存。当个体在人际交往中感受到羞耻后,便会为寻求他人认可而尝试退让、安抚与合作。因此,可以认为同理心是产生合作的情感引擎,羞耻感是稳定合作的情感保障。

(2)情感的相互性

《墨子·兼爱》中谈到了人类情感的相互性:"夫爱人者,人必从而爱之;利人者,人必从而利之;恶人者,人必从而恶之;害人者,人必从而害之。"《孟子·离娄下》同样表达了类似的情感相互性:"仁者爱人,有礼者敬人。爱人者,人恒爱之;敬人者,人恒敬之。"社会心理学家罗伯特·西奥迪尼在其著作《影响力》中提出了互惠原理,即人倾向以相同或类似的方式来回报其他人对自己做的事,正所谓"投我以木桃,报之以琼瑶","一饭之德必偿,睚眦之怨必报"。达尔文在《人类的由来》中也提出了类似的观点:"当部落成员的推理能力和料事能力逐渐有所增进之际,每一个人会认识到,如果他帮助别人,他一般也会受到旁人的帮助,有投桃,就有报李。从这样一个不太崇高的动机出发,他有可能养成一个帮助旁人的习惯。"

(3)基于回报的互惠行为

互惠机制被广泛用于解释无血缘关系和社群纽带的个体之间的合作行为(附背景资料)。正如大卫·休谟在《人性论》中所写:"我就认识到要服务他人,尽管我并不具有对他的任何真正的善意;因为我预见到,他将会回报我的服务,以期望得到另一次这样的服务,并且也是为了同我或其他人保持同样的往来。"即使在对抗、敌对乃至战争的情境下,也会出现基于回报的互惠行为,如第一次世界大战堑壕战中"自己活也让别人活"的现象。微电影《朋友和敌人》中也短暂呈现了"你给我食物,我给你水""你提供烟,我提供火"的互惠合作场景。互惠的出现有其先后顺序,需要有人首先主动示好,然后他人产生回报行为。爱德华·威尔逊在《社会生物学:新的综合》中指出,所有重要的真诚品质,如善良、感恩、同情、悔悟,借助回报的相互作用增大了接受利他行为的概率。由此可见,互惠原理是建立在"与人为善,知恩图报"的基础上的,其中影响回报行为的因素主要有双方的期望、社会距离、不平等厌恶、同理心和社交倾向。

大脑中负责社交互动的神经元

哈佛大学医学院的研究团队追踪了三只成年雄性恒河猴之间的社会互动,发现恒河猴可以与非亲属关系的特定个体形成相对稳定的互惠互利关系。

研究团队让三只猴子围坐在圆桌旁,每次试验都有一只猴子被随机指定具有食物分发权,它有权转动圆桌把食物分给另外两只猴子中的任意一只。为了排除其他时空因素的干扰,圆桌的转动方向和猴子座次位置都定期进行调整,使猴子更加依赖社会因素而不是空间位置偏好来作出决策。多轮试验表明,个体的行为历史、信誉、社会背景(社会地位)会对猴子的行为产生显著影响。例如,猴子会偏好"报答"上一轮给自己分发食物的猴子,并对没有"报答"自己的猴子进行报复。这表明,恒河猴对"投桃报李""以牙还牙、以眼还眼"的互动策略有明显偏好。试验中,无论圆桌转动方向和座位次序安排如何变化,猴子都继续与特定个体表现出稳定的互惠关系。这也从行为学层面证明,互动历史信息会被某些神经元进行编码记忆,影响个体的后续行为选择("报答"或"报复")。

神经学的进一步研究发现,大脑背内侧前额叶皮质(dorsomedial prefrontal cortex,dmPFC)神经元在猴群互动中有核心作用:一方面,奖励可以激活 dmPFC;另一方面,降低 dmPFC 的神经活动不会降低猴子"报复"的可能性,但会降低猴子"报答"的可能性,也就降低了群体间互惠合作的可能性。[5]

(4)基于感恩的互惠传递

在现实生活中,除发生在交互双方之间的直接互惠行为外,还存在一种互惠传递行为(间接互惠的一种),即善意的行为有时并不被直接回报给善意的发起者,而被传递给与之前交互行为无关的第三方,然后由此在群体中形成一种链式传导。研究显示,感恩是促进互惠传递的底层机制之一(附背景资料)。特质感恩水平较高或体验到较强状态感恩的人将在上次互动中体验经历到的善行传导下去的可能更大[6]。

特质感恩是互惠性合作的重要推手之一

感恩本质上是一种情感体验,有情感特质、心境、情绪三种不同的层面,具有状态感恩和特质感恩两种表现形式。特质感恩侧重于特定个体体验到感恩情绪的预定心理倾向。高特质感恩的个体体验感恩情绪的阈限值较低,倾向于更容易、更频繁、更广泛、更强烈地体验和表达感恩。

耶鲁大学心理学系 Yost-Dubrow 等[7]为了进一步验证具有特质感恩的人是否更加慷慨,更加富有合作精神,首先用感恩问卷测试 501 名网络招募者的特质感恩指数,然后运用独裁者博弈和信任博弈这两个经济学经典研究工具进行试验分析。

在独裁者博弈中,参与者收到 0.8 美元,他们有权将任意比例金额捐赠给他们选择的慈善机构。该试验也被称为捐赠博弈,用于检验被试的慷慨程度。在信任博弈中,参与者被随机分配 A、B 角色。玩家 A 收到 0.4 美元,可以将任意比例金额赠送给玩家 B,而 B 真正收到的是 A 赠予金额的 3 倍。此后,由 B 完全自主(不受 A 的任何影响)决定返还 A 多少钱,剩余的归自己所有。此试验可用于检验 A、B 之间互惠性合作的程度。

结果显示,在独裁者博弈中,参与者平均捐出了 0.8 美元中的 0.18 美元。这表明,特质感恩与慷慨之间存在明显的正相关性,1 个标准差的感恩差异对应 0.04 美元的平均捐赠差异。在信任博弈中,研究者重点分析了每 0.1 美元的赠予增量将引发多少回报。结果显示,特质感恩指数高的个体更富有回报精神,且获得的金额越多,感恩感越强,每 0.1 美元的赠予增量引起的回报越多。这也从侧面反映了具有特质感恩的个体更容易被他人的善意、善行所感染,更容易引发善意的回报,也就更容易与他人形成互惠性互动,更富有合作精神。

(5)互惠合作的情感基础

心理学家大卫·霍金斯分析了各类情感的能量层级[8],200 以下为负向,200 以上为正向,如图 1-1 所示。羞耻(20)和内疚(30)是最负向的情感。人类进化出羞耻和内疚情感,是为了防止人际关系受到破坏或维护人际关系,这给回报机制提供了情感基础。人们倾向于遵循礼尚往来的规则,因为如果不对他人的恩惠作出回报,那么他将成为众矢之的,被贴上忘恩负义的标签,被群体边缘化。在阐释互惠行为的理论中,最具有代表性的就是基于内疚厌恶的互惠模型[9]。乐意(310)、接纳(350)、理性(400)和仁爱(500)是较为正向的情感,正向情感可改善健康状况,具有进化优势。乐意和仁爱会让人们首先采用友善行为(附背景资料),接纳和理性会让人们进行持续的互利交互。因此,人们常说,爱能拯救人,不论是施与爱的人还是得到爱的人。人类情感的能量等级和"趋利避害"机制均支持互惠型合作。

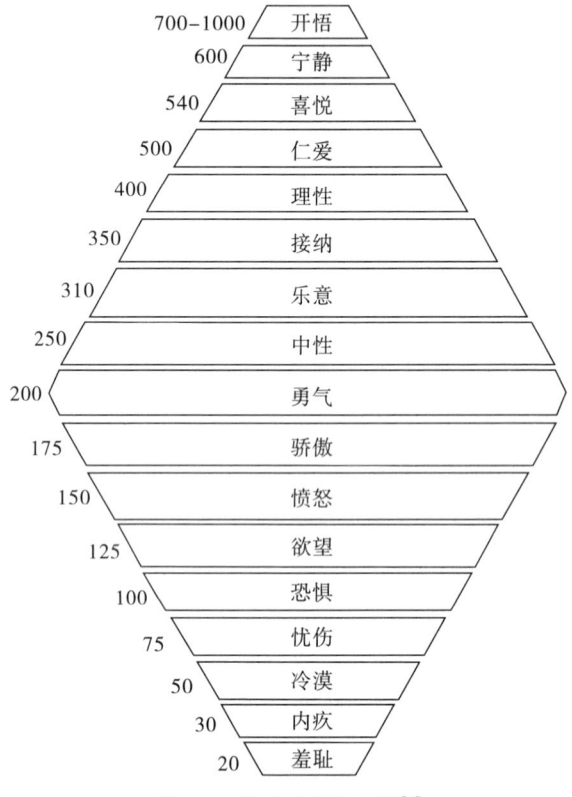

图 1-1　情感的能量层级[8]

慷慨者更幸福

Park 等[10]研究发现,亲社会的慷慨行为(利他行为)比单纯的利己行为更容易增强人的幸福感,甚至只是作出慷慨承诺而未付诸行动也能使人产生幸福感。在慷慨或承诺慷慨与幸福感提升之间似乎存在某种相互作用,这种作用可以相互刺激,进一步激发人的慷慨行为,产生"赠人玫瑰,手有余香"的温情效应。

为了验证这一结论并揭示行为背后的大脑神经机制,研究者将被试者分为两组(承诺将钱花在其他人身上的实验组和将钱花在自己身上的对照组),然后让他们单独执行"钱花在他人还是自己身上"这一决策任务。结果发现,仅仅作出慷慨承诺就可以增强人的幸福感,而且慷慨的程度并不会影响幸福感的提升。

功能性磁共振成像结果表明,当被试者作出慷慨承诺时,与利他行为相关的颞顶交界处和与幸福感相关的腹侧纹状体这两个脑区的活动均加强,表明这两个区域之间存在某种功能性相互作用,正是这种神经作用在慷慨和幸福感之间建立起连接。

(6)基于相对适应度的内生情感

社会系统中存在下列现象:①匿名帮助素不相识的弱者。②对并不会给予合作回报的强者的服从。③一个成功者受到来自朋友"不患寡而患不均"的嫉妒,长期互惠的合作关系就此终结。④一个失败者可能面对多米诺骨牌式的"墙倒众人推"和落井下石,而"众人"却可能是有良好合作关系的朋友。基于社会比较理论的观点,这些合作行为的发生及结束可能源于个体对自身适应度和他人适应度的相对比较(称为相对适应度),以及由此产生的同情、漠然、欺凌、尊敬、畏惧及嫉妒等内生情感和相应行为。

个体关注相对适应度的内生情感是否具有适应性?能否产生合作行为?在一项实验中[11],研究人员在公共电话亭里放了一枚硬币。结果显示,那些幸运地捡到这枚硬币的人心情愉悦,更倾向于帮助不小心掉了东西的路人。另外,有研究者发现[12],人在忏悔前通常会比在忏悔后捐赠更多的钱,原因是忏悔前的人内心充满了负罪感(捐赠是释放负罪感的一种方式),而忏悔后的人负罪感得到释放。

目前,很多观测资料显示,对于大型哺乳动物,特别是灵长类动物,由这些内生情感滋生的拯救、关怀、帮助、不离不弃和相濡以沫等利他行为广泛存在。据英国《每日电讯报》消息,巴厘岛圣猴森林公园里,一只短尾猴把一只流浪小猫当成了孩子悉心照顾;据英国《每日邮报》报道,泰国西拉差动物园内的老虎和猪生活在一起,由母猪喂养老虎。这种情感和行为既不同于种内生物之间的亲情,也不同于种间生物之间互惠互利的共生关系,是一种无私帮助(附背景资料)。

无私帮助的科学证据

德国马克斯·普朗克进化人类学研究所[13]对24名18个月大的婴儿在成人需要帮助的情景下的反应进行了研究。

考虑到婴儿认知能力和行为能力受限,研究者通过设置四类简单的任务来观察婴儿对非亲属关系个体的"无私帮助"。需要强调的是,这种帮助是没有任何物质奖励和精神表扬作为回报的,甚至研究者在需要帮助之初与婴儿之间没有任何语言和眼神的主动交流。研究者故意在婴儿面前笨手笨脚地搞砸一些简单任务(掉落记号笔或碰倒书堆),婴儿均在几秒内(平均5.2秒)表现出主动"帮助"的意愿。有的婴儿学会了察言观色,通过观察研究者的表情和掉在地上的物品,马上就明白了这种"求助"行为。该研究表明,婴儿具有不求回报的利他天性。

为了进一步验证人类的"近亲"——灵长类动物黑猩猩是否也具有这种利他天性,研究者设计了相关试验:在没有获得奖励预期的情况下向黑猩猩索要非食物类物品,黑猩猩同样表现出了利他天性。不同的是,黑猩猩只在四类任务的一类中表现利他天性;而人类婴儿在四类任务中都有助人意愿或行为。根据上述研究我们可以推测,黑猩猩和人类的共同祖先在人类开始走上"超级合作"道路之前就已经有利他主义的倾向。

"存在即合理"在一定程度上反映了这些内生情感的适应性。目前,神经遗传学和功能性磁共振成像研究正试图找到"善良基因"(附背景资料)和在合作行为中发挥作用的大脑特定区域。从情感角度研究合作的演化机制,将丰富对社会困境中合作行为的认知,从而发现某些社会现象背后的情理逻辑。

善良基因

善良的背后究竟有没有基因的作用?基因到底起了多大作用?换言之,是否存在一种"善良基因"促使我们去做一些"对"的事情?

针对这一问题,加拿大西安大略大学心理学家 Rushton[14] 对 174 对同卵双胞胎和 148 对异卵双胞胎的 22 项社会责任问卷数据进行了分析,发表了基因和环境对利他主义偏好贡献情况的研究成果。

问卷要求被调查者对某些陈述作出判断,衡量等级从 1(非常不同意)到 5(非常同意)。这些陈述包括带有肯定性的项目,如"我是那种人们可以依靠的人",以及带有否定性的项目,如"让你的朋友失望并不是那么糟糕,因为你不能一直为每个人做好事"。

研究结果表明,平均 42% 的亲社会偏好差异归因于双胞胎的基因,23% 归因于双胞胎的共同环境,其余的归因于双胞胎的非共享环境。由此可见,基因在人的善举背后起重要作用。

(7)情感如何促进合作

姚中秋[15]指出:"在生存论意义上的关系中,人自然地有相爱相敬之情,从中发育出人类普遍的合作倾向。"每个人最初的爱、敬之情是针对父母的,随着其生活范围的扩展和社会活动的开展,爱、敬之情可"推及"亲戚、朋友、陌生人并逐渐地一般化,"升华"为普遍的合作倾向。在"推及"和"升华"的过程中,又是何种因素在发挥重要作用呢?历史学家尤瓦尔·赫拉利在《今日简史:人类命运大议题》中写道:"事实上,智人之所以能够征服地球,最重要的因素就在于创造并传播虚构故事的独特能力。人类是唯一能与众多陌生个体合作的哺乳动物,原因就在于只有人类能够创造虚构故事,并且把这些故事流传出去,让几百万人相信,只要每个人都相信同样的故事、遵守同样的法律,就能有效地彼此合作。"人类的合作持久且高效、宏大且细致,其中的关键就在于,人类编织了众多蕴含丰富和复杂情感元素的故事,通过跌宕起伏的情节引发共情,达到"于我心有戚戚焉"。在几乎所有的文明中,都有杜绝谎言和贪婪的童话。例如,《狼来了》是对谎言的警醒,《捡金子》是对贪婪的告诫。

由于歌颂真善美、鞭挞假恶丑的故事可以促进群体更好地合作,创造更多的物质财富,实现生命价值,因此具有"生存"优势,被"天择"成为可以在人与人之间传播的无形力量——模因(meme)。目前,对"模因"较为公认的解释是,在诸如语言、观念、信仰、行为方式等的传递过程中与基因在生物进化过程中所起的作用相类似的那个东西。哲学家丹尼尔·丹尼特很赞同模因的观点,他在《意识的解释》和《达尔文的危险思想:演化与生命的意义》中应用模因理论阐释心灵进化的机制。综上所述,情感通过"故事模因"引发合作,其中具有生存优势的"故事模因"传播、传承与进化,在时空淬炼中薪火相传,强化了"善良、博爱、仁慈"情感的适应性,由此带来合作的涌现与繁荣,并形成良性循环。

▌参考文献

[1] 黄少安,韦倩. 合作行为与合作经济学:一个理论分析框架[J]. 经济理论与经济管理,2011(2):5—16.

[2] 鲍尔斯,金迪斯. 合作的物种:人类的互惠性及其演化[M]. 张弘,译. 杭州:浙江大学出版社,2015.

[3] 张衔,魏中许. 如何破解人类合作之谜:与黄少安教授商榷[J]. 中国社会科学,2016(8):90—94.

[4] 刘永芳,王修欣. 有限理性合作观:破解人类合作之谜[J]. 南京师大学报(社会科学版),2019(6):60—70.

[5] BÁEZ-MENDOZA R, MASTROBATTISTA E P, WANG A J, et al. Social agent identity cells in the prefrontal cortex of interacting groups of primates[J]. Science,2021,374(6566):eabb4149.

[6] 孙熠譞,张建华,李菁萍. 间接互惠理论研究进展[J]. 经济学动态,2022(1):146—160.

[7] YOST-DUBROW R, DUNHAM Y. Evidence for a relationship between trait gratitude and prosocial behaviour[J]. Cognition and Emotion,2018,32(2):397—403.

[8] 霍金斯. 意念力:激发你的潜在力量[M]. 李楠,译. 北京:中国城市出版社,2011.

[9] CHARNESS G, DUFWENBERG M. Promises and partnership[J]. Econometrica,2006,74(6):1579—1601.

[10] PARK S Q, KAHNT T, DOGAN A, et al. A neural link between generosity and happiness[J]. Nature Communications,2017(8):15964.

[11] ISEN A M, LEVIN P F. Effect of feeling good on helping:cookies and kindness[J]. Journal of Personality and Social Psychology,1972,21(3):384—388.

[12] MCKAY R, HEROLD J, WHITEHOUSE H. Catholic guilt? Recall of confession promotes prosocial behavior[J]. Religion, Brain & Behavior,2013,3(3):201—209.

[13] WARNEKEN F, TOMASELLO M. Altruistic helping in human infants and young chimpanzees[J]. Science,2006,311(5765):1301—1303.

[14] RUSHTON J P. Genetic and environmental contributions to pro-social attitudes: a twin study of social responsibility[J]. Proceedings of the Royal Society of London. Series B: Biological Sciences,2004,271(1557):2583－2585.

[15] 姚中秋. 生生论的关系主义:构建一种普遍的社会科学理论基石[J]. 中国人民大学学报,2021,35(5):147－158.

第 2 章 多变的情感

《心理学大辞典》对情绪的解释是:"有机体反映客观事物与主体需要之间的关系的态度体验"。我们认为,这一解释同样适用于情感。情感是个体与外部环境(包括交互个体)刺激共同作用的结果。正如王阳明所言:"天地生意,花草一般,何曾有善恶之分?子欲观花,则以花为善,以草为恶。如欲用草时,复以草为善矣。"身之主宰在于心,心境不同,情绪就不同,视角和感受也就不同,因此,情感具有多样、矛盾和动态变化的特征。

2.1 情感的主要特征

(1)多样性和矛盾性

在社会交往中,人的情感具有多样性和矛盾性,有正向情感,也有负向情感,正向情感和负向情感既对立又统一。《月亮与六便士》里面有一段话:"我那时还不懂得,人性有多矛盾;我不知道,真诚中有多少虚伪,高尚中有多少卑鄙,或者,邪恶中有多少善良。"有时,个体会陷入善恶抉择的困境。东汉汉桓帝和汉灵帝时期,宦官乱政,酿成党锢之祸,包括范滂在内的众多品行好、学识高的士人受到打击。范滂临刑前给儿子留下一段话:"吾欲使汝为恶,则恶不可为;使汝为善,则我不为恶。"范滂站在父亲的角度,想教儿子作恶(范滂认为,或许作恶才能适应当时恶者生存的世道),但恶事是不应该做的(人要有底线);想教儿子行善,可自己不曾作恶事却落得个身首异处的下场。

(2)动态可变性

情感的善恶属性在时间推移和环境转化之下动态发展,是善良战胜邪恶,还是邪恶战胜善良,抑或两败俱伤?有时,善恶就在一念间。备受争议的斯坦福监狱实验以及与此相关的"路西法效应"(附背景资料)表明,由"天使"变成"恶魔"可能只需要改变情境。因"诛宦"而成名的张俭,前期刚烈绝伦,后期"望门投止";因卖国求荣、戕害忠良而臭名昭著的奸佞秦桧,年轻时也是热血的主战派;早年写下"春种一粒粟,秋收万颗子。四海无闲田,农夫犹饿死"和"锄禾日当午,汗滴禾下土。谁知盘中餐,粒粒皆辛苦"这两首脍炙人口的"悯农"之诗的李绅,飞黄腾达后成为腐官酷吏,生活豪华奢靡。相较于上述从"善"到"恶"的转化情形,保持善良和从"恶"到"善"的转化情形占据主导。斯蒂芬·平克在《人性中的善良天使:暴力为什么会减少》中指出,人类社会发展的总趋势是不断向善的(暴力下降)。库尔特·弗雷在《人性实验:改变社会心理学的 28 项研究》中也提出了类似的观点:人们在大规模群体中潜在的善意是不容置疑的。前者强调了"善"转化的时间特征,后者突出了"善"转化的空间尺度。

情境的力量[1]

通过引导、诱使或传授的方式,就可以让好人为非作歹。当好人沉浸在"整体情境"时,情境力量会挑战个人人格、个性和道德观的稳定性及一致性,从而影响人性的表现,引导人做出诸如非理性、愚蠢、自毁自弃、反社会、不计后果的行为。

我们希望相信人有基本不变的善性,能够抵抗外在压力,并以理性方式评价并抗拒情境诱惑。我们赋予人性以神性,人性具有道德及理性的能力,使人类公正而富有智慧。在善恶之间,我们竖立一道看似穿不透的藩篱,以简化人类经验的复杂性。在善这一边的都叫"我们""自己人""同类",而在恶那一边的通通归成"他们""别人""异类"。矛盾的是,在创造出不受情境力量影响的迷思时,我们却因此对情境力量失去警觉性,从而开启了堕落之门。

斯坦福监狱实验及许多社会科学研究透露出我们不愿接受的信息:大多数人不得不面对社会力量的严格考验时,都会出现重大的性格转变。我们置身事外地想象自己的可能作为,然而一旦进入社会力量的网络中,想象的自己的行为表现与实际能做的却差了十万八千里。斯坦福监狱实验号召我们捐弃"善良自我"能够打倒"恶劣情境"的简化观念。正如情境感染相同处境的其他人一样,只有当我们承认情境也有"感染我们"的潜在力量,才能最完善地抗拒、避免、挑战及改变这类负面情境力量。

2.2 情感的变化方式

从社会心理学的角度看,情感变化的方式主要有心理趋同、情绪传染、心理暗示等。情感变化与人所处的情境密切相关,在不同情境下,人的情感变化方向不同。这种情境既包括人们的内在特质(如道德、智商、性格等),也包括外部环境、社会关系等。例如:内向型性格的人心理敏感,情感细腻丰富;外向型性格的人乐观热情,善于取悦他人。在嘈杂的环境中,人会变得烦躁;在舒适的环境中,人会特别放松。情感变化存在个体差异性,同时,个体情感也会受到群体情感的影响。古斯塔夫·勒庞在《乌合之众:大众心理研究》中指出,个体易受群体中其他人的影响,从而改变自身的情感。群体的影响来自情感传染,情感传染出现在与他人进行交互的过程中,主要受个体反应、人际关系的亲密程度、个体与群体之间的隶属关系及情境等因素影响。个体情感趋向与群体情感统一。共情是与他人合作和理解他人的基础。神经科学的相关研究表明,共情在大脑中刺激了彼此共享的心理表征,认知共情、情感共情和动机共情都可以在大脑中激活特定的神经网络。

2.3 情感博弈的若干情境

(1)负向情感驱动的行为冲突

饥荒、瘟疫、天灾、战乱可能在 DNA 里留下了恐惧、贪婪、愤怒和仇恨的烙印(附背景资料)。进化心理学认为,人的行为受情感(情绪、心情)驱动。其中,嫉妒与贪婪是人际关系中最具有破坏性的情感因素,可带来持续不断的冲突,从而产生更大的混乱、更多的烦恼与苦难。

恐惧可以通过 DNA 遗传给下一代

有些人会对某些特定的场景、声音等表现出恐惧。研究发现,大部分恐惧与人的后天成长环境有关,但有些恐惧具有先天的敏感性。目前,探讨恐惧能否通过 DNA 遗传,从而影响后代的神经结构和功能已成为科学问题。

美国埃默里大学的 Dias 等[2]研究发现,小鼠的创伤性记忆可以通过基因转移并影响下一代的脑结构。研究人员利用电击手段让小鼠对苯乙酮气味产生恐惧,然后让它们繁殖,子一代至子三代小鼠均会对这种气味作出天生的恐惧反应。经历反复的电击刺激实验之后,小鼠脑部负责嗅觉的区域出现了结构改变,负责控制嗅觉体验的基因在 DNA 序列不变的情况下发生了基因表达上的变化,而实验鼠后代的脑结构和相关基因也出现了同样的改变。与其他没有闻过这种气味的小鼠的后代相比,闻过苯乙酮的小鼠后代对于特定气味刺激的负向反应强烈。这有助于解释恐惧症患者对特定事物表现出的非理性恐惧,因为恐惧在某种程度上可以帮助后代避免特定伤害(但是也增加了恐惧症、焦虑症或创伤性应激障碍等精神疾病的风险)。

1)嫉妒

心理学中有"螃蟹定律":将螃蟹放进水桶,任何一只螃蟹都会凭借自己的本事爬出来。但如果放很多螃蟹,就一只也爬不出来。因为下面的螃蟹会拼命抓上面的螃蟹,最后谁也出不去。因此,"螃蟹定律"也常用来解释由嫉妒引发的无序竞争。西方有个寓言:一个人买了个灯回家,他点亮了灯以后,灯神出现了。灯神说:"我可以满足你的任何愿望,但是不管你要什么,你的邻居都会得到双倍。"他听了,心里默默地想:"如果我要一间大房子,我的邻居就会得到两间。如果我要一个亿,我的邻居就会得到两个亿。不行!这样不行!"于是,他清清喉咙,对灯神说:"我要你弄瞎我的一只眼睛。"嫉妒使人从他人拥有的事物中得到痛苦,而无法从自己拥有的事物中汲取快乐。在嫉妒情绪的驱使下,人们不仅无法形成合作,而且会在竞争中失去理性。

2)贪婪

草原上流传着一个关于鼬鼠的故事:草原上有一种鼬鼠,整天忙忙碌碌,不停地寻找着食物,一生最多要储存 20 多个"粮仓"。鼬鼠晚年走不动的时候,就会躲进自己的"粮仓"里。由于鼬鼠必须经常啃咬硬物以磨短两颗门牙,但它们早先在"粮仓"里并没有储存硬物,因此,鼬鼠会因门牙不断生长而无法进食,最后饿死在粮食堆上。鼯鼠对粮食的贪婪使它看不见石子,看不见粮食以外的任何东西,陷入贪欲的陷阱。广为人知的《渔夫和金鱼的故事》和"杀鸡取卵"也说明了同一个道理:贪婪的结果必定是一无所获。

3)冲突

在负向情绪的影响下,个体乃至群体的行为会偏离正常轨道,随着情绪升级出现矛盾冲突,然后互相倾轧,最后两败俱伤、玉石俱焚。例如,在电视剧《权力的游戏》中,情绪驱动了社会运动(权力游戏)的全过程。

萌芽阶段:在平静祥和的气氛中,基于文化、道德和精神信仰的差异,核心势力之间的矛盾正在慢慢酝酿,彼此心存不满。

显露阶段:利用家族荣誉和历史仇恨等编造具有煽动性的谎言,鼓动斗争。

上升阶段:阴谋家催化谎言导致混乱("混乱是上升的阶梯"),情绪开始极化,各个势力之间互相攻讦。

鼎沸阶段:愤怒、贪婪和恐惧推动战争爆发,以暴制暴的上升螺旋导致全面战争。

衰亡阶段:战争吞噬秩序,国家和人民遭受巨大损失。

潜孕阶段:厌战的情绪如雨后青草般滋生,社会朝着秩序重建的方向前进,新的王朝逐渐孕育。

(2)用我的情绪盖过你的情绪

心理学家很早之前就关注过这样一个问题:为什么妻子例假期间男人的脾气也会变得很坏?通过对男性进行问卷调查,可以得到一个合理的解释:"她那几天脾气很大,我受不了,我要用我的脾气压过她的脾气。"这就是情绪博弈。当你在工作中碰到不顺心的事情,把负面的情绪带回家时,你的另一半会察觉到你的沮丧,感觉被挑剔和指责,与你交流时会感觉不舒服,因此可能会对你恶言相向。这时,你就更不舒服,更失望和愤怒,直到她(他)用更强烈的情绪击碎你,然后博弈结束。家庭冷战、婚姻冷暴力、冷场、控场、下马威等等,都是试图用我的情绪盖过你的情绪的具体表现。更有甚者表现为"情感勒索",即个体通过掌控互动关系中的主动权,控制情感博弈的走向,使关系表现为一种"主从"模式。

(3)爱你的仇人

古希腊神话中有个故事:大力士海格力斯走路时看见脚边有个很难看的袋状的东西,就上去踩了一脚。谁知那袋状东西不但没破,反而成倍地胀大。海格力斯生气了,便大力地砸,结果这个袋状东西竟膨胀到把路也堵死了。正当海格力斯愤懑时,一位圣者过来对他说:"朋友,离它远一点,忘了它吧。这是仇恨袋,你不惹它,它便会小如当初;你若动它,它就会膨胀起来与你对抗到底。"这个故事告诉人们要学会放下仇恨。虽然仇恨升级、冤冤相报是常态,放下仇恨很难,但仍有人能忍让和宽恕伤害了自己的人。中国古代留下了很多耳熟能详的"以德报怨"的故事,如齐桓公之于管仲、蔺相如之于廉颇、互谦互让的六尺巷等。用爱来化解仇恨,仇恨也会化成爱。

由上述情感博弈的一些典型情境可以看出,情境影响情感,而情感的多样性(负向与正向)和动态变化驱动博弈进程以形成相应的博弈结局。因此,本书后续章节的情感博弈定量分析主要考虑两方面因素:一是情境的影响,主要关注比较情境(社会身份比较和社会获得比较)的影响;二是情感的动态变化,变化的方式主要有动态复制、进化选择、模仿邻居和声誉迁移等。

参考文献

[1] 津巴多. 路西法效应:好人是如何变成恶魔的[M]. 孙佩妏,陈雅馨,译. 北京:生活·读书·新知三联书店,2010.
[2] DIAS B G, RESSLER K J. Parental olfactory experience influences behavior and neural structure in subsequent generations[J]. Nature neuroscience,2014,17(1):89-96.

第3章 演化博弈

演化博弈理论(evolutionary game theory)源于对动植物的冲突与合作行为的分析。该理论指出,在不要求完全理性和完全信息的条件下,可以用博弈论方法解释动植物演化结果。演化博弈模型的主要特征为:①研究群体中所有表现型的动态演化过程,解释群体为何达到以及如何达到特定状态。②群体的演化存在选择和更替环节。③群体的演化具有一定惯性。根据群体的规模,可以将群体分为无限种群和有限种群。群体中个体的交互方式可分为完全均匀混合(全连通,即种群中的任意个体与其他个体之间均存在接触交互关系)和特定的组织结构两种描述方式。本章针对不同的群体规模和个体交互方式提出了四种分析方法,并采用复杂网络模型描述特定的组织结构。

3.1 定量分析方法

(1)基于无限种群的复制动态方程方法

对于无限种群的演化博弈,通常假设个体以完全均匀混合的方式进行交互,用微分方程来表示不同表现型的演化过程:

$$\dot{x}_i = x_i(f_i - \overline{f}), i = 1,2,\cdots,n \tag{3-1}$$

式中:x_i 表示持第 i 类表现型的个体在整个种群中所占的比例,约束条件为 $\sum_{i=1}^{n} x_i = 1$;n 表示种群中表现型的类型数;f_i 表示持第 i 类表现型的个体的适应度;$\overline{f}$ 表示整个种群的平均适应度。适应度大小将会决定表现型在种群中所占的比例大小。

(2)基于均匀混合有限种群的随机过程方法

对于完全均匀混合的有限种群,其演化博弈动态是离散的,需要利用随机过程来进行研究,具体包括 Moran 过程、局部更新过程、Wright-Fisher 过程、成对比较过程等,其中 Moran 过程最为常用。有限种群的演化动态 Moran 过程为三步:①选择,即根据个体的适应度大小选择一个个体。②繁殖,即被选择的个体繁殖产生子代(子代的表现型与父代一致)。③替代,即产生的子代随机替代种群中的一个个体。

(3) 基于均匀混合有限种群的代际进化方法

对于完全均匀混合的有限种群,采用遗传算法进行代际进化,基本步骤为:①生成规模为 N 的初始代群体。②针对当前代群体,将群体中的所有个体两两随机配对,配对个体根据各自的表现型进行博弈称为 1 轮博弈,一共进行 n 轮博弈。③当前代群体的 n 轮博弈完成后,对个体总收益进行排序,前 K 个个体作为优胜者被保留,后 $N-K$ 个个体被淘汰。将前 K 个个体作为父代,采用遗传和变异操作产生子代,共生成 $N-K$ 个子代以取代被淘汰的个体,形成新的进化群体。④重复步骤②和③进行 G 代遗传进化。

(4) 基于复杂网络的蒙特卡洛迭代方法

经典演化博弈通常假设博弈个体以均匀混合的方式进行交互,认为博弈个体之间是完全耦合的。随着研究的深入,人们发现现实生活中个体之间往往有特定的关系,这种特定的关系对合作行为演化有重要影响。随着复杂网络的发展,这种特定的关系得到了有效的解释,人们也开始越来越重视不同网络结构下个体的博弈演化,基于复杂网络的演化博弈研究因此产生。

基于复杂网络的有限种群演化博弈主要采取蒙特卡洛迭代方法,其中的关键在于博弈个体表现型的更新规则,一般采取模仿机制和学习机制。模仿机制指的是在博弈过程中,个体是否模仿邻居的表现型取决于自身收益与对方收益的比较:如果自身收益较小,那么模仿对方表现型的概率就大。除了模仿比较,个体还会采用学习机制来改变表现型。学习规则主要基于记忆、抱负、愿望和优化等方法进行描述。

上述复制动态方程和随机过程属于理论分析方法,代际进化和蒙特卡洛迭代属于仿真模拟方法,这些方法中都存在一种类似"生死"或者"灭生"过程的机制。

3.2 复杂网络模型

所谓复杂网络,就是具有复杂拓扑结构和动力行为的大规模网络,是由大量的节点通过边的相互连接构成的系统。复杂网络的节点是具有特定动力和信息内涵的任意系统的基本单位,而边则表示这些基本单位之间的关系或联系。

节点 i 的度 k_i 定义为与该节点相连的其他节点的数目。直观上看,一个节点的度越大,就意味着这个节点在某种意义上越"重要"。网络中节点度的分布情况可用分布函数 $P(k)$ 来描述。$P(k)$ 表示网络中度为 k 的节点数占所有节点数的比例,也就是随机选取一个节点,其度为 k 的概率。[1]

网络中所有节点的度的平均值称为网络平均度,记为 $\bar{k}$,

$$\bar{k} = \frac{\sum_{i=1}^{N} k_i}{N},$$

其中 N 为网络节点总数。网络度分布的异质性反映网络中节点度取值的差异性,可以利用异质性指数 H 度量[2],

$$H = \frac{\sum_{i=1}^{N} \sum_{j=1}^{N} |k_i - k_j|}{2 N^2 \bar{k}}。$$

$0 \leqslant H < 1$,H 越大意味着异质性水平越高。

常用的网络结构有规则网络、随机网络和 BA 无标度网络。三者的异质性水平由高到低分别为 BA 无标度网络、随机网络、规则网络。

(1) 规则网络

规则网络的典型例子是二维格子网络。为避免二维格子网络中上下两端和左右两端的个体被分隔开,可将二维格子网络看成一个近似封闭的球体,这样可以保证每个个体都存在上下左右四个邻居。二维格子网络中所有节点的度均为 4,服从 δ 分布。

(2) 随机网络

匈牙利数学家 Erdös 和 Rényi[3] 首次将随机性引入网络,建立了著名的随机网络模型,简称 ER 模型。ER 随机网络的度服从泊松分布。

从二维格子网络出发,采取断边重连机制可生成随机网络。基本步骤为:①生成初始二维格子网络。②随机选择一个节点A,然后随机选择其相邻节点B,断开A和B之间的连接。③在网络中随机选择两个节点C和D,建立A和C、B和D之间的连接。④重复步骤②和③M次,随着断边重连次数M的增大,网络的随机化程度越来越高,网络节点度从二维格子网络的δ分布逐步变化为泊松分布。

(3) BA无标度网络

通过追踪万维网的动态演化过程,Barabási和Albert发现许多复杂网络具有高度自组织特性(多数复杂网络的节点度服从幂律分布),并把具有幂律度分布的网络称为无标度网络。

Barabási和Albert建立了著名的无标度网络演化模型,简称BA模型,提出了无标度网络产生的两个机制:①增长机制,即网络的规模不断扩大。②优先连接机制,即新节点更倾向于与具有较高连接度的"大"节点相连,这种现象也称为"富者更富"。基于网络的增长和优先连接机制,BA无标度网络模型的构造算法[4]如下:

①增长:从一个具有m_0个节点的全连通网络开始,每次都引入一个新节点并将其连到$m(m \leqslant m_0)$个已存在的节点上。

②优先连接:一个新节点与已存在的节点i相连的概率$\prod i$定义如下:

$$\prod i = k_i / \sum_j k_j, j \in 所有存在的节点。 \quad (3-2)$$

式中k_i和k_j分别为节点i和节点j的度。

利用该算法,经过时间步t的演化,可生成一个有$N=t+m_0$个节点、$C_{m_0}^2+mt$条边的网络。

参考文献

[1] 王林刚. 基于复杂网络的群体Parrondo博弈研究[D]. 马鞍山:安徽工业大学,2010.

[2] HU H-B, WANG X-F. Unified index to quantifying heterogeneity of complex networks [J]. Physica A:Statistical Mechanics and its Applications,2008,387(14):3769—3780.

[3] ERDÖS P, RÉNYI A. On the evolution of random graphs [M] //The structure and dynamics of networks. Princeton:Princeton University Press,2006.

[4] BARABÁSI A-L, ALBERT R. Emergence of scaling in random networks [J]. Science,1999,286(5439):509—512.

博弈方
强者 vs 弱者

　　我们的生活,它不肯安静,它不肯有秩序,它不肯健康,它不肯温文尔雅,合情合理;它总是充满了蛮横,充满了意外,充满了阴谋,充满了强词夺理,弱肉强食。

——池莉
《说说〈生活秀〉》

知其雄,守其雌,为天下谿。

——老子
《道德经》

祸出者祸反,恶人者人亦恶之……爱出者爱反,福往者福来。

——贾谊
《新书》

第 4 章 基于复制动态方程的情感博弈

扫码查看本章彩图

人类之间的交流与互动是富有情感的。在不同情感的驱动下,人们会作出相应的行为选择并获得不同的收益。情感特质之所以拥有适应性优势,是因为情感影响个体的成本及收益权衡,进而影响个体决策。行为实验研究发现,被试者感到尴尬或愤怒时会采取高风险高回报策略,感到幸福或悲伤时则避免采取这种策略。

4.1 社会比较情境

人类的情感丰富多样,不同的情感由不同的情境引发,正所谓心由境生、情由境迁。其中有一些情感,如同情、欺凌、尊敬、嫉妒等,是基于相应的社会比较情境产生的。社会比较是一种普遍存在的大众心理现象,其对个体行为决策起发动和定向作用,使行动活性化、稳定化。人总是不自觉地把周围的人都视为竞争对手,把人生看成与他人的比赛,把他人的幸福看作自己的失败。关于社会比较引发情感的研究表明,个体在与强者的比较中易出现负向情感,在与弱者的比较中易产生积极情感,并引发相应的合作和竞争行为。在比较目标的选择方面,现有研究显示,当自身利益不受威胁时,个体倾向于选择强者进行比较。在社会比较对自我满足感和自我评价的影响方面,研究发现,与弱于自己的个体比较将提高自尊,而与强于自己的个体比较将降低自尊。

社会比较的过程和信息会影响个体的社会行为。个体在社会比较中引发情感和相应的行为决策,其主要目标是通过个体之间的相互博弈来实现自身利益的最大化,具体体现为个体之间的冲突、竞争与合作,具有进化意义。Sally[1]基于行为实验首次定量研究了情感驱动合作的演化问题,通过计算分析参与者之间同情共感的心理距离,发现同情心可以在单次囚徒困境博弈中导致合作:参与者的同情心越强,参与者之间心理距离越近,合作就越容易产生。有研究[2]发现,同情心并不是对称的,我同情你的时候,你未必就同等程度地同情我,而被称为"同情者礼物"的单方面合作仅仅是出于可怜、爱或者崇拜。

4.2 个体情感与竞合行为的对应关系

假设面对"弱者"(对手在能力、资源和禀赋等方面弱于自己)时,个体会产生两种类型的情感,即同情和欺凌;面对"强者"(对手在能力、资源和禀赋等方面强于自己)时,个体会产生另外两种类型的情感,即尊敬和嫉妒。将个体的行为策略设定为合作和竞争两种方式。这样,个体的四种情感类型与两种行为策略之间的对应关系为:同情和尊敬情感对应合作行为;欺凌和嫉妒情感对应竞争行为。

4.3 博弈模型

基于社会比较情境,将博弈方设定为强者和弱者。表4-1为强者和弱者两个博弈方的情感和对应行为的收益矩阵(弱者收益在前,强者收益在后,二者以"/"隔开)。其中:R 为双方合作的奖励,一般取值为1;J 为相互竞争的惩罚,一般取值为0;T 为竞争成功的诱惑,取值范围为 $0 \leqslant T \leqslant 2$;$F$ 为合作失败的代价,取值范围为 $-1 \leqslant F \leqslant 1$。

根据博弈模型的定义:①当参数关系满足 $T>R>J>F$ 时,对应囚徒困境博弈模型(prisoner's dilemma game,PD博弈)。②当参数关系满足 $T>R>F>J$ 时,对应雪堆博弈模型(snowdrift game,SD博弈)。③当参数关系满足 $R>T>J>F$ 时,对应猎鹿博弈模型(stag-hunt game,SH博弈)。④当参数关系满足 $R>T>F>J$ 时,对应和谐博弈模型(harmony game,HG博弈)。可以看出,在和谐博弈模型中,合作永远是赢家策略。

基于参数 T 和 F 变化的四种博弈模型的取值区域如图4-1所示。

表 4-1 博弈收益矩阵

项目		强者(情感/行为)	
		同情/合作	欺凌/竞争
弱者(情感/行为)	尊敬/合作	R/R	F/T
	嫉妒/竞争	T/F	J/J

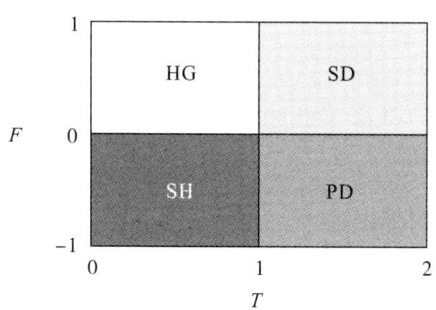

图 4-1 四种博弈模型的 T, F 取值区域

4.4 复制动态方程

将群体设定为均匀混合的无限种群,针对强者和弱者的情感演化,建立复制动态方程。设强者产生同情情感的概率为 x,弱者产生尊敬情感的概率为 y。

强者同情弱者的期望收益为

$$E_{S1} = yR + (1-y)F, \tag{4-1}$$

强者欺凌弱者的期望收益为

$$E_{S2} = yT + (1-y)J, \tag{4-2}$$

强者以 x 的概率选择同情,以 $1-x$ 的概率选择欺凌的混合策略的期望收益为

$$E_S = xE_{S1} + (1-x)E_{S2}。 \tag{4-3}$$

弱者尊敬强者的期望收益为

$$E_{W1} = xR + (1-x)F, \tag{4-4}$$

弱者嫉妒强者的期望收益为

$$E_{W2} = xT + (1-x)J, \tag{4-5}$$

弱者以 y 的概率选择尊敬,以 $1-y$ 的概率选择嫉妒的混合策略的期望收益为

$$E_W = yE_{W1} + (1-y)E_{W2} \text{。} \tag{4-6}$$

系统复制动态方程为

$$\begin{aligned}\dot{x} &= \varphi_1(x,y) = x(E_{S1} - E_S) = x(1-x)(E_{S1} - E_{S2}), \\ \dot{y} &= \varphi_2(x,y) = y(E_{W1} - E_W) = y(1-y)(E_{W1} - E_{W2})\text{。}\end{aligned} \tag{4-7}$$

利用式(4-1)、式(4-2)、式(4-4)、式(4-5),并将 $R=1,J=0$ 代入,可得

$$\begin{aligned}\dot{x} &= \varphi_1(x,y) = x(1-x)[y(1-T) + (1-y)F], \\ \dot{y} &= \varphi_2(x,y) = y(1-y)[x(1-T) + (1-x)F]\text{。}\end{aligned} \tag{4-8}$$

4.5 平衡点

式(4-8)为非线性微分方程组,求解

$$\begin{cases}\dot{x} = 0, \\ \dot{y} = 0,\end{cases}$$

所得解就是复制动态方程(4-8)的平衡点,结果如下:

①无论 T,F 取何值,式(4-8)都有 4 组确定解 $(0,0),(0,1),(1,0),(1,1)$。

②当 $F>0$ 且 $T+F>1$ 或者 $F<0$ 且 $T+F<1$ 时,式(4-8)另有一组解 $\left(\dfrac{F}{T+F-1}, \dfrac{F}{T+F-1}\right)$。

③特殊条件下有无数组特殊解:当 $F=0$ 时,有无数组特殊解 $(\sim,0)$ 或 $(0,\sim)$;当 $T=1$ 时,有无数组特殊解 $(\sim,1)$ 或 $(1,\sim)$。

4.6 稳定性

在分析演化稳定策略(evolutionary stable strategy,ESS)时,可以利用复制动态方程的相位图和稳定性定理等进行讨论。针对形如式(4-8)的非线性方程,主要采用近似线性方法判断其平衡点的稳定性:首先在平衡点处对非线性方程作 Taylor 展开,取一次项得到近似线性方程,然后获取该线性方程的系数矩阵(Jacobi 矩阵),最后计算 Jacobi 矩阵的秩 $\det(J)$ 和迹 $\mathrm{tr}(J)$,结合表 4-2 判断平衡点的稳定性[3]。经过计算推导,式(4-8)对应的 Jacobi 矩阵为

第 4 章 基于复制动态方程的情感博弈

$$J = \begin{bmatrix} \dfrac{\partial \varphi_1(x,y)}{\partial x} & \dfrac{\partial \varphi_1(x,y)}{\partial y} \\ \dfrac{\partial \varphi_2(x,y)}{\partial x} & \dfrac{\partial \varphi_2(x,y)}{\partial y} \end{bmatrix} = \begin{bmatrix} J_{11} & J_{12} \\ J_{21} & J_{22} \end{bmatrix}。 \qquad (4\text{-}9)$$

式中:

$J_{11} = (1-2x)(y - yT - yF + F)$;

$J_{12} = x(1-x)(1-T-F)$;

$J_{21} = y(1-y)(1-T-F)$;

$J_{22} = (1-2y)(x - xT - xF + F)$。

表 4-2 平衡点类型判别表[3]

平衡点类型	det(J)符号	tr(J)符号	结论
1	−	不确定	鞍点
2	+	+	不稳定点
3	+	−	稳定点(ESS)
4	+	0	中心点
5	0	+	不稳定点
6	0	非正	鞍点

将所有平衡点代入式(4-9),分别计算对应的 Jacobi 矩阵的秩和迹,结果见表 4-3。

表 4-3 系统平衡点对应的 Jacobi 矩阵的秩和迹

平衡点	det(J)	tr(J)
$(0,0)$	F^2	$2F$
$(0,1)$	$(T-1)F$	$1-T-F$
$(1,0)$	$(T-1)F$	$1-T-F$
$(1,1)$	$(1-T)^2$	$2(T-1)$
$(0,\sim)$	$[y(1-T-F)+F](1-2y)F$	$[y(1-T-F)+F]+(1-2y)F$
$(\sim,0)$	$(1-2x)F[x(1-T-F)+F]$	$(1-2x)F+[x(1-T-F)+F]$
$(1,\sim)$	$[y(1-T-F)+F](1-2y)(T-1)$	$-[y(1-T-F)+F]+(1-2y)(1-T)$
$(\sim,1)$	$(1-2x)(T-1)[x(1-T-F)+F]$	$(1-2x)(1-T)-[x(1-T-F)+F]$
$\left(\dfrac{F}{T+F-1},\dfrac{F}{T+F-1}\right)$	$\left[\dfrac{F(T-1)}{T+F-1}\right]^2$	0

从表 4-3 可以看出,det(J) 和 tr(J) 的正负与 T,F 的取值有关。下面,针

对 T 与 F 的取值范围进行分析讨论。

(1) $1<T\leqslant 2$ 且 $0<F\leqslant 1$ (SD 博弈模型)

基于 SD 博弈模型,我们可以作出如下推断:①当弱者面对强者时,如果强者同情弱者,那么弱者嫉妒强者比尊敬强者得到的收益大($T>R$),所以弱者会嫉妒强者;如果强者欺凌弱者,那么弱者尊敬强者比嫉妒强者得到的收益大($F>J$),所以弱者会尊敬强者。②当强者面对弱者时,如果弱者尊敬强者,那么强者欺凌弱者比同情弱者得到的收益大($T>R$),所以强者会欺凌弱者;如果弱者嫉妒强者,那么强者同情弱者比欺凌弱者得到的收益大($F>J$),所以强者会同情弱者。表 4-4 为 $1<T\leqslant 2$ 且 $0<F\leqslant 1$ 对应的系统平衡点类型判断结果。演化结果显示,(0,1)和(1,0)为稳定点,其中(0,1)对应强者完全欺凌弱者且弱者完全尊敬强者的情形,(1,0)对应强者完全同情弱者且弱者完全嫉妒强者的情形。

表 4-4 系统平衡点类型判断($1<T\leqslant 2$ 且 $0<F\leqslant 1$)

平衡点	det(J)符号	tr(J)符号	平衡点类型
(0,0)	+	+	不稳定点
(0,1)	+	−	稳定点(ESS)
(1,0)	+	−	稳定点(ESS)
(1,1)	+	+	不稳定点
$\left(\dfrac{F}{T+F-1},\dfrac{F}{T+F-1}\right)$	+	0	中心点

取 $T=1.5$ 和 $F=0.5$,x,y 的初始值分别取 0,0.1,0.2,0.3,0.4,0.5,0.6,0.7,0.8,0.9,1,绘制不同初始值下的情感演化路径,如图 4-2 所示。图中箭头代表演化方向,颜色代表演化速率,演化最终出现两个稳定点(1,0)和(0,1)。由图 4-2 可知:①当 $y>x$,即弱者产生尊敬情感的概率大于强者产生同情情感的概率时,博弈系统会收敛于稳定点(0,1),对应强者完全欺凌弱者且弱者完全尊敬强者的情形。②当 $y<x$,即弱者产生尊敬情感的概率小于强者产生同情情感的概率时,博弈系统会收敛于稳定点(1,0),对应强者完全同情弱者且弱者完全嫉妒强者的情形。③当 $y=x$,即弱者产生尊敬情感的概率等于强者产生同情情感的概率时,博弈系统向中心点(0.5,0.5)演化。④越接近系统平衡点,演化速率越低。

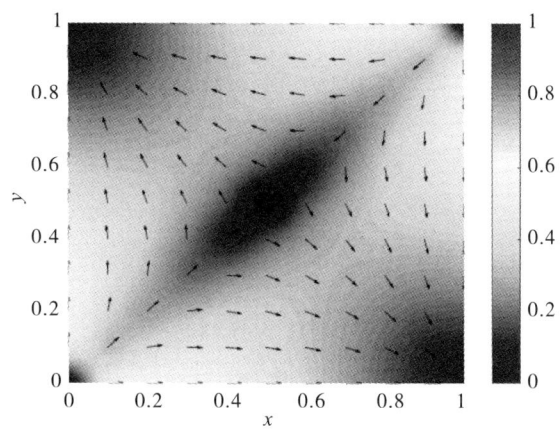

图 4-2　$T=1.5$ 且 $F=0.5$ 时的 x-y 演化路径(后附彩图)

(2) $1<T\leqslant 2$ 且 $-1\leqslant F<0$(PD 博弈模型)

基于 PD 博弈模型,我们可以作出如下推断:无论强者是同情弱者还是欺凌弱者,弱者嫉妒强者得到的收益都大于尊敬强者得到的收益($T>R,J>F$),所以弱者会嫉妒强者;无论弱者是尊敬强者还是嫉妒强者,强者欺凌弱者得到的收益都大于同情弱者得到的收益($T>R,J>F$),所以强者会欺凌弱者。表 4-5 为 $1<T\leqslant 2$ 且 $-1\leqslant F<0$ 对应的系统平衡点类型判断结果。演化结果显示,(0,0)为稳定点,(1,0)和(0,1)为鞍点,(1,1)为不稳定点。(0,0)对应强者完全欺凌弱者和弱者完全嫉妒强者的情形。

表 4-5　系统平衡点类型判断($1<T\leqslant 2$ 且 $-1\leqslant F<0$)

平衡点	det(J)符号	tr(J)符号	平衡点类型
(0,0)	+	−	稳定点(ESS)
(0,1)	−	不确定	鞍点
(1,0)	−	不确定	鞍点
(1,1)	+	+	不稳定点

取 $T=1.5$ 和 $F=-0.5$,绘制 x,y 取不同初始值时的情感演化路径,如图 4-3 所示。由图 4-3 可知:①对于除 $x=1$ 且 $y=1$ 外的 x,y 初始值,博弈系统都会收敛于稳定点(0,0)。②当 $x=1$ 且 $y=1$ 时,系统将等概率趋向于鞍点(1,0)和(0,1)。③系统平衡点附近的区域演化速率低。

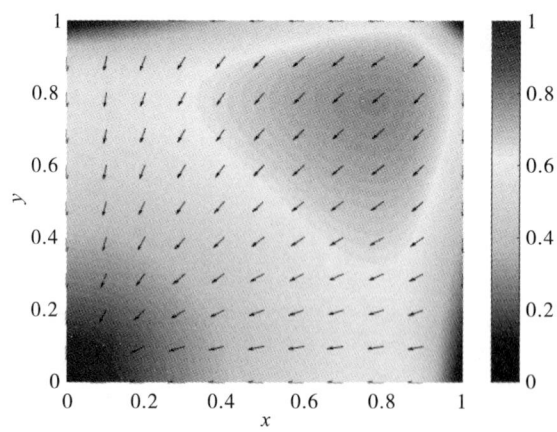

图 4-3　$T=1.5$ 且 $F=-0.5$ 时的 x-y 演化路径(后附彩图)

(3) $0 \leqslant T < 1$ 且 $0 < F \leqslant 1$ (HG 博弈模型)

基于 HG 博弈模型,我们作出如下推断:对于弱者,无论强者是同情还是欺凌,弱者尊敬强者得到的收益都大于嫉妒强者得到的收益($R>T,F>J$),所以弱者会尊敬强者;对于强者,无论弱者是尊敬还是嫉妒,强者同情弱者得到的收益都大于欺凌弱者得到的收益($R>T,F>J$),所以强者会同情弱者。表 4-6 为 $0 \leqslant T < 1$ 且 $0 < F \leqslant 1$ 对应的系统平衡点类型判断结果。演化结果显示,$(1,1)$为稳定点,$(1,0)$和$(0,1)$为鞍点,$(0,0)$为不稳定点。$(1,1)$对应强者完全同情弱者且弱者完全尊敬强者的情形。

表 4-6　系统平衡点类型判断($0 \leqslant T < 1$ 且 $0 < F \leqslant 1$)

平衡点	det(J)符号	tr(J)符号	平衡点类型
(0,0)	+	+	不稳定点
(0,1)	−	不确定	鞍点
(1,0)	−	不确定	鞍点
(1,1)	+	−	稳定点(ESS)

取 $T=0.5$ 和 $F=0.5$,绘制 x,y 取不同初始值时的情感演化路径,如图 4-4 所示。由图 4-4 可知:①对于除 $x=0$ 且 $y=0$ 外的 x,y 初始值,博弈系统都会收敛于稳定点$(1,1)$。②当 $x=0$ 且 $y=0$ 时,系统将等概率趋向于鞍点$(0,1)$和$(1,0)$。③系统平衡点附近的区域演化速率低。

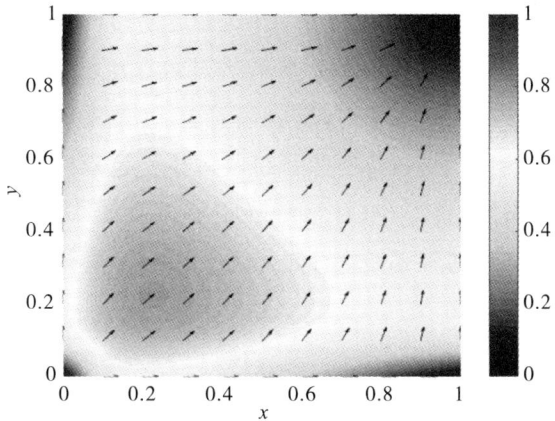

图 4-4　$T=0.5$ 且 $F=0.5$ 时的 x-y 演化路径(后附彩图)

(4) $0 \leqslant T < 1$ 且 $-1 \leqslant F < 0$ (SH 博弈模型)

基于 SH 博弈模型,我们作出如下推断:①当弱者面对强者时,如果强者同情弱者,那么弱者尊敬强者比嫉妒强者得到的收益大($R>T$),所以弱者会尊敬强者;如果强者欺凌弱者,那么弱者嫉妒强者比尊敬强者得到的收益大($J>F$),所以弱者会嫉妒强者。②当强者面对弱者时,如果弱者尊敬强者,那么强者同情弱者比欺凌弱者得到的收益大($R>T$),所以强者会同情弱者;如果弱者嫉妒强者,那么强者欺凌弱者比同情强者得到的收益大($J>F$),所以强者会欺凌弱者。表 4-7 为 $0 \leqslant T < 1$ 且 $-1 \leqslant F < 0$ 对应的系统平衡点类型判断结果。演化结果显示,(0,0)和(1,1)为稳定点,分别对应"妒强凌弱"和"敬上爱下"的系统状态,表明强者和弱者针锋相对是演化稳定策略。

表 4-7　系统平衡点类型判断($0 \leqslant T < 1$ 且 $-1 \leqslant F < 0$)

平衡点	$\det(J)$符号	$\mathrm{tr}(J)$符号	平衡点类型
(0,0)	+	−	稳定点(ESS)
(0,1)	+	+	不稳定点
(1,0)	+	+	不稳定点
(1,1)	+	−	稳定点(ESS)
$\left(\dfrac{F}{T+F-1}, \dfrac{F}{T+F-1}\right)$	+	0	中心点

取 $T=0.5$ 和 $F=-0.5$,绘制 x,y 取不同初始值时的情感演化路径,如图 4-5 所示。由图 4-5 可知:①当 $x+y<1$ 时,即强者产生同情情感的概率

与弱者产生尊敬情感的概率之和小于1时,博弈系统收敛于稳定点(0,0),说明系统的初始正向情感不占优势时($x+y<1$),系统会最终演化至"妒强凌弱"的负向状态。②当$x+y>1$时,即强者产生同情情感的概率与弱者产生尊敬情感的概率之和大于1时,博弈系统收敛于稳定点(1,1),说明系统的初始正向情感占优势时($x+y>1$),系统会最终演化至"敬上爱下"的正向状态。③当$x+y=1$时,博弈系统向中心点(0.5,0.5)演化。④越接近系统平衡点,演化速率越低。

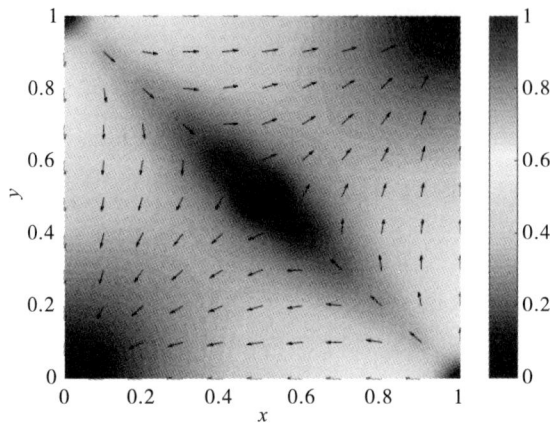

图 4-5　$T=0.5$ 且 $F=-0.5$ 时的 x-y 演化路径(后附彩图)

(5) $T=1$ 和 $F=0$

上述分析中未包括 $T=1$ 和 $F=0$ 的情形。表 4-8 列出了 $T=1$ 或 $F=0$ 时平衡点类型判断结果。

表 4-8　系统平衡点类型判断($T=1$ 和 $F=0$)

参数取值	平衡点	det(J)符号	tr(J)符号	平衡点类型
$T=1$ 且 $F=0$	(0,0)	0	0	鞍点
	(0,1)	0	0	鞍点
	(1,0)	0	0	鞍点
	(1,1)	0	0	鞍点
	(0,~)	0	0	鞍点
	(~,0)	0	0	鞍点
	(1,~)	0	0	鞍点
	(~,1)	0	0	鞍点

续表

参数取值	平衡点	det(J)符号	tr(J)符号	平衡点类型
$T=1$ 且 $0<F\leqslant 1$	(0,0)	+	+	不稳定点
	(0,1)	0	−	鞍点
	(1,0)	0	−	鞍点
	(1,1)	0	0	鞍点
	(1,∼)	0	−	鞍点
	(∼,1)	0	−	鞍点
$T=1$ 且 $-1\leqslant F<0$	(0,0)	+	−	稳定点(ESS)
	(0,1)	0	+	不稳定点
	(1,0)	0	+	不稳定点
	(1,1)	0	0	鞍点
	(1,∼)	0	+	不稳定点
	(∼,1)	0	+	不稳定点
$1<T\leqslant 2$ 且 $F=0$	(0,0)	0	0	鞍点
	(0,1)	0	−	鞍点
	(1,0)	0	−	鞍点
	(1,1)	+	+	不稳定点
	(0,∼)	0	−	鞍点
	(∼,0)	0	−	鞍点
$0\leqslant T<1$ 且 $F=0$	(0,0)	0	0	鞍点
	(0,1)	0	+	不稳定点
	(1,0)	0	+	不稳定点
	(1,1)	+	−	稳定点(ESS)
	(0,∼)	0	+	不稳定点
	(∼,0)	0	+	不稳定点

(6) 系统演化趋势分析

1) $1<T\leqslant 2$ 且 $0<F\leqslant 1$

演化结果显示,(0,1)和(1,0)为稳定点,$\left(\dfrac{F}{T+F-1},\dfrac{F}{T+F-1}\right)$为中心点。设中心点为$(x_0,y_0)$,分别取$F=0.2,T=1.6$和$F=0.6,T=1.2$两组数据,绘制系统演化趋势,如图4-6所示。

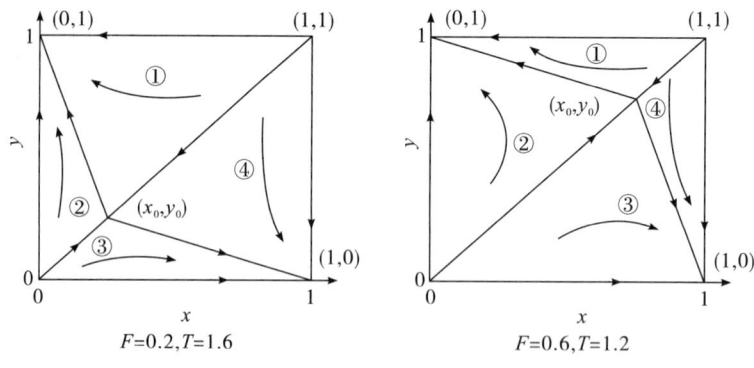

图 4-6　$1<T\leqslant 2$ 且 $0<F\leqslant 1$ 时的系统演化趋势图

由图 4-6 可以看出,当 T 和 F 取值变化时,中心点位置随之改变,由区域①和②[演化至稳定点 $(0,1)$]、区域③和④[演化至稳定点 $(1,0)$]构成的两个演化收敛域形状也随之改变。但是,两个演化收敛域的面积均占总面积的 50%,与 T,F 的取值无关。系统演化到哪个稳定点[$(0,1)$ 或者 $(1,0)$]取决于 (x,y) 的初始取值($y>x$ 或 $x>y$),即系统初始状态决定系统最终的演化稳定状态。

2) $0\leqslant T<1$ 且 $-1\leqslant F<0$

演化结果显示,$(0,0)$ 和 $(1,1)$ 为稳定点,$\left(\dfrac{F}{T+F-1},\dfrac{F}{T+F-1}\right)$ 为中心点。设中心点为 (x_0,y_0),取 $F=-0.2,T=0.4$ 和 $F=-0.6,T=0.8$ 两组数据,绘制系统演化趋势,如图 4-7 所示。

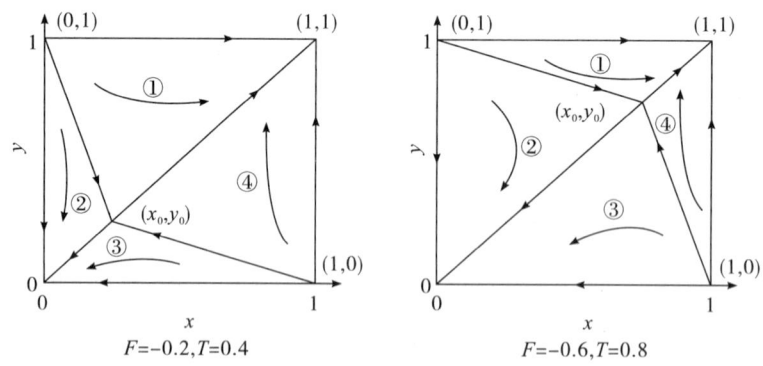

图 4-7　$0\leqslant T<1$ 且 $-1\leqslant F<0$ 时的系统演化趋势图

从图 4-7 可以看出,当 T 和 F 取值变化时,中心点位置随之改变,由区域①和④[演化至稳定点 $(1,1)$]、区域②和③[演化至稳定点 $(0,0)$]构成的两个演化收敛域的形状和面积都在改变。令 P_{00} 表示收敛于稳定点$(0,0)$的收敛域面积占总面积的比例，P_{00} 与 T,F 的取值关系如图 4-8 所示。从图中可以看出，F 越小（$F \to -1$）、T 越大（$T \to 1$），P_{00} 越大，系统收敛于稳定点$(0,0)$的概率越大。

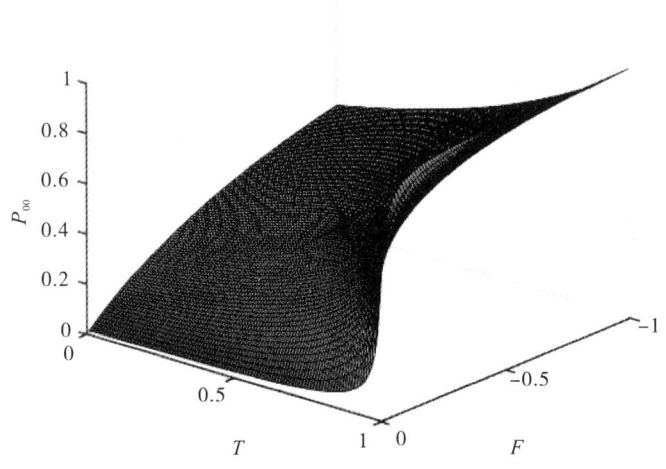

图 4-8　P_{00} 与 T,F 的取值关系图

4.7　噪声影响

由"颤抖的手"导致的失误，可能使情感驱动的行为决策出现偏差。假设情感以 $1-c$ 的概率对应原行为，以 c 的概率对应相反行为。例如，强者的情感若为同情，则和弱者合作的概率为 $1-c$，和弱者竞争的概率为 c。此处，c 为系统噪声。

在四种情感均考虑系统噪声 c 的情形下，强者平均期望收益为

$$E_{cS} = xE_{cS1} + (1-x)E_{cS2} 。 \tag{4-10}$$

式中：$E_{cS1}=(1-c)\{[(1-c)y+c(1-y)]+[cy+(1-c)(1-y)]F\}+c[(1-c)y+c(1-y)]T$，为系统噪声环境下强者同情弱者的期望收益；$E_{cS2}=c\{[(1-c)y+c(1-y)]+[cy+(1-c)(1-y)]F\}+(1-c)[(1-c)y+c(1-y)]T$，为系统噪声环境下强者欺凌弱者的期望收益；$x$ 为强者产生同情情感的概率；y 为弱者产生尊敬情感的概率。

在四种情感均考虑系统噪声 c 的情形下,弱者的平均期望收益为

$$E_{cW} = y E_{cW1} + (1-y) E_{cW2}。 \quad (4-11)$$

式中:$E_{cW1}=(1-c)\{[(1-c)x+c(1-x)]+[cx+(1-c)(1-x)]F\}+c[(1-c)x+c(1-x)]T$,为系统噪声环境下弱者尊敬强者的期望收益;$E_{cW2}=c\{[(1-c)x+c(1-x)]+[cx+(1-c)(1-x)]F\}+(1-c)[(1-c)x+c(1-x)]T$,为系统噪声环境下弱者嫉妒强者的期望收益。

在四种情感均考虑系统噪声 c 的情形下,系统复制动态方程为

$$\begin{aligned}\dot{x} &= x(E_{cS1} - E_{cS}) = x(1-x)(E_{cS1} - E_{cS2}), \\ \dot{y} &= y(E_{cW1} - E_{cW}) = y(1-y)(E_{cW1} - E_{cW2})。\end{aligned} \quad (4-12)$$

基于囚徒困境博弈模型(PD 博弈模型),即 $1<T\leqslant 2$ 且 $-1\leqslant F<0$ 的情形,对式(4-12)进行平衡点计算和稳定性分析,结果与表 4-5 一致。但不同的是,对于稳定点(0,0),当不考虑噪声时,根据式(4-3)和式(4-6),强者和弱者的期望收益均为 0;当考虑噪声时,根据式(4-10)和式(4-11),强者和弱者的期望收益为

$$E_{cS} = E_{cW} = c^2 + c(1-c)(T+F)。 \quad (4-13)$$

根据式(4-13),取噪声 $c=0.2$,强者(弱者)在稳定点(0,0)的期望收益与 T,F 的取值关系如图 4-9 所示。当考虑系统噪声时,强者(弱者)在稳定点(0,0)处获得的正收益介于 0.04 和 0.36 之间,说明系统噪声可引发一定程度的合作行为,使强者和弱者摆脱因背叛而获得惩罚收益($J=0$)的困境。

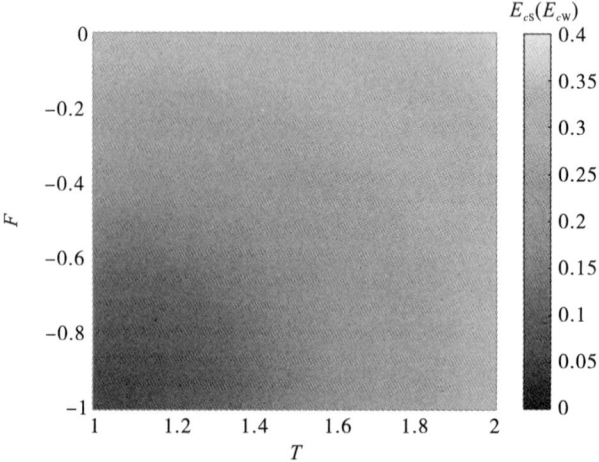

图 4-9 强者(弱者)在稳定点(0,0)的期望收益与 T,F 的取值关系图(后附彩图)

4.8 结果分析

本章基于社会比较情境下强者和弱者之间产生的四类情感(同情、欺凌、尊敬、嫉妒),提出情感与竞合行为之间的映射关系,基于四种博弈模型,建立情感演化的复制动态方程,分析系统演化的平衡点和稳定性,获得不同参数条件下系统的演化机制[4]。

在囚徒困境博弈模型(PD 模型,$1<T\leqslant 2$ 且 $-1\leqslant F<0$)的框架下,系统的演化稳定策略(ESS)为"妒强凌弱",即强者完全欺凌弱者和弱者完全嫉妒强者,对应的社会系统表现为竞争残酷、自私自利、弱肉强食的黑暗丛林特征。另外,社会比较的神经机制方面的研究揭示,在社会比较过程中,与嫉妒情绪以及幸灾乐祸情绪相关的神经被激活,个体会对资源比自己好的比较对象产生嫉妒情绪,并且会对遭受不幸的比较对象产生幸灾乐祸情绪。互联网问答社区知乎上曾经有一个有关"人为什么会傻到做损人不利己的事情"的提问,其中点赞最多的回答是:"不利己只是外人的判断。实际上,对某些人来说,看到别人倒霉,他就会产生快感,而这些快感就是他的回报。"

虽然上述结论描述的前景灰暗,但"实然"并不意味着"应然",对社会行为的情感博弈解释并不等于为人的"动物性"进行辩护。从进化角度分析情感的演化机制,可以帮助人们理解自己的行为。我们可以采取以下方法让社会系统向正向和良性发展。

①完善制度和规则,通过有效的奖惩措施鼓励正向情感的发展和演化。根据本章的研究结果,通过设定合理的 T 值与 F 值,使系统进入猎鹿博弈模型(SH 博弈,$0\leqslant T<1$ 且 $-1\leqslant F<0$)或者和谐博弈模型(HG 博弈,$0\leqslant T<1$ 且 $0<F\leqslant 1$)框架,系统将获得相对好的演化稳定策略(ESS)。基于猎鹿博弈模型,系统将根据初始状态(正向情感是否占优)决定最终演化方向("敬上爱下"型或"妒强凌弱"型)。由此可见,保持善良的初心很重要。系统的最终演化方向取决于参数 F 和 T 的大小:F 越大($F\to 0$)、T 越小($T\to 0$),系统演化为"妒强凌弱"型[稳定点(0,0)]的概率越小。基于和谐博弈模型,系统的演化稳定策略为强者完全同情弱者和弱者完全尊敬强者的"敬上爱下"型。

②利用文化、伦理和道德进行社会教化,培养品德高尚的人,以此影响群

体中其他个体的行为决策。个体在作出慈善捐款、志愿服务等亲社会行为决策时,容易受到群体中品德高尚者的影响。

③强化人际交往,基于群体角色和社会角色实现相互依存型自我建构,以此调节社会比较中产生的负向情感。相互依存关系的自我建构可在某些领域将好友纳入自我,产生同化效应,如为好友的成功感到高兴而不是嫉妒。另外,个体在集体文化中更倾向于维护、保持关系与集体中的自我定义,容易产生集体一致性和合作行为。

强者与弱者之间的相处之道反映了社会关系的本质。儒家提倡礼与乐,礼的精神是"序",乐的精神是"和"。大家遵守层级,进退有序,强者在主导弱者的同时给予关怀,弱者在服从强者的同时致以敬意,万物各得其理而后和。正如亚里士多德所言:"人类由于志趣善良而有所成就,成为最优良的动物,如果不讲礼法、违背正义,他就堕落为最恶劣的动物。"

▌参考文献

[1] SALLY D. On sympathy and games [J]. Journal of Economic Behavior & Organization, 2001, 44(1):1—30.

[2] 汪丁丁,罗卫东,叶航. 人类合作秩序的起源与演化 [J]. 社会科学战线, 2005(4):39—47.

[3] 魏丽英,崔裕枫,李东莹. 基于演化博弈论的行人与机动车冲突演化机理研究 [J]. 物理学报, 2018, 67(19):37—49.

[4] 谢能刚,代亚运,暴伟,等. 社会比较情境下情感演化机理分析 [J]. 安徽工业大学学报(自然科学版), 2020, 37(4):396—404.

第 5 章 基于 Moran 过程的情感博弈

扫码查看本章彩图

在第 4 章中,我们将情感类型分为四种,即对强者的尊敬与嫉妒和对弱者的同情与欺凌,建立了情感演化的复制动态方程,分析了均匀混合的无限种群系统演化的平衡点和稳定性,获得了不同参数条件下系统情感表现型的演化机制。本章将针对均匀混合的有限种群系统,基于 Moran 过程研究情感表现型的演化,分析演化达到稳态时的占优情感表现型、群体合作水平和平均收益。

5.1 方法

根据种群类型,演化博弈分析方法可分为两类:一类针对无限种群,其演化博弈动态通常是连续的,一般利用复制动态方程、Smith 动态方程、Brown-von Neumann-Nash(BNN)动态方程等进行研究,利用一组或几组确定的微分方程求出平衡点,利用 Jacobi 矩阵判断平衡点的类型;另一类针对有限种群,其演化博弈动态通常是离散的,一般利用 Moran 过程、局部更新过程、Wright-Fisher 过程、成对比较过程等随机过程方法进行研究,其中 Moran 过程最为常用。

基于 Moran 过程分析种群演化动态时,由于受随机性的影响,在无变异的情况下,策略的演化过程是一个有吸收态的 Markov 链。此时,策略的吸收概率(包括扎根概率)成为分析各策略的演化趋势和占优条件的重要指标。随着研究的深入,博弈收益参数取值和自然选择强度及差异性对演化动态和吸收概率的影响也成为研究热点。但针对 3×3(及以上)对称群体演化博弈的吸收概率,目前尚没有普适的(任意固定的种群规模 N)理论解,其主要困难有以下两点:①三策略(及以上)博弈模型的策略状态描述为二维数组(及以上),系统状态数大致为种群规模 N 的平方(及更高次方),与两策略模型相比,系统分析的复杂度增大。②系统各个状态之间的迁移关系更为多样化,具体表现在转移概率矩阵方面。不像两策略博弈模型,只有主对角线和邻近两条副对角线的元素非零,三策略(及以上)博弈模型存在其他元素非零的情形,因此,难以获得适用于任意固定 N 的转移概率通式。

5.2 适应度

(1)情感类型与策略的对应关系

根据第 4 章定义的四种情感(同情、尊敬、欺凌、嫉妒)与两种策略(竞争、合作)的对应关系,即同情和尊敬对应合作策略,欺凌和嫉妒对应竞争策略,可将有限种群中的情感表现型分为四种:对强者尊敬和对弱者同情的情感表现型(A 类型),对强者嫉妒和对弱者同情的情感表现型(B 类型),对强者尊敬和对弱者欺凌的情感表现型(C 类型),对强者嫉妒和对弱者欺凌的情感表现型(D 类型)。四种情感类型与竞合策略的对应关系如图 5-1 所示。

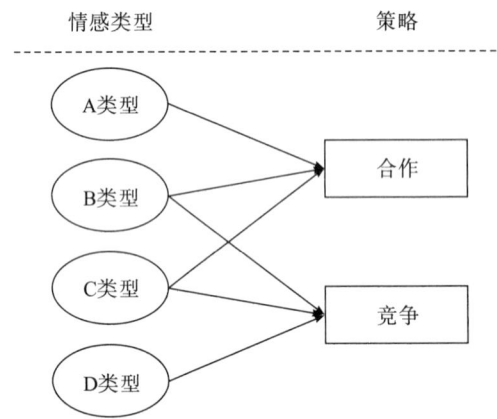

图 5-1 四种情感类型与竞合策略之间的对应关系

(2)博弈收益

假设有限种群充分混合,个体两两随机进行博弈(不考虑自我博弈),种群中任一个体与相对强者(适应度高于自身的个体)或相对弱者(适应度不高于自身的个体)进行博弈的概率均等,采取上述四种情感类型的个体的博弈收益矩阵见表 5-1(所给数值为行博弈方收益)。以 A 类型情感个体与 B 类型情感个体进行博弈为例,由于这两种情感类型的个体作为强者和弱者的机会均等,分别进行讨论:①当 A 类型情感个体作为强者、B 类型情感个体作为弱者时,A 类型对弱者同情(合作),B 类型对强者嫉妒(竞争),因此 A 类型收益为 F,B 类型收益为 T。②当 A 类型情感个体作为弱者、B 类型情感个体作为强者时,A 类型对强者尊敬(合作),B 类型对弱者同情(合作),因此 A 类型收益为 R,B 类型收益为 R。综上所述,A 类型个体博弈收益为 $\frac{F+R}{2}$,B 类型个体博弈收益为 $\frac{T+R}{2}$。

表 5-1 博弈收益矩阵

情感类型	A	B	C	D
A	R	$\frac{F+R}{2}$	$\frac{F+R}{2}$	F
B	$\frac{T+R}{2}$	$\frac{T+F}{2}$	$\frac{R+J}{2}$	$\frac{F+J}{2}$
C	$\frac{T+R}{2}$	$\frac{R+J}{2}$	$\frac{T+F}{2}$	$\frac{F+J}{2}$
D	T	$\frac{T+J}{2}$	$\frac{T+J}{2}$	J

(3) 个体适应度

对于规模为 N 的有限种群,设 i 表示情感类型 A 的个体数量,j 表示情感类型 B 的个体数量,k 表示情感类型 C 的个体数量,$N-i-j-k$ 表示情感类型 D 的个体数量。系统状态定义为三维数组 (i,j,k),其中 $0\leqslant i\leqslant N$,$0\leqslant j\leqslant N$,$0\leqslant k\leqslant N$ 且 $i+j+k\leqslant N$。情感类型 A,B,C,D 的个体适应度 $f_{i,j,k}$,$g_{i,j,k}$,$h_{i,j,k}$ 和 $l_{i,j,k}$ 分别为

$$f_{i,j,k}=1-\omega+\omega\frac{(i-1)R+j\frac{F+R}{2}+k\frac{F+R}{2}+(N-i-j-k)F}{N-1},$$
$$1\leqslant i\leqslant N, \tag{5-1}$$

$$g_{i,j,k}=1-\omega+\omega\frac{i\frac{T+R}{2}+(j-1)\frac{T+F}{2}+k\frac{R+J}{2}+(N-i-j-k)\frac{F+J}{2}}{N-1},$$
$$1\leqslant j\leqslant N, \tag{5-2}$$

$$h_{i,j,k}=1-\omega+\omega\frac{i\frac{T+R}{2}+j\frac{R+J}{2}+(k-1)\frac{T+F}{2}+(N-i-j-k)\frac{F+J}{2}}{N-1},$$
$$1\leqslant k\leqslant N, \tag{5-3}$$

$$l_{i,j,k} = 1 - \omega + \omega \frac{iT + j\frac{T+J}{2} + k\frac{T+J}{2} + (N-i-j-k-1)J}{N-1},$$
$$1 \leqslant N-i-j-k \leqslant N。 \tag{5-4}$$

式中：$\omega \in [0,1]$，表示自然选择的强度，即博弈收益对适应度的贡献；R 为双方合作的奖励；J 为相互竞争的惩罚；T 为竞争成功的诱惑；F 为合作失败的代价。当 $i=0$ 时，适应度 $f_{i,j,k}=0$；当 $j=0$ 时，适应度 $g_{i,j,k}=0$；当 $k=0$ 时，适应度 $h_{i,j,k}=0$；当 $N-i-j-k=0$ 时，适应度 $l_{i,j,k}=0$。

5.3 系统情感状态

系统的情感状态 (i,j,k) 为三维数组，所有 i,j,k 的可能取值组成系统情感状态集 S。系统情感状态集 S 中元素 (i,j,k)（$0 \leqslant i \leqslant N, 0 \leqslant j \leqslant N, 0 \leqslant k \leqslant N, 0 \leqslant i+j+k \leqslant N$）对应的状态序号为

$$k + \sum_{a=1}^{a=j}(N-i+2-a) + \sum_{b=1}^{b=i}\sum_{a=1}^{a=N+2-b}a。$$

系统状态集 S 中总的状态数为

$$N_S = \frac{(N+1)(N+2)(N+3)}{6}。$$

5.4 Moran 过程

对于有限种群，情感类型演化所对应的 Moran 过程在每个时间步以正比于适应度的概率选择一个个体进行复制，并替代一个随机选取的种群个体，可以用 Markov 链来描述系统状态的变化规律。在每个时间步中，系统情感状态的演化有以下 2 种情况。

(1) 情感类型 A 的个体数量 i 增加(或减少)一个

情感类型 A 的个体数量 i 增加(或减少)一个，对应 3 种情形。

第一种情形为情感类型 B 的个体数量 j 减少(或增加)一个，情感类型 C,D 的个体数量保持不变。

第二种情形为情感类型 C 的个体数量 k 减少(或增加)一个，情感类型

B,D 的个体数量保持不变。

第三种情形为情感类型 D 的个体数量 $N-i-j-k$ 减少(或增加)一个，情感类型 B,C 的个体数量保持不变。

上述情形对应的状态转移概率见式(5-5)至式(5-10)。

$${}^{j,j-1}_{k,k}P_{i,i+1} = \frac{i f_{i,j,k}}{i f_{i,j,k} + j g_{i,j,k} + k h_{i,j,k} + (N-i-j-k) l_{i,j,k}} \cdot \frac{j}{N} \quad (5\text{-}5)$$

$${}^{j,j}_{k,k-1}P_{i,i+1} = \frac{i f_{i,j,k}}{i f_{i,j,k} + j g_{i,j,k} + k h_{i,j,k} + (N-i-j-k) l_{i,j,k}} \cdot \frac{k}{N} \quad (5\text{-}6)$$

$${}^{j,j}_{k,k}P_{i,i+1} = \frac{i f_{i,j,k}}{i f_{i,j,k} + j g_{i,j,k} + k h_{i,j,k} + (N-i-j-k) l_{i,j,k}} \cdot \frac{N-i-j-k}{N}$$

$$(5\text{-}7)$$

$${}^{j,j+1}_{k,k}P_{i,i-1} = \frac{j g_{i,j,k}}{i f_{i,j,k} + j g_{i,j,k} + k h_{i,j,k} + (N-i-j-k) l_{i,j,k}} \cdot \frac{i}{N} \quad (5\text{-}8)$$

$${}^{j,j}_{k,k+1}P_{i,i-1} = \frac{k h_{i,j,k}}{i f_{i,j,k} + j g_{i,j,k} + k h_{i,j,k} + (N-i-j-k) l_{i,j,k}} \cdot \frac{i}{N} \quad (5\text{-}9)$$

$${}^{j,j}_{k,k}P_{i,i-1} = \frac{(N-i-j-k) l_{i,j,k}}{i f_{i,j,k} + j g_{i,j,k} + k h_{i,j,k} + (N-i-j-k) l_{i,j,k}} \cdot \frac{i}{N} \quad (5\text{-}10)$$

式中：${}^{j,j-1}_{k,k}P_{i,i+1}$ 是从状态 (i,j,k) 到状态 $(i+1,j-1,k)$ 的转移概率，其他符号的含义与之类似；N 为种群规模；i 表示情感类型 A 的个体数量；j 表示情感类型 B 的个体数量；k 表示情感类型 C 的个体数量；$N-i-j-k$ 表示情感类型 D 的个体数量。

(2) 情感类型 A 的个体数量 i 保持不变

情感类型 A 的个体数量 i 保持不变，对应以下 7 种情形。

第一种情形为情感类型 B 的个体数量 j 增加一个，情感类型 C 的个体数量 k 减少一个，情感类型 D 的个体数量 $N-i-j-k$ 保持不变，对应的状态转移概率见式(5-11)。

第二种情形为情感类型 B 的个体数量 j 增加一个，情感类型 C 的个体数量 k 保持不变，情感类型 D 的个体数量 $N-i-j-k$ 减少一个，对应的状态转移概率见式(5-12)。

第三种情形为情感类型 B 的个体数量 j 减少一个，情感类型 C 的个体数量 k 增加一个，情感类型 D 的个体数量 $N-i-j-k$ 保持不变，对应的状态转移概率见式(5-13)。

第四种情形为情感类型B的个体数量j减少一个,情感类型C的个体数量k保持不变,情感类型D的个体数量$N-i-j-k$增加一个,对应的状态转移概率见式(5-14)。

第五种情形为情感类型B的个体数量j保持不变,情感类型C的个体数量k增加一个,情感类型D的个体数量$N-i-j-k$减少一个,对应的状态转移概率见式(5-15)。

第六种情形为情感类型B的个体数量j保持不变,情感类型C的个体数量k减少一个,情感类型D的个体数量$N-i-j-k$增加一个,对应的状态转移概率见式(5-16)。

第七种情形为情感类型B的个体数量j保持不变,情感类型C的个体数量k保持不变,情感类型D的个体数量$N-i-j-k$保持不变,对应的状态转移概率见式(5-17)。

$$_{k,k-1}^{j,j+1}P_{i,i} = \frac{jg_{i,j,k}}{if_{i,j,k}+jg_{i,j,k}+kh_{i,j,k}+(N-i-j-k)l_{i,j,k}} \cdot \frac{k}{N} \quad (5-11)$$

$$_{k,k}^{j,j+1}P_{i,i} = \frac{jg_{i,j,k}}{if_{i,j,k}+jg_{i,j,k}+kh_{i,j,k}+(N-i-j-k)l_{i,j,k}} \cdot \frac{N-i-j-k}{N} \quad (5-12)$$

$$_{k,k+1}^{j,j-1}P_{i,i} = \frac{kh_{i,j,k}}{if_{i,j,k}+jg_{i,j,k}+kh_{i,j,k}+(N-i-j-k)l_{i,j,k}} \cdot \frac{j}{N} \quad (5-13)$$

$$_{k,k}^{j,j-1}P_{i,i} = \frac{(N-i-j-k)l_{i,j,k}}{if_{i,j,k}+jg_{i,j,k}+kh_{i,j,k}+(N-i-j-k)l_{i,j,k}} \cdot \frac{j}{N} \quad (5-14)$$

$$_{k,k+1}^{j,j}P_{i,i} = \frac{kh_{i,j,k}}{if_{i,j,k}+jg_{i,j,k}+kh_{i,j,k}+(N-i-j-k)l_{i,j,k}} \cdot \frac{N-i-j-k}{N} \quad (5-15)$$

$$_{k,k-1}^{j,j}P_{i,i} = \frac{(N-i-j-k)l_{i,j,k}}{if_{i,j,k}+jg_{i,j,k}+kh_{i,j,k}+(N-i-j-k)l_{i,j,k}} \cdot \frac{k}{N} \quad (5-16)$$

$$_{k,k}^{j,j}P_{i,i} = \frac{if_{i,j,k} \cdot i + jg_{i,j,k} \cdot j + kh_{i,j,k} \cdot k + (N-i-j-k)l_{i,j,k} \cdot (N-i-j-k)}{[if_{i,j,k}+jg_{i,j,k}+kh_{i,j,k}+(N-i-j-k)l_{i,j,k}] \cdot N} \quad (5-17)$$

式中$_{k,k-1}^{j,j+1}P_{i,i}$是从状态(i,j,k)到状态$(i,j+1,k-1)$的转移概率,其他符号的含义与之类似。

5.5 转移概率矩阵与吸收态

利用式(5-5)至式(5-17)计算系统情感状态之间的转移概率,然后利用系统情感状态编号规则得到对应序号的状态之间的转移概率 $p_{a,b}$,形成系统转移概率矩阵

$$P = [p_{a,b}]_{a,b\in S} = \begin{bmatrix} p_{0,0} & p_{0,1} & \cdots & p_{0,N_S-1} \\ p_{1,0} & p_{1,1} & \cdots & p_{1,N_S-1} \\ \vdots & \vdots & \ddots & \vdots \\ p_{N_S-1,0} & p_{N_S-1,1} & \cdots & p_{N_S-1,N_S-1} \end{bmatrix}。$$

矩阵中元素满足两个条件:① $p_{a,b} \geqslant 0 (a,b \in S)$。② $\sum_{b\in S} p_{a,b} = 1 (a \in S)$。

定义1(平稳分布) 设 Markov 链 $\{X_n, n \geqslant 0\}$ 的转移概率矩阵 $P = [p_{a,b}]_{a,b\in S}$,如果非负数列 $\{\pi_b\}$ 满足下列条件,则称 $\{\pi_b\}$ 为 Markov 链 $\{X_n, n \geqslant 0\}$ 的平稳分布概率:① $\sum_{b\in S}\pi_b = 1$。② $\pi_b = \sum_a \pi_a p_{a,b} (a \in S, b \in S)$。其中条件②可改写为矩阵形式

$$\pi = \pi P, \tag{5-18}$$

其中 $\pi = \{\pi_0, \pi_1, \cdots, \pi_{N_S-1}\}$。

根据式(5-17),结合系统策略状态编号规则,计算可得

$$p_{0,0} = {}_{0,0}^{0,0}P_{0,0} = \frac{N^2}{N}\frac{l_{0,0,0}}{l_{0,0,0}} \cdot \frac{1}{N} = 1, \tag{5-19}$$

$$p_{N,N} = {}_{N,N}^{0,0}P_{0,0} = \frac{N^2}{N}\frac{h_{0,0,N}}{h_{0,0,N}} \cdot \frac{1}{N} = 1, \tag{5-20}$$

$$p_{\frac{(N+1)(N+2)}{2}-1,\frac{(N+1)(N+2)}{2}-1} = {}_{0,0}^{N,N}P_{0,0} = \frac{N^2}{N}\frac{g_{0,N,0}}{g_{0,N,0}} \cdot \frac{1}{N} = 1, \tag{5-21}$$

$$p_{N_S-1,N_S-1} = {}_{0,0}^{0,0}P_{N,N} = \frac{N^2}{N}\frac{f_{N,0,0}}{f_{N,0,0}} \cdot \frac{1}{N} = 1。 \tag{5-22}$$

由于 $p_{0,0}, p_{N,N}, p_{\frac{(N+1)(N+2)}{2}-1,\frac{(N+1)(N+2)}{2}-1}$ 和 p_{N_S-1,N_S-1} 的值为 1,因此 $S_0 (i=0, j=0, k=0), S_N (i=0, j=0, k=N), S_{\frac{(N+1)(N+2)}{2}-1}(i=0, j=N, k=0)$ 和 $S_{N_S-1}(i=N, j=0, k=0)$ 为系统的 4 种吸收态。当系统处于吸收态时,系统中所有 N 个个体都为同一种情感类型。例如,吸收态 S_0 对应群体中所有个体均为情感类型 D,吸

收态S_N对应群体中所有个体均为情感类型 C,吸收态$S_{\frac{(N+1)(N+2)}{2}-1}$对应群体中所有个体均为情感类型 B,吸收态$S_{N_S-1}$对应群体中所有个体均为情感类型 A。

由于系统演化的稳态必然是以上 4 种吸收态之一,因此,在一个混合有限种群环境中,最初的 4 种情感类型中有 3 种情感类型将随着系统的演化而逐渐消亡,即有限种群中不存在情感类型共存现象。在有限种群中,无论最初种群中个体的情感类型如何分布,最终只有一种情感类型的个体得以在演化过程中生存。

5.6 吸收概率

以 $N=4$ 的情形为例,对系统吸收态进行深入研究。参数设置为 $R=1$,$J=0,1 \leqslant T \leqslant 2,-1 \leqslant F \leqslant 0$,计算出系统状态集 S 中总的状态元素数为 35,其中状态 S_0、状态 S_4、状态 S_{14}、状态 S_{34} 为 4 种吸收态。系统从任何一种初始状态出发,经过多次的状态转移,最终都会被这 4 种吸收态之一吸收。

(1)转移概率自循环简化

将参数 T,F,ω 代入本书 5.5 节的转移概率矩阵[根据式(5-5)至式(5-17)计算得到],可以得到所有 35 种初始状态经一步转移后所能到达的状态及相应概率,见附录Ⅰ。一些状态可通过转移到达自身状态并不断自循环。以初始状态 S_1 为例,我们将$S_1 \to S_0,S_1 \to S_1 \to S_0,\cdots,S_1 \to S_1 \to \cdots \to S_1 \to S_0$ 称为 $\overline{S_1 \to S_0}$(初始状态 S_1 的自循环过程)。则 $\overline{S_1 \to S_0}$ 的概率为

$$\begin{aligned} & p_{1,0} + p_{1,0}\, p_{1,1} + p_{1,0}\, p_{1,1}^2 + \cdots + p_{1,0}\, p_{1,1}^n + \cdots \\ & = p_{1,0} \lim_{n \to \infty} \frac{1-p_{1,1}^n}{1-p_{1,1}} = \frac{p_{1,0}}{1-p_{1,1}} \end{aligned} \quad (5\text{-}23)$$

代入 $p_{1,0}$ 和 $p_{1,1}$(见附录Ⅰ),得到 $\overline{S_1 \to S_0}$ 的概率为 $\dfrac{T\omega-6\omega+6}{3F\omega-12\omega+T\omega+12}$。

对其他自循环情况进行同样的处理,经过自循环简化后的系统一步转移到达的状态和相应概率见附录Ⅱ。

扫码查看附录Ⅱ

(2) 吸收概率的理论推导

1) 被 2 种吸收态吸收的情形

分析发现,从初始状态 $S_1,S_2,S_3,S_5,S_8,S_9,S_{11},S_{12},S_{13},S_{15},S_{18},S_{24},S_{25},S_{27},S_{30},S_{31},S_{32},S_{33}$ 出发,最终只能被 4 种吸收态中的 2 种吸收。其中,状态 S_1,S_2,S_3 最终被 S_0 或 S_4 吸收;状态 S_5,S_9,S_{12} 最终被 S_0 或 S_{14} 吸收;状态 S_{15},S_{25},S_{31} 最终被 S_0 或 S_{34} 吸收;状态 S_8,S_{11},S_{13} 最终被 S_4 或 S_{14} 吸收;状态 S_{18},S_{27},S_{32} 最终被 S_4 或 S_{34} 吸收;状态 S_{24},S_{30},S_{33} 最终被 S_{14} 或 S_{34} 吸收。

下面以初始状态 S_1 为例,推导其被吸收态 S_0 或 S_4 吸收的概率。图 5-2 展示了从初始状态 S_1 出发的五步随机转移过程。

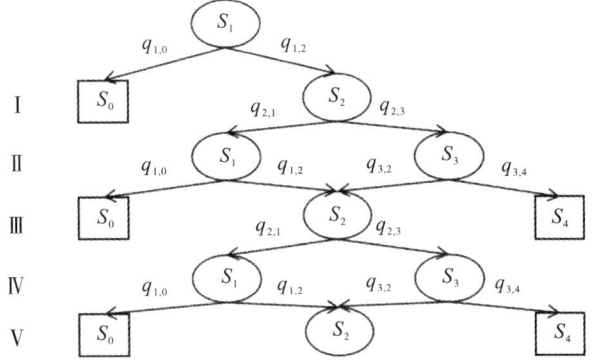

图 5-2 从初始状态S_1出发的五步随机转移过程

从状态 S_1 出发,经过三步转移后其能到达的状态只有 S_0,S_2 和 S_4。令 $q_{S_u \to S_v}$ 表示状态 S_u 经三步到达 S_v 的概率,则从初始状态 S_1 经三步到达状态 S_0,S_2,S_4 的相应概率分别为

$$q_{S_1 \to S_0} = q_{1,2}\, q_{2,1}\, q_{1,0},$$
$$q_{S_1 \to S_2} = q_{1,2}(q_{2,1}\, q_{1,2} + q_{2,3}\, q_{3,2}),$$
$$q_{S_1 \to S_4} = q_{1,2}\, q_{2,3}\, q_{3,4}。$$

从三步随机转移到达的状态S_2出发,再进行两步随机转移,又回到了S_0, S_2 和S_4。因此,从初始状态S_1出发,转移五步后能到达的状态有S_0,S_2 和S_4,其相应的到达概率为$q_{S_1 \to S_2} q_{2,1} q_{1,0}$,$q_{S_1 \to S_2}(q_{2,1}q_{1,2} + q_{2,3}q_{3,2})$ 和 $q_{S_1 \to S_2} q_{2,3} q_{3,4}$。

可以看出,如果初始状态为S_1,三步之后将不断进行S_2到状态集(S_0,S_2,S_4)的循环。下面我们将$S_2 \to S_0, S_2 \to S_2 \to S_0, \cdots, S_2 \to S_2 \to \cdots \to S_2 \to S_0$ 称为

$\overline{S_2 \to S_0}$,其概率为

$$q_{S_1 \to S_2}[q_{2,1}\,q_{1,0} + q_{2,1}\,q_{1,0}(q_{2,1}\,q_{1,2} + q_{2,3}\,q_{3,2}) + q_{2,1}\,q_{1,0}(q_{2,1}\,q_{1,2} + q_{2,3}\,q_{3,2})^2 + \cdots + q_{2,1}\,q_{1,0}(q_{2,1}\,q_{1,2} + q_{2,3}\,q_{3,2})^n + \cdots]$$

$$= q_{S_1 \to S_2} q_{2,1}\,q_{1,0} \lim_{n \to \infty} \frac{1 - (q_{2,1}\,q_{1,2} + q_{2,3}\,q_{3,2})^n}{1 - (q_{2,1}\,q_{1,2} + q_{2,3}\,q_{3,2})}$$

$$= \frac{q_{S_1 \to S_2} q_{2,1}\,q_{1,0}}{1 - (q_{2,1}\,q_{1,2} + q_{2,3}\,q_{3,2})}$$

$$= \frac{q_{S_1 \to S_2} q_{2,1}\,q_{1,0}}{q_{2,1}\,q_{1,0} + q_{2,3}\,q_{3,4}}。 \tag{5-24}$$

同理,这里我们将 $S_2 \to S_4, S_2 \to S_2 \to S_4, \cdots, S_2 \to S_2 \to \cdots \to S_2 \to S_4$ 称为 $\overline{S_2 \to S_4}$,其概率为

$$q_{S_1 \to S_2}[q_{2,3}\,q_{3,4} + q_{2,3}\,q_{3,4}(q_{2,1}\,q_{1,2} + q_{2,3}\,q_{3,2}) + q_{2,3}\,q_{3,4}(q_{2,1}\,q_{1,2} + q_{2,3}\,q_{3,2})^2 + \cdots + q_{2,3}\,q_{3,4}(q_{2,1}\,q_{1,2} + q_{2,3}\,q_{3,2})^n + \cdots]$$

$$= q_{S_1 \to S_2} q_{2,3}\,q_{3,4} \lim_{n \to \infty} \frac{1 - (q_{2,1}\,q_{1,2} + q_{2,3}\,q_{3,2})^n}{1 - (q_{2,1}\,q_{1,2} + q_{2,3}\,q_{3,2})}$$

$$= \frac{q_{S_1 \to S_2} q_{2,3}\,q_{3,4}}{1 - (q_{2,1}\,q_{1,2} + q_{2,3}\,q_{3,2})}$$

$$= \frac{q_{S_1 \to S_2} q_{2,3}\,q_{3,4}}{q_{2,1}\,q_{1,0} + q_{2,3}\,q_{3,4}}。 \tag{5-25}$$

根据以上分析,可得从初始状态 S_1 出发,被 S_0 吸收的概率 $\lambda_{S_1 \to S_0}$ 为(一步到达吸收态 S_0 +三步到达吸收态 S_0 +五步及之后到达吸收态 S_0)

$$\lambda_{S_1 \to S_0} = q_{1,0} + q_{1,2}\,q_{2,1}\,q_{1,0} + \frac{q_{S_1 \to S_2} q_{2,1}\,q_{1,0}}{q_{2,1}\,q_{1,0} + q_{2,3}\,q_{3,4}}。 \tag{5-26}$$

同理,可得从初始状态 S_1 出发,被 S_4 吸收的概率 $\lambda_{S_1 \to S_4}$ 为

$$\lambda_{S_1 \to S_4} = q_{1,2}\,q_{2,3}\,q_{3,4} + \frac{q_{S_1 \to S_2} q_{2,3}\,q_{3,4}}{q_{2,1}\,q_{1,0} + q_{2,3}\,q_{3,4}}。 \tag{5-27}$$

同理,可计算从初始状态 $S_2, S_3, S_5, S_8, S_9, S_{11}, S_{12}, S_{13}, S_{15}, S_{18}, S_{24}, S_{25}, S_{27}, S_{30}, S_{31}, S_{32}, S_{33}$ 出发,被对应吸收态吸收的概率,具体结果见附录Ⅲ。

2)被 3 种吸收态吸收的情形

分析发现,从初始状态 $S_6, S_7, S_{10}, S_{16}, S_{17}, S_{19}, S_{21}, S_{22}, S_{23}, S_{26}, S_{28}, S_{29}$ 出发,最终只能被 4 种吸收态中的 3 种吸收。其中,状态 S_6, S_7, S_{10} 最终被

扫码查看附录Ⅲ

S_0, S_4, S_{14} 吸收；状态 S_{16}, S_{17}, S_{26} 最终被 S_0, S_4, S_{34} 吸收；状态 S_{19}, S_{22}, S_{28} 最终被 S_0, S_{14}, S_{34} 吸收；状态 S_{21}, S_{23}, S_{29} 最终被 S_4, S_{14}, S_{34} 吸收。

下面以初始状态 S_6 为例，推导分析其被 S_0, S_4, S_{14} 吸收的概率。如图 5-3 所示为从初始状态 S_6 出发的四步随机转移过程。

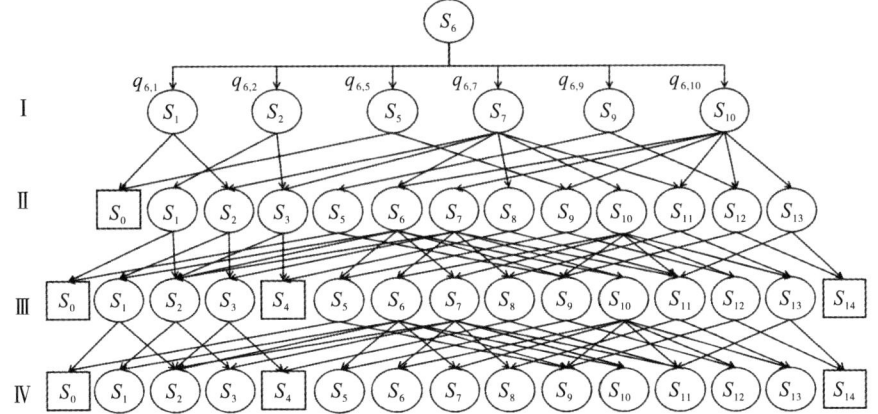

图 5-3　从初始状态 S_6 出发的四步随机转移过程

从图 5-3 可知，从状态 S_6 出发经三步转移后，其能到达的状态有 S_0, S_1, S_2, S_3, S_4, S_5, S_6, S_7, S_8, S_9, S_{10}, S_{11}, S_{12}, S_{13} 和 S_{14}。根据图 5-3 所示的状态转移路径，结合对应的状态转移概率，可以得到相应的三步到达概率。例如，经三步转移到达状态 S_1 的概率为

$$q_{S_6 \to S_1} = q_{6,1} q_{1,2} q_{2,1} + q_{6,7} q_{7,2} q_{2,1} + q_{6,7} q_{7,6} q_{6,1} + q_{6,10} q_{10,6} q_{6,1}。$$

同理，可得经三步转移到达状态 S_0, S_4 和 S_{14} 的吸收概率分别为

$$q_{S_6 \to S_0} = q_{6,2} q_{2,1} q_{1,0} + q_{6,9} q_{9,5} q_{5,0},$$

$$q_{S_6 \to S_4} = q_{6,2} q_{2,3} q_{3,4} + q_{6,7} q_{7,3} q_{3,4} + q_{6,7} q_{7,8} q_{8,4},$$

$$q_{S_6 \to S_{14}} = q_{6,9} q_{9,12} q_{12,14} + q_{6,10} q_{10,12} q_{12,14} + q_{6,10} q_{10,13} q_{13,14}。$$

根据图 5-3，从三步转移到达的所有非吸收态出发，再进行一步随机转移，可到达的还是 S_0, S_1, S_2, S_3, S_4, S_5, S_6, S_7, S_8, S_9, S_{10}, S_{11}, S_{12}, S_{13} 和 S_{14}。根据图 5-3 所示的状态转移路径，结合对应的状态转移概率，可以获得四步随机转移后的到达概率。例如，在三步转移的基础上，再经一步转移后到达状态 S_1 的概率为 $q_{S_6 \to S_2} q_{2,1} + q_{S_6 \to S_6} q_{6,1}$。同理，可得其他到达概率。

令 q_{S_u} 表示状态 S_u 经三步随机转移到达所有非吸收态的概率之和，则

$$q_{S_6} = q_{S_6 \to S_1} + q_{S_6 \to S_2} + q_{S_6 \to S_3} + q_{S_6 \to S_5} + q_{S_6 \to S_6} + q_{S_6 \to S_7} + q_{S_6 \to S_8} +$$

$$q_{S_6 \to S_9} + q_{S_6 \to S_{10}} + q_{S_6 \to S_{11}} + q_{S_6 \to S_{12}} + q_{S_6 \to S_{13}}。$$

令 r_{S_u} 表示状态 S_u 经四步随机转移到达所有非吸收态的概率之和，则

$r_{S_6} = q_{S_6 \to S_2} q_{2,1} + q_{S_6 \to S_6} q_{6,1} + q_{S_6 \to S_1} q_{1,2} + q_{S_6 \to S_3} q_{3,2} + q_{S_6 \to S_6} q_{6,2} + q_{S_6 \to S_7} q_{7,2} +$
$\quad q_{S_6 \to S_2} q_{2,3} + q_{S_6 \to S_7} q_{7,3} + q_{S_6 \to S_9} q_{9,5} + q_{S_6 \to S_6} q_{6,5} + q_{S_6 \to S_{10}} q_{10,6} + q_{S_6 \to S_7} q_{7,6} +$
$\quad q_{S_6 \to S_6} q_{6,7} + q_{S_6 \to S_{10}} q_{10,7} + q_{S_6 \to S_{11}} q_{11,8} + q_{S_6 \to S_7} q_{7,8} + q_{S_6 \to S_6} q_{6,9} + q_{S_6 \to S_{10}} q_{10,9} +$
$\quad q_{S_6 \to S_5} q_{5,9} + q_{S_6 \to S_{12}} q_{12,9} + q_{S_6 \to S_6} q_{6,10} + q_{S_6 \to S_7} q_{7,10} + q_{S_6 \to S_8} q_{8,11} + q_{S_6 \to S_{10}} q_{10,11} +$
$\quad q_{S_6 \to S_7} q_{7,11} + q_{S_6 \to S_{13}} q_{13,11} + q_{S_6 \to S_9} q_{9,12} + q_{S_6 \to S_{10}} q_{10,12} + q_{S_6 \to S_{10}} q_{10,13} + q_{S_6 \to S_{11}} q_{11,13}。$

将 $S_1, S_2, S_3, S_5, S_6, S_7, S_8, S_9, S_{10}, S_{11}, S_{12}$ 和 S_{13} 等状态组成的集合称为 S_L，四步及之后将不断进行 S_L 到 (S_0, S_L, S_4, S_{14}) 的循环。我们将四步及之后的 $S_L \to S_0, S_L \to S_L \to S_0, \cdots, S_L \to S_L \to \cdots \to S_L \to S_0$ 称为 $\overline{S_L} \to S_0$，其概率为

$$\frac{q_{S_6}(q_{S_6 \to S_1} q_{1,0} + q_{S_6 \to S_5} q_{5,0})}{q_{S_6} - r_{S_6}};$$

将四步及之后的 $S_L \to S_4, S_L \to S_L \to S_4, \cdots, S_L \to S_L \to \cdots \to S_L \to S_4$ 称为 $\overline{S_L} \to S_4$，其概率为

$$\frac{q_{S_6}(q_{S_6 \to S_3} q_{3,4} + q_{S_6 \to S_8} q_{8,4})}{q_{S_6} - r_{S_6}};$$

将四步及之后的 $S_L \to S_{14}, S_L \to S_L \to S_{14}, \cdots, S_L \to S_L \to \cdots \to S_L \to S_{14}$ 称为 $\overline{S_L} \to S_{14}$，其概率为

$$\frac{q_{S_6}(q_{S_6 \to S_{12}} q_{12,14} + q_{S_6 \to S_{13}} q_{13,14})}{q_{S_6} - r_{S_6}}。$$

所以，状态 S_6 被 S_0, S_4 和 S_{14} 吸收的概率分别为（两步到达吸收态的概率＋三步到达吸收态的概率＋四步及之后到达吸收态的概率）

$$\lambda_{S_6 \to S_0} = q_{6,1} q_{1,0} + q_{6,5} q_{5,0} + q_{S_6 \to S_0} + \frac{q_{S_6}(q_{S_6 \to S_1} q_{1,0} + q_{S_6 \to S_5} q_{5,0})}{q_{S_6} - r_{S_6}}, \quad (5\text{-}28)$$

$$\lambda_{S_6 \to S_4} = q_{S_6 \to S_4} + \frac{q_{S_6}(q_{S_6 \to S_3} q_{3,4} + q_{S_6 \to S_8} q_{8,4})}{q_{S_6} - r_{S_6}}, \quad (5\text{-}29)$$

$$\lambda_{S_6 \to S_{14}} = q_{S_6 \to S_{14}} + \frac{q_{S_6}(q_{S_6 \to S_{12}} q_{12,14} + q_{S_6 \to S_{13}} q_{13,14})}{q_{S_6} - r_{S_6}}。 \quad (5\text{-}30)$$

同理，可计算从初始状态 $S_7, S_{10}, S_{16}, S_{17}, S_{19}, S_{21}, S_{22}, S_{23}, S_{26}, S_{28}, S_{29}$ 出发，被相应 3 种吸收态吸收的概率，具体结果见附录Ⅳ。

扫码查看附录Ⅳ

3) 被 4 种吸收态吸收的情形

分析发现,从初始状态 S_{20} 出发可以被 4 种吸收态吸收。图 5-4 为从初始状态 S_{20} 出发的四步随机转移过程。从图 5-4 可以看出,经过三步及以上随机转移可以到达系统的所有状态。

根据图 5-4 所示的状态转移路径,结合对应的状态转移概率,可以得到相应的三步到达概率 $q_{S_{20} \to S_v}$。令 $q_{S_{20}}$ 为 S_{20} 经三步到达的所有非吸收态的概率之和,$r_{S_{20}}$ 为 S_{20} 经四步到达的所有非吸收态的概率之和。将所有非吸收态组成的集合称为 S_Q,四步及之后将不断进行 S_Q 到 $(S_0, S_Q, S_4, S_{14}, S_{34})$ 的循环。我们将四步及之后的 $S_Q \to S_0, S_Q \to S_Q \to S_0, \cdots, S_Q \to S_Q \to \cdots \to S_Q \to S_0$ 称为 $\overline{S_Q} \to S_0$,其到达概率为

$$\frac{q_{S_{20}}(q_{S_{20} \to S_1}q_{1,0} + q_{S_{20} \to S_5}q_{5,0} + q_{S_{20} \to S_{15}}q_{15,0})}{q_{S_{20}} - r_{S_{20}}}。$$

同理,可得 $\overline{S_Q} \to S_4$ 的到达概率为

$$\frac{q_{S_{20}}(q_{S_{20} \to S_3}q_{3,4} + q_{S_{20} \to S_8}q_{8,4} + q_{S_{20} \to S_{18}}q_{18,4})}{q_{S_{20}} - r_{S_{20}}};$$

$\overline{S_Q} \to S_{14}$ 的到达概率为

$$\frac{q_{S_{20}}(q_{S_{20} \to S_{12}}q_{12,14} + q_{S_{20} \to S_{13}}q_{13,14} + q_{S_{20} \to S_{24}}q_{24,14})}{q_{S_{20}} - r_{S_{20}}};$$

$\overline{S_Q} \to S_{34}$ 的到达概率为

$$\frac{q_{S_{20}}(q_{S_{20} \to S_{31}}q_{31,34} + q_{S_{20} \to S_{32}}q_{32,34} + q_{S_{20} \to S_{33}}q_{33,34})}{q_{S_{20}} - r_{S_{20}}}。$$

所以,状态 S_{20} 被 S_0, S_4, S_{14}, S_{34} 吸收的概率分别为(三步到达吸收态的概率 + 四步及之后到达吸收态的概率)

$$\lambda_{S_{20} \to S_0} = q_{S_{20} \cdot S_0} + \frac{q_{S_{20}}(q_{S_{20} \to S_1}q_{1,0} + q_{S_{20} \to S_5}q_{5,0} + q_{S_{20} \to S_{15}}q_{15,0})}{q_{S_{20}} - r_{S_{20}}}, \tag{5-31}$$

$$\lambda_{S_{20} \to S_4} = q_{S_{20} \to S_4} + \frac{q_{S_{20}}(q_{S_{20} \to S_3}q_{3,4} + q_{S_{20} \to S_8}q_{8,4} + q_{S_{20} \to S_{18}}q_{18,4})}{q_{S_{20}} - r_{S_{20}}}, \tag{5-32}$$

$$\lambda_{S_{20} \to S_{14}} = q_{S_{20} \to S_{14}} + \frac{q_{S_{20}}(q_{S_{20} \to S_{12}}q_{12,14} + q_{S_{20} \to S_{13}}q_{13,14} + q_{S_{20} \to S_{24}}q_{24,14})}{q_{S_{20}} - r_{S_{20}}}, \tag{5-33}$$

$$\lambda_{S_{20} \to S_{34}} = q_{S_{20} \to S_{34}} + \frac{q_{S_{20}}(q_{S_{20} \to S_{31}}q_{31,34} + q_{S_{20} \to S_{32}}q_{32,34} + q_{S_{20} \to S_{33}}q_{33,34})}{q_{S_{20}} - r_{S_{20}}}。 \tag{5-34}$$

66　情感博弈：合作演化的感性机制

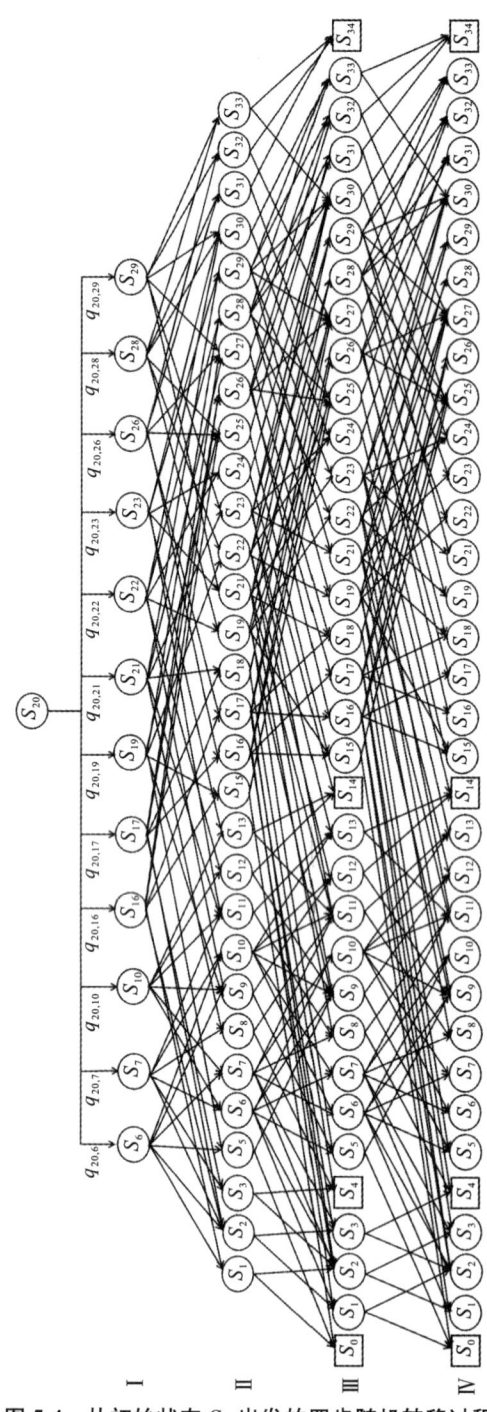

图 5-4　从初始状态 S_{20} 出发的四步随机转移过程

(3) 系统的吸收概率

上面推导了系统从各个初始状态出发被 4 种吸收态吸收的概率,下面定义系统吸收概率。

定义 2 系统从所有可能的初始状态出发,最终被吸收态吸收的平均概率称为系统吸收概率。令 b_{S_i} 为初始状态 $S_i(i=0,1,2,\cdots,34)$ 的发生概率。例如,状态 S_{29} 对应 $(i,j,k)=(2,1,1)$,其发生概率为 $b_{S_{29}}=\dfrac{C_4^2 C_2^1}{4^4}$。系统被 4 种吸收态吸收的概率 $a_j(j=0,4,14,34)$ 为

$$a_j = \sum_{i=0}^{34} (b_{S_i} \lambda_{S_i \to S_j})。 \tag{5-35}$$

式中 $\lambda_{S_i \to S_j}$ 表示状态 S_i 被 S_j 吸收的概率 $(j=0,4,14,34)$。

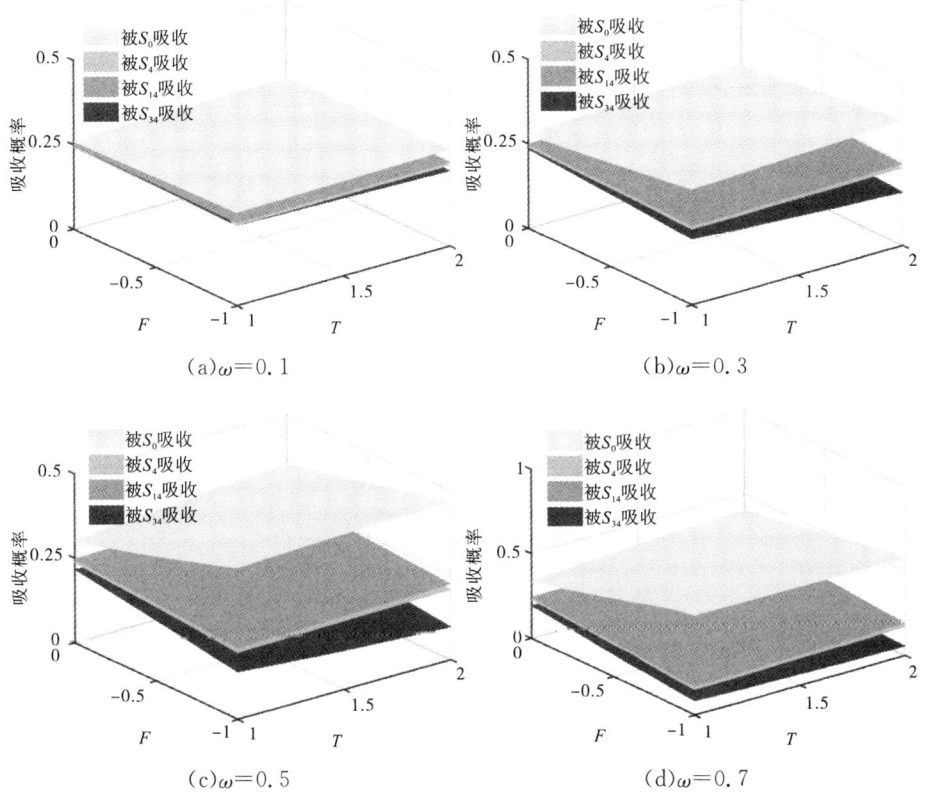

图 5-5 不同自然选择强度下的系统吸收概率(后附彩图)

图 5-5 显示了不同自然选择强度下的系统吸收概率。吸收态 $S_0(0,0,0)$ 对应群体均为情感类型 D,即对强者嫉妒和对弱者欺凌。吸收态 $S_4(0,0,4)$

对应群体均为情感类型 C,即对强者尊敬和对弱者欺凌。吸收态 $S_{14}(0,4,0)$ 对应群体均为情感类型 B,即对强者嫉妒和对弱者同情。吸收态 $S_{34}(4,0,0)$ 对应群体均为情感类型 A,即对强者尊敬和对弱者同情。其中情感类型 A 属于正向型,情感类型 D 属于负向型,情感类型 B 和 C 属于中性型。

从图 5-5 可以看出:①系统被情感类型 D 吸收的概率＞被情感类型 B 吸收的概率＞被情感类型 C 吸收的概率＞被情感类型 A 吸收的概率。②随着选择强度 ω 的增大,系统被正向型情感类型 A 吸收的概率逐渐减小,被负向型情感类型 D 吸收的概率逐渐增大,被中性型情感类型 B 和 C 吸收的概率基本不变。③随着竞争成功的诱惑 $T\rightarrow 2$ 和合作失败的代价 $F\rightarrow -1$,系统被正向型情感类型 A 吸收的概率逐渐减小,被负向型情感类型 D 吸收的概率逐渐增大,被中性型情感类型 B 和 C 吸收的概率微幅减小。

5.7 扎根概率

定义 3 在有限种群(规模为 N)中,采用策略 x 的单个个体完全入侵由采用其他策略的个体组成的种群的概率为 ρ_x,称为策略 x 的扎根概率。

定义 4 若策略 x 的扎根概率大于中性概率 $\left(\dfrac{1}{N}\right)$,则称自然选择倾向于策略 x 替代其他策略。[1]

根据定义3,针对上述 $N=4$ 的情形,情感 A 的扎根概率为 ρ_A,表示特定系统状态类 $S_{jk}=(1,j,k)$(对应的状态有 $S_{15},S_{16},S_{17},S_{18},S_{19},S_{20},S_{21},S_{22}$, S_{23} 和 S_{24})被 $S_{34}(4,0,0)$ 吸收的概率,即

$$\rho_A = \sum_{j,k}(\mu_{S_{jk}} \lambda_{S_{jk}\rightarrow S_{34}}). \tag{5-36}$$

式中 $\mu_{S_{jk}}$ 和 $\lambda_{S_{jk}\rightarrow S_{34}}$ 分别表示状态 $S_{15},S_{16},S_{17},S_{18},S_{19},S_{20},S_{21},S_{22},S_{23}$ 及 S_{24} 在该特定系统状态类 $S_{jk}=(1,j,k)$ 中的发生概率和被 S_{34} 吸收的概率。

状态 $S_{15}(1,0,0)$ 有 C_4^1 种组合情况,状态 $S_{16}(1,0,1)$ 有 $C_4^1 C_3^1$ 种组合情况,状态 $S_{17}(1,0,2)$ 有 $C_4^1 C_3^2$ 种组合情况,状态 $S_{18}(1,0,3)$ 有 $C_4^1 C_3^3$ 种组合情况,状态 $S_{19}(1,1,0)$ 有 $C_4^1 C_3^1$ 种组合情况,状态 $S_{20}(1,1,1)$ 有 $C_4^1 C_3^1 C_2^1$ 种组合情况,状态 $S_{21}(1,1,2)$ 有 $C_4^1 C_3^1 C_2^2$ 种组合情况,状态 $S_{22}(1,2,0)$ 有 $C_4^1 C_3^2$ 种组合情况,状态 $S_{23}(1,2,1)$ 有 $C_4^1 C_3^2 C_1^1$ 种组合情况,状态 $S_{24}(1,3,0)$ 有 $C_4^1 C_3^3$ 种组合情况。该特

定系统状态类 $S_{jk}=(1,j,k)$ 共有 $C_4^1+C_4^1C_3^1+C_4^1C_3^2+C_4^1C_3^3+C_4^1C_3^1+C_4^1C_3^1C_2^1+C_4^1C_3^1C_2^2+C_4^1C_3^2+C_4^1C_3^2C_1^1+C_4^1C_3^3=108$ 种组合情况。

以状态 $S_{15}(1,0,0)$ 为例,其在该特定系统状态类 $S_{jk}=(1,j,k)$ 中的发生概率为 $\mu_{S_{15}}=\dfrac{C_4^1}{108}$。

同理,可求得情感 B、情感 C 和情感 D 的扎根概率。与特定系统状态类 $S_{ik}=(i,1,k)$ 对应的状态有 $S_5,S_6,S_7,S_8,S_{19},S_{20},S_{21},S_{28},S_{29}$ 和 S_{33},与特定系统状态类 $S_{ij}=(i,j,1)$ 对应的状态有 $S_1,S_6,S_{10},S_{13},S_{16},S_{20},S_{23},S_{26},S_{29}$ 和 S_{32},与特定系统状态类 $S_{ijk}=(i,j,k)$(满足 $N-i-j-k=1$)对应的状态有 $S_3,S_7,S_{10},S_{12},S_{17},S_{20},S_{22},S_{26},S_{28}$ 和 S_{31}。情感 A、情感 B、情感 C、情感 D 的扎根概率分别为:

$$\rho_A = (\lambda_{S_{15} \to S_{34}} \cdot 4 + \lambda_{S_{16} \to S_{34}} \cdot 12 + \lambda_{S_{17} \to S_{34}} \cdot 12 + \lambda_{S_{18} \to S_{34}} \cdot 4 + \lambda_{S_{19} \to S_{34}} \cdot 12 + \lambda_{S_{20} \to S_{34}} \cdot 24 + \lambda_{S_{21} \to S_{34}} \cdot 12 + \lambda_{S_{22} \to S_{34}} \cdot 12 + \lambda_{S_{23} \to S_{34}} \cdot 12 + \lambda_{S_{24} \to S_{34}} \cdot 4)/108,$$

(5-37)

$$\rho_B = (\lambda_{S_5 \to S_{14}} \cdot 4 + \lambda_{S_6 \to S_{14}} \cdot 12 + \lambda_{S_7 \to S_{14}} \cdot 12 + \lambda_{S_8 \to S_{14}} \cdot 4 + \lambda_{S_{19} \to S_{14}} \cdot 12 + \lambda_{S_{20} \to S_{14}} \cdot 24 + \lambda_{S_{21} \to S_{14}} \cdot 12 + \lambda_{S_{28} \to S_{14}} \cdot 12 + \lambda_{S_{29} \to S_{14}} \cdot 12 + \lambda_{S_{33} \to S_{14}} \cdot 4)/108,$$

(5-38)

$$\rho_C = (\lambda_{S_1 \to S_4} \cdot 4 + \lambda_{S_6 \to S_4} \cdot 12 + \lambda_{S_{10} \to S_4} \cdot 12 + \lambda_{S_{13} \to S_4} \cdot 4 + \lambda_{S_{16} \to S_4} \cdot 12 + \lambda_{S_{20} \to S_4} \cdot 24 + \lambda_{S_{23} \to S_4} \cdot 12 + \lambda_{S_{26} \to S_4} \cdot 12 + \lambda_{S_{29} \to S_4} \cdot 12 + \lambda_{S_{32} \to S_4} \cdot 4)/108,$$

(5-39)

$$\rho_D = (\lambda_{S_3 \to S_0} \cdot 4 + \lambda_{S_7 \to S_0} \cdot 12 + \lambda_{S_{10} \to S_0} \cdot 12 + \lambda_{S_{12} \to S_0} \cdot 4 + \lambda_{S_{17} \to S_0} \cdot 12 + \lambda_{S_{20} \to S_0} \cdot 24 + \lambda_{S_{22} \to S_0} \cdot 12 + \lambda_{S_{26} \to S_0} \cdot 12 + \lambda_{S_{28} \to S_0} \cdot 12 + \lambda_{S_{31} \to S_0} \cdot 4)/108。$$

(5-40)

情感 A、情感 B、情感 C、情感 D 的扎根概率及中性概率($1/N$)如图 5-6 所示,$N=4$。从图 5-6 可以看出:①情感 A、情感 B 和情感 C 的扎根概率均小于中性概率,情感 D 的扎根概率始终大于中性概率。自然选择倾向于负向情感 D 替代其他情感,占据种群。②随着选择强度 ω 增大、竞争成功的诱惑 $T \to 2$ 和合作失败的代价 $F \to -1$,负向情感 D 的扎根概率逐渐增大,正向情感 A 的扎根概率逐渐减小,中性情感 B 和情感 C 的扎根概率微幅减小。

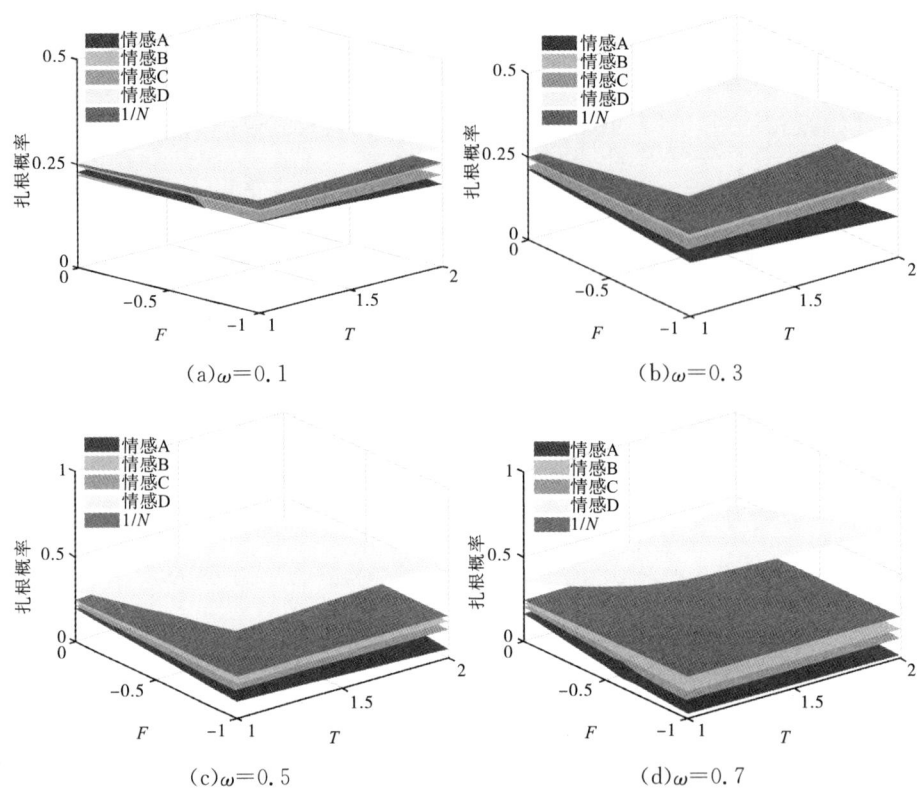

图 5-6 情感类型的扎根概率及中性概率(后附彩图)

5.8 两策略囚徒困境博弈

为进行对比,此处引入传统的两策略囚徒困境博弈(prisoner's dilemma game,PDG)。在一个有 N 个参与者的充分混合的有限种群中,每个参与者有两个策略(竞争策略和合作策略),参与者之间进行等概率的相互博弈,不考虑自我博弈,博弈收益见表 5-2(行博弈者收益在前,列博弈者收益在后,二者以"/"隔开;符号意义和取值与表 4-1 一致)。

表 5-2 两策略囚徒困境博弈收益

策略	合作	竞争
合作	R/R	F/T
竞争	T/F	J/J

假设种群中有 $i(0 \leqslant i \leqslant N)$ 个个体采用合作策略,其余 $N-i$ 个个体采用

竞争策略。采用合作策略和竞争策略的个体适应度分别为 f_i 和 g_i。当 $i=0$ 时,适应度 $f_0=0$;当 $i=N$ 时,适应度 $g_N=0$。

$$f_i = 1-\omega+\omega\frac{(i-1)R+(N-i)F}{N-1}, 1\leqslant i\leqslant N, \quad (5\text{-}41)$$

$$g_i = 1-\omega+\omega\frac{iT+(N-i-1)J}{N-1}, 1\leqslant N-i\leqslant N。 \quad (5\text{-}42)$$

式中 $\omega\in[0,1]$。

系统状态集为 $\{S_0,S_1,S_2,\cdots,S_N\}$,总状态数为 $N+1$。$S_0(0)$ 和 $S_N(N)$ 为系统吸收态。根据 Moran 过程分析,在每个时间步中,系统状态的演化情况为:合作策略个体的数量 i 增加(或减少)一个,对应竞争策略个体的数量 $N-i$ 减少(或增加)一个;合作策略个体的数量 i 和竞争策略个体的数量 $N-i$ 都不变。上述情形对应的状态转移概率如下:

$$P_{i,i+1} = \frac{if_i}{if_i+(N-i)g_i}\cdot\frac{N-i}{N}, \quad (5\text{-}43)$$

$$P_{i,i-1} = \frac{(N-i)g_i}{if_i+(N-i)g_i}\cdot\frac{i}{N}, \quad (5\text{-}44)$$

$$P_{i,i} = \frac{if_i}{if_i+(N-i)g_i}\cdot\frac{i}{N}+\frac{(N-i)g_i}{if_i+(N-i)g_i}\cdot\frac{N-i}{N}。 \quad (5\text{-}45)$$

用 θ_i 表示有限种群 N 从 i 个合作策略个体开始演化到终态($i=N$)的概率,递归方程为

$$\theta_i = P_{i,i+1}\theta_{i+1}+P_{i,i-1}\theta_{i-1}+P_{i,i}\theta_i。 \quad (5\text{-}46)$$

引入边界条件 $\theta_0=0$ 和 $\theta_N=1$,递归方程的解为[2]

$$\theta_i = \frac{1+\sum_{j=1}^{i-1}\prod_{k=1}^{j}\frac{g_k}{f_k}}{1+\sum_{j=1}^{N-1}\prod_{k=1}^{j}\frac{g_k}{f_k}}, i=1,2,\cdots,N-1。 \quad (5\text{-}47)$$

根据定义 2,可以得到被系统吸收态 S_N(种群全为合作策略)吸收的概率 a'_N 和被系统吸收态 S_0(种群全为竞争策略)吸收的概率 a'_0。

$$a'_N = \frac{\sum_{i=0}^{N}C_N^i\theta_i}{2^N}, \quad (5\text{-}48)$$

$$a'_0 = \frac{\sum_{i=0}^{N}C_N^i(1-\theta_i)}{2^N}。 \quad (5\text{-}49)$$

5.9 系统合作水平和平均收益

由于本章系统演化的稳态必然是4种吸收态其中之一,根据情感类型与策略(竞争、合作)之间的对应关系,定义系统稳态时的合作水平 η_1 和平均收益 G_1:

$$\eta_1 = 0.5 \cdot a_4 + 0.5 \cdot a_{14} + a_{34}, \quad (5\text{-}50)$$

$$G_1 = a_0 \cdot J + a_4 \cdot \frac{F+T}{2} + a_{14} \cdot \frac{F+T}{2} + a_{34} \cdot R。 \quad (5\text{-}51)$$

式中 $a_j(j=0,4,14,34)$ 为系统被4种吸收态吸收的概率。

根据合作水平和平均收益的定义,PDG模型的系统合作水平为 $\eta_2 = a'_N$,系统平均收益为 $G_2 = a'_N \cdot R + a'_0 \cdot J$。

取 $N=4, R=1, J=0$,情感博弈模型和PDG模型的合作水平和平均收益对比如图5-7和图5-8所示。

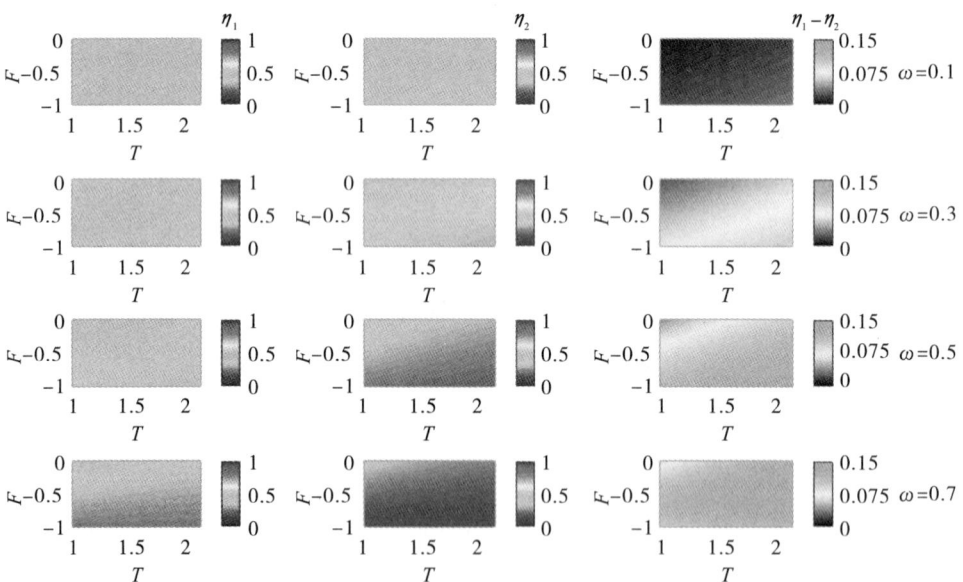

图5-7 系统稳态时的合作水平(后附彩图)

注:η_1 为情感博弈模型的合作水平,η_2 为PDG模型的合作水平,$\eta_1 - \eta_2$ 为两个模型的合作水平差。

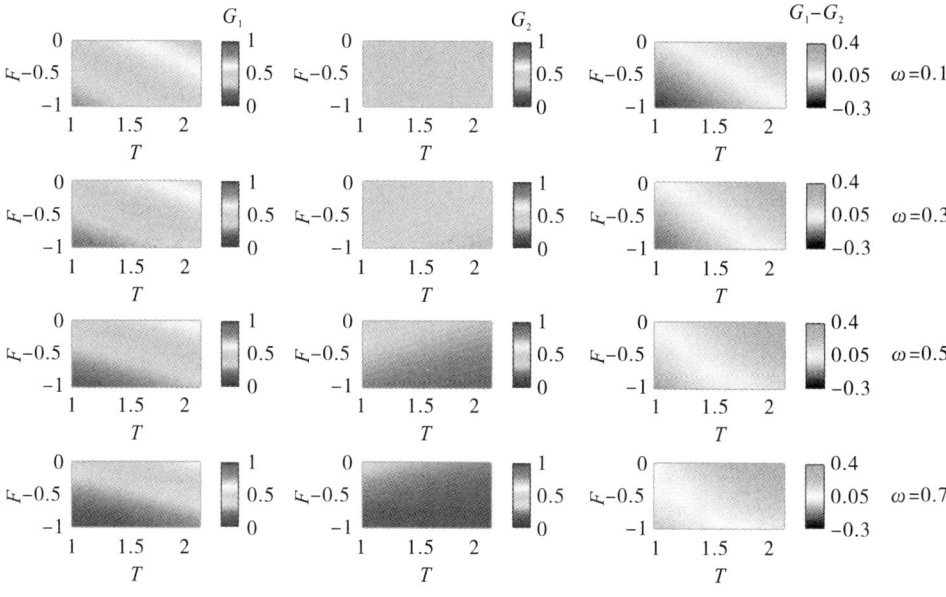

图 5-8　系统稳态时的平均收益（后附彩图）

注：G_1 为情感博弈模型的平均收益，G_2 为 PDG 模型的平均收益，G_1-G_2 为两个模型的平均收益差。

由图 5-7 和图 5-8 可知：①ω 越小，T 越小，F 越大，系统的合作水平越高。②不论 F,T 和 ω 取值如何，情感博弈模型的系统合作水平 η_1 均高于 PDG 模型的合作水平 η_2，并且随着 ω 的增大，合作水平差变大。③在参数 (F,T 和 ω) 取值范围的大部分区域，情感博弈模型的系统平均收益高于 PDG 模型，并且随着 ω,T 和 F 的增大，平均收益差变大。

5.10　结果分析

本章基于 Moran 过程，对有限种群中的 4 种情感表现型的演化动态进行了分析，明确系统存在 4 种吸收态，即系统最终演化的稳态必然是某一情感类型的个体占据整个种群，而其他 3 种情感类型在演化中逐渐消亡。

本章根据系统状态转移的具体 Markov 链，提出了一种吸收概率的理论计算方法。种群规模 $N=4$ 的计算结果显示：①从不同的初始状态出发，最终被何种吸收态吸收以及对应的吸收概率存在差异。②系统 4 种吸收态的吸收概率存在差异，其中 S_0（情感类型 D，对强者嫉妒和对弱者欺凌）的个体在演化稳态时占据整个种群的概率最高，S_{34}（情感类型 A，对强者尊敬和对弱者同情）的个体在演化稳态时占据整个种群的概率最低。因此，在不考虑变异影响时，情感类型 D 具有一定的演化优势。③选择强度 ω 和 T 增大、F 减小都将促使系统被情感类型 D 占据。同时，基于本章提出的吸收概率计算方法，我们对 PDG 模型的吸收概率也进行了推导，结果与式（5-47）给出的理论解一致，具体推导见附录Ⅴ。

扫码查看附录Ⅴ

本章在吸收概率的具体推导过程中运用了一种类似平均场的分析方法，将所有非吸收态的状态转移路径和相应的转移概率归类为一个非吸收态集合进行统一分析，弱化了微观状态转移及其相应转移概率对系统整体演化过程的影响，从而降低了计算的复杂性。值得注意的是，本章所用方法的理论计算和分析过程随着种群规模 N 的增大将变得复杂。

在本章的情感博弈模型中，博弈个体有 4 种类型情感。根据情感类型的定义，4 种情感与竞争、合作策略的对应关系如图 5-1 所示。由此可见，情感博弈是一种混合策略博弈模型。同时，相较于 PDG 模型（只有 2 种吸收态），情感博弈模型存在 4 种吸收态，具有多样性。混合策略和多样性可能促进了合作。通过对比演化达到稳态时的群体合作水平和平均收益可以发现，情感博弈模型的合作水平和平均收益均优于 PDG 模型。因此，相较于策略演化，情感演化在有限且充分混合的种群中可以促进群体合作，获得更好的群体适应度。[3]

由于自然选择强度 ω、竞争成功的诱惑 T 和合作失败的代价 F 影响正向型情感类型 A（对强者尊敬和对弱者同情）的吸收概率和扎根概率，为提升情感类型 A 的演化优势，可采取弱化自然选择强度（即降低博弈收益对个体适应度的贡献）和强化变异影响（即提升共性项 $1-\omega$ 对个体适应度的贡献）以及设定合理的 T 值与 F 值等措施，实现情感类型 A 主导下的共同富裕，对应的社会调节手段如二次分配（税收、捐赠、福利、救济等）和有效的奖惩措施（公平与效率兼顾，赏罚有理，诱惑有度，代价有节）。

参考文献

[1] 王先甲,何奇龙,全吉,等. 基于Moran过程的消费者众筹策略演化动态[J]. 运筹与管理,2017,26(11):105−110.

[2] TAYLOR C, FUDENBERG D, SASAKI A, et al. Evolutionary game dynamics in finite populations[J]. Bulletin of Mathematical Biology,2004,66(6):1621−1644.

[3] DAI Y, ZHAN G, YE Y, et al. Game dynamics of emotion evolution based on the Moran process[J]. Chaos,2021,31(3):033153.

第 6 章 基于代际进化仿真的情感博弈

扫码查看本章彩图

很多生物观察资料显示,大型哺乳动物特别是灵长类动物具有情感,且情感特征类型多样化,相同类型的情感在不同的个体身上还存在程度差异。生物性情感与社会性情感及二者衍生的竞合行为相互关联、协同进化。

6.1 设想

本章中,我们提出情感与行为的进化设想:遗传和变异机制导致个体产生各种类型的情感。这些情感可分为两类:①对自身生存状态(本体)的关注引发的情感,反映生物性。②对其他个体(客体)生存状态的关注引发的情感,反映社会性。在自然选择的作用下,对本体状态的关注引发的自私情感具有适应性,对客体状态的关注引发的尊敬、嫉妒、同情和欺凌具有适应性。

6.2 个体情感特征的表达

考虑个体对相对适应度的关注引发的情感,个体情感特征类型分为尊敬、嫉妒、同情和欺凌4种,相同类型的情感存在程度差异。个体 i 的情感特征用 $\{W_i, S_i, \alpha_i, \beta_i\}$ 表示。其中: W_i 表示对弱者(比个体 i 适应度小)的情感,分为同情($W_i=0$)和欺凌($W_i=1$); $\alpha_i \in (0,1]$ 表示对弱者情感度的大小; S_i 表示对强者(比个体 i 适应度大)的情感,分为尊敬($S_i=0$)和嫉妒($S_i=1$); $\beta_i \in (0,1]$ 表示对强者情感度的大小。如某个体的情感特征为$\{0,1,0.7,0.2\}$,则表示该个体对弱者为同情型,同情度为0.7,对强者为嫉妒型,嫉妒度为0.2。

在计算仿真中,采用一个 10 位的比特串表示个体的情感特征,这个比特串可以看成包含 10 个等位基因 H 的染色体。如图 6-1 所示为个体情感特征的染色体表达。由此可见,群体中个体情感种类最多有 1024(2^{10})种。将 $H_3H_4H_5H_6$ 转换为十进制数后除以 2^4 即为 α_i,其中 0000 对应 $\alpha_i=1$。将

$H_7H_8H_9H_{10}$ 转换为十进制数后除以 2^4 即为 β_i,其中 0000 对应 $\beta_i=1$。

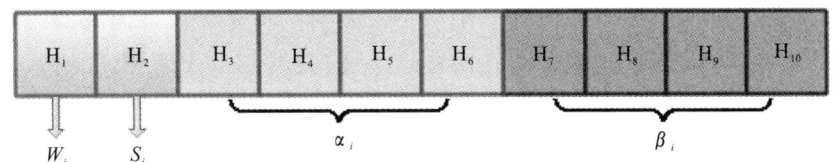

图 6-1 个体情感特征的染色体表达

6.3 个体行为规则与博弈收益

设 C_i,C_j 分别为个体 i 和个体 j 的当前适应度(博弈收益),$\{W_i,S_i,\alpha_i,\beta_i\}$ 为个体 i 的情感特征。当个体 i 与个体 j 博弈时,个体 i 的行为方式按以下规则确定(个体 j 同理):

① $C_i > C_j$ 的情形:若 $W_i=0$(对弱者同情),当 $\frac{C_j}{C_i} \leq \alpha_i$ 时,个体 i 合作;当 $\frac{C_j}{C_i} > \alpha_i$ 时,个体 i 竞争。若 $W_i=1$(对弱者欺凌),当 $\frac{C_j}{C_i} \leq \alpha_i$ 时,个体 i 竞争;当 $\frac{C_j}{C_i} > \alpha_i$ 时,个体 i 合作。

② $C_i < C_j$ 的情形:若 $S_i=0$(对强者尊敬),当 $\frac{C_i}{C_j} \leq \beta_i$ 时,个体 i 合作;当 $\frac{C_i}{C_j} > \beta_i$ 时,个体 i 竞争。若 $S_i=1$(对强者嫉妒),当 $\frac{C_i}{C_j} \leq \beta_i$ 时,个体 i 竞争;当 $\frac{C_i}{C_j} > \beta_i$ 时,个体 i 合作。

③ $C_i = C_j$ 的情形:个体 i 竞争。

④ $C_i = 0$ 的情形:个体 i 合作。

博弈收益设置为:如果互相合作,则双方收益均为 R;如果互相竞争,则双方收益均为 J;如果 i 合作而 j 竞争,则 i 的收益为 F,j 的收益为 T。其中,$T > R > J > F$,$R > \frac{F+T}{2}$。[1]

6.4 模型特点

本章引入的个体情感特征表达和行为规则反映了群体博弈中复杂的牵

制关系。目前,常见的群体博弈模型大多处理为多个两人博弈模型的简单叠加,而真正的群体博弈每次博弈的结果不仅影响两个参与人之间的实力对比和后续策略选择,而且影响参与人与环境个体(未参与本次博弈的其他个体)之间的实力对比和后续策略选择。图 6-2 和图 6-3 展示了群体之间的相互制约关系。

以图 6-2(a)中①号个体为例,图中 C_1 代表适应度,$(0,0,0.5,0.7)$ 为情感特征 $\{W_1,S_1,\alpha_1,\beta_1\}$。本轮为①号个体与④号个体博弈。由于 $C_1<C_4$,且 $S_1=0$,①号个体对强者为尊敬型,$C_1/C_4=2.0/3.0<\beta_1=0.7$,因此①号个体对④号个体采取合作行为。同理,由于 $C_4>C_1$,且 $W_4=1$,④号个体对弱者为欺凌型,$C_1/C_4=2.0/3.0>\alpha_4=0.3$,因此④号个体对①号个体采取合作行为。本轮博弈结果:双方收益均为 R。若博弈的收益参数取 $R=1,T=1.4$,$F=0,J=0.1$,则下轮 $C_1=3.0,C_4=4.0$。本轮博弈结束后,4 个个体的适应度如图 6-2(b)所示。通过分析,图中用箭头标注下轮两两博弈时(如果发生)的策略关系,箭头从个体 i 指向个体 j,表示 i 对 j 的行为策略,实线箭头表示合作,虚线箭头表示竞争。

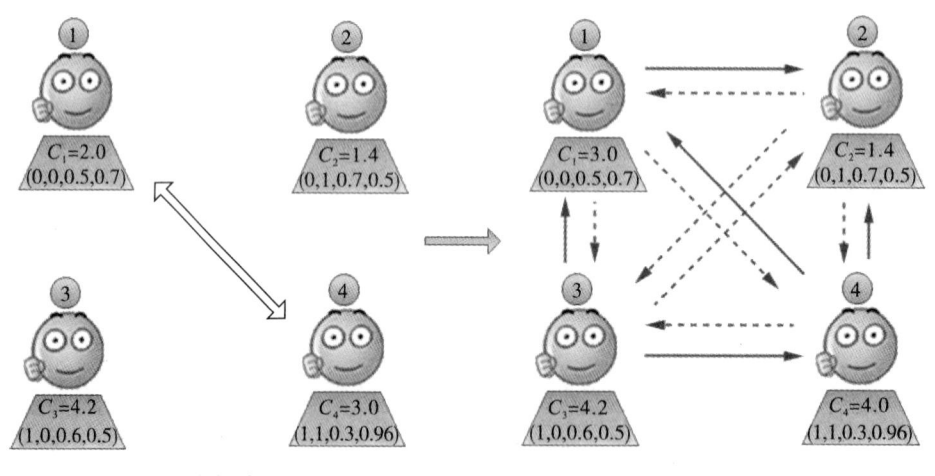

(a)本轮博弈　　　　　　　　(b)下轮博弈的个体策略

图 6-2　相互制约关系的示意

图 6-3(a)与图 6-2(a)的唯一区别是,图 6-3(a)中④号个体的 $\alpha_4=0.7$。采取同样的分析过程,本轮博弈的策略关系是①号个体对④号个体采取合作行为,但④号个体对①号个体采取竞争行为,因为 $C_1/C_4=2.0/3.0<\alpha_4=$

0.7。本轮博弈结果：①号得到的收益为 $F=0$，④号得到的收益为 $T=1.4$。本轮博弈结束后，4 个个体的适应度和下轮两两博弈时（如果发生）的策略关系如图 6-3(b)所示。

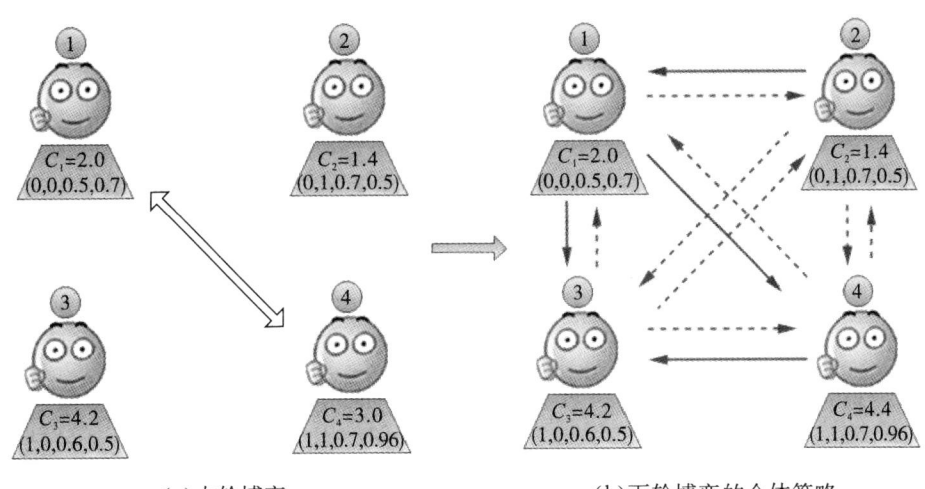

（a）本轮博弈　　　　　　　　　　　　（b）下轮博弈的个体策略

图 6-3　相互制约关系的补充示意

对比图 6-2(b)和图 6-3(b)可以发现，除②号个体与③号个体之间的下轮策略关系未变外，其他个体之间的下轮策略关系都发生了变化。这就说明，每次博弈的结果不仅影响两个参与人之间的实力对比和后续策略选择，而且影响参与人与环境个体（未参与本次博弈的其他个体）之间的实力对比和后续策略选择。[2]

6.5　代际进化

采用第 3 章给出的基于遗传算法的代际进化方法进行计算仿真，群体规模 N 取 1024，初始种群分 2 种情况：①种群由 4 种极端类型的染色体组成，分别为 $\left\{0,0,\frac{1}{16},\frac{1}{16}\right\}$，$\left\{1,0,\frac{15}{16},\frac{1}{16}\right\}$，$\left\{1,1,\frac{15}{16},\frac{15}{16}\right\}$，$\left\{0,1,\frac{1}{16},\frac{15}{16}\right\}$，每种类型有 256 个个体。②种群由 1024 种类型的染色体组成，均匀分布，每种类型只有 1 个个体。进化代数 G 取 4000，每代中的博弈轮次 n 取 5000，每代的优胜个体保留数 K 取 200，遗传概率取 0.5，变异概率取 0.005。

6.6 特征指标分析

(1)染色体的特征频率

为考查演化过程中每代前 K 个优胜个体的染色体分布情况,以研究系统进化出何种情感类型的染色体,需要统计后 3000 代的每代群体中前 K 个优胜个体的染色体出现的频率,即 $\sum_{3000} i/3000 (i \in K_g), g \in [1001, 4000]$,$K_g$ 为第 g 代群体中前 K 个优胜个体的集合。

如图 6-4 所示为不同情感类型染色体的特征频率分布。从图中可以看出,同情比欺凌的适应性好,尊敬比嫉妒的适应性好,相对尊敬而言,同情心更重要;同时具有中等程度的同情和尊敬情感的个体适应性好,既欺凌又嫉妒的个体适应性最差。

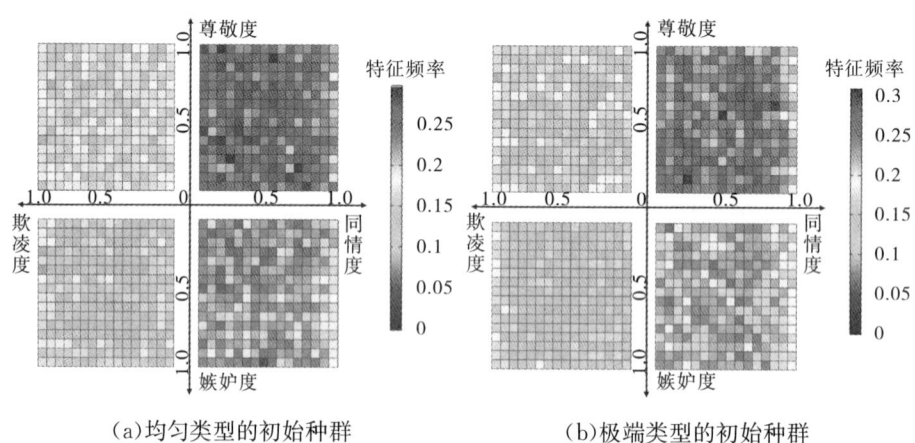

(a)均匀类型的初始种群　　　　(b)极端类型的初始种群

图 6-4　染色体的特征频率分布(后附彩图)

(2)群体多样性指标

为评价群体中个体情感特征的多样性,定义评价指标为所有个体之间情感距离的平均值

$$d = \frac{\sum_{i,j \in N, i \neq j} \sqrt{[\alpha_i(-1)^{W_i} - \alpha_j(-1)^{W_j}]^2 + [\beta_i(-1)^{S_i} - \beta_j(-1)^{S_j}]^2}}{C_N^2}。$$

(6-1)

式中:$\{W_i, S_i, \alpha_i, \beta_i\}$ 和 $\{W_j, S_j, \alpha_j, \beta_j\}$ 分别为个体 i 和个体 j 的情感特征;求和覆盖种群中所有 (i,j) 组合对,这种组合对共有 C_N^2 种。另一个评价群体多

样性的指标为群体中个体情感特征种类 Z。

1) 群体情感距离平均值 d

在均匀初始分布的情况下[图 6-5(a)],群体情感距离平均值 d 在初始阶段迅速下降,然后由于遗传和突变而逐渐增长。500 代以后,种群趋于进化稳定,群体情感距离的平均值 d 在 2.2 左右。极端初始分布的情况如图 6-5(b)所示。初始种群由 4 个小群体组成,每个小群体中 256 个个体共享相同的染色体,相同染色体之间的情感距离为 0,但 2 个不同染色体之间的情感距离较大(因为分别隶属 2 个极端类型)。计算仿真结果显示,群体情感距离平均值 d 在第 1 代时为 1.7,在第 2 代和第 3 代时分别下降到 0.7 和 0.25。随着代际进化,遗传和突变(特别是突变)导致群体中的染色体类型迅速增多,分布广度迅速增大。500 代以后,种群趋于稳定,群体情感距离平均值 d 在 2.2 左右。

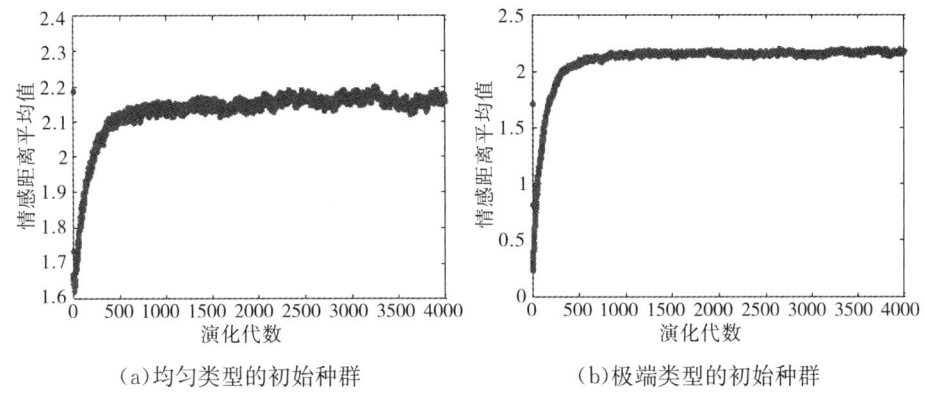

(a)均匀类型的初始种群　　　　　　(b)极端类型的初始种群

图 6-5　群体情感距离平均值 d 的代际进化

2) 情感特征种类 Z

类似的种群多样性也可以在情感特征种类 Z 的代际进化中观察到。在均匀初始分布的情况下[图 6-6(a)],第 1 代的群体中个体情感特征种类 $Z=1024$(最大值)。受选择机制影响,群体中个体情感特征种类 Z 在第 2 代迅速减少到 400。在进化到第 3 代后,受遗传和突变影响,群体中个体情感特征种类 Z 开始增加,并于 500 代以后趋于稳定。此时,种群中染色体类型数接近 600 种。极端类型的初始种群演化情况如图 6-6(b)所示,第 1 代的群体中个体情感特征种类 Z 为 4。随着代际进化,受遗传和突变影响,群体中个体情感特征种类 Z 迅速增加。在稳定状态下(500 代以后),染色体类型的稳定数目接近600个,约为所有可能类型(1024个类型)的一半。

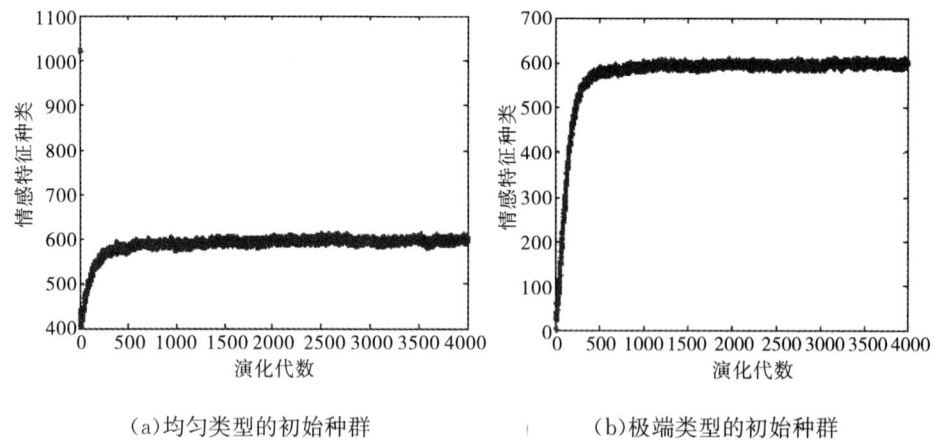

(a)均匀类型的初始种群　　　　　　(b)极端类型的初始种群

图 6-6　情感特征种类 Z 的代际进化

(3)合作指标

1)个体合作度

个体合作意愿与情感特征相关。根据6.3节情感特征与合作行为之间的对应关系,建立个体合作度指标 m_i,

$$m_i = W_i + \alpha_i(-1)^{W_i} + S_i + \beta_i(-1)^{S_i}, \tag{6-2}$$

以评价情感特征为 $\{W_i, S_i, \alpha_i, \beta_i\}$ 的个体 i 的合作倾向。如图6-7所示为1024种染色体的合作度分布情况。

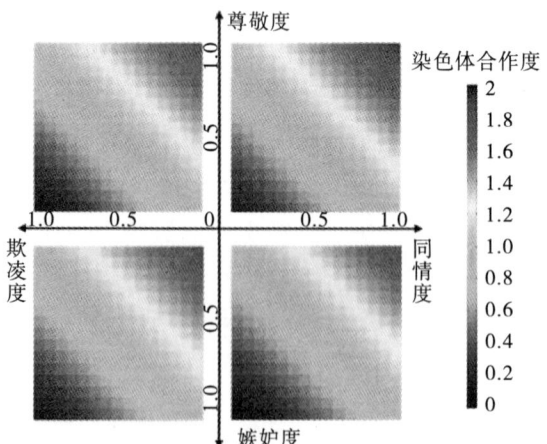

图 6-7　染色体的合作度分布(后附彩图)

2) 群体平均合作度

群体平均合作度定义为

$$\overline{m} = \frac{\sum_{i=1}^{N} m_i}{N}。 \quad (6\text{-}3)$$

如图 6-8 所示,群体平均合作度随着代际进化而迅速提高,在 500 代后达到 1。这一结果表明,进化达到稳态后的群体被合作水平较高的个体所占据。

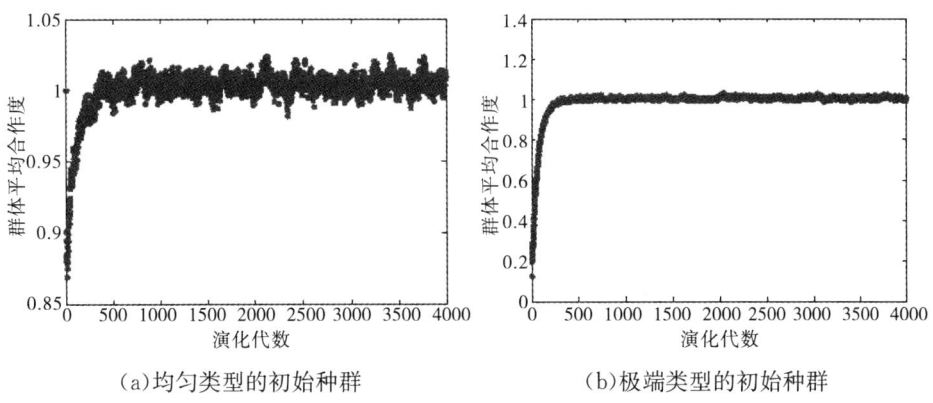

(a)均匀类型的初始种群　　　　　(b)极端类型的初始种群

图 6-8　群体平均合作度的代际进化

3) 群体合作频率

群体合作频率 f_c 定义为在所有个体的总博弈次数中采取合作策略的比例,

$$f_c = \sum_n \sum_N \frac{n_c}{nN}。 \quad (6\text{-}4)$$

式中:n_c 为群体一代进化过程中采取合作策略的次数;N 为群体规模,取 1024;n 为一代中的博弈轮次,取 5000。

如图 6-9 所示,随着种群的代际进化,群体合作频率迅速上升,稳定在 0.45 左右,即群体中个体之间的合作较为频繁,总体博弈中采取合作策略的比例接近一半。这表明,合作是适应性行为,具有进化稳定性。

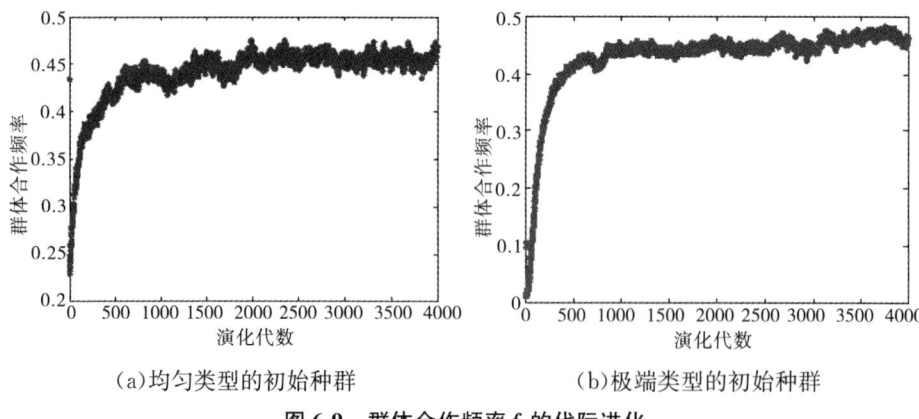

(a) 均匀类型的初始种群　　　　(b) 极端类型的初始种群

图 6-9　群体合作频率 f_c 的代际进化

6.7　结果分析

在现实的人类社会生活中,大多数人都同情弱者,尊敬强者。本章的分析结果(图 6-4)诠释了这一社会现象的合理性。

不论初始种群如何分布,种群在 500 代左右都趋于进化稳定(图 6-5 和图 6-6)。此时,种群中情感特征种类接近 600 种,群体情感距离的平均值也趋于稳定(接近 2.2),表明进化使得种群形成稳定多样的情感类型分布架构。

当种群演化达到稳态后,合作指标(合作度 m 和合作频率 f_c)显示种群具有较高的合作水平(图 6-8 和图 6-9)。其中合作度 m 和合作频率 f_c 之间的差异为:m_i 代表个体 i 的情感染色体类型 $\{W_i, S_i, \alpha_i, \beta_i\}$ 与其他个体博弈时使用合作策略的可能性,反映的是染色体的特征。合作频率 f_c 为仿真分析定义的一个参数,即采取合作策略的个体数量与群体总数的比值,可反映演化博弈过程中群体的实际合作情况。群体合作度与合作频率呈正相关,如果群体中大多数个体属于 m 值较高的染色体类型,那么群体的合作频率 f_c 也会较高。综上所述,个体的合作度 m(合作趋向)取决于个体的情感类型(染色体类型),而合作度 m 影响真实博弈时的合作频率 f_c。这一结论表明,情感进化可以驱动合作的产生。

图 6-10(图 6-5 和图 6-9 之间的相关性分析)和图 6-11(图 6-6 和图 6-9 之间的相关性分析)展示了情感多样性与合作之间的关系。观察图 6-10 和图

6-11不难发现,在进化过程中,种群染色体的分布广度(情感距离平均值)和类型(情感特征种类)与合作频率正相关,表明情感的多样性与合作相关。正如古人所言,"和而不同""和羹之美,在于合异"。由此,我们可以得出结论:种群进化导致情感多样性,群体中个体情感的多样性是对自然的适应和进化的必然结果;而情感多样性与合作正相关,有利于群体中合作的产生。最近,中国科学院王佐仁研究团队[3]比较了小鼠、大鼠和树鼩在合作任务中的表现。结果表明,这3个物种的合作能力排序与它们在进化树上的层级一致,即进化程度越高的物种(进化上越靠近人类)合作能力越强。此结果亦印证了我们的结论。

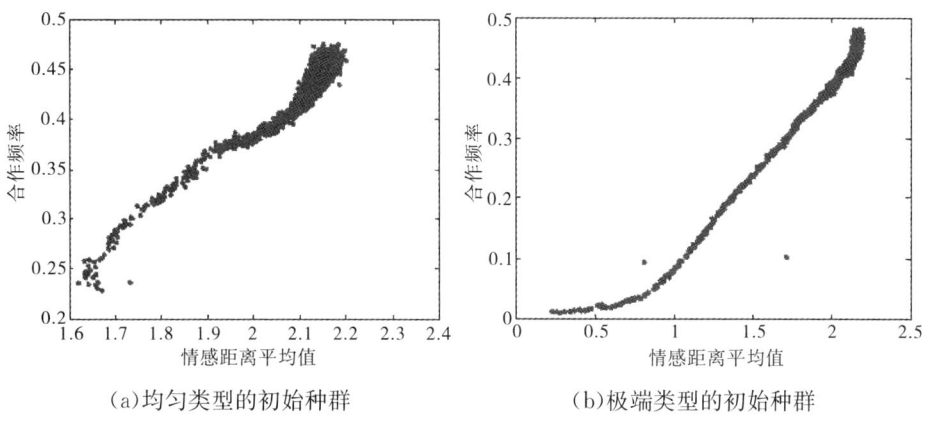

(a)均匀类型的初始种群　　　　(b)极端类型的初始种群

图 6-10　群体合作频率与情感距离平均值的关系

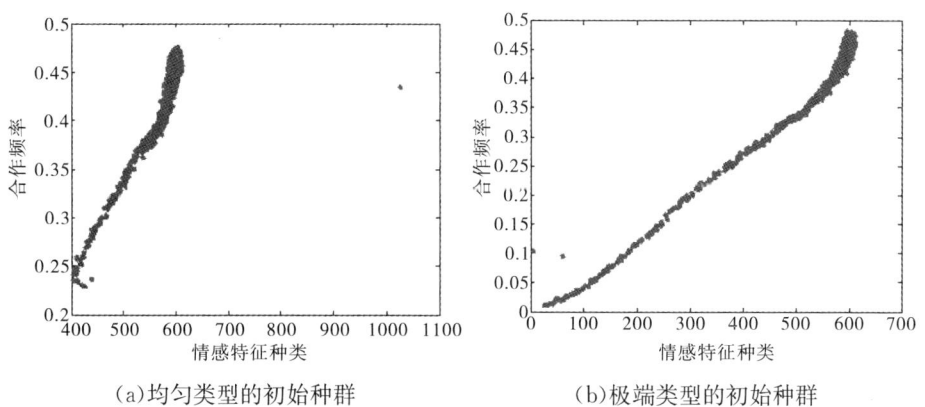

(a)均匀类型的初始种群　　　　(b)极端类型的初始种群

图 6-11　群体合作频率与情感特征种类的关系

参考文献

[1] 谢能刚,汪超,叶晔,等. 情感驱动的合作进化[J]. 复杂系统与复杂性科学,2011,8(2):24-29.

[2] XIE N,ZHEN K,WANG C,et al. Evolution of cooperation driven by the diversity of emotions[J]. Connection Science,2015,27(1):89-101.

[3] JIANG M, WANG M, SHI Q, et al. Evolution and neural representation of mammalian cooperative behavior[J]. Cell Reports,2021,37(7):110029.

第7章 基于复杂网络的情感博弈

扫码查看本章彩图

现实中生物个体的接触范围总是有限的,由此组成的群体具有一定的空间分布或者空间结构(抽象为具有一定拓扑结构的网络),个体之间的相互作用须依托网络载体开展,所有个体只能和自己的邻居个体展开博弈。

7.1 社会网络与社会互动

(1)社会网络

尼古拉斯·克里斯塔基斯等在《大连接:社会网络是如何形成的以及对人类现实行为的影响》中提出人对社会网络发展的强化,认为社会网络形成的原因在基因,人的基因中写入了连接与合作,人们总是会根据自己的亲缘属性、人生经历、性格特征和思想观念等构建关系网络。文明社会的核心在于,人们彼此之间要建立连接关系,这些连接关系有助于共享信息、抑制孤独和增强合作。

基于空间载体的网络博弈仿真分析结果显示,空间网络结构对合作行为存在重要影响[1]:①无标度网络结构和度分布异质性能够促进合作水平提高,其中少数度(连边数)极大的中心节点的存在以及中心节点之间的紧密连接是合作产生的重要因素。②社会网络的小世界特性加强了合作策略的网络传播,有利于合作。据《美国科学院院报》报道[2],中国研究者关于社会困境的行为实验结果表明,网络结构能够有效地促使处于劣势的合作者聚集成团簇,从而维持稳定的合作水平,使群体获得较高的收益。③如果在网络中引入除合作和背叛之外的第三种策略(如孤独策略),就可以对群体起到调节作用,改变网络博弈格局,使其形成三个既相互关联又相互制约的具有类似"剪刀、石头、布"机制的子簇群,在一定程度上提升群体合作频率。④由于个体存在许多不同的社会交互领域(如家庭、朋友、职场等),因此可以使用多层网络载体来描述多个领域的社会互动。新近研究[3]显示,多层网络间的耦合能够促进合作。

合作孕育网络,网络促进合作。人们之所以聚居而不是随机分散在各处,就是为了合作。在有限的空间和社会网络中,个体之间通过互惠结盟形成的群体的平均适应度高于离散型个体的平均适应度。正如谚语所说,一个人可以走得更快,但一群人会走得更远。

(2)模仿、学习和信任

个体经常从一个地方迁徙到另一个地方。面对完全陌生的环境时,入乡随俗和照搬邻人的做法可能是极为高效的行为方式。模仿和学习具有高稳健性,因为你学到的可能是一个成百上千人已经实践过的可行方案。另外,模仿和学习也具有高效性,因为你只需要选择自己所观察到的策略,而无须形成自己的策略或评估所有的策略。

人与人之间的信任是合作和其他互动的基础。夏纪军等[4]研究利他、互利与信任之间的关系后提出:"利他情感的稳定性以及互利网络的外部性使得以利他为基础的特殊信任结构具有相对稳定性,而互利偏好的认知性使得以互利为基础的信任在建立过程中具有渐进性,双方通过渐进的合作逐步加强对对方的互利性认知。"

传统的演化博弈模型大多假设参与者对邻居中收益(适应度)较大的个体的策略进行模仿学习,并在下一轮中用当前"表现更好"的邻居的策略来指导自己的行为。我们认为,宏观的行为策略可能是微观情感激发所致。从溯源视角来看,参与者可以模仿"表现更好"的邻居的情感表现型,以此替代之前的策略模仿。

(3)传播与感染

科学研究发现,当细菌被抗生素杀死时,通过"坏死信号"向"邻居"发出警报,从而挽救细菌群体。死亡细菌的利他主义特征最终提高了整个菌群的生存率,这种"坏死信号"传播可在多种细菌中被观察到,表现出物种特异性。

人是社会性动物,生活在群体之中,个体的行为、情感自然会受到他人和群体的相应影响(附背景资料)。个体在与他人进行交互的过程中对他人情绪的复制就是情绪感染。情绪复制由大脑中镜像神经元系统(mirror neuron system,MNS)完成,该系统为情绪感知、动作模仿提供了生理机制。MNS

会镜像复制观察对象的面部表情和相应肌肉运动,然后向自己的面部肌肉发出信号并使其做相同的运动。同时,MNS会刺激情绪神经回路,产生与这种肌肉运动模式相一致的情绪。

《大连接:社会网络是如何形成的以及对人类现实行为的影响》一书中写道:"每一个快乐的朋友,让你也快乐的概率大约增加9%;每一个不快乐的朋友,让你也快乐的概率减少7%。"不仅仅是朋友,甚至朋友的朋友的朋友也会对你的快乐产生影响。情绪感染能使个体与他人保持情绪同步,在促进社会连接和个体相互依存方面有重要作用。相互依存的心理甚至会引起身份融合。这种互依型适应与融合就是通过深厚的情感纽带创造终身的、类似家庭的关系,在受到战争或暴力袭击影响时通过共享创伤来增强人们之间的亲社会性。[5]

吸引与模仿

在典型城市环境中,当一群人同时参与一项行动时,他们有能力吸引其他人参与并模仿这一行动。心理学家 Milgram 等[6]利用著名的人行道实验验证了这一观点。他在纽约市街头选定一条50英尺(15.24米)长的人行道为观察区,预先安排了一组刺激人群(共做6次实验,对应的刺激人群规模分别为1、2、3、5、10和15)。当人行道对面一栋办公楼六楼的窗户上闪过一个信号后,刺激人群停下脚步,抬头看那个窗户,并持续一分钟的时间。实验结果是,如果刺激人群仅由1人组成,那么会引发42%的行人向上看(其中4%的行人停下脚步向上看);如果刺激人群由15人组成,那么86%的行人会向上看(其中40%的行人停下脚步向上看)。

7.2 考虑情感的囚徒困境博弈模型

本章引入情感,建立考虑情感的囚徒困境博弈模型(prisoner's dilemma game considering emotions,EPDG),采用二维格子网络、随机网络和BA无标度网络等网络模型,通过演化博弈仿真分析,研究社会合作状态、情感类型分布和网络拓扑特征之间的关系[7,8]。群体规模 N 取为40000,采用相应的网络构造方法生成二维格子网络、随机网络和 BA 无标度网络,网络的节点度分布如图 7-1 所示。

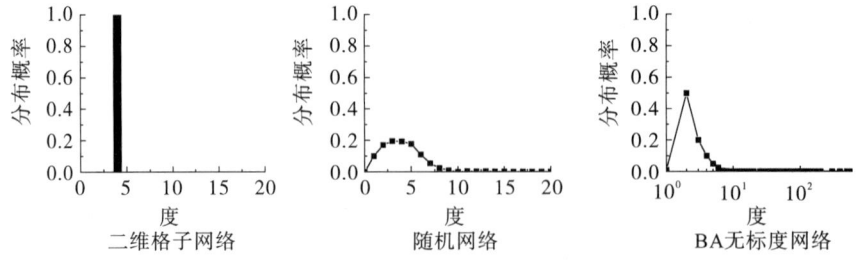

图 7-1 网络的节点度分布

下面将从博弈策略与收益矩阵、个体情感特征的定量表达方法、情感与博弈策略之间的对应表达机制、博弈动力学演化算法四个方面来介绍本章的 EPDG 模型。

(1)博弈策略与收益矩阵

在经典的囚徒困境博弈模型(PDG)中,每个博弈方的可选策略只有合作策略和背叛策略。然而,参与博弈意味着收益的不确定。现实社会中存在很多风险厌恶者。Hauert 首先提出考虑自愿参与的博弈[9],Szabó 进一步提出考虑志愿者参与的囚徒困境博弈模型[10](prisoner's dilemma game with voluntary participation, VPDG)。在 VPDG 模型中,除合作策略(cooperation,C)和背叛策略(defection,D)外,还存在第三种策略,即孤独策略(lonely,L)。本章的 EPDG 模型同样采用这三种策略,即博弈方的策略分为参与博弈状态下的合作策略、背叛策略和不参与博弈状态下的孤独策略。表 7-1 为博弈收益矩阵(博弈方 1 的收益在前,博弈方 2 的收益在后,二者以"/"隔开)。其中:R 为双方合作的奖励;J 为相互背叛的惩罚;T 为背叛成功的诱惑;F 为合作失败的代价;σ 为不参与博弈的福利。本章参数取值为 $R=1, J=0, 1 \leqslant T \leqslant 2$, $-1 \leqslant F \leqslant 0, \sigma=0.3$。

表 7-1 博弈收益矩阵

项目		博弈方 2		
		合作	背叛	孤独
博弈方 1	合作	R/R	F/T	σ/σ
	背叛	T/F	J/J	σ/σ
	孤独	σ/σ	σ/σ	σ/σ

(2) 个体情感特征的定量表达方法

我们在第 4 章中设定强者面对弱者时产生同情和欺凌情感,弱者面对强者时产生尊敬和嫉妒情感,但在实际社会生活中,个体情感并非如此两极分化,还存在某些中间状态的情感,如强者对弱者的漠然和弱者对强者的畏惧。这些中间状态的情感与本章引入的孤独策略有很好的对应关系。我们假设面对弱者(对手的收益小于或等于自己的收益)时个体产生的情感集合为{同情,欺凌,漠然},面对强者(对手的收益大于自己的收益)时个体产生的情感集合为{尊敬,嫉妒,畏惧}。

用 4 个参数$\{W,\alpha,V,\beta\}$表示个体的情感特征。W 表示对弱者的情感标签,取值为 0 或 1;$\alpha\in(0,1)$,表示相应的情感程度;V 表示对强者的情感标签,取值为 0 或 1;$\beta\in(0,1)$,表示相应的情感程度。①当 $W=0$ 时,α 表示个体对弱者同情的程度,α 越大表示对弱者的同情心越强,漠然感越弱。②当 $W=1$ 时,α 表示个体对弱者欺凌的程度,α 越大表示对弱者的欺凌心越强,漠然感越弱。③当 $V=0$ 时,β 表示个体对强者尊敬的程度,β 越大表示对强者的尊敬心越强,畏惧感越弱。④当 $V=1$ 时,β 表示个体对强者嫉妒的程度,β 越大表示对强者的嫉妒心越强,畏惧感越弱。

(3) 情感与博弈策略之间的对应表达机制

在社会生活中,有时会见到这样的场景:当一个弱者被一个强者欺负时,大多数路人保持旁观(孤独策略),其中某些路人(比那个强者弱)可能出于对这个强者的畏惧,另外一些路人(比那个强者还要强)可能出于对弱者的漠然。已知情感类型有 6 种,但策略只有 3 种,并非一一对应,我们可以建立 6 种情感与 3 种策略之间的对应关系,如图 7-2 所示。由图可知,同情和尊敬对应合作策略;欺凌和嫉妒对应背叛策略;漠然和畏惧对应个体选择不参与博弈的孤独策略。

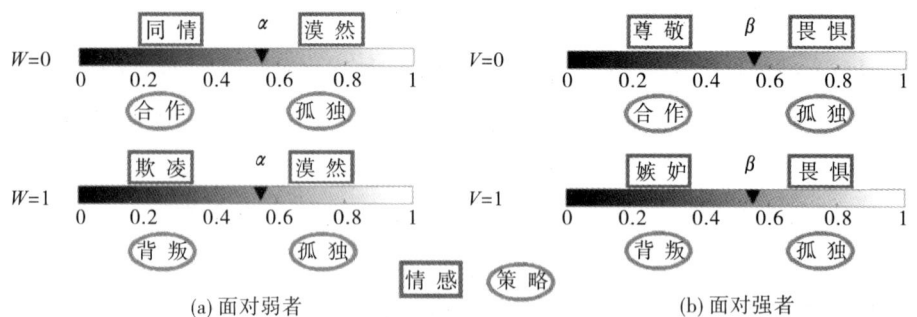

图 7-2　6 种情感和 3 种策略之间的对应关系

假设 U_i 和 U_j 分别表示个体 i 和个体 j 在本轮的收益，个体 i 的情感特征为 $\{W_i,\alpha_i,V_i,\beta_i\}$。当个体 i 和个体 j 进行博弈时，个体 i 的情感和博弈策略之间的定量表达机制如下（个体 j 同理）：

1) 个体 j 为弱者时

个体 j 相对于个体 i 是弱者，即 $U_i \geqslant U_j$。①若 $W_i=0$，即个体 i 对弱者的情感为同情或漠然；α_i 表示个体 i 对弱者同情的程度，代表和个体 j 合作的概率。如果 $p_1 \leqslant \alpha_i$（p_1 为 [0,1] 内服从均匀分布的随机数，由计算机随机产生），则合作；否则个体 i 选择不参与博弈的孤独策略。②若 $W_i=1$，即个体 i 对弱者的情感为欺凌或漠然；α_i 表示个体 i 对弱者欺凌的程度，代表对个体 j 背叛的概率。如果 $p_1 \leqslant \alpha_i$，则背叛；否则个体 i 选择不参与博弈的孤独策略。

2) 个体 j 为强者时

个体 j 相对于个体 i 是强者，即 $U_i < U_j$。①若 $V_i=0$，即个体 i 对强者的情感为尊敬或畏惧；β_i 表示个体 i 对强者尊敬的程度，代表与个体 j 合作的概率。如果 $p_2 \leqslant \beta_i$（p_2 为 [0,1] 内服从均匀分布的随机数，由计算机随机产生），则合作；否则个体 i 选择不参与博弈的孤独策略。②若 $V_i=1$，即个体 i 对强者的情感为嫉妒或畏惧；β_i 表示个体 i 对强者嫉妒的程度，代表对个体 j 背叛的概率。如果 $p_2 \leqslant \beta_i$，则背叛；否则个体 i 选择不参与博弈的孤独策略。

(4) 博弈动力学演化算法

下面采用图 7-1 所示的二维格子网络、随机网络和 BA 无标度网络等网络载体，基于蒙特卡洛方法对情感博弈模型进行仿真分析。

①初始阶段，每个个体被随机分配一个表征其情感特征的参数组合 $\{W$,

α, V, β} 以及初始收益 U_0。W 和 V 被随机赋值为 0 或 1;α 和 β 被随机赋值为 $(0,1)$ 区间内的数;U_0 被随机赋值为 $[F,T]$ 区间内的数。

② 在每一个博弈轮次,从群体中随机选择一个个体 i,使其与所有邻居分别进行一次博弈,个体 i 及其邻居采取的策略按照上述情感与博弈行为策略之间的对应表达机制确定(相应的博弈收益见表 7-1),然后获得个体平均收益 U_i(个体 i 和所有邻居博弈后所获收益的平均值),最终用该平均收益替换个体 i 之前的收益。

③ 个体 i 采用依赖收益差别的情感学习方法进行情感模仿、更新[11,12](社会连接中个体之间的学习机制和情绪感染机制),即参与者模仿收益更高的邻居的情感表现型。个体 i 从他的邻居中随机选择一个个体(记为个体 j)进行收益比较,并以概率 $q(i,j$ 两个体收益差的函数)模仿个体 j 的情感特征,一般取 $q=\left[1+\exp\left(\dfrac{U_i-U_j}{\kappa}\right)\right]^{-1}$,其中 κ 为噪声参数(本章取 0.1)。

具体学习模仿过程:由计算机在 $[0,1]$ 区间内生成随机数 γ_1 和 γ_2。如果 $\gamma_1 \leqslant q$ 且 $\gamma_2 > q$,则个体 i 只模仿个体 j 的情感特征 $\{W_j, \alpha_j\}$ 并保持自身原有的情感特征 $\{V_i, \beta_i\}$。如果 $\gamma_1 > q$ 且 $\gamma_2 \leqslant q$,则个体 i 只模仿个体 j 的情感特征 $\{V_j, \beta_j\}$ 并保持自身原有的情感特征 $\{W_i, \alpha_i\}$。如果 $\gamma_1 \leqslant q$ 且 $\gamma_2 \leqslant q$,则个体 i 同时模仿个体 j 的情感特征 $\{W_j, \alpha_j\}$ 和 $\{V_j, \beta_j\}$。如果 $\gamma_1 > q$ 且 $\gamma_2 > q$,则个体 i 保持自身原有的情感特征 $\{W_i, \alpha_i\}$ 和 $\{V_i, \beta_i\}$。

④ 重复上述博弈 40000 轮,使每个个体在概率意义上都有一次机会更新情感特征和收益。

⑤ 将以上过程计作一个蒙特卡洛步(即一次演化迭代),重复基于蒙特卡洛步的迭代过程,直至系统演化达到相对稳定状态(一般以群体情感表现型的分布达到稳定作为标准)。

为对个体情感表现型进行归类,本章分别将 $\alpha \in (0,1)$ 和 $\beta \in (0,1)$ 均分为 10 段。若不同个体的 W(以及 V)相同且 α(以及 β)的数值落在同一个区间段,则认为这些个体属于同一种情感表现型。群体中一共有 $400(2 \times 2 \times 10 \times 10)$ 种情感表现型。

7.3 基于二维格子网络的演化分析

(1) 系统稳态分析

1) 情感特征

根据情感特征参数 $\{W,\alpha,V,\beta\}$,可以得到 2 个情感特征指标:$(-1)^W\alpha$ 和 $(-1)^V\beta$。其中:$(-1)^W\alpha$ 用于表示个体对弱者的情感;$(-1)^V\beta$ 用于表示个体对强者的情感。$(-1)^W\alpha$ 的值从 1 变化至 -1,表示对弱者的情感从同情到漠然再到欺凌;$(-1)^V\beta$ 的值从 1 变化至 -1,表示对强者的情感从尊敬到畏惧再到嫉妒。

基于二维格子网络,在 T 和 F 的不同取值组合下,系统达到演化稳态时的 2 个情感特征指标群体平均值如图 7-3 所示。①当 $1.3 \leqslant T \leqslant 2$ 时,$(-1)^W\alpha$ 的值基本为 -1,$(-1)^V\beta$ 处于 0 附近,即群体的情感表现为强者大概率欺凌弱者,弱者大概率畏惧强者。由于欺凌情感对应背叛策略,畏惧情感对应孤独策略,此时群体的策略表现为背叛和孤独共存。②当 $1 \leqslant T \leqslant 1.1$ 时,$(-1)^W\alpha$ 的值为较大的正值(接近 1),即强者大概率同情弱者,强者对弱者表现为合作。需要说明的是,此时 $(-1)^V\beta$ 处于 0 附近,但其值为群体均值。后续计算分析(图 7-9)发现,此时部分弱者对强者表现出较强的尊敬,另一部分弱者则表现出较强的嫉妒,导致 $(-1)^V\beta$ 的均值处于 0 附近。由于此时弱者对强者既可能合作也可能背叛,因此,群体的策略主要表现为合作和背叛。

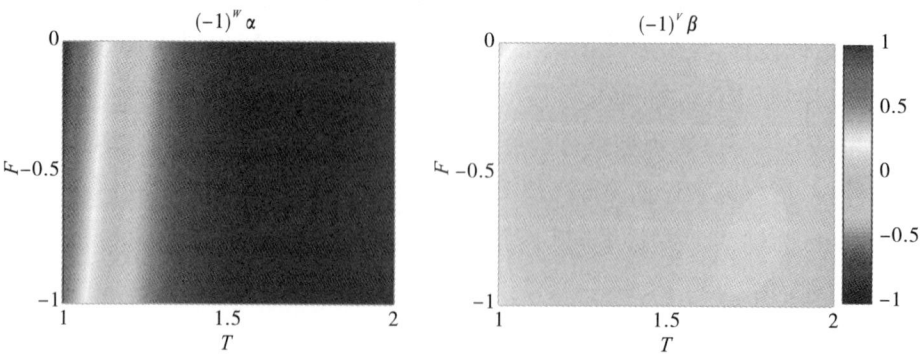

图 7-3 群体情感特征指标的平均值(二维格子网络)(后附彩图)

2) 策略特征和平均收益

在 EPDG 模型中,根据 6 种情感类型与 3 种博弈策略之间的对应关系,可以得到稳态时群体的策略特征及平均收益值。为了进行对比,我们同时用蒙特卡洛方法对传统的 VPDG 模型进行了仿真分析。基于二维格子网络,EPDG 模型和 VPDG 模型的稳态结果及相应差值如图 7-4 所示。由图 7-4 可知,在 T 取值较小的区域,EPDG 模型的合作概率和平均收益高于 VPDG 模型。

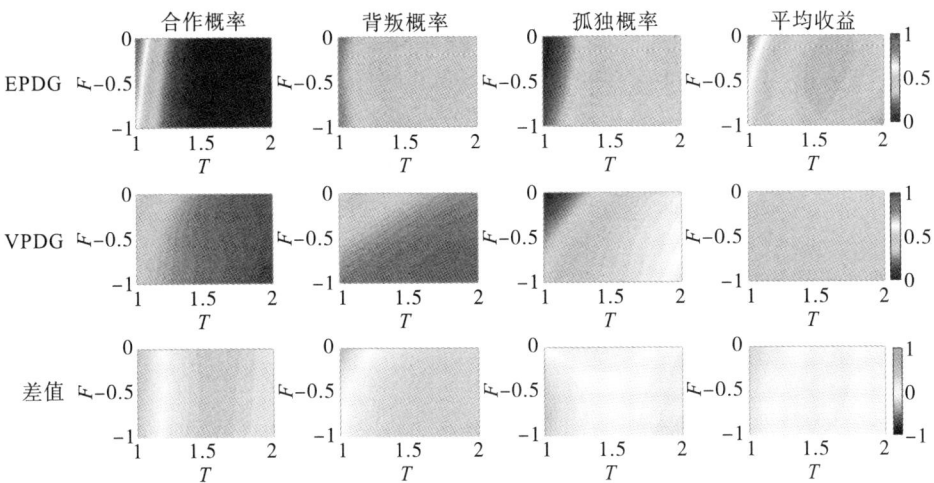

图 7-4 群体策略特征和平均收益(二维格子网络)(后附彩图)

(2) 演化迭代过程分析

观察图 7-3 和图 7-4 可以发现,参数 F 的影响并不明显。因此,本节取 $F=0$,针对参数 T 的变化进行具体的群体演化迭代分析。

1) $T=1$ 时

$T=1$ 时,背叛对合作没有优势。如图 7-5 所示为群体中 3 种策略占比的演化进程。可以看出,合作策略占比极大,而孤独策略在大约 10000 代后消失。

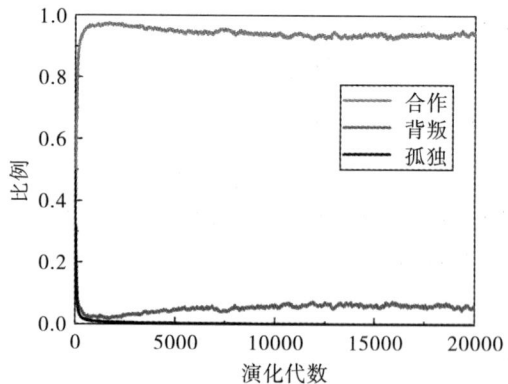

图 7-5　群体中策略占比的演化($T=1$)（后附彩图）

如图 7-6 所示为群体中 400 种情感表现型占比的演化进程。可以看出，随着系统的演化，群体中留下 2 种情感表现型：

$$\{W=0, \alpha \in [0.9, 1), V=0, \beta \in [0.9, 1)\},$$
$$\{W=0, \alpha \in [0.9, 1), V=1, \beta \in [0.9, 1)\}。$$

其中前者占大部分。如图 7-7 所示为系统处于稳态时这 2 种情感表现型的空间分布。

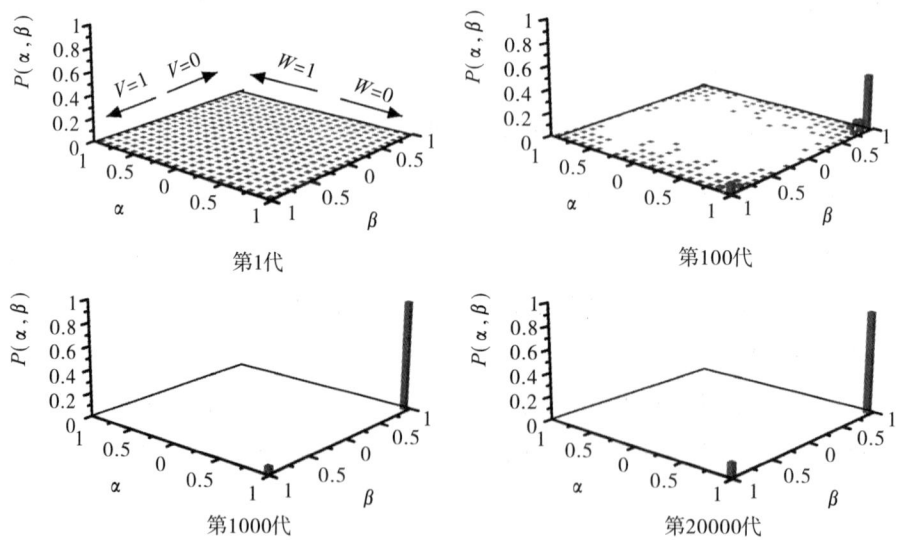

图 7-6　群体中情感表现型的演化($T=1$)

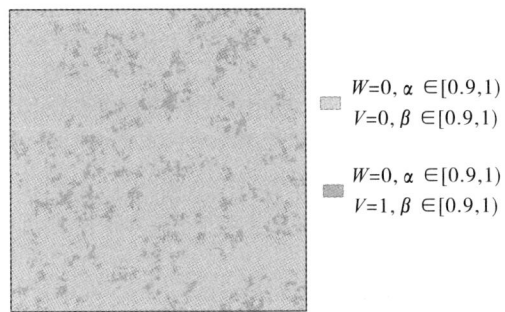

图 7-7　群体中情感表现型的空间分布特征($T=1$)(后附彩图)

情感表现型为$\{W=0,\alpha\in[0.9,1),V=0,\beta\in[0.9,1)\}$的个体不论碰到弱者还是强者,都将以大概率(0.9以上)选择合作策略。情感表现型为$\{W=0,\alpha\in[0.9,1),V=1,\beta\in[0.9,1)\}$的个体碰到弱者将以大概率(0.9以上)选择合作策略,碰到强者将以大概率(0.9以上)选择背叛策略。这就导致以下结果:①后一种情感表现型的个体可以剥削前一种情感表现型的个体,但由于此时背叛的诱惑T与合作的回报R相等($T=R=1$),因此,后一种情感表现型的个体生存优势并不明显。②前一种情感表现型的个体通过形成紧密的团簇和提高互相之间的合作频率来弥补合作失败(代价为F)所带来的相对劣势。③后一种情感表现型的个体互相博弈时,弱者背叛,强者合作,因此,由后一种情感表现型个体组成的子群体(弱者剥削强者,收益分别为T和F)不如由前一种情感表现型个体组成的子群体高效(相互合作,收益均为R),只占据群体的小部分。④当背叛没有优势时($T=R=1$),群体中正向情感表现型$\{W=0,\alpha\in[0.9,1),V=0,\beta\in[0.9,1)\}$的个体(对弱者同情,对强者尊敬)占大多数,系统合作度很高。

2)$T=1.1$时

如图7-8所示为群体中策略占比的演化过程。由于此时背叛的诱惑T略高于合作的回报R,因此,相对于$T=1$的情形,孤独和背叛的比例增大,合作的比例有所降低。如图7-8所示,所有3种策略占比的演化呈现出振荡特征,但波动不大。

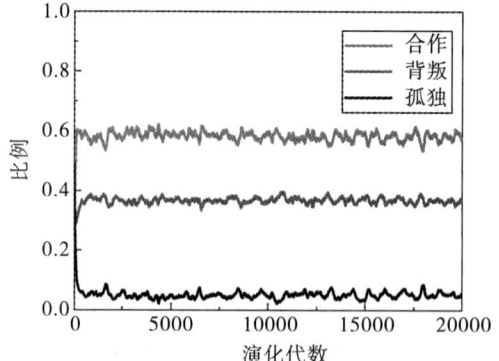

图 7-8　群体中策略占比的演化($T=1.1$)（后附彩图）

如图 7-9 所示为群体中 400 种情感表现型的占比演化过程。当系统演化达到稳态时，群体中留下 4 种情感表现型：

$$\{W=0, \alpha \in [0.9,1), V=1, \beta \in [0.9,1)\},$$
$$\{W=0, \alpha \in [0.9,1), V=0, \beta \in [0.9,1)\},$$
$$\{W=0, \alpha \in [0.2,0.3), V=1, \beta \in [0.9,1)\},$$
$$\{W=0, \alpha \in [0.2,0.3), V=0, \beta \in [0.9,1)\}.$$

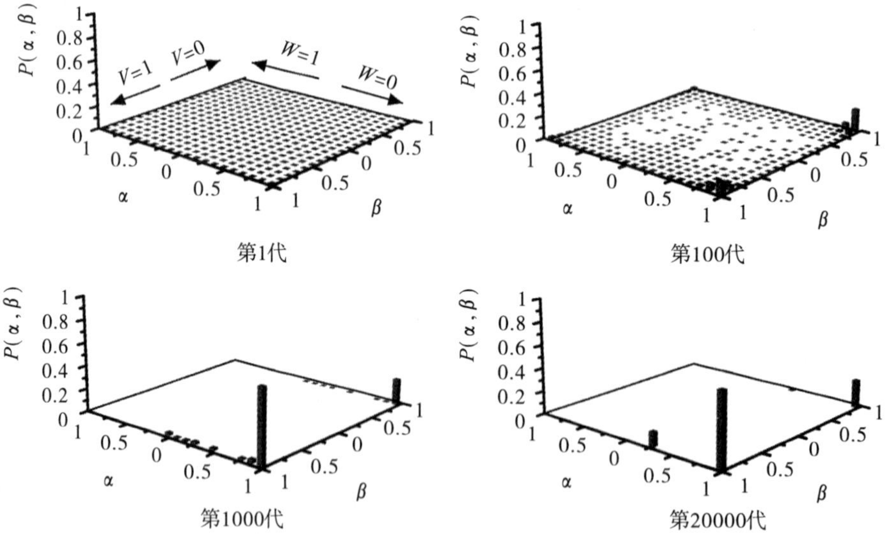

图 7-9　群体中情感表现型的演化($T=1.1$)

系统处于稳态时的 4 种情感表现型的空间分布如图 7-10 所示。系统中这 4 种情感表现型的演化进程如图 7-11 所示。

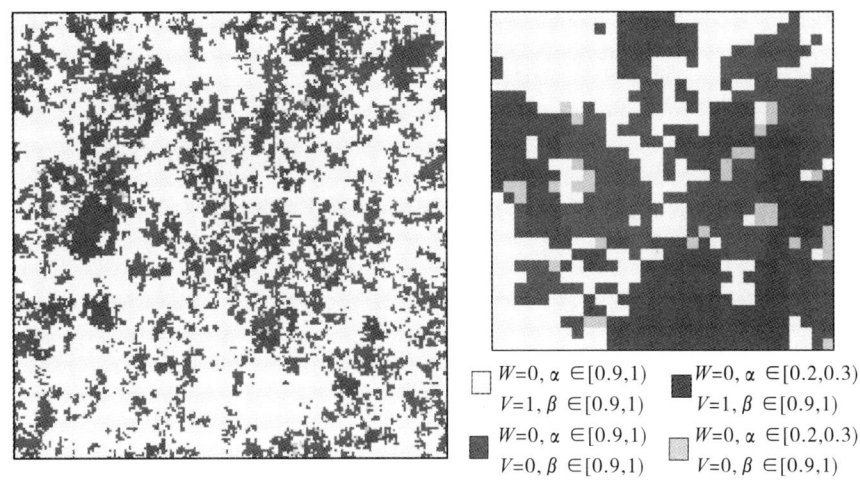

图 7-10 群体中情感表现型的空间分布特征($T=1.1$)（后附彩图）

注：右图是左图中一个 30×30 区域的放大显示。

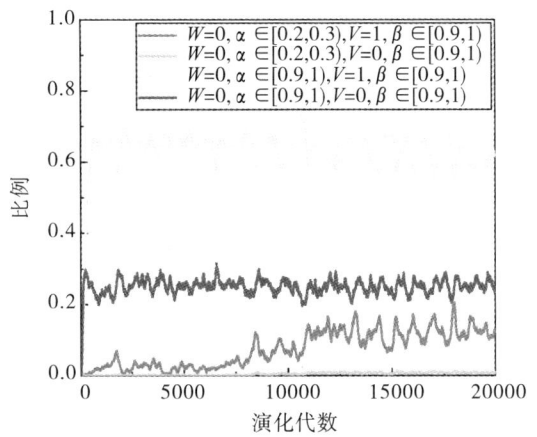

图 7-11 群体中 4 种情感表现型占比的演化($T=1.1$)（后附彩图）

从演化的稳态结果（上述 4 种情感表现型）可以看出，所有个体都对弱者同情（$W=0$），但程度不同，大多数个体表现出强烈的同情心；但面对强者时呈两极分化，表现出极度尊敬或者极度嫉妒。演化结果表明，当面对更强的对手时，最好表现出清晰的态度，模棱两可的态度没有生存优势。

第一种情感表现型$\{W=0, \alpha\in[0.9,1), V=1, \beta\in[0.9,1)\}$的个体碰到弱者大概率合作，碰到强者大概率背叛。第二种情感表现型$\{W=0, \alpha\in[0.9,1), V=0, \beta\in[0.9,1)\}$的个体不论碰到弱者还是强者都大概率合作。

第三种情感表现型{$W=0, \alpha \in [0.2, 0.3), V=1, \beta \in [0.9, 1)$}的个体碰到弱者以较大概率($1-\alpha$)选择孤独，碰到强者大概率背叛。第四种情感表现型{$W=0, \alpha \in [0.2, 0.3), V=0, \beta \in [0.9, 1)$}的个体碰到弱者以较大概率($1-\alpha$)选择孤独，碰到强者大概率合作。这就导致以下结果：①第一种个体与第三种个体博弈，或者两者收益均为σ，或者第一种个体收益为F，第三种个体收益为T，因此，第三种个体（相对为弱者时）可以剥削第一种个体。②第二种个体与第一种个体（或第三种个体）博弈时，由于第二种个体大概率合作，因此当第一种个体（或第三种个体）选择背叛策略时，第二种个体（相对为强者时）会遭受剥削。③第四种个体与第一种个体（或第二种个体）博弈时，或者两者收益均为σ，或者两者合作，收益均为R。④第四种个体与第三种个体博弈时，两者收益均为σ的概率大。

由上述分析可知：①虽然第二种个体会被第一种个体和第三种个体剥削，但只会发生在第二种个体为相对强者时，而第二种个体可以通过形成紧密的团簇和提高互相之间的合作频率来弥补剥削带来的相对劣势，因此，第二种个体能在种群中保持一定比例（大约为25%，在4种情感类型中排名第二）。②当第一种个体为相对强者时会被第三种个体剥削，正是第三种个体的存在使得第一种个体无法占据整个种群。③第四种个体相当于调节器。第四种个体与第一种个体（或第二种个体）博弈时，相互之间的合作使得第一种个体（或第二种个体）获得$R=1$的收益；与第三种个体博弈时，由于两者均有较大的概率放弃参与，因此第三种个体获得$\sigma=0.3$的收益。这样，第四种个体的参与削弱了第三种个体对第一种个体（或第二种个体）的相对优势。从图7-10可看出，这种类型的个体常处于其他3种个体的交会处。基于上述原因，4种类型的个体保持共存并形成自组织模式。

虽然背叛的诱惑T仅增加了0.1，但与$T=1$时的结果相比，群体发生2种变化：①对弱者的同情心有所弱化，出现了{$W=0, \alpha \in [0.2, 0.3), V=1, \beta \in [0.9, 1)$}和{$W=0, \alpha \in [0.2, 0.3), V=0, \beta \in [0.9, 1)$}这2种表现型的个体，使得放弃参与的孤独策略以一定比例存在。②对强者的嫉妒得到强化，情感表现型为{$W=0, \alpha \in [0.9, 1), V=1, \beta \in [0.9, 1)$}的个体在群体中占多数，使得背叛策略的比例有所增大。

3) $T=1.2$ 时

$T=1.2$ 时,系统演化出现了分岔现象,演化的最终稳态出现了 3 种可能的情形,每种情形均被一种情感表现型个体占据整个种群。系统处于稳态时的情感表现型分别如下:

第一种情形为 $\{W=0,\alpha\in[0.9,1),V=1,\beta\in[0.9,1)\}$,

第二种情形为 $\{W=1,\alpha\in[0.9,1),V=0,\beta\in[0.9,1)\}$,

第三种情形为 $\{W=1,\alpha\in[0.9,1),V=0,\beta\in(0,0.1)\}$。

如图 7-12 所示为群体策略类型演化的 3 种可能结果。图 7-12(a) 和图 7-12(b) 中合作比例和背叛比例基本一致,且最终均接近 50%,但由于情感表现型不同,个体之间合作和背叛的机制完全不同。第一种情形最终的情感表现型为 $\{W=0,\alpha\in[0.9,1),V=1,\beta\in[0.9,1)\}$。该情感表现型的个体碰到弱者大概率合作,碰到强者大概率背叛。第二种情形最终的情感表现型为 $\{W=1,\alpha\in[0.9,1),V=0,\beta\in[0.9,1)\}$。该情感表现型的个体碰到弱者大概率背叛,碰到强者大概率合作。图 7-12(c) 则显示了完全不同的模式:在大约 40000 代后,合作的比例急剧下降,同时,孤独的比例增加。第三种情形最终的情感类型为 $\{W=1,\alpha\in[0.9,1),V=0,\beta\in(0,0.1)\}$。该情感表现型的个体碰到弱者大概率背叛,碰到强者大概率 $(1-\beta)$ 放弃参与,因此,图 7-12(c) 中背叛比例和孤独比例趋近 50%,合作比例很小。

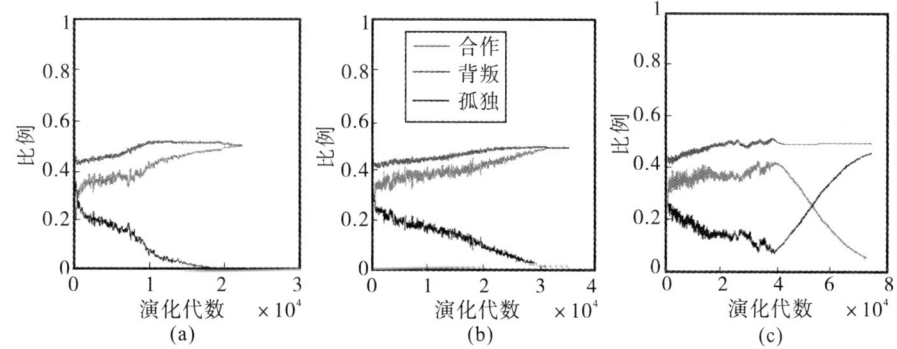

图 7-12　群体中策略占比的 3 种演化情形($T=1.2$)(后附彩图)

如图 7-13 所示为群体中个体情感特征指标 $(-1)^W\alpha$ 和 $(-1)^V\beta$ 的空间分布的演化过程[(a)、(b)、(c) 分别对应第一种、第二种和第三种情形]。从图 7-13 可以看出,系统在 1000 代左右尚未发生明显分岔,到 10000 代时已明显分岔。

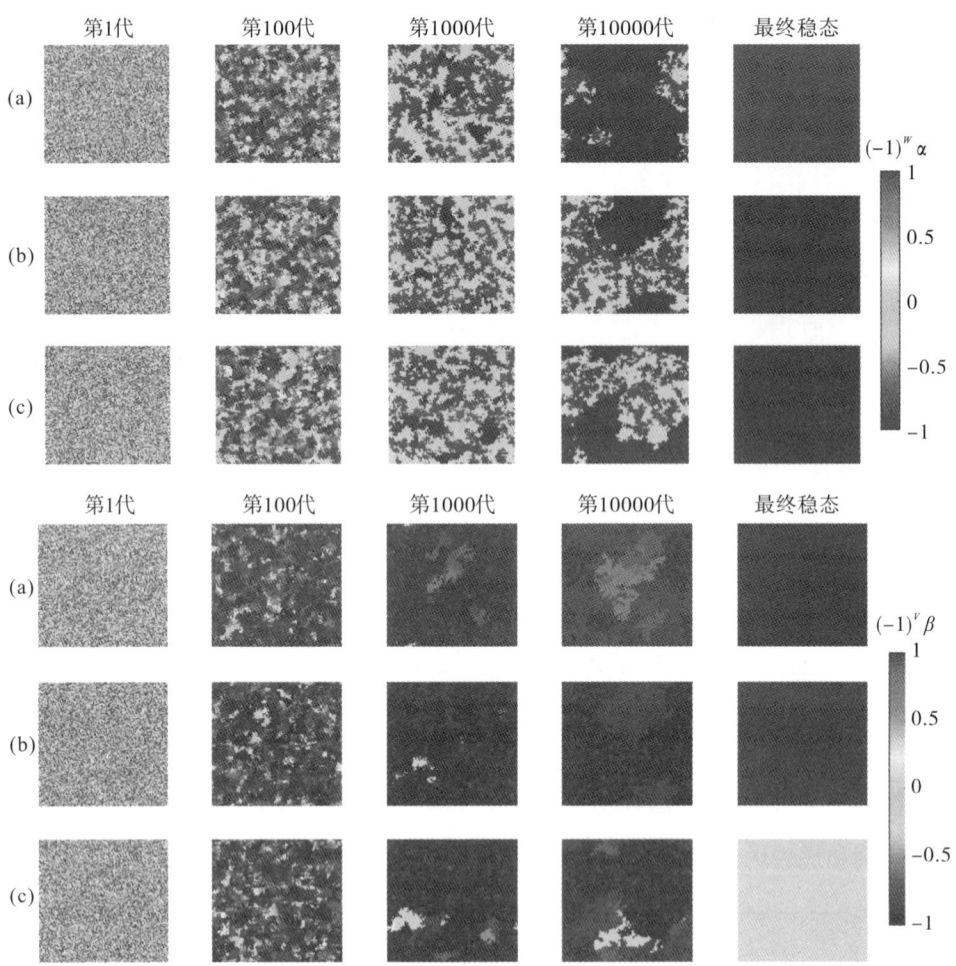

图 7-13　群体中个体情感特征指标的空间分布演化($T=1.2$)（后附彩图）

4）$1.3 \leqslant T \leqslant 2$ 时

$1.3 \leqslant T \leqslant 2$ 时，参数 T 不同取值下的演化结果基本一致。我们以 $T=1.5$ 为例进行说明。如图 7-14 所示为合作、背叛和孤独 3 种策略占比的演化趋势。从图 7-14 可看出，系统中合作策略首先消亡，背叛和孤独策略的比例最终取得均衡，大约各占 50%。

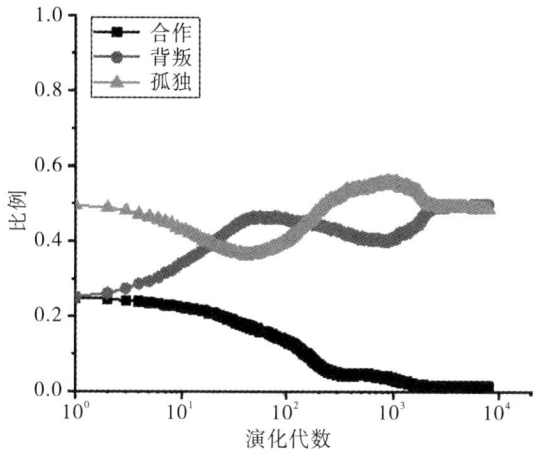

图 7-14　群体中策略占比的演化（$T=1.5$）

如图 7-15 所示为 400 种情感类型占比的演化迭代过程。从图 7-15 可以看出，由于背叛成功的诱惑 $T=1.5$，大于双方合作的奖励 $R=1$，因此，在演化初期，采取合作策略的个体将受到采取背叛策略的个体的剥削，使得对强者和弱者都以较大概率采取合作策略的个体迅速减少，而对强者和弱者都以较大概率采取背叛策略的个体迅速增多，其中情感特征为 $\{V=1,\beta\in[0.9,1)\}$ 的个体数量明显增多，如图 7-15 中第 100 代所示。随着正向情感表现型个体的消亡，负向情感表现型个体失去剥削对象。尤其是对强者和弱者都以较大概率采取背叛策略的情感表现型为 $\{W=1,\alpha\in[0.9,1),V=1,\beta\in[0.9,1)\}$ 的个体，在面对以较大概率采取孤独策略的情感表现型为 $\{W=1,\alpha\in[0.9,1),V=0,\beta\in(0,0.1)\}$ 的个体时，失去进化优势（因为前一种情感表现型的个体互相博弈的收益是双方背叛的惩罚 $J=0$，而后一种情感表现型的个体互相博弈的收益是不参与博弈的福利 $\sigma=0.3$），也开始逐渐减少。随着演化的进行，情感表现型 $\{W=1,\alpha\in[0.9,1),V=0,\beta\in(0,0.1)\}$ 取得进化优势并占据种群。该情感表现型的个体遇到弱者以大概率背叛，遇到强者以大概率孤独，可以将其描述为"畏强凌弱"或者"欺软怕硬"型。

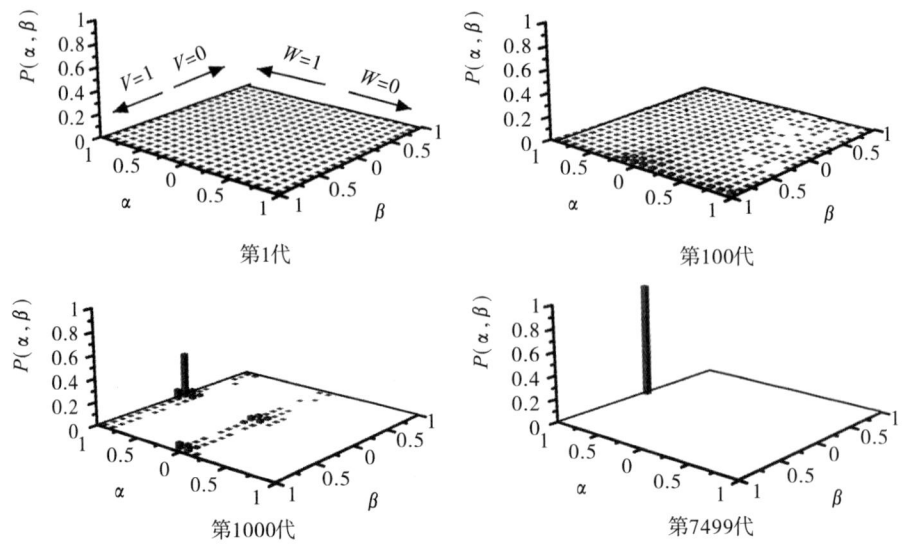

图 7-15 群体中情感表现型的演化($T=1.5$)

如图 7-16 所示为群体情感特征指标空间分布情形的演化过程。从图 7-16 可看出,在背叛成功的诱惑($T=1.5$)下,个体对弱者的同情心首先失去进化优势,转化为欺凌,然后个体对强者的尊敬和嫉妒被畏惧取代。

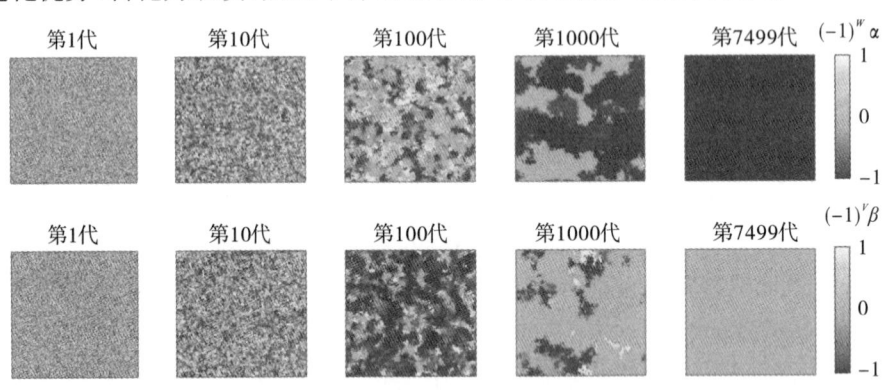

图 7-16 群体中个体情感特征指标的空间分布演化($T=1.5$)(后附彩图)

5)总体分析

通过上述基于二维格子网络的 EPDG 模型演化分析,可以发现:

从物理角度来看,随着 T 从 1 逐渐增大,演化得到的稳态系统经历了有序到混沌再到有序的过程。当 $T=1$ 时,系统中 2 种情感表现型共存,其中 $\{W=0, \alpha \in [0.9, 1), V=0, \beta \in [0.9, 1)\}$ 情感表现型占据主导。随着 T 增大至 1.1,系统中 4 种情感表现型共存,系统的混乱程度较 $T=1$ 时有所增大,其中 $\{W=0,\alpha\in[0.9,1),V=1,\beta\in[0.9,1)\}$ 占据大部分。随着 T 增大至 1.2,系统出现了分岔现象,演化的最终状态出现了 3 种可能,但每种分岔态最后均只有一种情感表现型存在。有趣的是,其中一种状态是曾经在 $T=1.1$ 时占据过主导地位的情感表现型 $\{W=0,\alpha\in[0.9,1),V=1,\beta\in[0.9,1)\}$,而另外一种状态对应的情感表现型 $\{W=1,\alpha\in[0.9,1),V=0,\beta\in(0,0.1)\}$ 则和 $1.3\leqslant T\leqslant 2$ 时的演化结果一致。混沌的系统($T=1.2$ 时)兼具前一个系统($T=1.1$ 时)和后一个系统($1.3\leqslant T\leqslant 2$ 时)的特征。随着 T 从 1.3 增大至 2.0,系统又恢复有序,只有 $\{W=1,\alpha\in[0.9,1),V=0,\beta\in(0,0.1)\}$ 这一种情感表现型存在。

从社会角度来看,$T=1$ 时对应的系统是正向的,对弱者的极度同情获得进化优势,极度尊敬及极度嫉妒强者的个体同时存在,但尊敬强者的个体占大部分(比例接近 90%),整个群体的行为方式为"敬上爱下"(合作为主流)。随着 T 增大至 1.1,同情的进化优势有所弱化,同情心较弱的情感表现型 ($W=0,\alpha\in[0.2,0.3)$) 可以在系统中生存。随着 T 继续增大至 1.3,系统由"欺软怕硬"的情感表现型统治,其中 $\{W=1,\alpha\in[0.9,1)\}$ 表现为极度欺弱,碰到弱者大概率背叛,$\{V=0,\beta\in(0,0.1)\}$ 表现为畏惧强者,大概率放弃博弈。综上所述,当背叛的诱惑稍有增长,个体的同情心首先失去进化优势,从极度同情转化为极度欺弱,然后个体对强者的尊敬和嫉妒被畏惧取代。

7.4 基于随机网络的演化分析

(1)系统稳态分析

1)情感特征

基于随机网络,在 T 和 F 的不同取值组合下,系统达到演化稳态时的 2 个情感特征指标群体平均值如图 7-17 所示。由图 7-17 可知,在 T,F 取值的大部分区域,$(-1)^W\alpha$ 与 $(-1)^V\beta$ 都处于 0 附近,即随机网络中群体的情感整体表现为强者大概率对弱者漠然,弱者大概率对强者畏惧。由于漠然情感和畏惧情感都对应孤独策略,此时群体的策略表现为孤独。

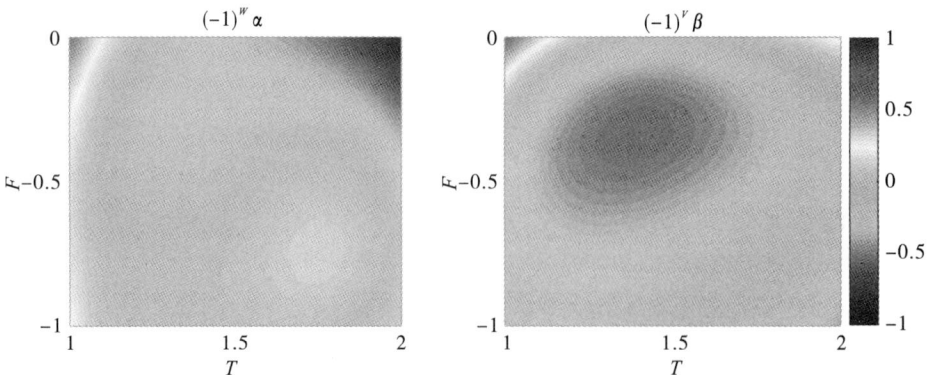

图 7-17　群体情感特征指标的平均值(随机网络)(后附彩图)

2) 策略特征和平均收益

如图 7-18 所示为基于随机网络的 EPDG 模型和 VPDG 模型演化至稳态时群体的策略特征及平均收益值。由图7-18可知,在 T 取值较小的区域,EPDG 模型的合作概率大于 VPDG 模型;在大部分区域,群体平均收益略高于 VPDG 模型。

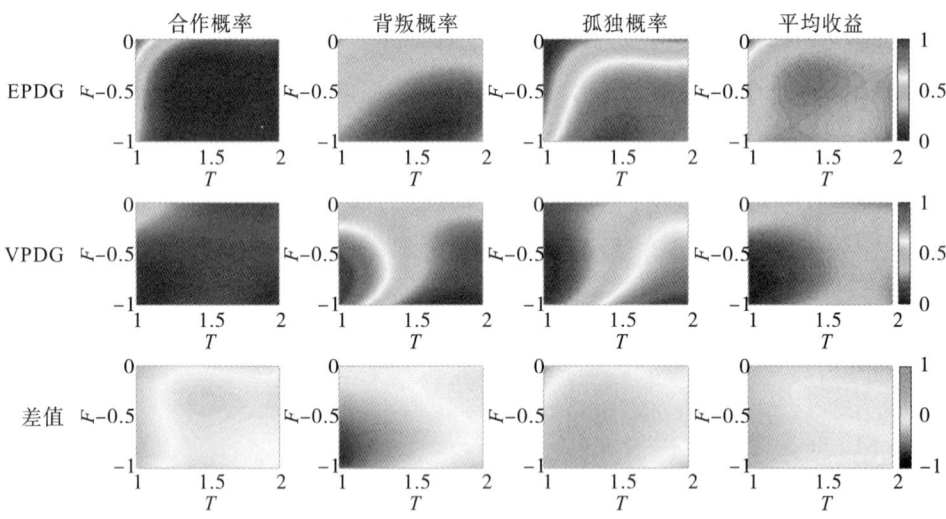

图 7-18　群体策略特征和平均收益(随机网络)(后附彩图)

(2) 演化迭代过程分析

如图 7-18 所示,在 T 取值较小的区域,EPDG 模型的合作概率明显大于 VPDG 模型。因此,我们设置参数取值为 $F=-0.5, T=1$,进一步研究 EPDG 模型的情感演化情况。群体中 400 种情感表现型的迭代演化如图

7-19所示。根据 W 和 V 的取值,可将群体的情感表现型分为 4 个区域:区域 P1($W=1,V=1$)、区域 P2($W=0,V=1$)、区域 P3($W=1,V=0$)和区域 P4 ($W=0,V=0$)。

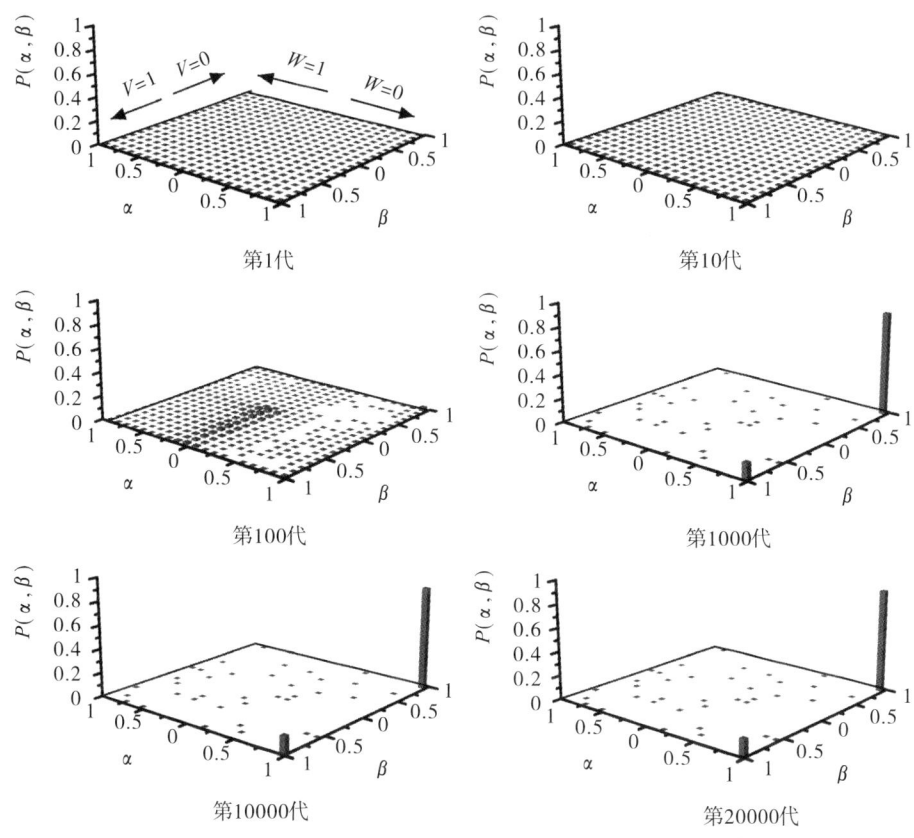

图 7-19 随机网络中群体情感表现型的演化

由图 7-19 可知,在演化初始状态,4 个情感区域内的个体分布比较均匀。开始演化后,区域 P1 的个体数逐渐增多,区域 P2 和 P3 的个体数缓慢下降,区域 P4 的个体数下降趋势比较明显。当演化达到 100 代时,区域 P1 的个体主要表现为{$W=1,\alpha\in(0,0.2),V=1,\beta\in(0,0.4)$}。该情感表现型的个体面对弱者时大概率漠然(孤独策略),面对强者时大概率畏惧(孤独策略)。区域 P1 的个体在博弈对局中采取孤独策略的概率增大,采取合作和背叛策略的概率减小。

大部分个体漠视弱者,畏惧强者,得到的收益值稳定但偏小(0.3)。随着演化进程的推进,同情弱者的情感表现型逐渐取得进化优势(合作收益为

1),区域P4中的个体数大幅增多,且集中表现为$\{W=0,\alpha\in[0.9,1),V=0,\beta\in[0.9,1)\}$,区域P2中部分个体为$\{W=0,\alpha\in[0.9,1),V=1,\beta\in[0.9,1)\}$。系统处于演化稳态时,绝大部分个体面对弱者时大概率同情(合作策略),面对强者时大概率尊敬(合作策略),群体合作概率增大,孤独和背叛概率减小,群体平均收益增大。

图7-20显示了合作、背叛和孤独3种策略占比和平均收益的演化趋势。由图7-20(a)可知,VPDG模型的种群演化收敛于背叛策略,群体的平均收益为0。由图7-20(b)可知,在EPDG模型中,孤独策略走向消亡,合作策略占据主导,群体平均收益高。

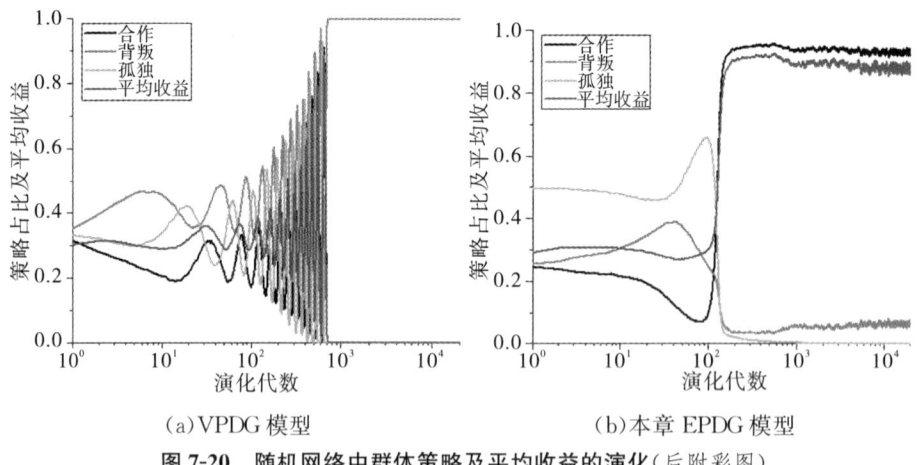

(a) VPDG 模型　　　　　　　(b) 本章 EPDG 模型

图 7-20　随机网络中群体策略及平均收益的演化(后附彩图)

7.5　基于 BA 无标度网络的演化分析

(1) 系统稳态分析

1) 情感特征

基于BA无标度网络,在T和F的不同取值组合下,系统达到演化稳态时的2个情感特征指标群体平均值如图7-21所示。在图7-21中右上区域(T和F均较大),$(-1)^W\alpha$较小(接近-1),$(-1)^V\beta$较大(接近1),即群体的情感表现为强者大概率欺凌弱者,弱者大概率尊敬强者。由于欺凌情感对应背叛策略,尊敬情感对应合作策略,此时群体的策略表现为合作与背叛共存。在图7-21中左下区域(T和F均为较小值),$(-1)^W\alpha$与$(-1)^V\beta$都处于0附近,即群体的情感表现为强者大概率漠视弱者,弱者大概率畏惧强者。由于漠然情感和畏惧情感都对应孤独策略,此时群体的策略表现为孤独。

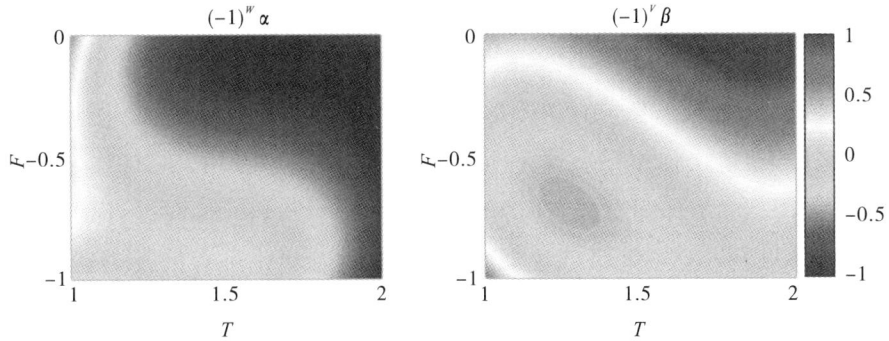

图 7-21　群体情感特征指标的平均值(BA 无标度网络)(后附彩图)

2) 策略特征和平均收益

如图 7-22 所示为基于 BA 无标度网络的 EPDG 模型和 VPDG 模型演化至稳态时群体的策略特征及平均收益值。由图 7-22 可知,在 T,F 取值的大部分区域,EPDG 模型的合作概率和平均收益均高于 VPDG 模型。据此,可以认为基于 EPDG 模型的情感演化能更好地促进群体合作,提高群体适应度。

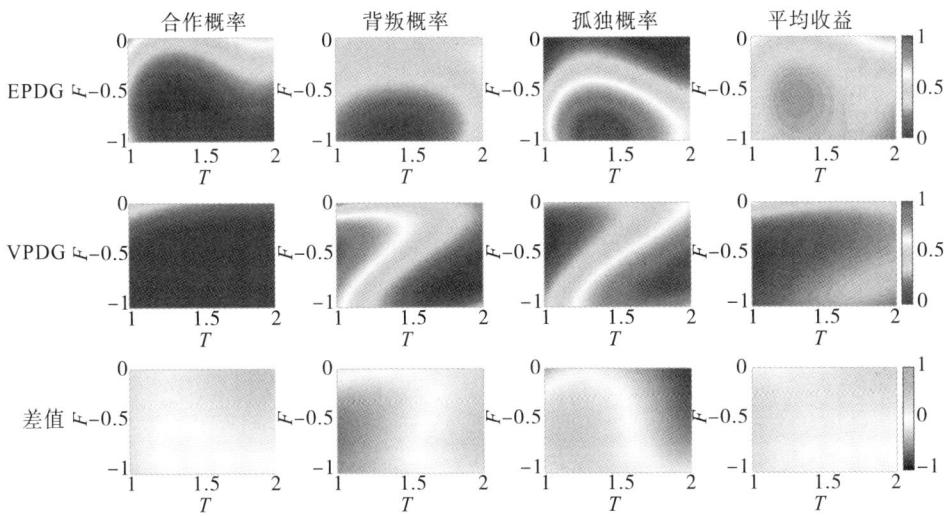

图 7-22　群体策略特征和平均收益(BA 无标度网络)(后附彩图)

(2) 演化迭代过程分析

如图 7-22 所示,在 T 取值较小的区域,EPDG 模型的合作概率和平均收益明显大于 VPDG 模型。因此,我们设置参数取值为 $F=-0.4, T=1$,进一步研究 EPDG 模型的情感演化情况。群体中 400 种情感表现型的迭代演化如图 7-23 所示。演化开始后,区域 P1($W=1, V=1$)的个体数逐渐增多。当演化达到 70 代时,区域 P2($W=0, V=1$)和 P3($W=1, V=0$)的个体数缓慢下降,区域 P4($W=0, V=0$)的个体数下降趋势比较明显。当演化达到 100 代时,区域 P1 的个体主要表现为$\{W=1, \alpha \in (0, 0.2), V=1, \beta \in (0.4, 0.6)\}$。该情感表现型的个体面对弱者时大概率漠然(孤独策略),面对强者时嫉妒和畏惧的概率相当(背叛策略或者孤独策略)。随着演化进程的推进,区域 P1 的个体数下降,区域 P4 的个体数增多,群体最终被情感表现型$\{W=0, \alpha \in [0.9, 1), V=0, \beta \in [0.9, 1)\}$占据。该情感表现型的个体面对弱者时大概率同情(合作策略),面对强者时大概率尊敬(合作策略)。

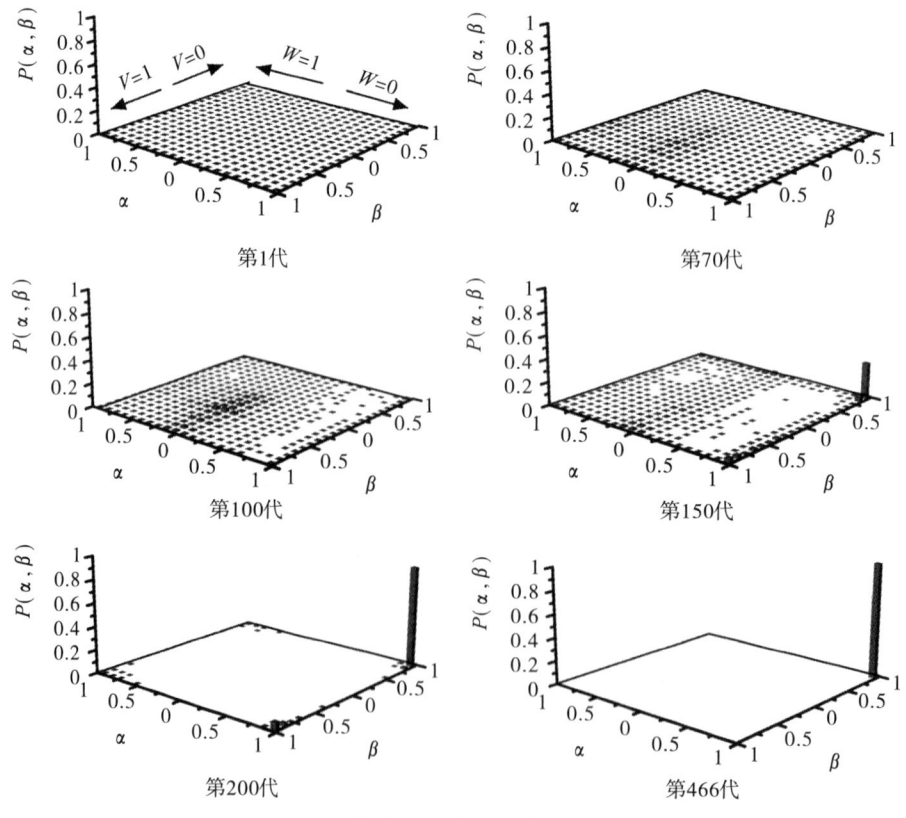

图 7-23　BA 无标度网络中群体情感表现型的演化

图 7-24 显示了合作、背叛和孤独 3 种策略占比和平均收益的演化趋势。

由图 7-24(a)可知,VPDG 模型的种群演化收敛于背叛策略,群体的平均收益为 0。由图 7-24(b)可知,EPDG 模型的种群演化收敛于合作策略,群体的平均收益为 1。

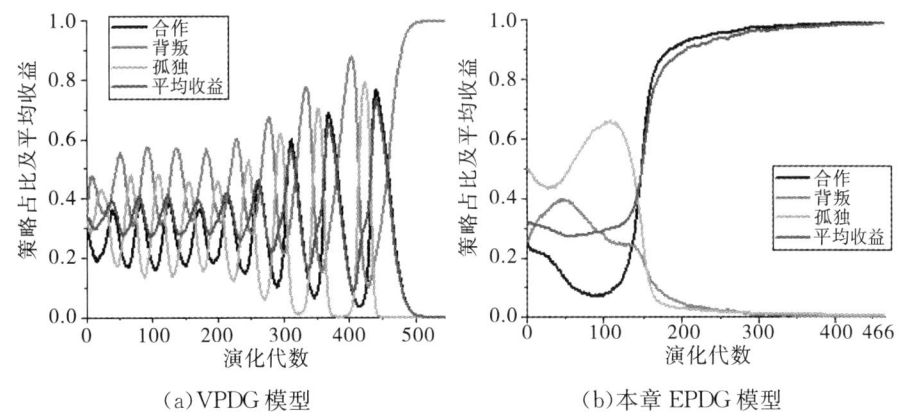

(a) VPDG 模型　　　　　　　　　(b) 本章 EPDG 模型

图 7-24　BA 无标度网络中群体策略及平均收益的演化(后附彩图)

7.6　结果分析

本章基于个体对相对适应度的关注,设定了强者和弱者之间的 6 种情感类型(同情、欺凌、漠然、尊敬、嫉妒和畏惧),建立了个体情感特征的定量表达方法;设计了 6 种情感类型与合作、背叛及孤独 3 种博弈策略之间的对应关系和定量表达机制;构建了基于情感模仿规则的博弈动力学演化算法,基于二维格子网络、随机网络和 BA 无标度网络等网络结构进行演化博弈仿真分析,揭示了情感类型及社会合作状态与网络拓扑特征之间的关系。

基于本章的计算结果,不难发现:

①相比于 VPDG 模型,EPDG 模型具有一定的平均收益优势,因为情感驱动的博弈有利于合作的产生。具体表现为:正向情感表现型的个体通过形成紧密的团簇和提高互相之间的合作频率来弥补合作失败所带来的相对劣势;多种情感表现型的个体共存并形成自组织模式。

②二维格子网络的计算结果显示:从 $T=1$ 到 $T=1.3$,背叛的诱惑仅仅增大 30%,社会就从一个"敬上爱下"的运行系统(合作比例接近 95%)转变为"欺软怕硬"的运行系统(合作比例约 1%),说明利益可使人性恶的一面显

现。好的制度能让坏人变成好人,坏的制度能把好人逼成坏人。对社会制度的设计者而言,应尽力避免出台弱化人的同情心、强化人的漠然感的政策和措施。

③网络结构对情感演化和传播存在影响。在 $1.3 \leqslant T \leqslant 2$ 的区域,随着网络度分布异质性的提高(二维格子网络→随机网络→BA 无标度网络),正向情感表现型的个体在演化中取得优势的概率增大,群体中个体的策略特征也逐渐由背叛和孤独共存(二维格子网络)向孤独占优发展(随机网络),最终合作、孤独和背叛共存(BA 无标度网络)。

本章在前几章 4 种情感类型的基础上引入对强者的畏惧和对弱者的漠然,同时引入对应这 2 种情感的孤独策略。基于不同网络结构的 EPDG 模型和 VPDG 模型演化结果表明,情感和策略的多样性可以对群体起到调节和稳定作用,使其形成既相互关联又相互制约的子簇群,在一定程度上提升群体合作频率和平均收益。

参考文献

[1] 王龙,伏锋,陈小杰,等. 演化博弈与自组织合作[J]. 系统科学与数学,2007,27(3):330—343.

[2] LI X, JUSUP M, WANG Z, et al. Punishment diminishes the benefits of network reciprocity in social dilemma experiments [J]. Proceedings of the National Academy of the Sciences of the United States of America, 2018, 115(1):30—35.

[3] SU Q, MCAVOY A, MORI Y, et al. Evolution of prosocial behaviours in multilayer populations [J]. Nature Human Behaviour, 2022, 6(3):338—348.

[4] 夏纪军,张来武,雷明. 利他、互利与信任[J]. 经济科学,2003(4):95—108.

[5] HENRICH J, MUTHUKRISHNA M. The origins and psychology of human cooperation [J]. Annual Review of Psychology, 2021, 72:207—240.

[6] MILGRAM S, BICKMAN L, BERKOWIT L. Note on the drawing power of crowds of different size [J]. Journal of Personality and Social Psychology, 1969, 13(2):79—82.

[7] WANG L, YE S-Q, CHEONG K H, et al. The role of emotions in spatial prisoner's dilemma game with voluntary participation [J]. Physica A: Statistical Mechanics and its Applications, 2018, 490:1396—1407.

[8] 谢能刚,代亚运,王萌,等. 考虑情感的三策略囚徒困境博弈模型与合作演化[J]. 运筹与管理,2022,31(3):93—99.

[9] HAUERT C, DE MONTE S, HOFBAUER J, et al. Volunteering as red queen mechanism for cooperation in public goods games [J]. Science, 2002, 296(5570):1129—1132.

[10] SZABÓ G, HAUERT C. Evolutionary prisoner's dilemma games with voluntary participation [J]. Physical Review E, 2002, 66(6): 62903.

[11] SZOLNOKI A, XIE N-G, WANG C, et al. Imitating emotions instead of strategies in spatial games elevates social welfare [J]. Europhysics Letters, 2011, 96(3): 38002.

[12] SZOLNOKI A, XIE N-G, YE Y, et al. Evolution of emotions on networks leads to the evolution of cooperation in social dilemmas [J]. Physical Review E, 2013, 87(4): 42805.

第 8 章 考虑声誉影响的情感博弈

扫码查看本章彩图

间接受惠机制的运行需要有一些先伸出"橄榄枝"的主动者,也需要有反馈者和跟随者,这样才能形成有序的善良循环。人们主动尝试利他的动机归因为积累能力、积累声誉和积累"好运"。

帮助他人解决问题可以积累能力和社会资本,虽然不能即刻兑现,但可能会在未来派上用场。《奥赛罗》中有句台词:"无论男人女人,名誉是他们灵魂里面最切身的珍宝。"Ohtsuki 等[1]将声誉评价引入参与者互动博弈,得到 8 种进化稳定策略,其共同特点是:与好人合作会获得好声誉,而背叛好人则获得坏声誉;同时,背叛坏人被视为良好行为并获得好声誉。你的潜意识指引着你的人生,而你称其为命运。你对世界、小生境乃至交互个体的认知和所有行为,是你情感和心灵的显现,而这一切决定了你将会拥有怎样的命运。如果你从不展现爱意,你又怎能期望收获爱?那些被我们归结为外部力量的结果,其实正是自己的内在情感推动的结果。善良,是为自己留下的路标。

8.1 声誉

声誉在间接互惠中扮演了关键角色。在基于声誉的间接互惠机制中,存在 3 个核心问题:如何描述和评价个体声誉?如何获得其他个体的声誉?如何基于声誉进行激励和诱导?

(1)声誉的描述与评价

目前,主要采用简单的二元声誉方法(只有好和坏 2 种情形)描述个体声誉。个体声誉的评价主要有 4 种规则:①一阶评价规则,个体的声誉取决于其在上一轮的行为,合作则声誉好,背叛则声誉坏。②二阶评价规则,个体的声誉取决于其在上一轮的行为,以及与其交互的个体在上一轮的声誉。③三阶评价规则,个体的声誉取决于其在上一轮的行为和声誉,以及与其交互的个体在上一轮的声誉。④四阶评价规则,在三阶规则的基础上还包括交互个体以前的声誉。

(2)获取他人声誉的方法

目前,大部分研究都假设声誉是一种公共信息,反映了一个人对其他人的行为。每个人都能获得其他个体的声誉。在信息不充分的情境下,需要采取有效方式(例如语言、集体记忆等)实现声誉传递。但不可否认的是,私人信息和评估误差对合作稳定性存在影响,甚至可能导致评价规则的崩溃。目前,生理和感性层面的因素,如禀赋特质(标签)、情感信任、集体记忆和社会心理等,对声誉获取的影响开始受到关注。

(3)针对声誉的激励和诱导

针对声誉的激励和诱导(如对坏人的惩罚和对好人的奖赏),由谁来实施奖惩以及怎样实施奖惩已成为研究的核心问题。[2]

1)利他惩罚

强互惠机制是指,在群体中与他人合作,并惩罚那些背叛的人,即使背叛不是针对我而且惩罚成本并不能得到预期的补偿。这种"利他惩罚",也就是"正义感",使得人类能维持比其他物种更高的合作水平(附背景资料)。根据仿真计算结果[3],当达到演化均衡时,群体中自私者占比 38.2%,正义者占比 37.2%,单纯的合作者占比 24.6%。强互惠机制引入"正义",通过"利他惩罚"约束和牵制自私行为,使"善""恶"达到均衡。因此,"利他惩罚"推动合作的本质可能是它激活了社会道德规范。[4,5]

婴儿乐见"惩恶扬善"

美国和加拿大的研究人员于 2011 年公布的一项研究[6]表明,婴儿在出生后的第 1 年已经能够逐步发展出对好人好事、坏人坏事的复杂社会判断系统,并且更乐见"惩恶扬善"。

研究者用动物造型的手偶来模拟好人、坏人、惩罚者等角色,并通过各种场景的表演让婴儿观察各角色的行为。例如,先让婴儿观看一些手偶对其他手偶的友善或恶劣行为,然后让他们看另一批手偶给"好的"手偶送玩具(类似一种奖励),或从"坏的"手偶那里拿走玩具(类似一种惩罚)。最后,让婴儿选择自己喜欢的手偶,或是扮演奖励者的角色决定奖品(如玩具、食物)的归属。

结果显示,5个月大的婴儿更喜欢有亲社会行为的"善良"手偶,即使它们以前可能有恶劣的行为。相比之下,8个月大的婴儿能够形成一种超越简单的"亲社会＝好,反社会＝坏"的判断:他们不仅能对"友善对待他人"的亲社会手偶表现出偏好,而且对"惩罚恶者"的手偶也持积极态度。而对于19个月大以及19个月至24个月大的孩子,相比较做持友善态度的"老好人",他们更喜欢做惩恶扬善的"英雄",认为恶人受到惩罚是自然而然的事。这表明,此时的婴儿已经构建了相对细致的价值评价系统,可以相对全面地判断行为的善恶和人的好坏,而这也是支持种群合作的基础之一。

2) 生理基础

目前研究显示,人类大脑具有奖赏合作和惩罚背叛的思维倾向和相关脑神经基础。Rilling 等[7]通过实验发现,"别人合作之后我合作"能更好地激活脑部前扣带回皮质喙部和腹侧纹状体2个区域,血氧水平显著上升带来的愉悦实现了合作行为的自我强化。De Quervain 等[8]的研究揭示,利他惩罚激活了脑部尾状核区域,给人带来惩罚背叛者的满足感。

8.2 声誉对情感响应的影响

目前的声誉机制研究偏重个体外在的"处世"行为表现,忽略了基于内在的"为人"秉性即道德情感方面的评价。贪婪、吝啬、慷慨、善良等评价标签都是基于对个体情感表现型的认识而形成的。宋代苏轼在《拟进士对御试策》有言:"凡人为善,不自誉而人誉之;为恶,不自毁而人毁之。"一个人的恶行善举会被周围的个体观察到,并形成对其情感表现型的信息认知。所有恶行善举都会以另一种形式"回报"到你的身上。正如《尚书·伊训》所云:"惟上帝不常,作善,降之百祥;作不善,降之百殃。尔惟德罔小,万邦惟庆;尔惟不德罔大,坠厥宗。"

本章在第7章中 EPDG 模型的基础上考虑情感声誉的影响,建立声誉认同度和情感响应指标。

(1) 情感声誉

参照第7章给出的个体情感特征的定量表达方式,基于个体情感表现型的声誉 E 由两部分构成,一部分是对弱者的情感,另一部分是对强者的情感。情感声誉可以定义为

$$E = (-1)^W \alpha + (-1)^V \beta。 \quad (8-1)$$

根据情感声誉 $E(-2<E<2)$,可将个体区分为"好人"和"坏人":$E>0$ 的个体称为"好人",E 越大,"好"的程度越大;$E<0$ 的个体称为"坏人",E 越小,"坏"的程度越大。

当个体 i 和个体 j 进行博弈时,从个体 i 的视角出发,根据两者的收益对比,个体 j 存在弱者和强者之分,根据个体 j 的情感声誉,个体 j 又存在好人和坏人之分。一般而言,好人容易激发欣赏情绪,坏人容易激发厌恶情绪。欣赏情绪和厌恶情绪会影响个体 i 原先对待弱者和强者的情感及程度。例如:对待好的弱者,原先是同情的,可能现在更加同情;原先是欺凌的,可能现在欺凌程度降低,转变为漠然,更有甚者可能直接转为同情。对待坏的弱者,原先是同情的,可能现在同情度降低,转为漠然甚至欺凌;原先是欺凌的,可能现在更加欺凌。同理,对待好的强者,原先是尊敬的,可能现在更加尊敬;原先是嫉妒的,可能现在嫉妒程度降低,甚至转为尊敬。对待坏的强者,原先是尊敬的,可能现在尊敬度降低,转为畏惧甚至嫉妒;原先是嫉妒的,可能现在更加嫉妒。由此可见,交互个体的情感声誉会影响本方情感响应。

(2) 声誉认同度

由于个体在信息收集能力方面存在不足,在个人认知和情感行动方面具有模糊性,因此交互个体的声誉需要达到一定的显著度(即情感声誉 E 达到一定的阈值),以激发本方对交互个体情感声誉的判断和自身情感响应方面的认同。假设个体 i 的情感表现型为 $\{W_i, \alpha_i, V_i, \beta_i\}$,个体 j 的情感表现型为 $\{W_j, \alpha_j, V_j, \beta_j\}$。我们通过定义一种激活函数 $f(c_i, E_j)$ 来反映个体 i 对交互个体 j 声誉的认同度,函数值对应获得认同的具体声誉值。激活函数定义如下:

$$f(c_i, E_j) = \frac{\text{sgn}(E_j) \mid E_j \mid^{c_i}}{2^{c_i}}, c_i \in [1, 10]。 \quad (8-2)$$

式中:E_j 为个体 j 的情感声誉;$\text{sgn}(\cdot)$ 为符号函数;认同参数 c_i 反映个体 i 激活声誉认同的难易性,c_i 越大越难认同交互个体的声誉,交互个体需要有更

显著的声誉以激活个体 i 的认同。如图 8-1 所示,当 c_i 取值为 1 时,$E_j>0.5$ 和 $E_j<-0.5$ 可分别激发对好声誉和坏声誉的认同;当 c_i 取值为 10 时,$E_j>1.5$ 和 $E_j<-1.5$ 可分别激发对好声誉和坏声誉的认同。

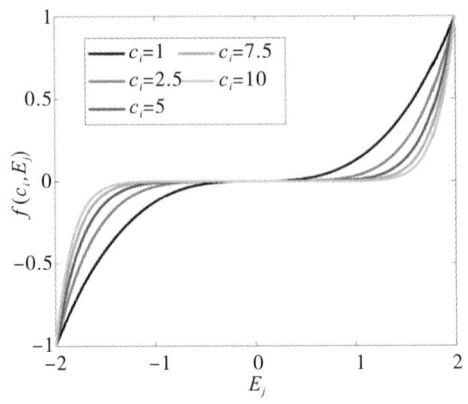

图 8-1　声誉激活函数(后附彩图)

(3)情感响应指标

考虑个体 j 的情感声誉对个体 i 情感响应的影响,定义 2 个情感响应值:

$$[\alpha]_{ij} = (-1)^{W_i}\alpha_i + f(c_i, E_j), \tag{8-3}$$

$$[\beta]_{ij} = (-1)^{V_i}\beta_i + f(c_i, E_j)。\tag{8-4}$$

其中,$[\alpha]_{ij}$ 表示个体 j 为弱者时个体 i 对 j 的情感响应指标,$[\beta]_{ij}$ 表示个体 j 为强者时个体 i 对 j 的情感响应指标。由于个体 j 的情感声誉激发个体 i 对 j 的声誉认同,使个体 i 对个体 j 的情感响应发生迁移,因此,在原有特征指标 $(-1)^{W_i}\alpha_i$ 和 $(-1)^{V_i}\beta_i$ 的基础上增加个体 j 情感声誉的影响。

8.3　声誉对博弈策略的影响

在第 7 章个体情感和博弈策略之间定量表达机制的基础上,考虑个体 j 的情感声誉对个体 i 情感响应的迁移影响,个体 i 按照如下规则采取相应的博弈策略(个体 j 同理):

(1)个体 j 为弱者($U_i \geqslant U_j$)

①若 $\text{sgn}([\alpha]_{ij})$ 为正,则 $[\alpha]_{ij}$ 表示个体 i 对弱者 j 同情的程度,代表个体 i 与个体 j 合作的概率。如果 $p_1 \leqslant [\alpha]_{ij}$($p_1$ 为 $[0,1]$ 之间服从均匀分布的随机

数,由计算机随机生成),则合作;否则个体 i 选择孤独。

②若 $\text{sgn}([\alpha]_{ij})$ 为负,则 $|[\alpha]_{ij}|$ 表示个体 i 对弱者 j 欺凌的程度,代表个体 i 背叛个体 j 的概率。如果 $p_1 \leqslant |[\alpha]_{ij}|$,则背叛;否则个体 i 选择孤独。

③若 $[\alpha]_{ij}=0$,则个体 i 选择孤独。

(2) 个体 j 为强者 ($U_i < U_j$)

①若 $\text{sgn}([\beta]_{ij})$ 为正,则 $[\beta]_{ij}$ 表示个体 i 对强者 j 尊敬的程度,代表个体 i 与个体 j 合作的概率。如果 $p_2 \leqslant [\beta]_{ij}$ (p_2 为 $[0,1]$ 之间服从均匀分布的随机数,由计算机随机生成),则合作;否则个体 i 选择孤独。

②若 $\text{sgn}([\beta]_{ij})$ 为负,则 $|[\beta]_{ij}|$ 表示个体 i 对强者 j 嫉妒的程度,代表个体 i 背叛个体 j 的概率。如果 $p_2 \leqslant |[\beta]_{ij}|$,则背叛;否则个体 i 选择孤独。

③若 $[\beta]_{ij}=0$,则个体 i 选择孤独。

8.4 博弈动力学演化算法

采用构建的社会网络(节点总数为 N),基于蒙特卡洛方法,对考虑声誉影响的 EPDG 模型进行仿真分析。

①初始阶段,每个个体被随机分配一个表征其情感表现型的参数组合 $\{W,\alpha,V,\beta\}$、情感声誉认同度参数 c 以及初始收益 U_0。W 和 V 被随机赋值为 0 或 1;α 和 β 被随机赋值为 $[0,1]$ 区间内的数;c 被随机赋值为 $[1,10]$ 区间内的数;U_0 被随机赋值为 $[F,T]$ 区间内的数。

②在每一个博弈轮次中,从群体中随机选择一个个体 i,使其与所有邻居分别进行一次博弈,个体 i 及其邻居采取的策略按照本书 8.3 节中方法确定(相应的博弈收益见表 7-1),然后获得个体平均收益 U_i(个体 i 和所有邻居博弈后所获收益的平均值),最终用该平均收益替换个体 i 之前的收益。

③个体 i 进行情感表现型的模仿、更新,模仿收益更高的邻居情感表现型和情感声誉认同度参数。个体 i 从他的邻居中随机选择一个个体(记为个体 j)进行收益比较,并以概率 q(i,j 两个体收益差的函数)模仿个体 j 的情感特征和认同度参数,一般取 $q=\left[1+\exp\left(\dfrac{U_i-U_j}{\kappa}\right)\right]^{-1}$,其中 κ 为噪声参数(本章取 0.1)。

具体学习模仿过程:在[0,1]区间内生成随机数γ_1,γ_2和γ_3。如果$\gamma_1 \leqslant q$且$\gamma_2 > q$,则个体i只模仿个体j的情感特征$\{W_j,\alpha_j\}$并保持自身原有的情感特征$\{V_i,\beta_i\}$。如果$\gamma_1 > q$且$\gamma_2 \leqslant q$,则个体i只模仿个体j的情感特征$\{V_j,\beta_j\}$并保持自身原有的情感特征$\{W_i,\alpha_i\}$。如果$\gamma_1 \leqslant q$且$\gamma_2 \leqslant q$,则个体i同时模仿个体j的情感特征$\{W_j,\alpha_j\}$和$\{V_j,\beta_j\}$。如果$\gamma_1 > q$且$\gamma_2 > q$,则个体i保持自身原有的情感特征$\{W_i,\alpha_i\}$和$\{V_i,\beta_i\}$。如果$\gamma_3 \leqslant q$,则个体i模仿个体j的情感声誉认同度参数c_j;否则保持自身原有的情感声誉认同度参数c_i。

④重复上述博弈N轮,使每个个体在概率意义上都有一次机会更新情感特征、情感声誉认同度参数和收益。

⑤将以上过程计作一个蒙特卡洛步,重复基于蒙特卡洛步的迭代过程,直至系统演化达到相对稳定状态(一般以群体情感表现型的分布达到稳定状态作为标准)。

博弈动力学演化仿真分析中的网络结构取图7-1所示的二维格子网络、随机网络和BA无标度网络,所取计算参数均与第7章相同。

8.5 基于二维格子网络的演化分析

(1)系统稳态分析

1)群体策略特征和平均收益

基于二维格子网络,本章考虑声誉影响的EPDG模型演化达到稳态时,群体策略特征和平均收益如图8-2所示。为进行对比,此处同时给出了本章模型与第7章中EPDG模型和VPDG模型的相应差值,其中差值a为本章模型的计算结果与EPDG模型的对应计算结果相减所得,差值b为本章模型的计算结果与VPDG模型的对应计算结果相减所得。

由图8-2可知,在T,F取值的绝大部分区域,本章考虑声誉影响的EPDG模型的合作概率都显著高于第7章中EPDG模型和VPDG模型的结果。与VPDG模型相比,EPDG模型虽然在(T,F)的部分区域提升了合作概率,但在大部分区域略有降低的趋势。本章在第7章中EPDG模型的基础上进一步引入声誉机制后,种群的合作概率得到了显著提升。本章模型促进了合作的涌现,有效降低了种群中个体的背叛概率,而且让一些选择孤独策略的个体开始转为合作,提高了种群的平均收益。

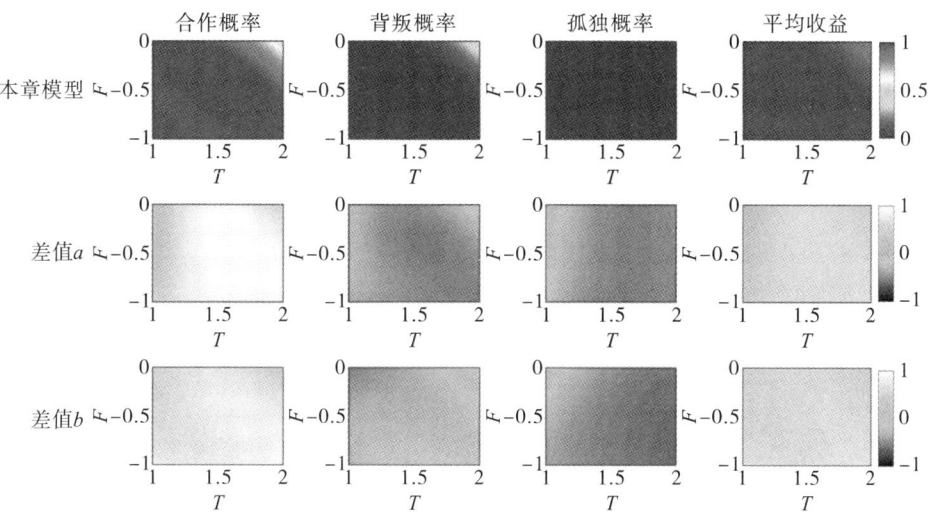

图 8-2　二维格子网络中群体策略特征和平均收益(后附彩图)

2)情感特征指标

系统达到演化稳态时,2 个情感特征指标的群体平均值如图 8-3 所示。在 T,F 取值范围内,本章模型的 $(-1)^w\alpha$ 基本为 1,$(-1)^v\beta$ 除在右上角小区域随着 $F\to 0$ 和 $T\to 2$ 逐渐梯度减小外,在其他区域都在 0.8 以上。稳态时,群体的情感表现为强者大概率同情弱者,弱者大概率尊敬强者,群体的策略大概率表现为合作。如图 7-3 所示,当 $1.3 \leqslant T \leqslant 2$ 时,第 7 章中 EPDG 模型的群体更多地表现为强者大概率欺凌弱者,弱者畏惧强者,群体策略更多地表现为背叛与孤独共存。

图 8-3 中差值为本章模型的计算结果与第 7 章中 EPDG 模型的对应计算结果相减所得。由图 8-3 可知,在大部分区域,二者差值都在 1 以上,并且小于 0 的区域极小。这说明,在 EPDG 模型的基础上引入声誉机制后,强者对待弱者的情感由原来的欺凌大部分转变为同情,而弱者对待强者的情感由原来的畏惧大部分转变为尊敬。这种情感的转变促进了个体之间合作概率的提升,增加了群体的平均收益。可以认为,声誉机制的引入让好人有了更多的回报,进一步促使更多的个体向好人转变。

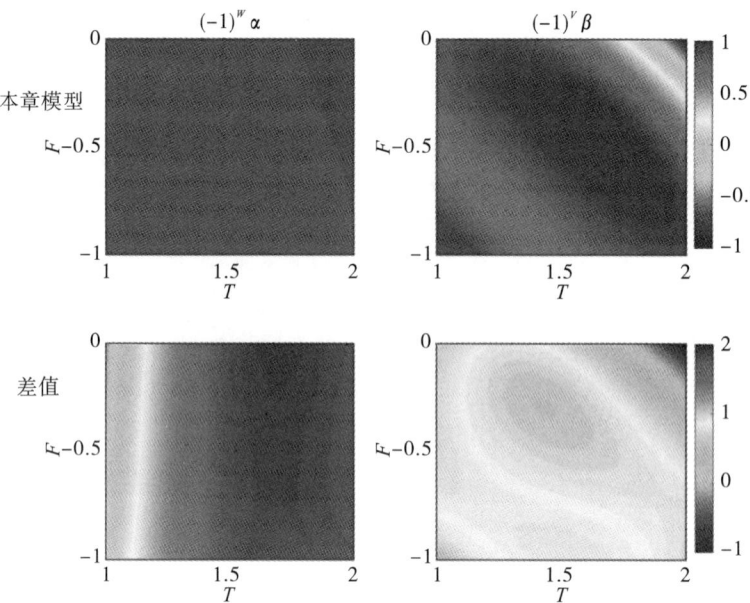

图 8-3　二维格子网络中群体情感特征指标的平均值（后附彩图）

3) 群体认同参数

群体认同参数指标的平均值如图 8-4 所示。在 T,F 取值的大部分区域，群体认同参数的平均值在 2 左右。随着背叛诱惑 T 的增大，群体认同参数的平均值也在增大。当 $T=2$ 时，群体认同参数的平均值接近 4。这说明，当博弈收益的制度与规则有利于背叛时，人们趋向于保守和谨慎，不再轻易认同交互个体的声誉，只有对方具有足够的声誉（$|E|>1.0$），才能激发出情感声誉的认同，对本方情感响应产生迁移效应，从而影响博弈策略。

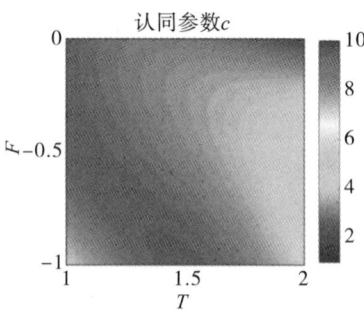

图 8-4　二维格子网络中群体认同参数的平均值（后附彩图）

(2) 演化迭代过程分析

取参数 $T=1.5, F=0$,进一步结合演化迭代过程分析本章模型对合作的促进作用。

1) 策略及平均收益的演化动态

图 8-5 分别给出了策略及平均收益的演化动态。从图 8-5(a)可以看出,VPDG 模型中 3 种策略共存,其中孤独策略占比最高,其次是背叛策略,占比最低的是合作策略。由图 8-5(b)可知,在 EPDG 模型中,合作策略首先消亡,背叛和孤独策略最终取得均衡,大约各占 50%。由图 8-5(c)可知,本章模型快速收敛于合作策略,占比为 1,且群体平均收益为 1。

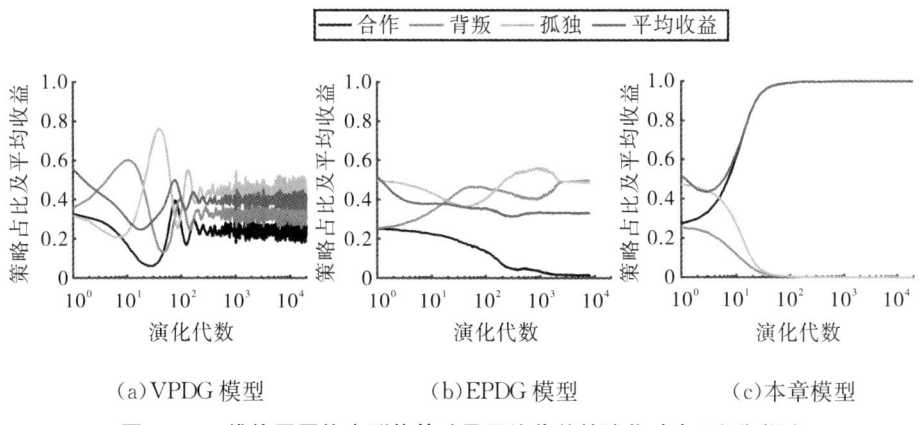

(a) VPDG 模型　　　　(b) EPDG 模型　　　　(c) 本章模型

图 8-5　二维格子网络中群体策略及平均收益的演化动态(后附彩图)

2) 情感表现型的演化动态

群体中 400 种情感表现型的迭代演化动态如图 8-6 所示。根据 W 和 V 的取值,可以将群体的情感表现型分为 4 个区域:区域 P1($W=1, V=1$)、区域 P2($W=0, V=1$)、区域 P3($W=1, V=0$)和区域 P4($W=0, V=0$)。由图 8-6 可知,在演化初始状态,4 个情感区域内的个体分布比较均匀。开始演化后,区域 P4 的个体数逐渐增多,其他区域的个体数缓慢下降。随着演化的进行,区域 P4 的个体数上升趋势越发明显。当演化达到 100 代时,区域 P4 的个体的情感表现型主要表现为$\{W=0, \alpha \in [0.5,1), V=0, \beta \in [0.5,1)\}$。这些情感表现型的个体面对弱者时大概率同情,面对强者时大概率尊敬。根据情感与博弈策略的对应机制,区域 P4 的个体在博弈对局中采取合作的概率显著增大,采取背叛和孤独的概率减小。当演化达到1000代以后,所有个体的情感表现型全部集中在P4区域。

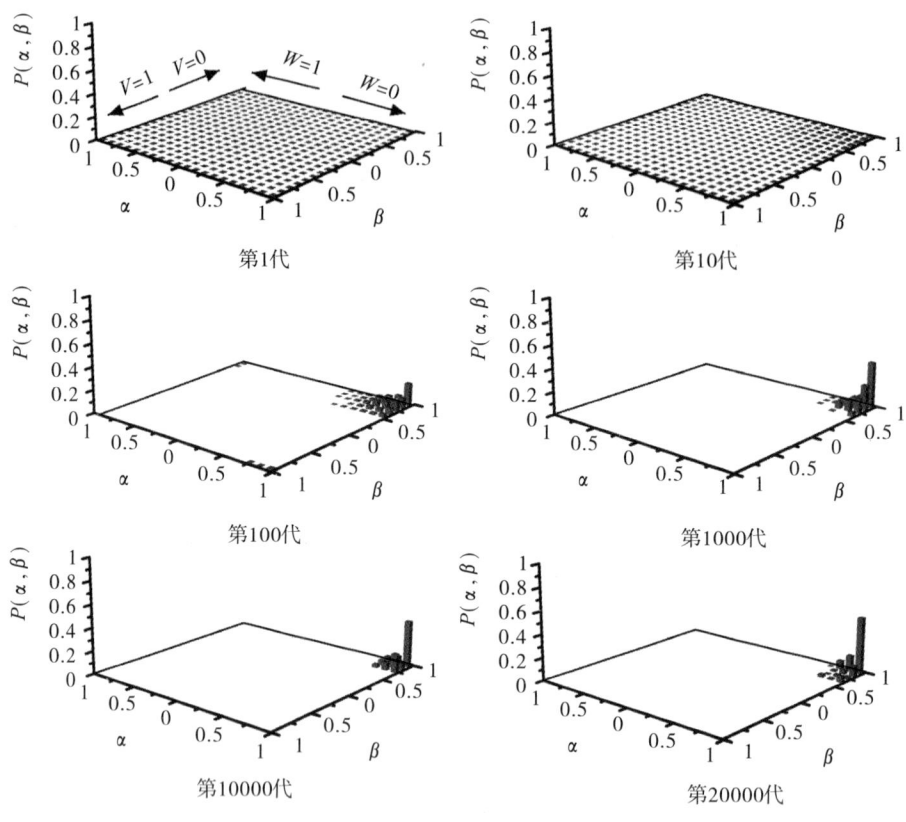

图 8-6　二维格子网络中群体情感表现型的演化动态

引入声誉机制后,具有背叛倾向的情感表现型(欺凌弱者及嫉妒强者)的个体与其他个体博弈时,其不良声誉会对其他个体的情感响应产生负向的迁移,降低与其合作的概率,因此其收益较低,在演化过程中逐渐被淘汰(图 8-6 中第 100 代的 P1 区域个体首先消亡)。而具有合作倾向的情感表现型(同情弱者及尊敬强者)的个体与其他个体博弈时,其良好声誉会对其他个体的情感响应产生正向的迁移,提高与其合作的概率,因此其收益较高。随着演化进程的推进,同情弱者及尊敬强者的情感表现型逐渐取得进化优势,这就导致区域 P4 中的个体数大幅增加,且情感表现型集中表现为 $\{W=0, \alpha \in [0.5, 1), V=0, \beta \in [0.5, 1)\}$。

3) 相关情感参数的演化动态

如图 8-7 所示为群体情感特征指标、声誉及认同参数平均值的演化动态。由图 8-7 可知,群体声誉指标 E 及情感特征指标 $(-1)^W \alpha$ 和 $(-1)^V \beta$ 的上升趋势较为明显,最终分别收敛于 1.7 和 0.85。认同参数在演化初期基本保持平稳。10 代以后,随着群体内正向情感表现型(同情弱者及尊敬强者)逐渐取得进化优势,认同参数呈现不断下降的趋势。这说明,在"好人"多的社会中,只需要较低的声誉显著度就能激发对好声誉的认同。

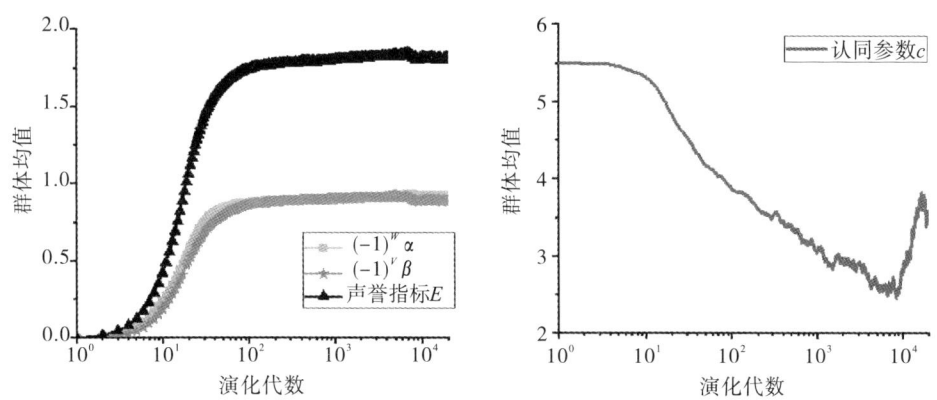

图 8-7　二维格子网络中群体情感特征指标、声誉及认同参数的演化动态

如图 8-8 所示为群体中所有个体的情感特征指标、认同参数及声誉的空间分布演化动态。从图 8-8 可以看出,个体的情感表现型逐渐向"敬上爱下"[尊敬度 $(-1)^V \beta$ 增大,同情心 $(-1)^W \alpha$ 增大,声誉 E 增大]和容易认同他人(认同参数 c 减小)演化。

由图 8-7 和图 8-8 可知,群体中 2 个情感特征指标的增大,导致个体声誉指标逐渐增大,使得种群涌现出更多的合作策略,好人的博弈收益得到提升,因此好人越来越多(情感模仿),并且随着认同参数 c 的减小,个体的好声誉容易被认可,最终使得好人取得进化优势。

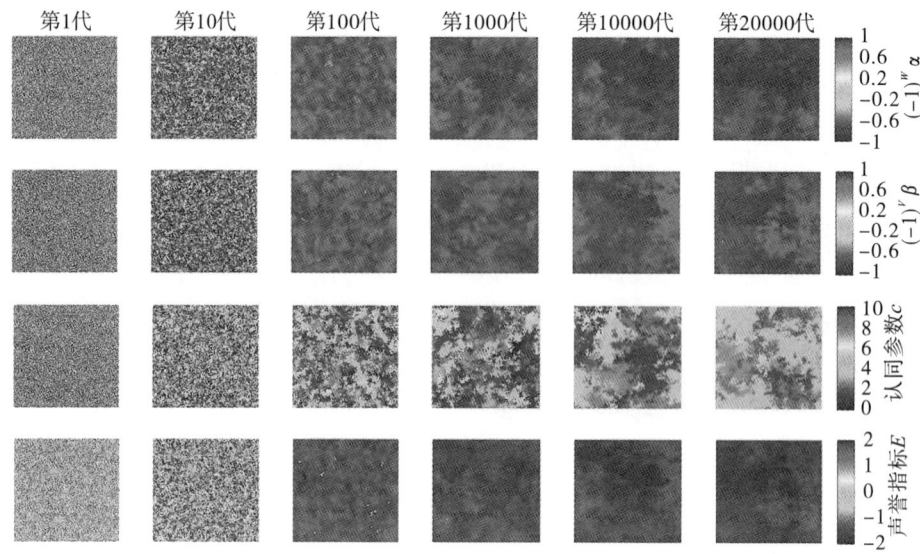

图 8-8 二维格子网络群体中个体情感特征指标、认同参数及声誉指标的空间分布演化动态（后附彩图）

8.6 基于随机网络的演化分析

(1) 系统稳态分析

1) 群体策略特征和平均收益

基于随机网络，本章考虑声誉影响的 EPDG 模型演化达到稳态时的群体策略特征和平均收益如图 8-9 所示。为进行对比，此处同时给出了本章模型与第 7 章中 EPDG 模型和 VPDG 模型的相应差值，其中差值 a 为本章模型的计算结果与 EPDG 模型的对应计算结果相减所得，差值 b 为本章模型的计算结果与 VPDG 模型的对应计算结果相减所得。

由图 8-9 可知，在 T, F 取值的绝大部分区域，本章考虑声誉影响的 EPDG 模型的合作概率都显著高于第 7 章中 EPDG 模型和 VPDG 模型的结果。与图 8-2 中二维格子网络的结果类似，基于随机网络引入情感声誉机制后，种群的合作概率得到了显著提升。

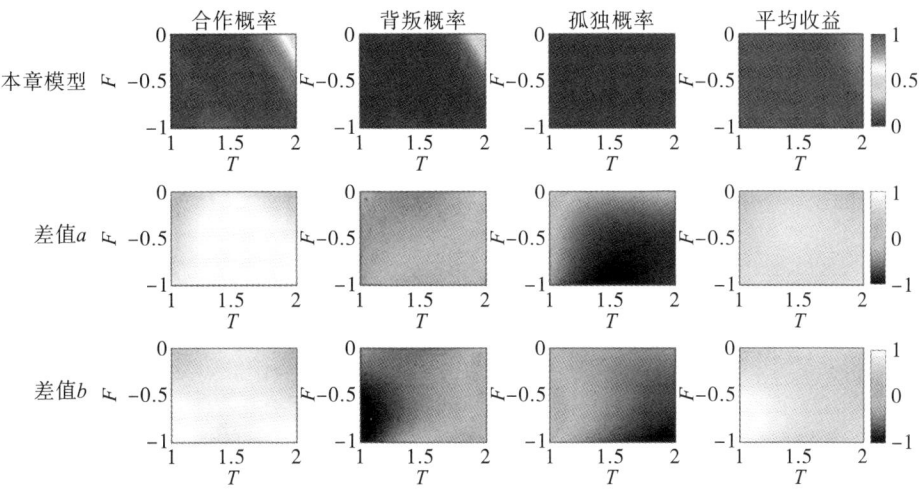

图 8-9 随机网络中群体策略特征和平均收益(后附彩图)

2)情感特征指标

系统达到演化稳态时,2 个情感特征指标的群体平均值如图 8-10 所示。图中差值为本章模型的计算结果与第 7 章中 EPDG 模型的对应计算结果相减所得,本章模型的 $(-1)^W \alpha$ 和 $(-1)^V \beta$ 在 T,F 取值的绝大部分区域都高于 EPDG 模型。

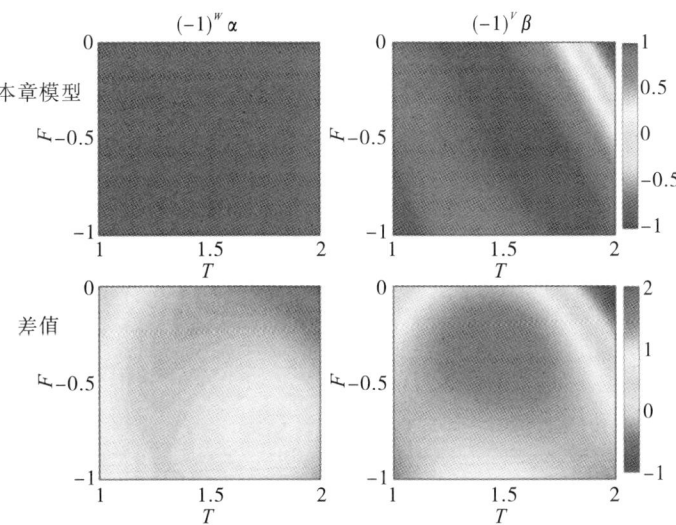

图 8-10 随机网络中群体情感特征指标的平均值(后附彩图)

3)群体认同参数

群体认同参数指标的平均值如图8-11所示。可以看出,在 T,F 取值的大部分区域,群体认同参数的平均值在3左右。随着背叛诱惑 T 的增大(F 接近0的区域除外),群体认同参数的平均值也小幅增大(4.5左右)。对比图8-4,随机网络中激发认同的声誉显著度 $|E|$ 稍高于二维格子网络。

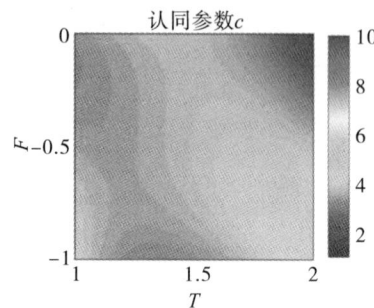

图 8-11　随机网络中群体认同参数的平均值(后附彩图)

(2)演化迭代过程分析

取参数 $T=1.5, F=0$,进一步结合演化迭代过程进行分析。

1)策略及平均收益的演化动态

图8-12分别给出了策略及平均收益的演化动态。从图8-12(a)可以看出,VPDG模型中3种策略共存,其中背叛策略占比最高,其次是孤独策略,占比最低的是合作策略。由图8-12(b)可知,在EPDG模型中,合作策略消亡,背叛和孤独策略共存,孤独策略稍占优势。由图8-12(c)可知,本章模型快速收敛于合作策略,占比为1,且群体平均收益为1。

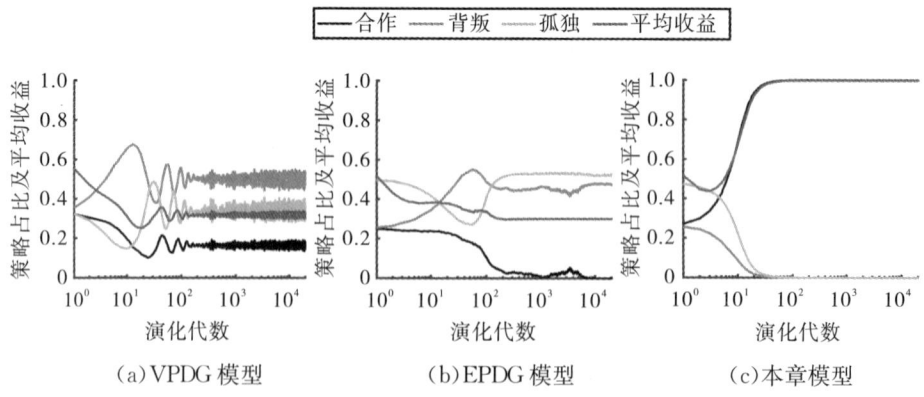

图 8-12　随机网络中群体策略及平均收益的演化动态(后附彩图)

2) 情感表现型的演化动态

群体中 400 种情感表现型的迭代演化动态如图 8-13 所示,其演化进程、趋势和机制基本与二维格子网络的情形相似(图 8-6)。系统达到演化稳态时,情感表现型主要表现为 $\{W=0, \alpha \in [0.8,1), V=0, \beta \in [0.8,1)\}$。

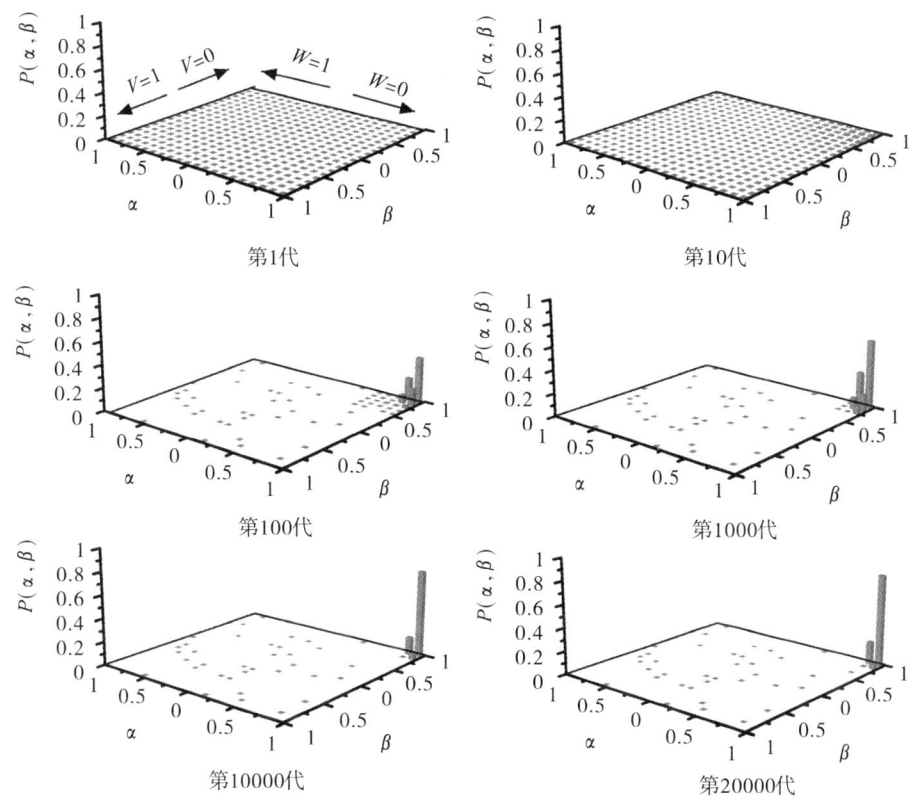

图 8-13 随机网络中群体情感表现型的演化动态

3) 相关情感参数的演化动态

如图 8-14 所示为群体情感特征指标、声誉及认同参数平均值的演化动态。由图 8-14 可知,群体声誉指标 E 及情感特征指标 $(-1)^W \alpha$ 和 $(-1)^V \beta$ 的上升趋势较为明显,最终分别收敛于 1.8 和 0.9,略高于二维格子网络的结果(图 8-7)。认同参数 c 随着演化代数的增加不断减小,并最终减小至 4 左右,略高于二维格子网络的结果。

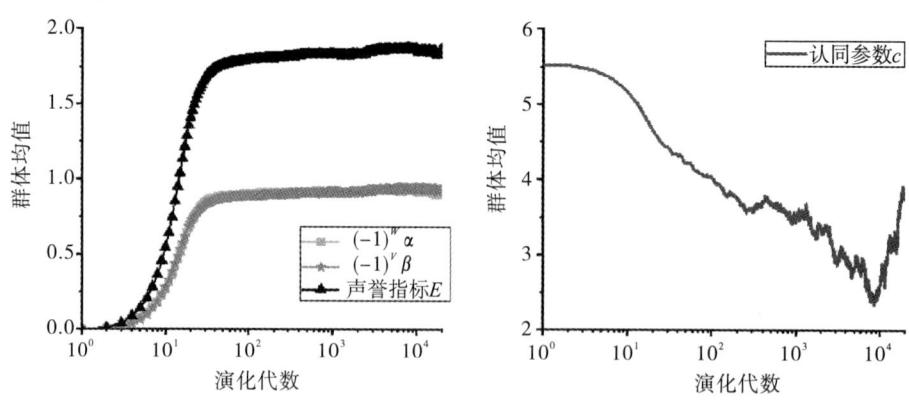

图 8-14 随机网络中群体情感特征指标、声誉及认同参数的演化动态

8.7 基于 BA 无标度网络的演化分析

(1) 系统稳态分析

1) 群体策略特征和平均收益

基于 BA 无标度网络，本章考虑声誉影响的 EPDG 模型演化达到稳态时的群体策略特征和平均收益如图 8-15 所示。为进行对比，此处同时给出了本章结果与第 7 章中 EPDG 模型和 VPDG 模型的相应差值，其中差值 a 为本章模型的计算结果与 EPDG 模型的对应计算结果相减所得，差值 b 为本章模型的计算结果与 VPDG 模型的对应计算结果相减所得。

由图 8-15 可知，在 T,F 取值的绝大部分区域，本章考虑声誉影响的 EPDG 模型的合作概率都显著高于第 7 章中 EPDG 模型和 VPDG 模型的结果。与二维格子网络(图 8-2)和随机网络(图 8-9)的结果类似，引入情感声誉机制后，基于 BA 无标度网络的种群合作概率和平均收益得到了显著提升。

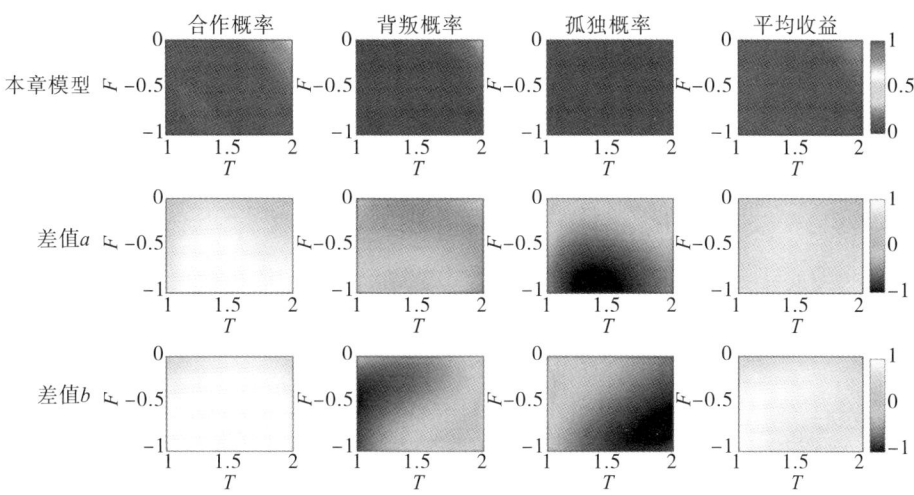

图 8-15 BA 无标度网络中群体策略特征和平均收益(后附彩图)

2)情感特征指标

系统达到演化稳态时,2 个情感特征指标的群体平均值如图 8-16 所示,$(-1)^w\alpha$ 和 $(-1)^v\beta$ 基本在 0.8 以上。图 8-16 中差值为本章模型的计算结果与第 7 章中 EPDG 模型的对应计算结果相减所得,差值大于 0 者占据主导,且大部分区域的差值都在 1 以上,良性社会特征显著。

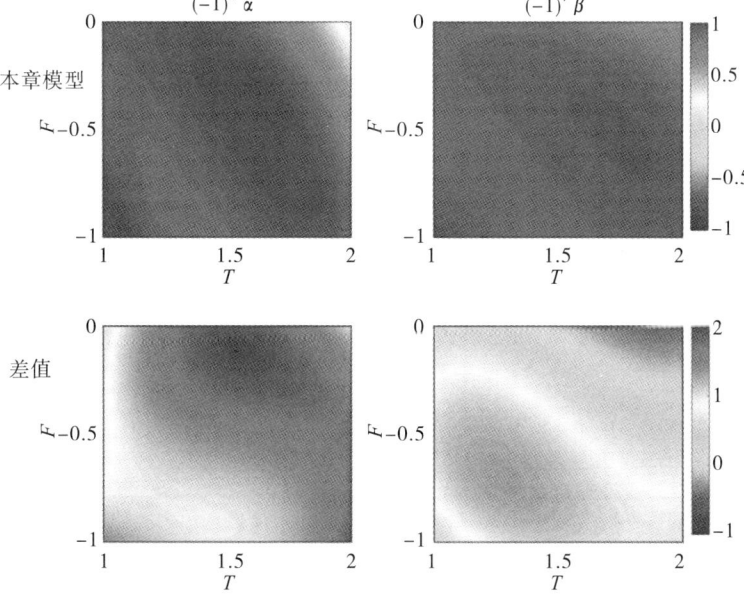

图 8-16 BA 无标度网络中群体情感特征指标的平均值(后附彩图)

3)群体认同参数

群体认同参数指标的平均值如图 8-17 所示。在 T,F 取值的大部分区域,群体认同参数的平均值在 4 左右。随着背叛诱惑 T 的增大,群体认同参数的平均值也略有增大。对比图 8-4 和图 8-11,在 T 接近 2 的区域,BA 无标度网络中激发认同的声誉显著度要高于二维格子网络和随机网络。

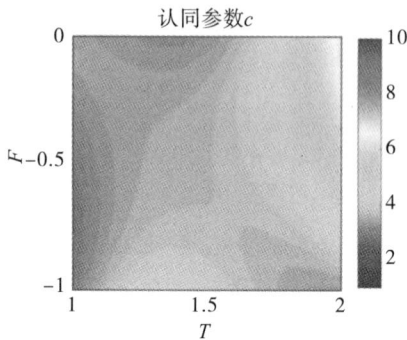

图 8-17　BA 无标度网络中群体认同参数的平均值(后附彩图)

(2)演化迭代过程分析

取参数 $T=1.5,F=0$,进一步结合演化迭代过程进行分析。

1)策略及平均收益的演化动态

图 8-18 分别给出了策略及平均收益的演化动态。从图 8-18(a)可以看出,VPDG 模型中 3 种策略共存,其中背叛策略占比最高,其次是孤独策略,占比最低的是合作策略。由图 8-18(b)可知,在 EPDG 模型中,孤独策略消亡,背叛和合作策略均衡共存。由图8-18(c)可知,本章模型快速收敛于合作策略,占比为 1,且群体平均收益为 1。

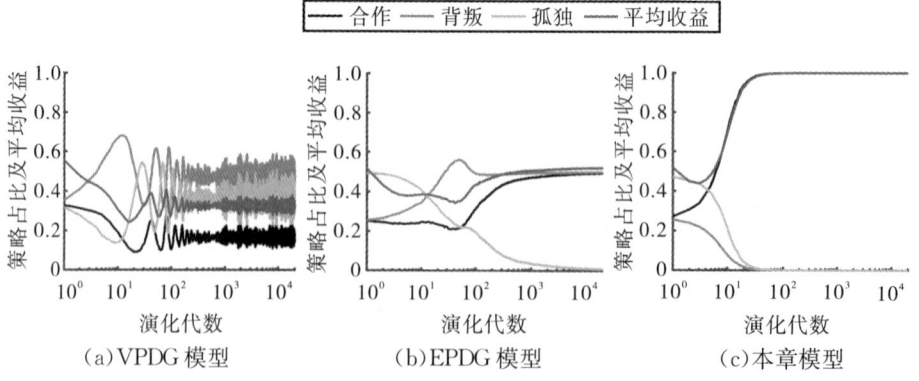

图 8-18　BA 无标度网络中群体策略及平均收益的演化动态(后附彩图)

2)情感表现型的演化动态

群体中 400 种情感表现型的迭代演化动态如图 8-19 所示,其演化进程、趋势和机制基本与二维格子网络及随机网络的情形相似(图 8-6 和图 8-13),但演化进程更为快速,并且演化稳态收敛于 $\{W=0,\alpha\in[0.9,1),V=0,\beta\in[0.9,1)\}$ 这个唯一的情感表现型。

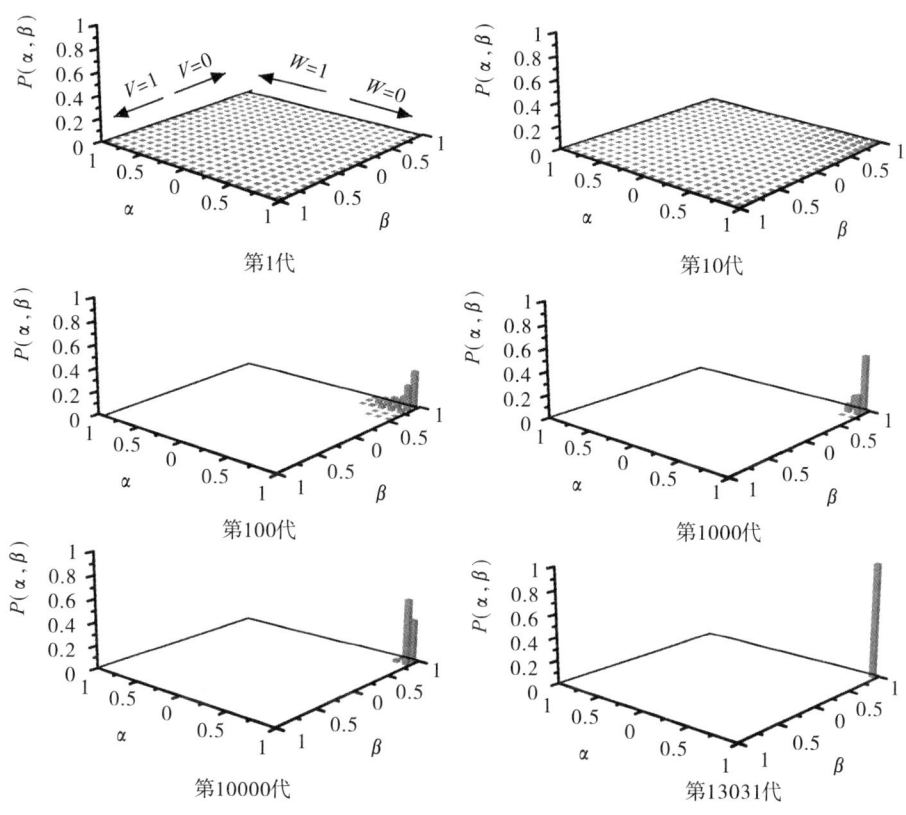

图 8-19　BA 无标度网络中群体情感表现型的演化动态

3)相关情感参数的演化动态

如图 8-20 所示为群体情感特征指标、声誉及认同参数平均值的演化动态。由图 8-20 可知,群体声誉指标 E 及情感特征指标 $(-1)^W\alpha$ 和 $(-1)^V\beta$ 的上升趋势较为明显,最终分别趋近 2 和 1,高于二维格子网络和随机网络的结果(图 8-7 和图 8-14)。认同参数随着演化代数的增加呈先下降后逐步上升的态势,并最终在 4 和 6 之间振荡。

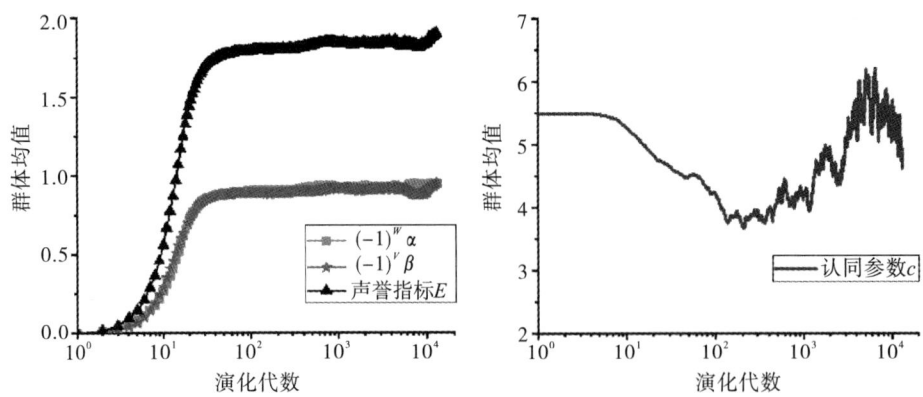

图 8-20　BA 无标度网络中群体情感特征指标、声誉及认同参数的演化动态

8.8　结果分析

本章在第 7 章中 EPDG 模型的基础上考虑声誉影响,定义了个体情感声誉 E,并结合现实情境引入了声誉认同激活函数,建立了考虑声誉影响的情感响应指标;构建了相应的蒙特卡洛迭代算法,基于二维格子网络、随机网络和 BA 无标度网络进行演化仿真分析。结果显示,情感声誉对正向情感演化和合作涌现存在促进作用。

在 EPDG 模型的基础上引入声誉机制后,可将个体区分成好人和坏人。强者欺凌弱者时,如果弱者是好人,强者可能会产生较大的心理负担,欺凌程度会降低,甚至由欺凌转变为同情;如果弱者是坏人,强者会更加欺凌。同理,当弱者面对强者时,如果强者是好人,弱者对待强者可能由畏惧或嫉妒转变为尊敬;如果强者是坏人,弱者对待强者可能由尊敬或畏惧转变为嫉妒。声誉产生的影响包括:好人与好人惺惺相惜,志同道合;好人对坏人厌恶反感,避而远之;坏人与坏人尔虞我诈,明争暗斗。交互个体的声誉使本方情感响应产生迁移效应,并最终影响博弈策略。合作如兰,扬扬其香,采而佩之,共赢四方。基于 3 种网络的演化结果均表明,系统的最终演化状态呈现较高的正向情感和"好人社会"特征,群体中采取合作策略的概率和平均收益均很高(接近1)。因此,可以认为,情感声誉机制极大地促进了群体中合作行为的涌现,且可以维持合作行为的长期稳定性。

本方在博弈中对交互个体表现出的情感响应和采取的相应策略,不仅和本方的情感表现型(情感特征指标)有关,还和交互个体的情感表现型有关(交互个体声誉)。同时,由于交互个体声誉对本方情感响应的迁移效应存在正向和负向2种,因此情感声誉融奖赏和惩罚机制为一体,对好人大概率合作,对坏人大概率背叛,像"一只看不见的手",奖励善良的人,惩罚自私的人。综上所述,正向情感不仅利他也利己,负向情感不仅损人也损己。

参考文献

[1] OHTSUKI H,IWASA Y. How should we define goodness? —reputation dynamics in indirect reciprocity[J]. Journal of Theoretical Biology,2004,231(1):107—120.

[2] 全吉,周亚文,王先甲. 社会困境博弈中群体合作行为演化研究综述[J]. 复杂系统与复杂性科学,2020,17(1):1—14.

[3] BOWLES S,GINTIS H. The evolution of strong reciprocity:cooperation in heterogeneous populations[J]. Theoretical Population Biology,2004,65(1):17—28.

[4] 汪丁丁,罗卫东,叶航. 人类合作秩序的起源与演化[J]. 社会科学战线,2005(4):39—47.

[5] 陈思静,何铨,马剑虹. 第三方惩罚对合作行为的影响:基于社会规范激活的解释[J]. 心理学报,2015,47(3):389—405.

[6] HAMLIN J K,WYNN K,BLOOM P,et al. How infants and toddlers react to antisocial others[J]. Proceedings of the National Academy of Sciences of the United States of America,2011,108(50):19931—19936.

[7] RILLING J K,GUTMAN D A,ZEH T R,et al. A neural basis for social cooperation[J]. Neuron,2002,35(2):395—405.

[8] DE QUERVAIN D J-F,FISCHBACHER U,TREYER V,et al. The neural basis of altruistic punishment[J]. Science,2004,305(5688):1254—1258.

第9章 考虑共演化的情感博弈

扫码查看本章彩图

在"机制复合体"的复杂网络中,个体与结构不只是相互建构和相互确定属性的关系,二者须经历复杂的共演化。网络结构与博弈动力学的共同演化是目前的研究热点,其中群体合作行为与交互结构的共同涌现现象是关注的焦点。

9.1 共演化

在网络与情感博弈动力学的共演化中,个体不仅可以调整情感表现型(博弈动力学进程),还可以调整交互对象(网络演化进程)。现实中的个体都存在选择的偏向性,会拒绝与某些类型的个体进行交互。当引入个体切断和重建交互关系的机制时,可实现"物以类聚,人以群分",达到合作者与合作者之间的联合,有助于提高社会网络中的合作水平。

在网络结构的演化进程中,个体通常根据邻居的收益(利)和声誉(誉)情况进行断边和连边操作。

人类具有趋利性,倾向于与"富人"和"强者"交朋友(建立连接),以获得良好的"小生境",给自身的发展带来资源和机遇。研究显示,个体之间的优先连接机制(趋利性)使得网络拓扑结构呈现度分布异质性和无标度性,这为合作行为提供了良好的网络条件。

相较于财富,我们更看重人的美德荣誉。声誉在社会网络和社交媒体中非常重要。互联网是分发声誉的最佳平台。声誉影响个体社会网络的大小,个体社交的"择邻"过程也主要看对方的声誉。"孟母三迁,断杼择邻"和"非宅是卜,唯邻是卜"都强调了选择邻居的重要性。有研究者在秘鲁东南部的一个高海拔村开展了一项关于声誉力量和社会网络及合作关系的社会实验[1]。结果显示,声誉与择邻行为密切相关,积极的声誉有利于个体获得大的社会网络,大的社会网络对维持合作体系和取得高收益有重要意义。

网络结构的演化需要保持一定速度但不能太过频繁,需要注意调整时间间隔的均匀性和调整的持续性。短期内的高频次调整以及长期保持原状均不利于合作环境(网络拓扑)的维持。研究发现,当网络结构的演化速度接近个体策略的更新速度时,博弈矩阵元的数值出现不同标度的重整化,使得原先处于弱势的策略有可能变为强势策略,从而有利于合作策略的涌现与维持。

9.2 共演化算法

基于第 7 章的 EPDG 模型,考虑网络结构的断边重连机制,共演化算法步骤如下:

① 构建初始的社会网络(节点总数为 N,本章取 $N=10000$,采用 BA 无标度网络),每个个体(节点)被随机分配一个表征其情感特征的四参数组合 $\{W,\alpha,V,\beta\}$ 以及初始收益 U_0。W 和 V 被随机赋值为 0 或 1;α 和 β 被随机赋值为 $(0,1)$ 区间内的数;U_0 被随机赋值为 $[F,T]$ 区间内的数。

② 在每一个博弈轮次,从群体中随机选择一个个体 i,使其与所有邻居分别进行一次博弈,根据个体 i 及其邻居的情感特征,按照第 7 章情感与策略之间的对应关系确定他们在博弈中所采取的策略(相应的博弈收益见表 7-1),然后获得个体 i 的平均收益 U_i(个体 i 和所有邻居博弈后所获收益的平均值),用该收益替换个体 i 之前的收益。

③ 个体 i 进行情感模仿、更新,个体 i 从他的邻居中随机选择一个个体(记为个体 j)进行收益比较,并以概率 $q(i,j$ 两个体收益差的函数)模仿个体 j 的情感特征,具体模仿过程与第 7 章的方法一致。

④ 根据一定的时间尺度,随机选择个体 m,对其邻居小生境进行断边重连。

基于声誉的断边规则 对个体的声誉进行正值化处理,计算公式为 $E^+=(-1)^W\alpha+(-1)^V\beta+2$,从个体 m 的邻居中选择声誉最低者 n 进行断边操作。如果有多个最低者,则在其中随机选择。如果节点 n 的度为 1,则从个体 m 的邻居中选择声誉次低者。如果有多个次低者,则在其中随机选择。

基于声誉的重连规则 去掉节点 n 的邻居中与节点 m 存在连接关系的

节点(包括节点 m 自身),然后根据保留下来的节点 n 的所有邻居的声誉大小建立轮盘,在[0,1]区间生成一个随机数,根据该随机数所在区间选择节点 s,最后对节点 s 和节点 m 进行连边操作。

重连时间尺度比 网络演化和博弈动力学演化的时间尺度需要保持合适的比值,一般采用参数 λ 控制网络断边重连的时间步和博弈动力学时间步的尺度比。例如,$\lambda=0.1$ 表示在每 10 个博弈轮次之后进行 1 次网络断边重连。

⑤重复上述博弈 N 轮,使每个个体在概率意义上都有一次机会更新情感特征和收益。

⑥将以上过程计作一个蒙特卡洛步,重复基于蒙特卡洛步的迭代过程,直至系统演化达到相对稳定状态(一般以群体情感类型的分布达到稳定状态作为标准)。

9.3 偏好背叛型参数下的共演化分析

设定 EPDG 模型的参数为 $R=1, F=-0.5, J=0, \sigma=0.3, T=1.5$。由于合作失败的代价 $F=-0.5$,背叛成功的诱惑 $T=1.5$,所以该组参数为偏好背叛型。基于声誉断—声誉连方法,个体首先根据上述基于声誉的断边规则进行断边,然后再根据上述基于声誉的重连规则进行连边。

(1)时间尺度比的影响

下面分别对时间尺度比 λ 取 0, 0.01, 0.02, 0.1, 0.5 和 1 的情况进行分析。

1) $\lambda=0$(无断边重连)

从图 9-1 和图 9-2 可以看出,随着演化的进行,情感表现型 $\{W=1, \alpha \in (0,0.1), V=0, \beta \in (0,0.1)\}$ 取得进化优势并占据种群。该情感表现型的个体面对弱者和强者均大概率采取孤独策略。

第 9 章 考虑共演化的情感博弈

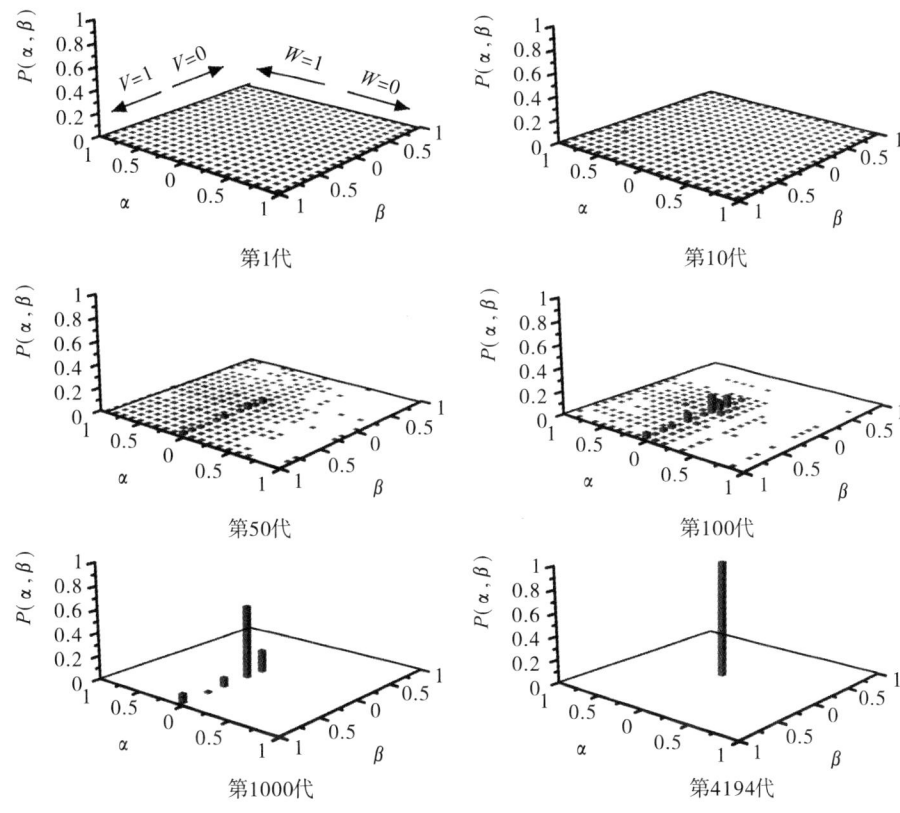

图 9-1 时间尺度比 $\lambda=0$ 时情感表现型占比迭代演化

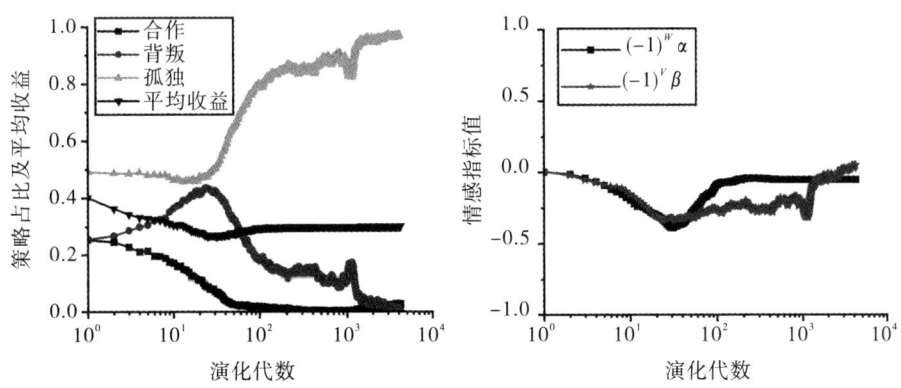

(a) 3 种策略占比及平均收益的迭代演化　(b) 情感指标 $(-1)^W\alpha$ 和 $(-1)^V\beta$ 的迭代演化

图 9-2 时间尺度比 $\lambda=0$ 时种群迭代演化

2) $\lambda=0.01$

从图 9-3 和图 9-4 可看出,时间尺度比 $\lambda=0.01$ 的共演化结果与 $\lambda=0$ 时的结果基本一致,最终演化稳态时情感表现型$\{W=1, \alpha \in (0, 0.1), V=0, \beta \in (0, 0.1)\}$占据种群,孤独策略占据主导。

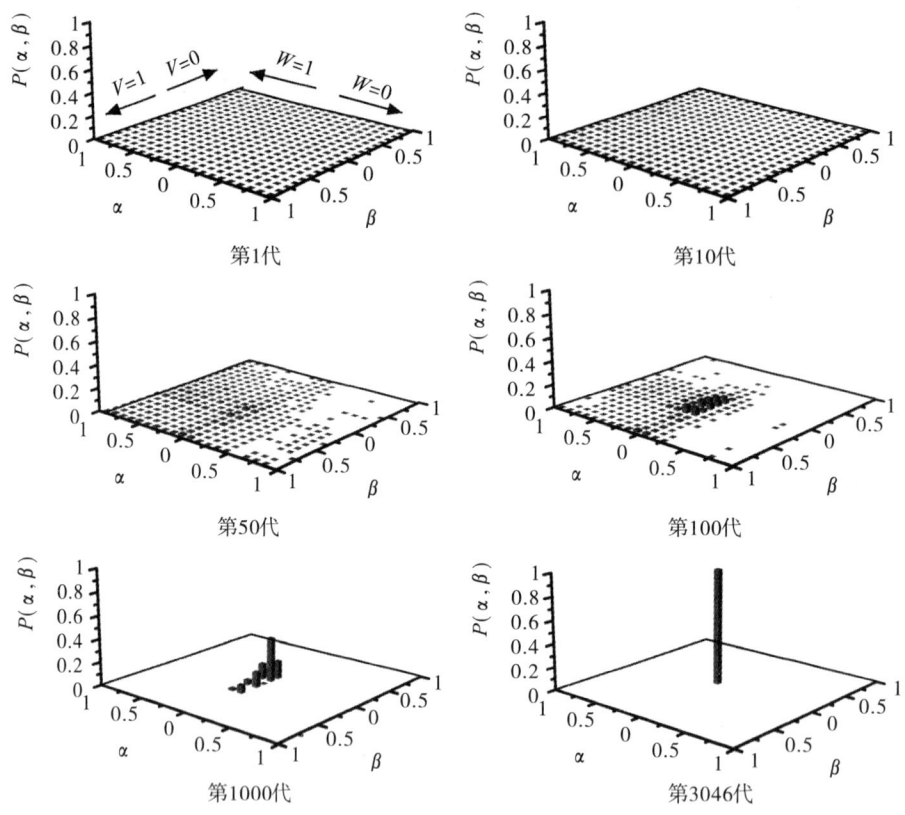

图 9-3　时间尺度比 $\lambda = 0.01$ 时情感表现型占比迭代演化

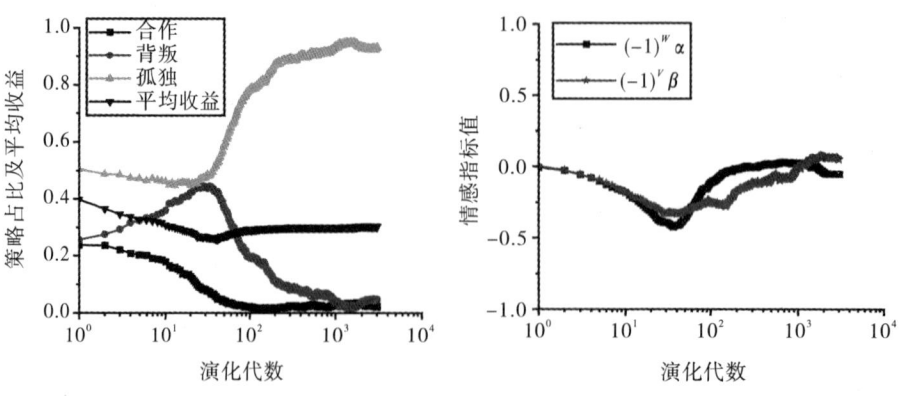

(a) 3 种策略占比及平均收益的迭代演化　　(b) 情感指标 $(-1)^W \alpha$ 和 $(-1)^V \beta$ 的迭代演化

图 9-4　时间尺度比 $\lambda = 0.01$ 时种群迭代演化

3) $\lambda = 0.02$

当时间尺度比 $\lambda = 0.02$ 时，种群情感表现型和策略的演化出现分岔现象，显示为2种不同的演化进程和最终稳态。第一种情形与 $\lambda = 0$ 和 $\lambda = 0.01$ 时的结果基本一致(图9-5和图9-6)，最终稳态时的情感表现型为 $\{W=1, \alpha \in (0, 0.1), V=0, \beta \in (0, 0.1)\}$。在第二种情形下，当系统达到稳态时(图9-7和图9-8)，情感表现型为 $\{W=1, \alpha \in [0.9, 1), V=0, \beta \in [0.9, 1)\}$ 的个体占领整个种群。该情感表现型的个体面对弱者以大概率背叛，面对强者以大概率合作。

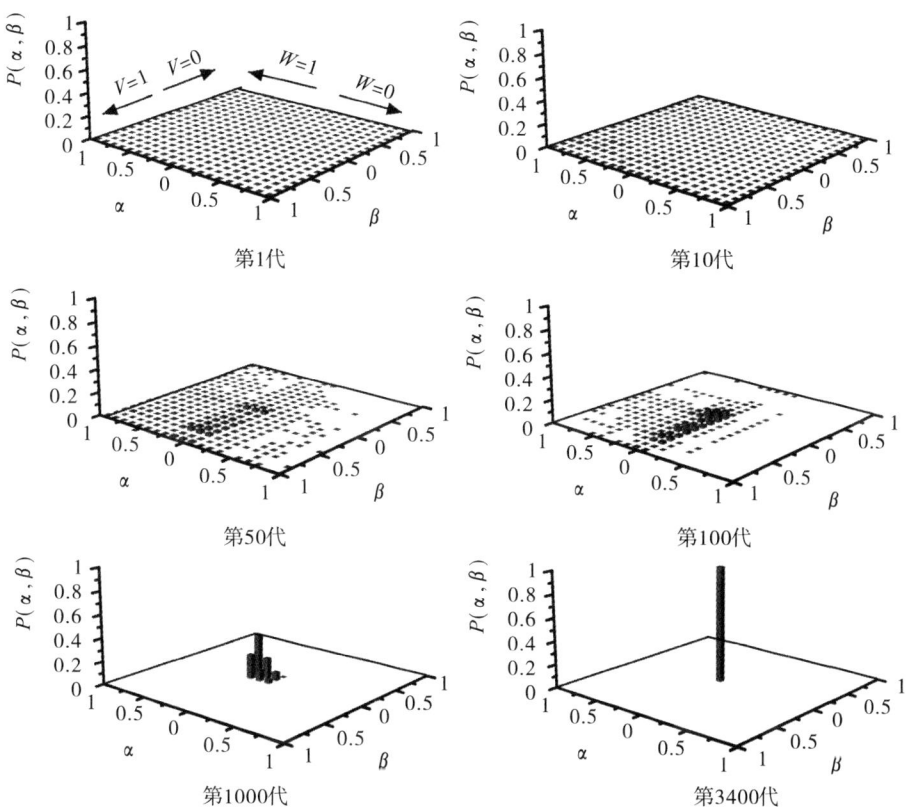

图 9-5　时间尺度比 $\lambda = 0.02$ 时第一种演化情形的情感表现型占比迭代演化

142 情感博弈:合作演化的感性机制

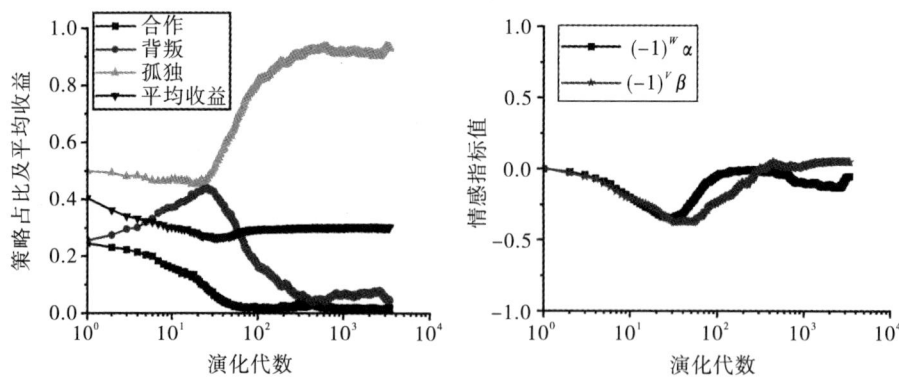

(a) 3种策略占比及平均收益的迭代演化　　(b) 情感指标$(-1)^W\alpha$ 和$(-1)^V\beta$ 的迭代演化

图 9-6　时间尺度比 $\lambda=0.02$ 时第一种演化情形的种群迭代演化

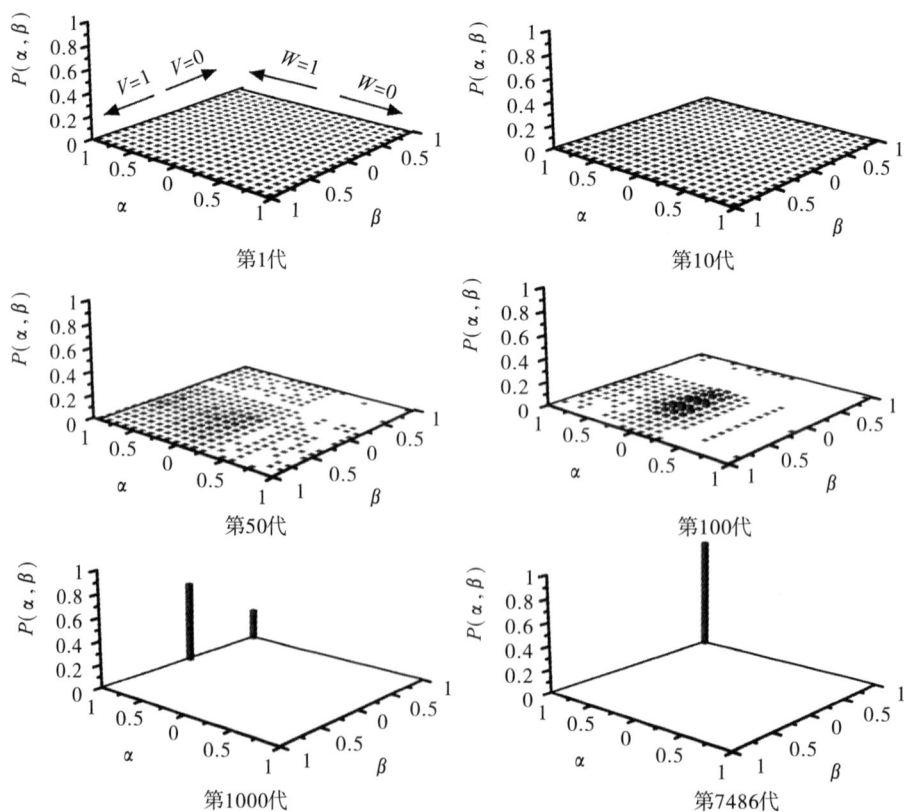

图 9-7　时间尺度比 $\lambda=0.02$ 时第二种演化情形的情感表现型占比迭代演化

第9章 考虑共演化的情感博弈

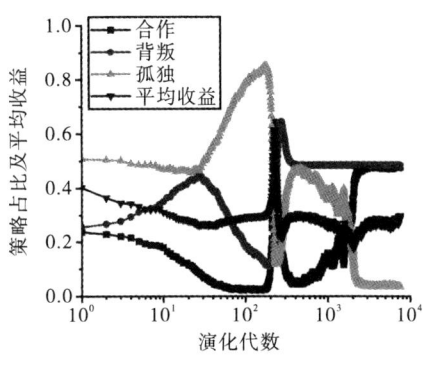
(a) 3种策略占比及平均收益的迭代演化

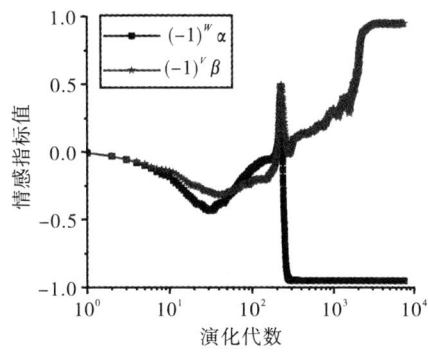
(b) 情感指标$(-1)^W\alpha$ 和$(-1)^V\beta$ 的迭代演化

图9-8 时间尺度比$\lambda=0.02$ 时第二种演化情形的种群迭代演化

4) $\lambda=0.1$

如图9-9和图9-10所示,当时间尺度比$\lambda=0.1$ 时,没有出现时间尺度比$\lambda=0.02$ 时的演化分岔情形,只出现了$\lambda=0.02$ 时的第二种演化情形,并且系统进入最终稳态的速度加快。

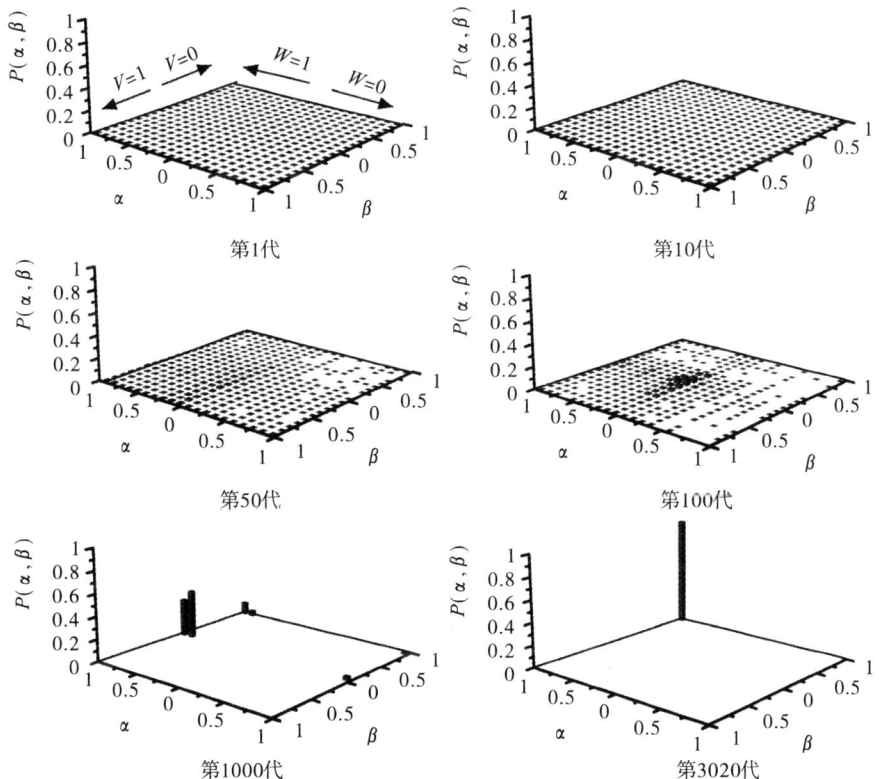

图9-9 时间尺度比$\lambda=0.1$ 时情感表现型占比迭代演化

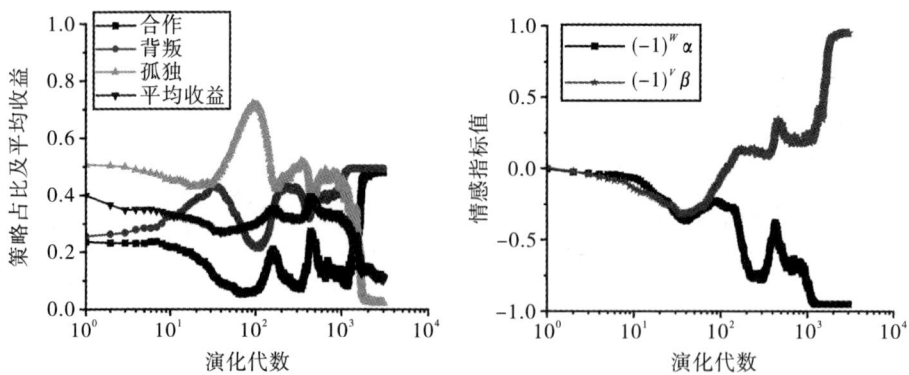

(a) 3种策略占比及平均收益的迭代演化　　(b) 情感指标$(-1)^W\alpha$和$(-1)^V\beta$的迭代演化

图 9-10　时间尺度比 $\lambda=0.1$ 时种群迭代演化

5) $\lambda=0.5$

如图 9-11 和图 9-12 所示,时间尺度比 $\lambda=0.5$ 时的共演化结果与 $\lambda=0.1$ 时的结果基本一致,系统进入最终稳态的速度加快。

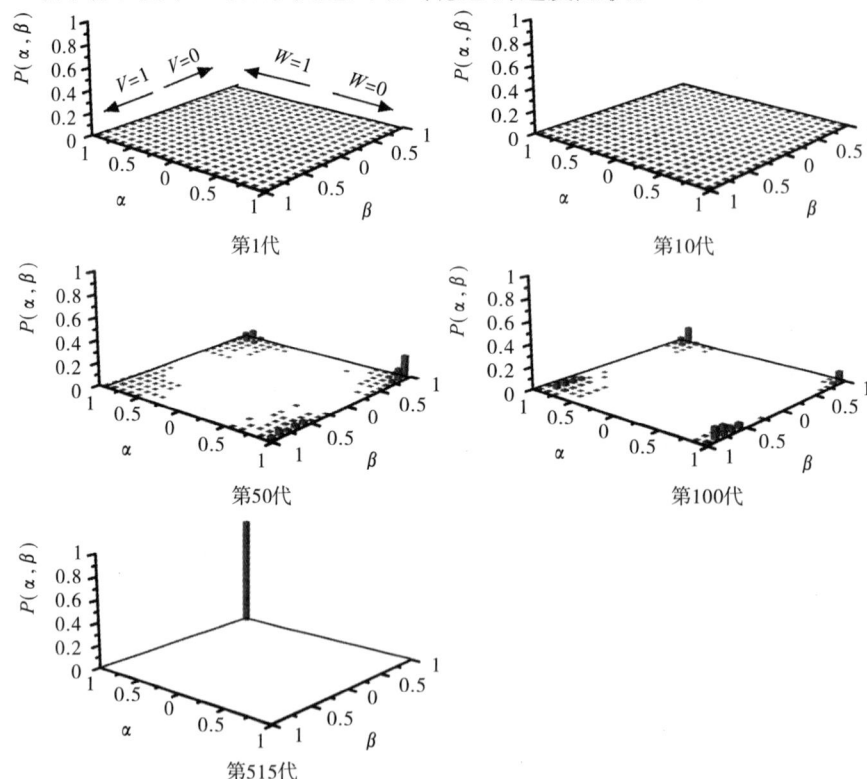

图 9-11　时间尺度比 $\lambda=0.5$ 时情感表现型占比迭代演化

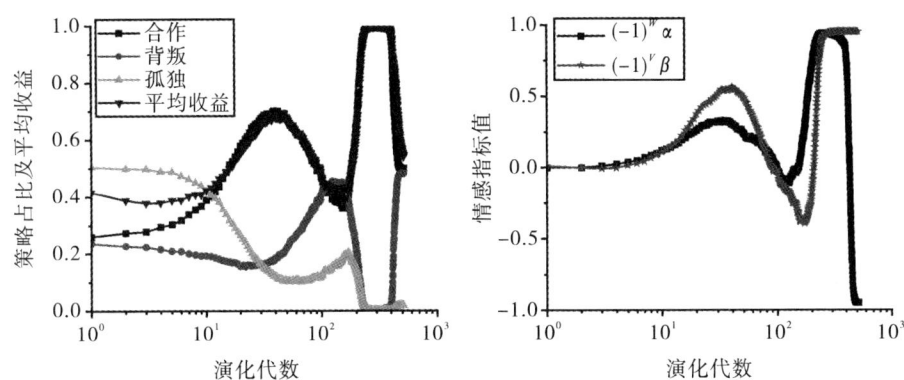

(a) 3种策略占比及平均收益的迭代演化　　(b) 情感指标$(-1)^W\alpha$和$(-1)^V\beta$的迭代演化

图 9-12　时间尺度比 $\lambda=0.5$ 时种群迭代演化

6) $\lambda=1$

如图 9-13 和图 9-14 所示,时间尺度 $\lambda=1$ 时的共演化结果与 $\lambda=0.5,\lambda=0.1$ 时的结果基本一致,演化进程进一步加快。演化过程中,情感表现型为 $\{W=0,\alpha\in[0.9,1),V=0,\beta\in[0.9,1)\}$ 的个体曾一度占据种群优势(第 100 代),但系统达到稳态时的情感表现型仍为 $\{W=1,\alpha\in[0.9,1),V=0,\beta\in[0.9,1)\}$。

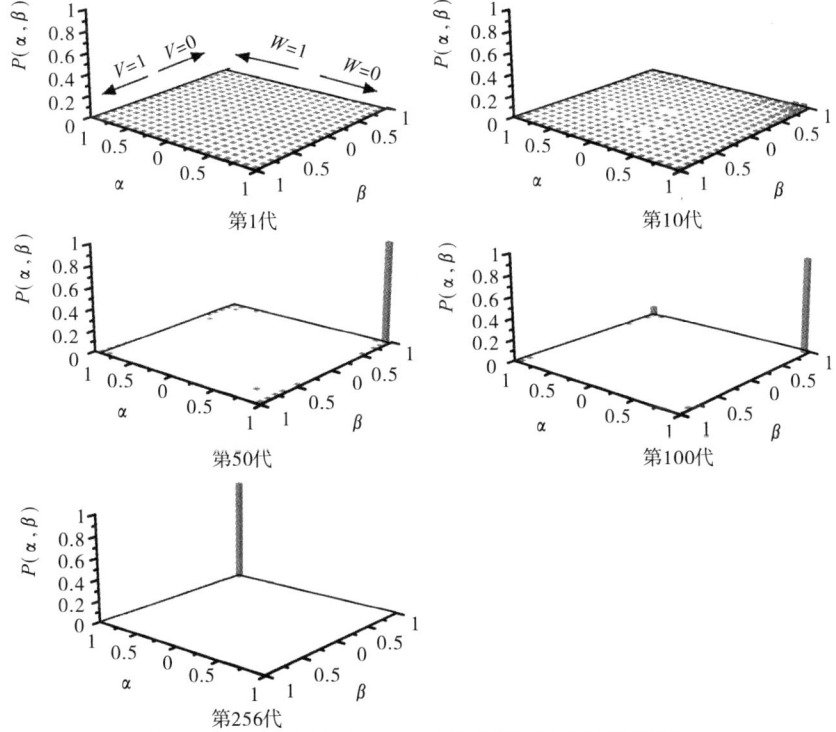

图 9-13　时间尺度比 $\lambda=1$ 时情感表现型占比迭代演化

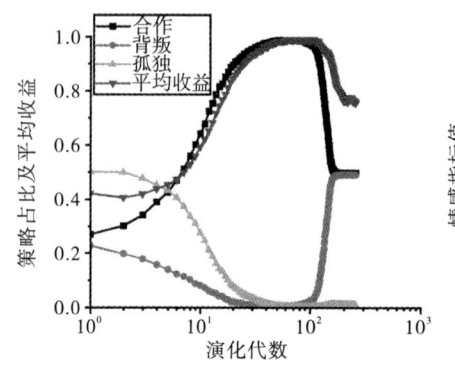 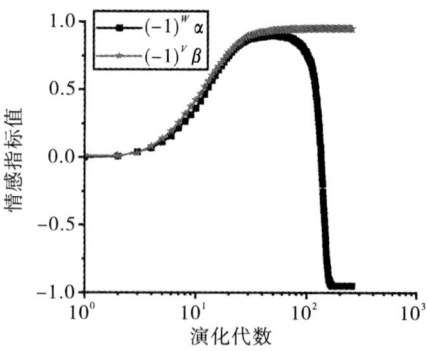

(a) 3种策略占比及平均收益的迭代演化　　(b) 情感指标$(-1)^W\alpha$和$(-1)^V\beta$的迭代演化

图 9-14　时间尺度比 $\lambda=1$ 时种群迭代演化

(2) 网络拓扑特征的演化

基于声誉断—声誉连的断边重连操作,网络的拓扑特征发生了变化。图 9-15 给出了时间尺度比 $\lambda=1,\lambda=0.1$ 和 $\lambda=0.01$ 时网络节点度分布的演化情况。可以看出,随着 λ 的增大,网络度分布异质性的演化趋势更为明显:① $\lambda=1$ 时,演化进程中的网络基本都为无标度分布,而 $\lambda=0.1$ 和 $\lambda=0.01$ 时,演化早期的网络会出现类泊松分布。② $\lambda=1$ 时,演化进程中网络出现的最大节点度高于 $\lambda=0.1$ 和 $\lambda=0.01$ 时的最大节点度,"胖尾"特征更为显著。

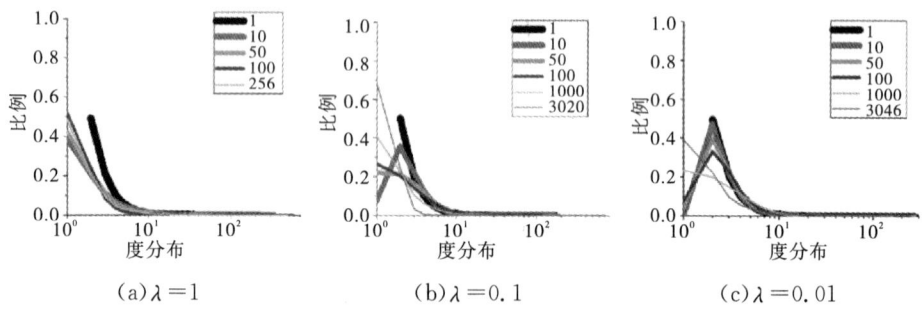

(a) $\lambda=1$　　　　　(b) $\lambda=0.1$　　　　　(c) $\lambda=0.01$

图 9-15　网络的节点度分布演化（后附彩图）

注:图中右上侧图例中的数字代表演化代数。

(3) 网络演化对不同子群体的影响

对比图 9-9、图 9-11 和图 9-13 可以发现,时间尺度比 λ 取 0.1,0.5 和 1 时,系统的最终稳态均收敛于情感表现型 $\{W=1,\alpha\in[0.9,1),V=0,\beta\in[0.9,1)\}$。此时,群体合作概率和背叛概率均为 50% 左右 [图 9-10(a)、图 9-12(a) 和图 9-14(a)],但群体平均收益存在很大差别,稳态时分别为 0.1,0.5 和 0.7 左右。

为什么系统中所有个体的情感表现型均相同,合作概率和背叛概率也基本一致,但群体平均收益不一样呢?我们猜想的可能原因是:由于群体中存在大量小度节点(节点度<4的节点大约占 95%),因此群体平均收益主要由这些小度节点的收益决定,而不同时间尺度比下的网络演化可能使小度节点的收益出现不同的变化,从而导致群体平均收益出现差异。

为了验证上述猜想,针对时间尺度比 $\lambda=1$ 和 $\lambda=0.1$ 的演化情形,本章根据节点度的大小,将群体分为 3 个子群体,包括小度节点(节点度<4)、中度节点(4≤节点度<70)和大度节点(节点度≥70),并在系统进入稳态后继续演化至第 20000 代。

如图 9-9 和图 9-13 所示,不论时间尺度比 $\lambda=0.1$ 还是 $\lambda=1$,系统的稳态均收敛于情感表现型 $\{W=1,\alpha\in[0.9,1),V=0,\beta\in[0.9,1)\}$。该情感表现型的个体对强者尊敬(大概率合作),对弱者欺凌(大概率背叛)。随着系统演化逐渐进入稳态(上述情感表现型逐渐占据主导并最终占据整个种群),如果某个个体是强者,那么该个体在未来的演化进程中保持为强者的概率很大。因为是强者对交互个体(相对而言为弱者)将大概率背叛,而其交互个体(弱者)却大概率合作,所以强者取得 $T=1.5$ 的收益,其交互个体(弱者)取得 $F=-0.5$ 的收益,导致在下一个交互回合,强者依然是强者,弱者依然是弱者,即"强者恒强,弱者恒弱"。

如图 9-16 所示,对比 $\lambda=0.1$ 和 $\lambda=1$ 时的演化情形可以发现,两者的根本差异为:进入演化稳态时以及之后的演化进程,$\lambda=1$ 时小度节点(节点度<4)的子群体为强者,大度节点(节点度≥70)的子群体为弱者;$\lambda=0.1$ 时大度节点(节点度≥70)的子群体为强者,小度节点(节点度<4)的子群体为弱者。由于小度节点占 95%左右,$\lambda=1$ 时的群体平均收益(0.7 左右)远高于 $\lambda=0.1$ 时的群体平均收益(0 左右)。因此,加快网络断边重连的速度有利于小度节点子群体取得高收益和强者地位,并最终提高群体平均收益。

同时,由图 9-16 还可以看出,中度节点(4≤节点度<70)子群体的平均收益呈现较为剧烈的振荡走势,其中的主要原因是:①网络断边重连使得归属于这个子群体的节点存在变动。②网络断边重连使得这个子群体的邻居类型(强者或者弱者)存在较大变动。正是这两种变动导致了中度节点子群体平均收益的不稳定。

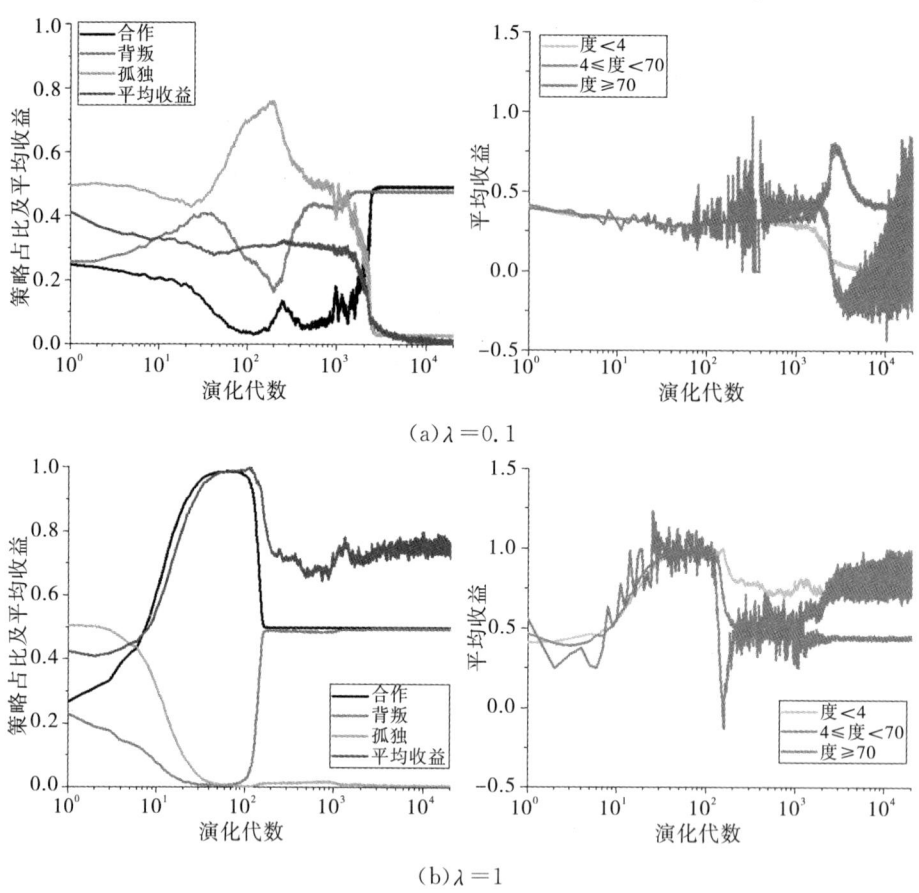

(a) $\lambda=0.1$

(b) $\lambda=1$

图 9-16 网络演化对不同子群体的影响(后附彩图)

(4) 综合分析

随着时间尺度比 λ 从 0 到 1 逐渐增大,演化得到的稳态系统经历了有序到混沌再到有序的过程。

当 λ 取 0 和 0.01 时,系统达到稳态时情感表现型为 $\{W=1, \alpha\in(0,0.1), V=0, \beta\in(0,0.1)\}$。该情感表现型的个体面对强者和弱者都有较大概率采取孤独策略。

当 $\lambda=0.02$ 时,演化出现了分岔现象,演化路径和最终稳态出现了 2 种可能,但每种情形最后均只有一种情感表现型存在。其中一种演化情形与 λ 取 0 和 0.01 时一致,另外一种演化情形其最终稳态的情感表现型为 $\{W=1, \alpha\in[0.9,1), V=0, \beta\in[0.9,1)\}$,与 $0.1\leqslant\lambda\leqslant 1$ 时的演化结果一致。该情感表现型的个体面对弱者大概率欺凌,面对强者大概率尊敬,因此稳态系统中合作策略与背叛策略共存。$\lambda=0.02$ 时的混沌系统兼具前后两个系统的特征。

当 $\lambda>0.02$ 时,系统恢复有序,系统达到稳态时只有 $\{W=1,\alpha\in[0.9,1),V=0,\beta\in[0.9,1)\}$ 这一种情感表现型存在。随着 λ 的增大,网络结构的演化速度逐渐加快,加速了系统进入最终稳态的收敛进程;同时,在系统演化进程中,情感表现型 $\{W=0,\alpha\in[0.9,1),V=0,\beta\in[0.9,1)\}$ 会显示出阶段性进化强势的特征,并且随着 λ 的增大,这种阶段性强势的特征逐渐增强。

当 $\lambda=1$ 时,随着演化的进行,情感表现型 $\{W=0,\alpha\in[0.9,1),V=0,\beta\in[0.9,1)\}$ 一度在种群中取得压倒性优势,但此时种群中尚有其他情感表现型存在,其中较为典型的是 $\{W=1,\alpha\in[0.9,1),V=0,\beta\in[0.9,1)\}$。$\{W=0,\alpha\in[0.9,1),V=0,\beta\in[0.9,1)\}$ 和 $\{W=1,\alpha\in[0.9,1),V=0,\beta\in[0.9,1)\}$ 这2种表现型均对强者尊敬(大概率合作),但前者对弱者同情(大概率合作),后者对弱者欺凌(大概率背叛)。当情感表现型为 $\{W=0,\alpha\in[0.9,1),V=0,\beta\in[0.9,1)\}$ 的个体交互时,不论是强者还是弱者,均大概率合作,取得收益 $R=1$。当情感表现型为 $\{W=1,\alpha\in[0.9,1),V=0,\beta\in[0.9,1)\}$ 的个体交互时,强者大概率背叛,收益 $T=1.5$,弱者大概率合作,收益 $F=-0.5$,因此平均收益为 $\frac{T+F}{2}=0.5$。当强者为 $\{W=0,\alpha\in[0.9,1),V=0,\beta\in[0.9,1)\}$ 情感表现型,弱者为 $\{W=1,\alpha\in[0.9,1),V=0,\beta\in[0.9,1)\}$ 情感表现型,双方大概率合作,均取得收益 $R=1$。当弱者为 $\{W=0,\alpha\in[0.9,1),V=0,\beta\in[0.9,1)\}$ 情感表现型,强者为 $\{W=1,\alpha\in[0.9,1),V=0,\beta\in[0.9,1)\}$ 情感表现型,弱者大概率合作,强者大概率背叛,弱者收益 $F=-0.5$,强者收益 $T=1.5$。根据上述收益计算,$\{W=0,\alpha\in[0.9,1),V=0,\beta\in[0.9,1)\}$ 情感表现型个体相互博弈时,平均收益为 $R=1$;与 $\{W=1,\alpha\in[0.9,1),V=0,\beta\in[0.9,1)\}$ 情感表现型个体博弈时,平均收益为 $\frac{R(强者时)+F(弱者时)}{2}=0.25$。$\{W=1,\alpha\in[0.9,1),V=0,\beta\in[0.9,1)\}$ 情感表现型个体相互博弈时,平均收益为 $\frac{T+F}{2}=0.5$;与 $\{W=0,\alpha\in[0.9,1),V=0,\beta\in[0.9,1)\}$ 情感表现型博弈时,平均收益为 $\frac{T(强者时)+R(弱者时)}{2}=1.25$。综上所述,相较于

$\{W=1, \alpha \in [0.9,1), V=0, \beta \in [0.9,1)\}$情感表现型个体，$\{W=0, \alpha \in [0.9, 1), V=0, \beta \in [0.9,1)\}$情感表现型个体没有进化优势(总体平均收益小)。

基于声誉断—声誉连的断边重连方法，使得$\{W=1, \alpha \in [0.9,1), V=0, \beta \in [0.9,1)\}$情感表现型的个体如蚁附膻，连接在高声誉的$\{W=0, \alpha \in [0.9, 1), V=0, \beta \in [0.9,1)\}$情感表现型的个体上，通过背叛进行剥削。当$\{W=0, \alpha \in [0.9,1), V=0, \beta \in [0.9,1)\}$情感表现型的某个个体被同化、消亡后(因为收益低者会模仿邻居中收益高的个体情感表现型)，$\{W=1, \alpha \in [0.9,1), V=0, \beta \in [0.9,1)\}$情感表现型的个体会像蝗虫一样，通过断边重连机制找到另一个高声誉的$\{W=0, \alpha \in [0.9,1), V=0, \beta \in [0.9,1)\}$情感表现型的个体，直至种群全被$\{W=1, \alpha \in [0.9,1), V=0, \beta \in [0.9,1)\}$情感表现型占据。$\lambda=1$时，网络断边重连速度快，加速了上述演化进程。从图9-13也可以看出，第100代时，$\{W=0, \alpha \in [0.9,1), V=0, \beta \in [0.9,1)\}$情感表现型在种群中还占据90%以上的比例，但只经过短短156代的演化，种群就全被$\{W=1, \alpha \in [0.9,1), V=0, \beta \in [0.9,1)\}$情感表现型的个体占据。

当$\lambda=1$时，从图9-15(a)可以看出，随着基于声誉断—声誉连的网络断边重连的不断演进，网络中心节点的度越来越大，度分布的异质性越发显著，在演化达到100代时，中心节点的度达到最大值。同步映射到情感演化过程中则表现为，正向情感表现型$\{W=0, \alpha \in [0.9,1), V=0, \beta \in [0.9,1)\}$的个体声誉好，其邻居逐渐增多，使该正向情感个体逐渐成为网络的核心节点并取得进化优势，在情感模仿机制的作用下，又进一步形成正向情感个体聚集的团体。在演化代数为100代时，该团体达到最大规模。随后，该团体受到情感表现型为$\{W=1, \alpha \in (0.9,1], V=0, \beta \in (0.9,1]\}$的个体的剥削而迅速被替代并逐渐消亡。

9.4 偏好合作型参数下的共演化分析

设定情感博弈模型的参数取值为$R=1, F=0, J=0, \sigma=0.3, T=1.1$。由于合作失败的代价$F=0$，背叛成功的诱惑$T=1.1$，所以该组参数为偏好合作型。

(1) 时间尺度比的影响

1) $\lambda = 0$ (无断边重连)

如图 9-17 所示,系统达到稳态时,情感表现型为 $\{W=0, \alpha \in [0.9,1), V=1, \beta \in [0.9,1)\}$ 的个体占据种群。

从图 9-18 可以看出,在种群策略的演化中,合作策略和背叛策略都逐渐增加,孤独策略逐渐减少。当系统达到稳态时,合作策略和背叛策略各占一半,孤独策略几乎消失,系统的平均收益稳定为 0.55 上下。

2) $\lambda = 1$

如图 9-19 和图 9-20 所示,随着演化的进行,情感类型为 $\{W=0, \alpha \in [0.9,1), V=0, \beta \in [0.9,1)\}$ 的个体占比逐渐增大,直至占领整个种群。该情感类型的个体面对强者和弱者都大概率采取合作策略。

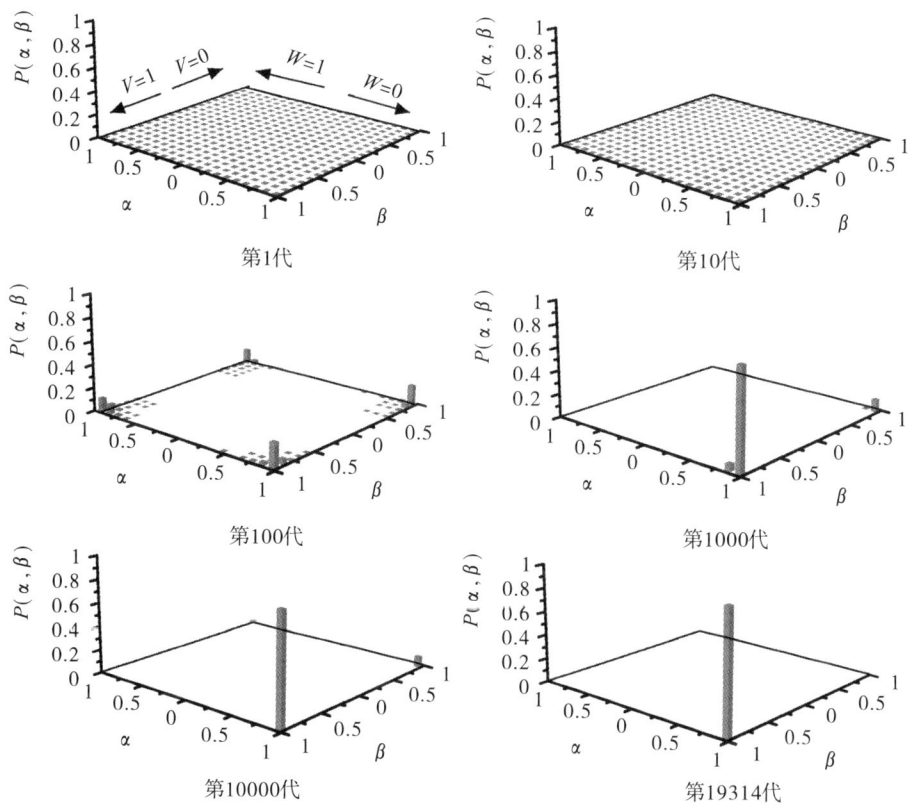

图 9-17 时间尺度比 $\lambda = 0$ 时情感表现型占比迭代演化(偏好合作型)

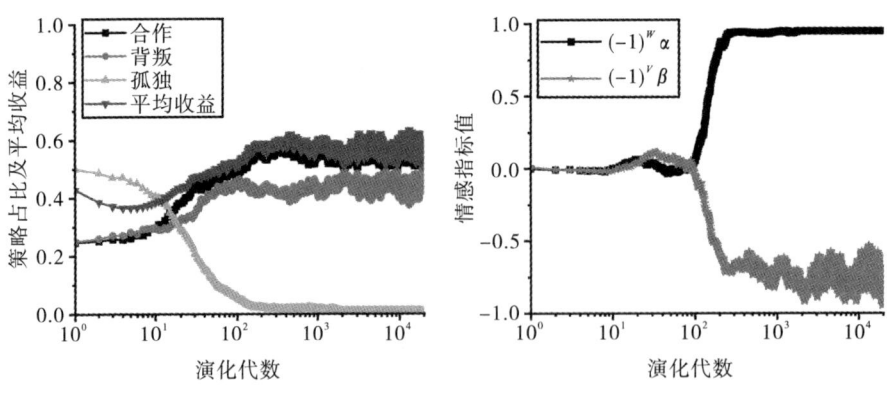

(a) 3种策略占比及平均收益的迭代演化　　(b) 情感指标 $(-1)^W \alpha$ 和 $(-1)^V \beta$ 的迭代演化

图 9-18　时间尺度比 $\lambda = 0$ 时种群迭代演化(偏好合作型)

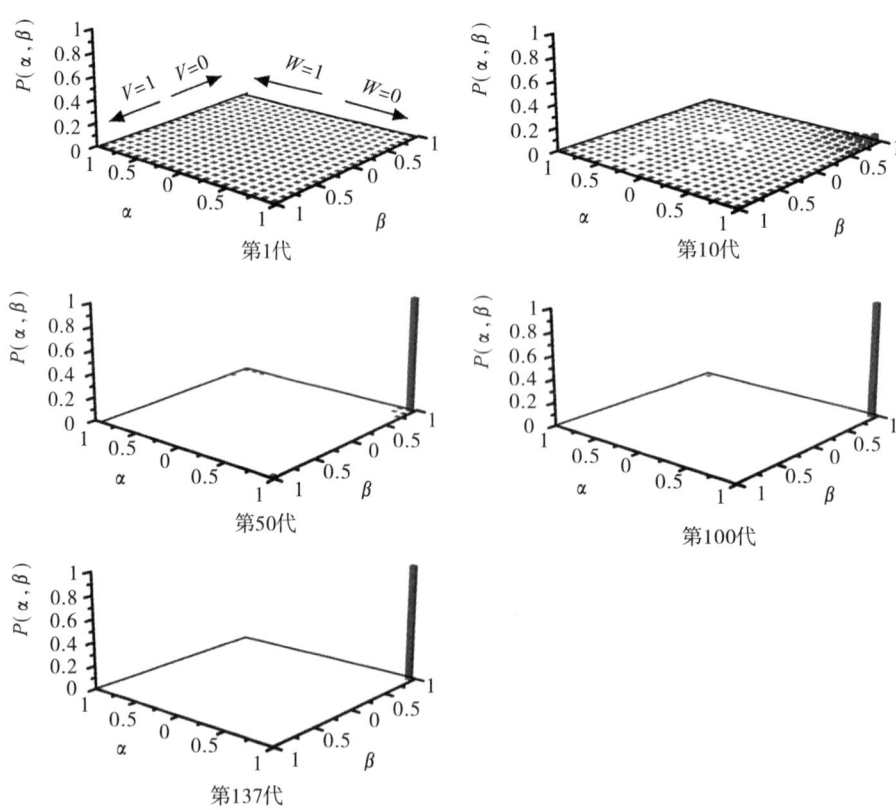

图 9-19　时间尺度比 $\lambda = 1$ 时情感表现型占比迭代演化(偏好合作型)

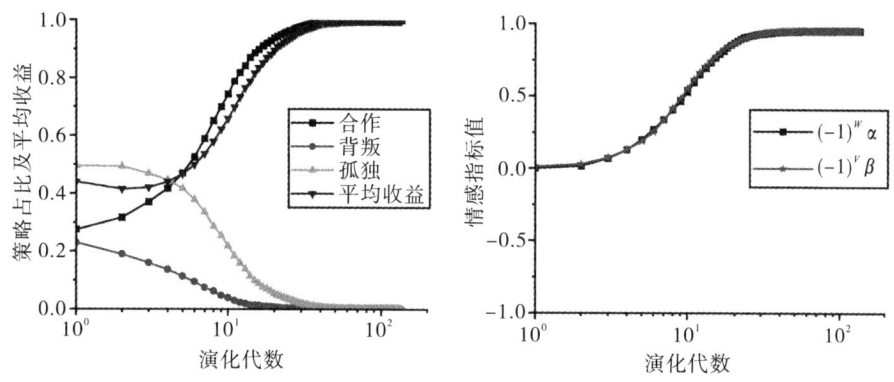

(a) 3种策略占比及平均收益的迭代演化　　(b) 情感指标$(-1)^W\alpha$和$(-1)^V\beta$的迭代演化

图 9-20　时间尺度比 $\lambda=1$ 时种群迭代演化（偏好合作型）

(2) 综合分析

与偏好背叛型参数的分析流程一样，针对偏好合作型参数，我们分别对时间尺度比 λ 取 0.01，0.05，0.1 和 0.5 的情况进行共演化分析，演化结果（不再赘述）显示了相似的规律。时间尺度比 λ 也存在一个临界值，此临界值为 0.1（偏好背叛型参数对应 λ 为 0.02）。随着时间尺度比 λ 从 0 到 1 逐渐增大，超过临界值后，系统稳态时的情感表现型由 $\{W=0,\alpha\in[0.9,1),V=1,\beta\in[0.9,1)\}$ 转变为 $\{W=0,\alpha\in[0.9,1),V=0,\beta\in[0.9,1)\}$，群体由合作与背叛均衡共存状态转变为单纯的合作状态。同时，演化得到的稳态系统也会经历从有序到混沌再到有序的过程。当 $\lambda=0.1$ 时，演化出现分岔现象，演化路径和最终稳态出现 2 种可能，其中一种演化情形与 $\lambda=0$ 时一致，另外一种演化情形与 $\lambda=1$ 时一致。

9.5　结果分析

个体的博弈（情感模仿）和基于情感声誉的网络断边重连，使声誉良好个体的邻居增多，而声誉不好个体的邻居减少。对于声誉好的个体而言，虽然其邻居中不乏声誉差的"背叛"个体的存在，但生物适应性是一个全面综合的评价体系[2]，声誉好的个体的生存适应性不仅取决于他与声誉差的个体的交互，而且还取决于他与其他声誉好的个体的交互。声誉好的个体邻居多且具有多样性，声誉好的个体之间更容易达成合作，因此双方可享受合作剩余。

只要合作剩余足够大,就能弥补被声誉差的个体剥削而造成的进化优势损失。同样道理,声誉差的个体的生存适应性不仅取决于他与声誉好的个体的交互,而且取决于他与其他声誉差的个体的交互。声誉差的个体邻居少且缺乏多样性,因此其适应性的"容错率"低。一旦出现声誉差和声誉差个体之间的交互,就很难达成合作,因此双方无法享受合作剩余。如果这种损失足够大,就会使声誉差的个体在声誉好的个体身上攫取的进化优势损失殆尽。综上所述,基于声誉断—声誉连的断边重连操作使声誉好的个体取得初步进化优势,而情感模仿机制又使取得进化优势(收益高)的个体在邻居中传播其情感表现型,这样就形成良性循环,实现"物以类聚,人以群分",达到好人和好人、合作者与合作者之间的联合。

对于一个"旁观者众"的社会[大家都采取不参与博弈的孤独策略,如图9-2(a)所示],如果采取声誉断—声誉连的方法,会导致个体的邻居小生境和整个网络结构发生变化,使群体发生极化,使"尊敬强者"的情感表现型占据主导,提升社会效率[对比图 9-14(a)和图 9-2(a),$\lambda=1$ 时的群体平均收益高于 $\lambda=0$ 时的群体平均收益],同时给群体带来不低于 50% 的合作机会。

基于声誉断—声誉连的优先连接机制使得网络拓扑结构呈现度分布异质性和无标度性,并且随着断边重连时间步和博弈动力学时间步的尺度比 λ 的增大,网络度分布异质性的演化趋势更为明显,这为正向情感和合作行为提供了良好的网络环境。网络断边重连速度的加快($\lambda \to 1$)使得正向情感(尤其是"尊敬强者"的情感表现型)变为强势情感,有利于小度节点子群体取得高收益和强者地位(图 9-16),并最终提高群体合作水平和平均收益。例如,以工作、经商、移民等为目的进行的经常性人员流动,是经济和社会发展的动力之一。

参考文献

[1] LYLE H F, SMITH E A. The reputational and social network benefits of prosociality in an Andean community [J]. Proceedings of the National Academy of the Sciences of the United States of America, 2014, 111(13): 4820—4825.

[2] 汪丁丁,罗卫东,叶航. 人类合作秩序的起源与演化 [J]. 社会科学战线, 2005(4): 39—47.

收 益
达己 vs 成人

处朋友,务相下则得益,相上则损。

——王阳明
《传习录》

宁让而损己,不竞而损人。

——张养浩
《牧民忠告》

己欲立而立人,己欲达而达人。

——孔子
《论语·雍也》

第10章 收益比较情境下的最后通牒博弈实验

经济学传统假设认为,人们在追求个人收益最大化时不会关注收益分配或行为动机是否公平。但是,近年来以最后通牒博弈为代表的一系列行为实验证明,人们在自利偏好之外还有公平偏好,公平偏好和自利偏好一样会影响人们的行为决策。

10.1 最后通牒博弈

(1)不公平厌恶

柏拉图在《理想国》中强调公平即和谐。孔子曰:"有国有家者,不患寡而患不均,不患贫而患不安。盖均无贫,和无寡,安无倾。"人们对于公平正义的需求是天然的和本能的,本能的公平行为在人类早期的生存竞争演化中比不公平的行为更具有适存性[1]。美国心理学家Brosnan等[2]从实验中发现,棕色卷尾猴对不平等的奖励分配作出消极的反应。对公平的追求似乎是每个人与生俱来的天性,这与人类对"社会地位"的重视有很大关系。拒绝得到较少收益的方案是一种自己在群体中的"社会地位"受到威胁时的本能反应。意识到不公会给人们带来一些负面情绪,甚至给社会带来不稳定因素。

在社会科学领域,有大量行为研究和实证研究是专门针对人们对不公平产生的厌恶开展的。不公平厌恶可分为2种,分别为自己得到较少时(劣势不公平)产生的厌恶和得到较多时(优势不公平)产生的厌恶。学者们一般将因劣势不公平产生的厌恶情绪对应嫉妒,将因优势不公平产生的厌恶情绪对应内疚。

巴布亚新几内亚的阿乌人在最后通牒博弈实验中同时表现出这2种不公平厌恶,他们认为接受别人的馈赠必须知恩图报,所以愿意拿出1/2以上的奖金给对方,而过于慷慨或过于吝啬的馈赠通常会遭到拒绝。美国心理学家Blake等[3]对来自7个国家、共866对4到15岁的孩子进行了分发小食品的实验。实验结果表明,孩子们都存在因为自己得到较少食品而产生的劣势不公平厌恶情绪和行为,但对自己得到较多食品时的优势不公平厌恶则和年龄及成长环境密切相关,是社会教化的结果,是坚持原则的文明表现。

在另一项行为实验中[4],两个被试组成一组,通过抽签方式决定谁是"富人",谁是"穷人"。两个被试的基础报酬都为 30 美元,但"富人"被试将获得额外的 50 美元报酬,这样就给两个被试创造了一种不公平情境。紧接着,研究者会让被试回答"如果我再给你(或同组的另外一个人)一些报酬(0~50 美元),你的感受如何?",并同时扫描被试的大脑激活情况。实验结果显示:当给出的问题是研究者给自己报酬时,"富人"和"穷人"都表现出更浓的兴趣。当给出的问题是研究者给"富人"报酬时,由于"穷人"希望缩小与"富人"的差距,因此针对这种进一步扩大差距的问题,"穷人"会表现出不愉快,并且大脑前额叶的激活情况也表明"穷人"更希望钱是给自己的。当给出的问题是研究者给"穷人"报酬时,"富人"表现出乐于接受,他们希望缩小"穷人"与自己之间的差距,并且大脑前额叶的激活情况也表明"富人"倾向于给"穷人"报酬。Tomasello[5]认为,不公平厌恶是人类亲社会性的重要表现,也是大规模社会合作的情感基石。

(2)最后通牒博弈实验

最早进行最后通牒博弈实验的是德国洪堡大学的 Cuth 等人。当时,他们组织了 42 个经济学系的学生志愿者开展了 2 轮实验。最后通牒博弈可简单描述为:A,B 两人分一笔总量固定的钱(如 100 元),提议者 A 提出分配方案,回应者 B 表决。如果 B 同意,那么就按 A 提出的方案来分;如果 B 不同意,两人将一无所得。其中的理性人假设为:①提议者和回应者都是理性的,只关心自己的收益。②提议者知道回应者是理性的,且只关心自己的收益。

A 提方案时要猜测 B 的反应,此时理性的 A 所提出的方案(按子博弈精练纳什均衡指示的策略出最低价)是给 B 留 1 分钱,而自己得 99.99 元;理性的 B 会同意方案得到 1 分钱(因为拒绝则一无所获)。这是假定 A 和 B 均为理性人所得到的结果。但实际的行为实验结果表明:A 并不会出最低价,而是给 B 更多的利益;B 则表现出对 A 不公平出价的厌恶和愤怒,并对方案予以拒绝。A 和 B 的行为均表现出其对分配方案公平性的关注。但实验数据同样也显示,A 不会因为要做到公平而放弃自己的利益。各次实验中,A 极少有高于 50% 的出价分给 B。对于不公平的出价，B 也并不总是拒绝。在各次实验中，B 倾向于自身分配少于 30% 时拒绝方案，多于 30% 时同意方案。

(3) 情绪效价

最后通牒博弈中的情绪效价存在角色差异[6]、个体差异[7]和情境差异[8]：

①被试作为提议者时的情绪感受主要有愉悦（自身利益最大化）、内疚（给对方分配太少）、紧张（担心被拒绝）和后悔（提议被拒绝）；被试作为回应者时的情绪感受主要有愉悦（对分配方案满意）、悲伤和耻辱（未受到对方重视）以及生气、恼火和愤怒等（不公平厌恶）。需要强调的是，被试从贪婪（作为提议者时追求利益最大化）和公平（作为回应者时追求相对收益）中体验到的愉悦程度不同。

②保持正向情绪的个体对不公平提议的拒绝率高。

③与分配无关的伴随情绪和激素（附背景资料）也会影响回应者的行为。实验前用 3~5 分钟的视觉片段诱发被试的伴随情绪，结果显示：悲伤、生气、厌恶等负向伴随情绪可引起更高的拒绝率，快乐等正向伴随情绪则对拒绝率没有影响。

在情绪效价影响的最后通牒博弈理论分析方面，目前主要有"不公平厌恶"模型和"互惠偏好"模型。"不公平厌恶"模型通过引入"嫉妒效用"和"同情效用"[9]反映情绪的定量影响。在相同的不公平差异下，"嫉妒效用"强于"同情效用"。"互惠偏好"模型通过定义"友善函数"来表示情绪和行为动机的善意程度[10]。上述两个引入情绪效价影响的理论分析结果很好地诠释了最后通牒博弈的行为实验结果。

激素对个体亲社会行为的影响

催产素是由脑垂体分泌的一种内源性激素，也被视为神经传递素或脑细胞间的信使。研究表明，催产素在促进社会行为方面发挥着重要作用。Zak 等[11]为了进一步验证催产素对个体亲社会行为的影响，设计了一组实验。实验中，68 名男性参与者被平均分为两组，向鼻腔内喷催产素的实验组和喷生理盐水（安慰剂）的对照组，然后分别进行陌生人之间的最后通牒博弈和独裁者博弈。实验发现,在最后通牒博弈中,实验组参与者表现得很慷慨,提供给对方的金额增多了80%。这说明,催产素能增强人的同情心,使人慷慨。

Zak等在随后的研究[12]中发现,睾酮与催产素对慷慨行为有相反的作用。实验中被试同样进行了最后通牒博弈,不同的是这次被试(25名男性)中实验组擦拭了睾酮。实验发现,给予睾酮后,被试显得更为自私,对陌生人的慷慨程度降低了27%,且更愿意用自己的钱来惩罚那些对自己不厚道的"贪婪者"。这说明,对男性而言,睾酮会弱化其亲社会行为。但在某种程度上,惩罚力度增大达到了维持社会秩序的效果。

10.2 收益比较情境下的相对优势

回应者对绝对收益和相对收益的权衡决定了相应行为(接受或拒绝)。如果群体中存在竞争压力,即根据个体在最后通牒博弈中获得的收益进行排序(优胜劣汰),那么个体为了在群体中胜出,会更加追求相对于其他个体的比较优势,而不是自身的绝对收益。

我们假设每个个体在最后通牒博弈中都各有一次充当提议者和回应者的机会,博弈结束后,统计收益并进行排名(优胜劣汰)。那么,竞争压力及角色互换对提议者和回应者的行为是否存在影响呢?我们认为,可以从以下两方面考虑:

①如果提议者的分配方案中给予回应者的份额很小,由于收益对提升回应者的排名几乎没有帮助,一旦回应者认为即使同意提议者的方案,自身淘汰也将成为大概率事件,回应者会动用否决权(你不仁则我不义),这就形成两败俱伤的局面,提议者也一无所得并将面临淘汰的命运(即使方案对自己再有利,对方否决也一切成空)。

②基于对相对优势的考虑,个体可能会以在两次角色中获得的预期净收益(充当回应者时获得的收益减去充当提议者时付出的收益)作为其充当回应者时接受或否决分配方案的依据。目前文献显示,回应者接受或否决分配方案的依据是提议者分配出的绝对份额。

10.3 行为实验

笔者曾以选拔考试形式开展行为实验。某大学机械学院要在本科一年级学生中选取32名学生成立卓越工程师试点班,名额有限,因此存在竞争压力。最后通牒博弈实验作为选拔考试的第一道题目(占总成绩40%权重。这道题完成后再进行其他题目的考核,以避免其他题目的得分对该实验测试结果产生影响)。在考试中:①每个考生都各有一次充当提议者和回应者的机会,分配对象是题目的分数(20分)。如提议者的方案被回应者认可,就按提议者的方案分配本题的得分;如回应者否决方案,则双方的得分均为0分。因此,对于每个考生而言,这道题的最高得分为40分,最低得分为0分。②此实验匿名开展,提议者和回应者互不知情。③提议者和回应者采用随机或循环方式配对。

10.4 实验数据分析

参加考试的人数为195人,其中分配方案被接受的有177份,方案被拒绝的有18份。在195份分配方案中(图10-1),提议者分配给回应者分数的平均值为8.62分(占总分20分的43.1%),这说明提议者对回应者的否决行为有充分的认识,拿出了较为公平的分配方案。在177份被接受的方案中(图10-2),提议者分配给回应者分数的平均值为8.94分,其中164份方案(占比92.7%)分配给回应者的分数大于等于6分(占总分20分的30%以上)。预期净收益(充当回应者时被分配的收益减去充当提议者时分配出的收益)为-2~2分的方案有123份,占比69.5%。在18份被拒绝的方案中(图10-3),提议者分配给回应者分数的平均值为5.49分,其中大于等于6分(占总分20分的30%以上)的方案有10份,占比55.6%;预期净收益小于0的方案有17份,占比94.4%。这说明,即使提议者给得较多,也可能因为回应者无法获得相对优势(正的净收益)而被否决。

此次实验中提议者分配比例的平均值为43.1%,高于之前经历次实验获得的普遍公认数据(37%)。同时,由于分配方案公平性提升,方案的拒绝率较低(18/195＝9.2%),此次实验中回应者拒绝率低于之前获得的最低实验数据(在 Eckel 等人进行的实验中[13],12.8%的方案被回应者拒绝)。

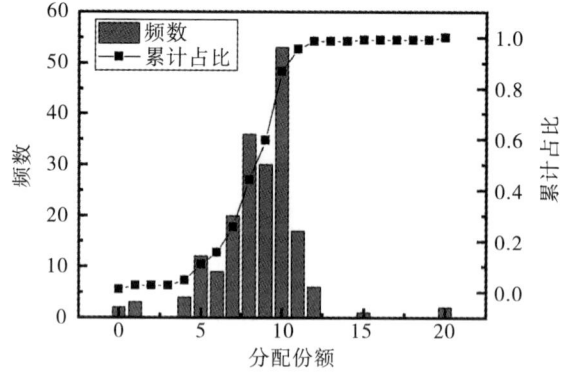

图 10-1　所有的分配方案分布

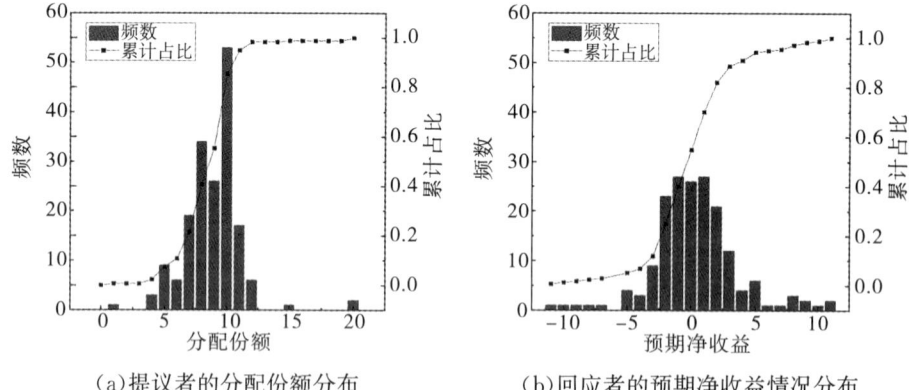

(a)提议者的分配份额分布　　(b)回应者的预期净收益情况分布

图 10-2　177 份被同意方案中的分配份额和预期净收益的分布情况

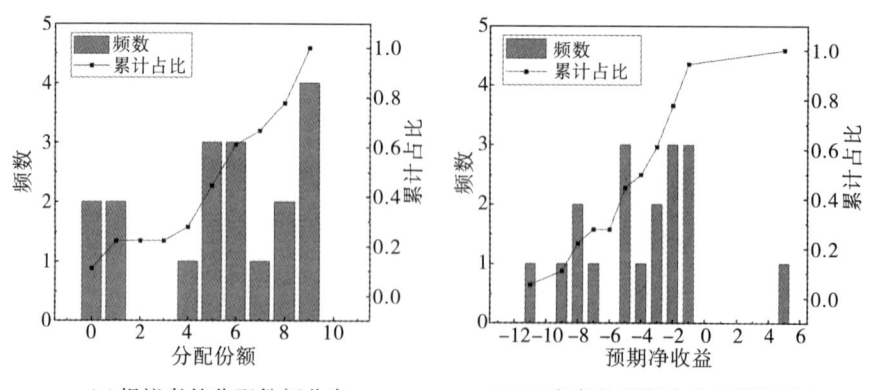

(a)提议者的分配份额分布　　(b)回应者的预期净收益情况分布

图 10-3　18 份被拒绝方案中的分配份额和预期净收益的分布情况

10.5 结果分析

对事物进行比较是人类的一项重要技能和心理活动。在此前的最后通牒博弈实验研究中,提议者及回应者都会评估和比较他们自身获得的收益。双方的收益比较是决定分配方案(提议者)和是否接受分配方案(回应者)的重要因素,因为这事关公平和地位。在本章设定的淘汰(竞争压力)和角色互换(个体各有一次充当提议者和回应者的机会)情境中,存在另外一种比较:个体作为回应者时获得的收益和其作为提议者时分配出的份额之间的比较(两次博弈的净收益),这种比较事关"达己"和"成人"。

达己 当个体各有一次充当提议者和回应者的机会时,他们可能会基于预期净收益(相对优势)来考虑自己作为提议者和回应者时的行为。由于这种思考具有共识性,因此群体行为产生同步和极化现象,具体表现为:177份被接受的方案中,分配给回应者的分数集中在 7~11 分(149 份,占比84.2%),净收益大量集中在 −2~2 分(123 份,占比 69.5%)。另外,由 18 份被拒绝的方案可以看出,回应者的拒绝与负的预期净收益值密切相关。

成人 竞争压力将增大回应者对分配收益小的方案的否决概率,强化回应者的否决权对提议者的约束力,促使提议者对回应者的否决行为进行充分认识和评价,以拿出更为公平的分配方案。

▍参考文献

[1] 董志强. 我们为何偏好公平:一个演化视角的解释[J]. 经济研究,2011,46(8):65−77.

[2] BROSNAN S F,DE WAAL F B M. Monkeys reject unequal pay[J]. Nature,2003,425(6955):297−299.

[3] BLAKE P R,MCAULIFFE K,CORBIT J,et al. The ontogeny of fairness in seven societies[J]. Nature,2015,528(7581):258−261.

[4] TRICOMI E,RANGEL A,CAMERER C F,et al. Neural evidence for inequality-averse social preferences[J]. Nature,2010,463(7284):1089−1091.

[5] TOMASELLO M. Becoming human:a theory of ontogeny[M]. Cambridge:The Belknap Press of Harvard University Press,2019.

[6] HASELHUHN M P,MELLERS B A. Emotions and cooperation in economic games

[J]. Cognitive Brain Research,2005,23(1):24—33.

[7] DUNN B D,MAKAROVA D,EVANS D,et al. "I'm worth more than that":Trait positivity predicts increased rejection of unfair financial offers [J]. PLoS One,2010,5(12):e15095.

[8] HARLÉ K M,SANFEY A G. Incidental sadness biases social economic decisions in the ultimatum game[J]. Emotion,2007,7(4):876—881.

[9] FEHR E,SCHMIDT K M. A theory of fairness,competition and cooperation [J]. The Quarterly Journal of Economics,1999,114(3):817—868.

[10] RABIN M. Incorporating fairness into game theory and economics [J]. The American Economic Review,1993,83(5):1281—1302.

[11] ZAK P J,STANTON A A,AHMADI S. Oxytocin increases generosity in humans [J]. PLoS One,2007,2(11):e1128.

[12] ZAK P J,KURZBAN R,AHMADI S,et al. Testosterone administration decreases generosity in the ultimatum game [J]. PLoS One,2009,4(12):e8330.

[13] ECKEL C C,GROSSMAN P J. Chivalry and solidarity in ultimatum games [J]. Economic Inquiry,2001,39(2):171—188.

第11章 基于最后通牒博弈模型的情感演化仿真分析

扫码查看本章彩图

提议者的分配份额是回应者是否接受方案的决定因素。在最后通牒博弈模型中,一般采用参数对(p,q)来表示参与者的公平偏好,其中p是作为提议者时分配给对手的份额,q是作为回应者时的最小接受水平(或称拒绝阈值)。当$p_i \geqslant q_j$,即个体j被分配到的份额(个体i分配给个体j的)不小于其最小接受水平时,个体j会接受个体i的方案;否则个体j会否决方案。与上述模型不同的是,本章提出回应者是否接受方案与其自身的净收益有关,引入新的参数β(净收益接受水平)来替代之前模型的q。由于个体作为回应者时被分配到的份额和其作为提议者分配出的份额会被同时考虑,因此本章的参数β能更好地反映"角色交换"情境。

11.1 考虑净收益的最后通牒博弈模型

采用两个参数表示个体的公平性和善良性:①分配水平$\alpha \in [0,1]$反映个体的公平性,α越大表示越慷慨,α越小表示越吝啬,$\alpha \to 0.5$表示公平;②净收益接受水平$\beta \in [-1,1]$反映个体对净收益的预期,β越大表示越贪婪,β越小表示越善良。

假设情感类型为(α_i, β_i)的个体i与情感类型为(α_j, β_j)的个体j进行博弈,其中,α_i表示个体i为提议者时分配给个体j的份额,β_i为个体i作为回应者时的净收益接受水平。如果$\alpha_j - \alpha_i \geqslant \beta_i$,个体$i$会接受个体$j$的方案;否则,个体$i$会拒绝个体$j$的方案。在一轮交互中(一次作为提议者,一次作为回应者),个体i的最终收益$U_i(i,j)$可表示为

$$U_i(i,j) = \begin{cases} \alpha_j + 1 - \alpha_i, & \alpha_j - \alpha_i \geqslant \beta_i, \alpha_i - \alpha_j \geqslant \beta_j, \\ \alpha_j, & \alpha_j - \alpha_i \geqslant \beta_i, \alpha_i - \alpha_j < \beta_j, \\ 1 - \alpha_i, & \alpha_j - \alpha_i < \beta_i, \alpha_i - \alpha_j \geqslant \beta_j, \\ 0, & \alpha_j - \alpha_i < \beta_i, \alpha_i - \alpha_j < \beta_j. \end{cases} \quad (11\text{-}1)$$

11.2 基于代际进化仿真的情感演化博弈

(1)进化迭代算法

步骤1:输入种群规模$2L$和最大进化代数k_{max}。

步骤2:置初始代$k=0$,随机产生L个参数向量$X_i=(\alpha_i,\beta_i)$,设定L个方差向量$\rho_i=(\rho_{i1},\rho_{i2})=(1,1)$,其中$i=1,2,\cdots,L$。

步骤3:根据L个父代向量生成L个子代向量,(X_i,ρ_i)的后代为(X'_i,ρ'_i),其中$X'_i=(\alpha'_i,\beta'_i),\rho'_i=(\rho'_{i1},\rho'_{i2})$,

$$\rho'_{i1}=\rho_{i1}\exp[\theta'\cdot N(0,1)+\theta\cdot N_1(0,1)], \quad (11\text{-}2)$$

$$\rho'_{i2}=\rho_{i2}\exp[\theta'\cdot N(0,1)+\theta\cdot N_2(0,1)], \quad (11\text{-}3)$$

$$\alpha'_i=\alpha_i+N(0,\rho'_{i1}), \quad (11\text{-}4)$$

$$\beta'_i=\beta_i+N(0,\rho'_{i2})。 \quad (11\text{-}5)$$

式中:$\theta'=\dfrac{1}{\sqrt{2L}},\theta=\dfrac{1}{\sqrt{2L^{0.5}}}$,$N(0,1),N_1(0,1)$和$N_2(0,1)$为相互独立的标准正态随机变量。

步骤4:将L个父代向量和L个子代向量组成一个种群,种群中的任一个体均和其他个体发生一轮交互博弈,博弈的收益根据式(11-1)计算,适应度函数$S(X_i)=\dfrac{\sum_{j=1}^{2L-1}U_i(i,j)}{2L-1}$。

步骤5:按照适应度对种群$2L$个个体进行排序,保留适应度大的前L个个体(作为父代进入第$k+1$代)。

步骤6:收敛判断。收敛判据为$\dfrac{S_b-S_w}{S_{avg}}\leqslant\varepsilon$或$k>k_{max}$,其中$\varepsilon$为预先给定的小数。若满足收敛判据,则算法终止,输出结果;否则返回步骤3。其中:

$$S_{avg}=\dfrac{1}{L}\sum_{i=1}^{L}S(X_i),S_b=\max_i\{S(X_i)\},S_w=\min_i\{S(X_i)\},i=1,2,\cdots,L。$$

(2)仿真分析结果

取$L=10000$,最大进化代数为1000代。图11-1为分配水平α的群体平均值、净收益接受水平β的群体平均值与群体平均收益的演化趋势。随着演化进程的推进,群体特征参数趋于稳定,分配水平 α 的群体平均值大致为 0.23,净收益接受水平 β 的群体平均值大致为 -0.33,群体平均收益大致为 0.73。

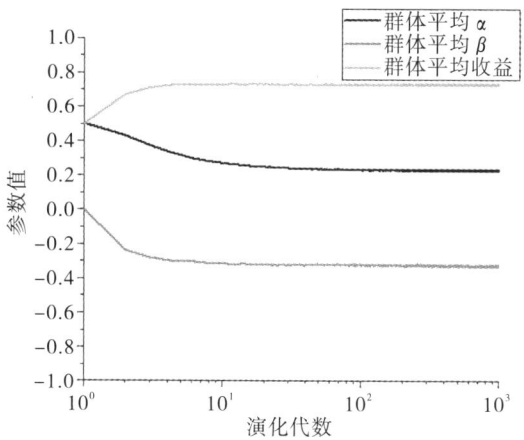

图 11-1　群体特征参数的演化(后附彩图)

图 11-2 为群体中所有个体收益分布的演化进程。从图中可以看出,群体中个体收益分布趋于集中,第 1000 代时大约 50% 的个体收益在 0.89 左右。

图 11-3 为群体中所有个体情感参数 α,β 分布占比的演化进程。从图中可以看出,从第 10 代开始,群体中个体情感参数的分布向左下角区域($\alpha<0.2,\beta<0$)集中。随着演化的推进,情感参数分布向左下角区域集中的趋势更加明显($\alpha<0.02,\beta<0$)。α 越小,个体分布占比越大(最大值为 0.125 左右)。个体在 β 轴($\beta<0$)方向的分布较为均匀。

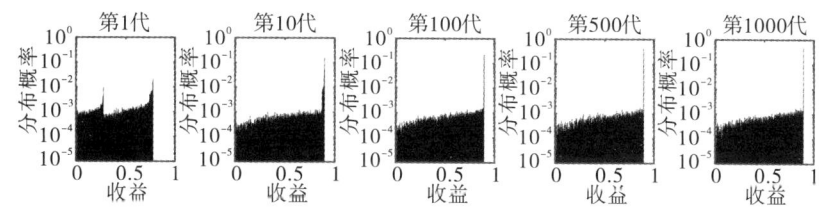

图 11-2　群体中所有个体收益分布的演化进程

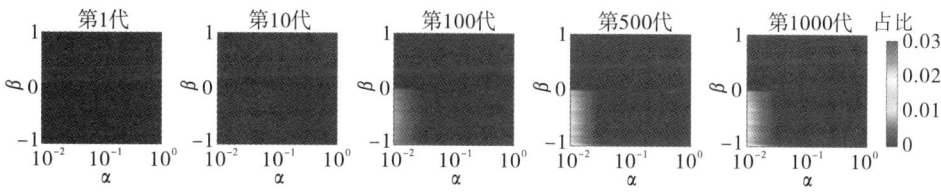

图 11-3　群体中所有个体情感参数 α,β 分布占比的演化进程(后附彩图)

图 11-4 为群体中父代个体收益分布的演化进程,第 1000 代时基本所有父代个体的收益均为 0.89。图 11-5 为群体中父代个体情感参数 α,β 分布占比的演化进程,父代个体的演化特征与群体演化特征(图 11-3)基本类似,但分布占比的最大值在 0.25 左右。

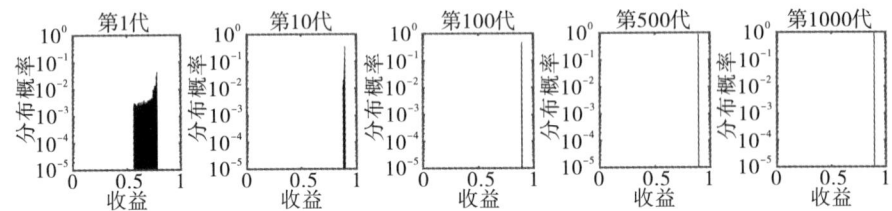

图 11-4　群体中父代个体收益分布的演化进程

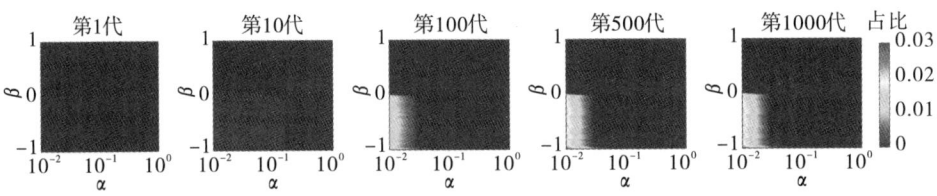

图 11-5　群体中父代个体情感参数 α,β 分布占比的演化进程(后附彩图)

上述演化结果显示,对于完全均匀混合(全连通网络)的有限种群,由于个体之间没有特定关系网络且所有个体之间均须相互博弈,情感偏于保守的个体适应度较高,具有进化优势。其情感保守反映在两个方面:①代表公平情感的分配水平 α 偏于吝啬,α 的群体平均值 0.23(此值与一系列最后通牒博弈行为实验中的最低平均报价 23% 的水平基本一致)和分布特征(图 11-3 和图 11-5 显示 α 趋于 0.0 的情感个体分布占比较高)均可以验证此点。由于全连通网络是一种理想化的网络,因此如果我们继续增大种群规模进行仿真分析,分配水平 α 的演化结果将趋向于经典博弈论的理性解。②表征善良情感的净收益接受水平($\beta<0$,群体平均值为 -0.33)和分布特征(图 11-3 和图 11-5)表明,群体中的个体容易知足,即使净收益为负,只要有收益就大概率接受提议方案。这一点也可由群体平均收益为 0.73(群体平均收益可反映群体中提议方案的接受概率)得以验证。

11.3 基于网络的情感演化博弈

(1)蒙特卡洛迭代方法

基于个体之间存在特定关系网络的有限种群(节点总数为 N),采用蒙特卡洛方法对基于最后通牒博弈模型的情感演化进行仿真。

①初始阶段,每个个体被随机分配一个情感特征参数组合 $\{\alpha,\beta\}$ 以及初始收益 U_0。α 和 β 分别被随机赋值为区间 $[0,1]$ 和 $[-1,1]$ 内的数;U_0 被随机赋值为区间 $[0,1]$ 内的数。

②在每一个博弈轮次,首先随机选择一个个体 x,使其与全部邻居进行博弈交互[一次作为提议者,一次作为回应者,博弈收益按照式(11-1)计算],获得平均收益 U_x。然后,以新获得的 U_x 替代个体 x 之前的收益值,随机选择个体 x 的一个邻居 y,根据双方的收益差值,个体 y 以概率

$$w = \left[1 + \exp\left(\frac{U_y - U_x}{\kappa}\right)\right]^{-1}$$

模仿个体 x 的情感 (α_x, β_x),其中 κ 代表情感模仿过程中的不确定性,本章设置 $\kappa = 0.1$。

③重复上述博弈 N 轮,使每个个体在概率意义上都有一次机会更新情感特征和收益。

④将以上过程计作一个蒙特卡洛步,重复基于蒙特卡洛步的迭代过程,直至系统演化达到相对稳定状态(一般以群体情感类型的分布达到稳定为标志)。

(2)二维格子网络的演化结果与分析

取 $L \times L$ 的二维格子网络($L=400$, $N=160000$),将情感参数 $\alpha \in [0,1]$ 和 $\beta \in [-1,1]$ 的取值区间分为 20 个子区间,这样共得到 400 种情感类型 $E_{m,n}$($m,n=0,1,2,\cdots,19$)。在初始阶段,400 种情感类型的个体基本均匀分布在 400×400 二维格子网络上。

1)群体中情感类型占比的迭代演化

图 11-6 给出了群体中情感类型占比的迭代演化情况。从图 11-6 可以看出,由于过于慷慨的个体($\alpha > 0.5$)分给别人的比分给自己的多,在收益上处于相对劣势,因此在群体中首先消失。过于慷慨的个体消失后,群体中所能达到

的最大净收益不会超过 0.5,因此过于贪婪的个体($\beta>0.5$)就失去了剥削对象,也将随之消失。过于慷慨和过于贪婪的个体都消失后,善良的个体($\beta<0$,即对净收益不持正的预期)就有机会取得进化优势。具体原因有两方面:

①两个个体相遇时,每个个体都需要做一次提议者,因此存在两个提议方案。两个善良的个体相遇时,两个方案中必有一个方案被接受(因为两个方案之间的收益之差对于其中某个个体而言,一定大于等于 0,即大于 β),当然也可能两个方案都被接受。而两个贪婪的个体($\beta>0$,即对净收益持有正的预期,要求得到的比失去的多)相遇时,两个方案中必有一个方案被拒绝(因为两个方案之间的收益之差对于其中某个个体而言,一定小于等于 0,即小于 β),当然也可能两个方案都被拒绝。当善良个体和贪婪个体相遇时,善良个体可能会被贪婪个体剥削,但由于此时群体所能达到的最小净收益不会低于 -0.5,因此善良的个体被剥削的程度不算高,可能会通过较高的接受概率和多次博弈机会(须与所有邻居博弈)来弥补。

②由于存在空间结构,善良个体可在二维方格上形成抱团取暖(增大接受概率)的格局,这一点也可在图 11-8 中得到验证。群体被($\alpha<0.5$,$\beta<0$)的个体占据后,其中过于善良的个体(β 较小)将因为过于吝啬的个体(α 较小)的剥削,在收益上处于相对劣势而逐渐减少。随着剥削对象的减少,过于吝啬的个体也将逐渐消亡。最终,群体将向 $\alpha \to 0.5$ 和 $\beta \to 0$ 演化。

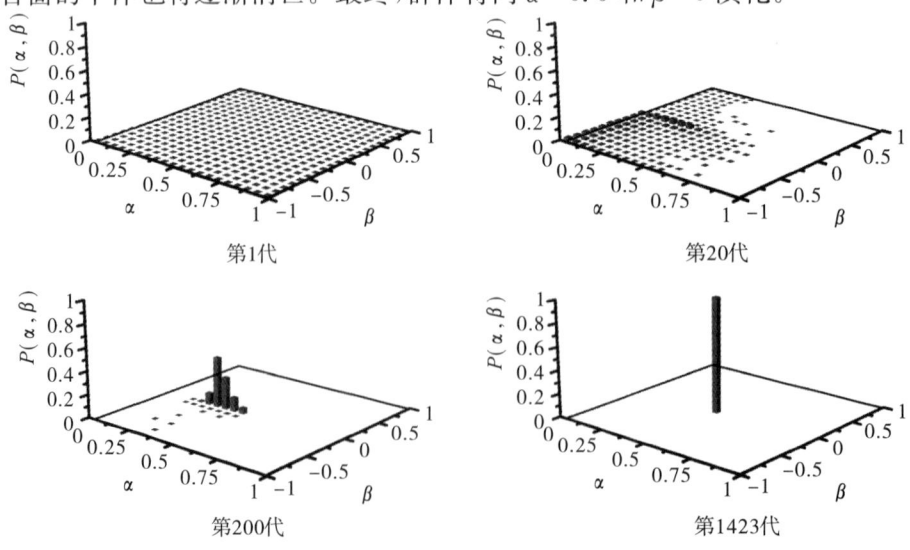

图 11-6 基于二维格子网络的群体中情感类型占比的迭代演化

2) 群体特征参数的迭代演化

系统情感类型的演化进程如图 11-7 所示。随着较高 α 和较高 β 的情感类型个体首先消失，$\bar{\alpha}$(α 的群体平均值)和 $\bar{\beta}$(β 的群体平均值)在演化的前 10 代会快速下降；然后随着过于善良的个体(β 较小)和过于吝啬的个体(α 较小)逐渐消亡，$\bar{\alpha}$ 和 $\bar{\beta}$ 缓慢上升；最终，$\alpha \to 0.5, \beta \to 0$。在演化过程中，接受率 P(方案被接受的次数/总博弈次数)一直在上升，说明群体一直向着积极和正向的方向演化。其中：在较高 α 和较高 β 的情感类型个体消失阶段，P 上升的速度较快；在 β 较小的个体和 α 较小的个体逐渐消亡的阶段，P 上升得较为缓慢；最终，P 趋向 100%。P 越大(方案被接受的次数越多)，群体平均收益就越大。

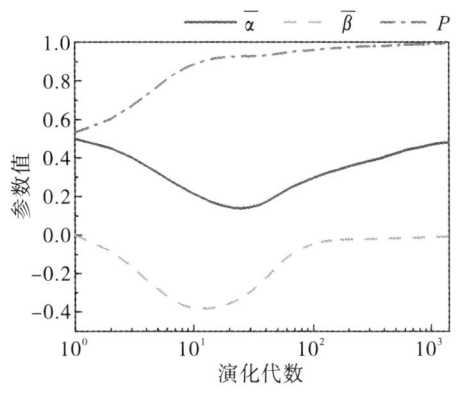

图 11-7 系统特征参数的演化

3) 群体中个体情感参数的空间分布特征演化

如图 11-8 所示为群体中个体情感参数 α 和 β 的空间分布特征演化进程。从图 11-8 可以看出，较高 α 和较高 β 类型的个体首先消失(对应图 11-6 中位于右上角的情感类型首先消失)，随后较低 α 和较低 β 类型的个体也开始逐渐消失。最后，系统中只存在单一的情感类型。演化过程中聚簇的特征较为明显，善良、公平的个体以抱团取暖的方式聚在一起，共同抵抗贪婪、吝啬个体的剥削和侵犯。

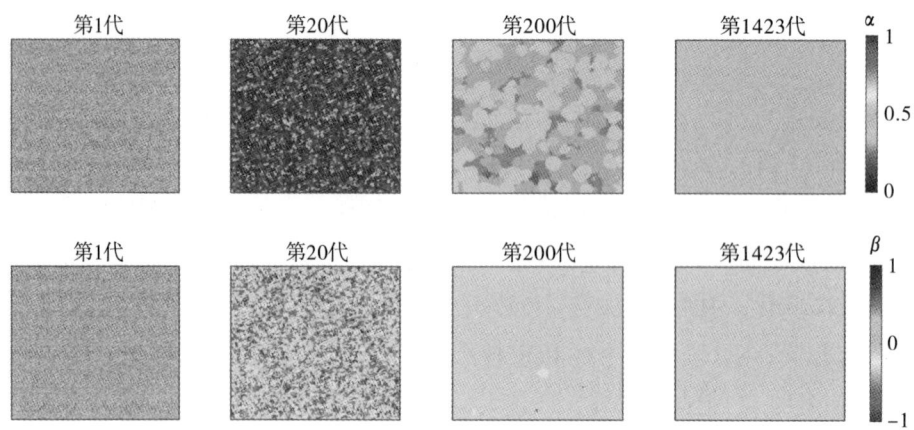

图 11-8　二维格子网络中个体情感参数 α,β 的空间分布特征演化(后附彩图)

4) 群体情感特征演化

基于二维格子网格的演化结果是,具有公平性($\alpha \to 0.5$)和适度善良性($\beta<0, \beta \to 0$)的个体适合生存。从图 11-7 和图 11-8 都可以看出,β 进入稳态要早于 α,说明善良性在系统中先得到进化,然后公平性得到进化。[1]

$\alpha \to 0.5$ 和 $\beta \to 0$ 的结果与现有文献结论吻合,但本章得出的 $\beta<0$ 的演化结果很有意义(此前未见文献报道)。该结果表明,群体的高收益是建立在个体善良性的基础上的。如果每个个体都希望得到的比付出的多,那么整个群体是低效的(至少有一半的方案将被否决,群体平均收益将低于 0.5)。如果每个个体都能接受得到的比付出的少一点点,那么整个群体将取得高收益(至少有一半的方案将被接受,群体平均收益将高于 0.5)。

为了支持这一结论,我们又进行了以下 2 种情境的计算:①情境一,将净收益接受水平 $\beta \in [-1,1]$ 弱化为 $\beta \in [0,1]$,即群体中不存在 $\beta<0$(善良)的个体。②情境二,将分配水平 $\alpha \in [0,1]$ 弱化为 $\alpha \in [0,0.5]$,即群体中不存在 $\alpha>0.5$(过于慷慨)的个体。

情境一的演化结果为情感类型 $E_{9,0}$($\alpha \in [0.45,0.5], \beta \in [0,0.05]$)和情感类型 $E_{10,0}$($\alpha \in [0.5,0.55], \beta \in [0,0.05]$)共存,其空间分布情况如图 11-9 所示。情境二的演化结果与 $\alpha \in [0,1]$ 时的演化结果一致。

在情境一中,虽然最后也进化出公平性,但由于群体中缺乏 $\beta<0$ 的善良型个体,所有个体都对净收益存有正预期。即使这种预期非常低($\beta \in [0,$

0.05)),也足以让接近 2/3 的方案被拒绝(接受率 P 约为 1/3),导致群体的平均收益较低。在情境二中,虽然没有过于慷慨的个体($\alpha>0.5$)可供剥削,但最后善良性($\beta<0,\beta\to 0$)和公平性($\alpha\to 0.5$)都得到了进化,并且方案的接受率 P 接近 100%。

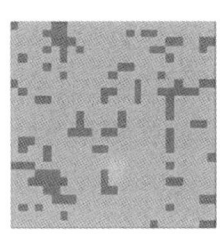

图 11-9 最终稳态下 2 种情感类型个体空间分布情况(后附彩图)

注:$E_{9,0}$ 的个体用绿色表示,$E_{10,0}$ 的个体用红色表示。右图为左图的局部放大图(25×25)。

对比情境一、情境二和之前的结果可以发现,公平的方案并不能保证群体取得高收益,适度善良(对净收益持适度的负预期)是群体取得高收益的重要原因。正如歌曲《爱的奉献》里所唱的,"只要人人都献出一点爱,世界将变成美好的人间"。

(3) 三类因素对演化结果的影响

网络的拓扑特征对情感演化将产生影响,本章主要分析三类因素(节点度、小世界特性与度分布异质性)的影响。[2]

1) 节点度的影响

首先研究节点度的大小是否影响演化博弈的结果。采用规则的环状网络,网络由一个包含 10000 个顶点的环组成,每个顶点都与最近的 k 个邻居节点相连,因此每个节点的度为 k(设 k 的取值范围为 4~200)。如图 11-10 所示为不同节点度 k 对应的最终演化的 $\bar{\alpha}$。结果表明,随着节点度 k 的增加,提议者的分配水平 $\bar{\alpha}$ 降低。

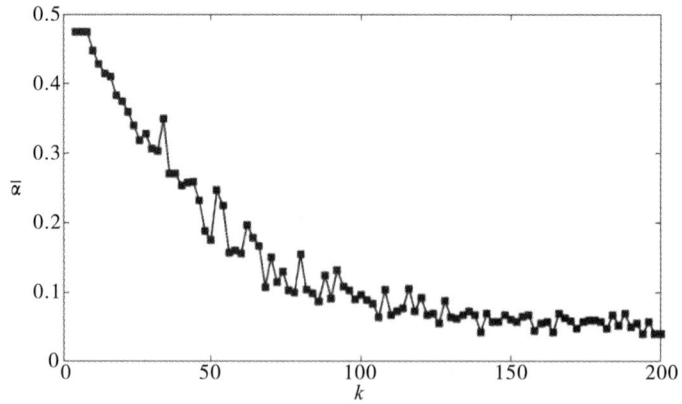

图 11-10 不同节点度 k 对应的最终演化的群体平均值 $\bar{\alpha}$

以 $k=200$ 为例,如图 11-11 所示为情感类型分布占比随时间的演变。从图中可以观察到右上角的情感类型(较高的 α 值和较高的 β 值)首先消失(见图 11-11 中第 10 代)。随着演化过程的继续,只有一小部分情感类型($\alpha \to 0, \beta \in [-1, 0)$)继续留在系统中(见图 11-11 中第 100 代)。最后,只有情感类型 $E_{0,9}$ 存活(见图 11-11 中第 21103 代),该情感类型对应 $\alpha \in [0, 0.05)$ 和 $\beta \in [-0.1, 0)$。

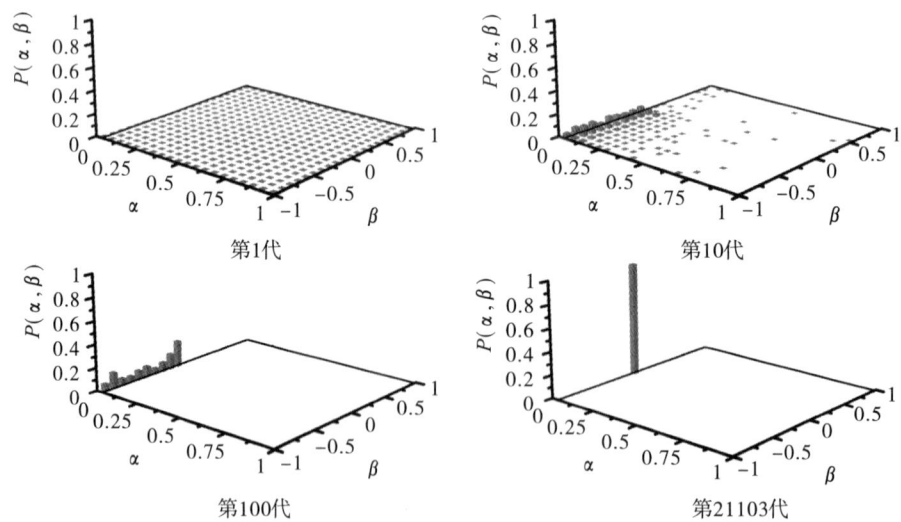

图 11-11 基于规则环状网络的群体中情感类型占比的迭代演化

2) 小世界特性的影响

大量现有文献表明,真实的社交网络具有既不规则也不随机的拓扑结构。许多现实世界网络具有较短的平均路径长度和较大的聚类系数特征,即小世界特性。

为了分析小世界特性对演化结果的影响,基于 Watts 和 Strogatz 提出的小世界网络的构造方法,本章构建一个人工小世界网络,基本步骤如下:在由 10000 个节点组成的环状网络中,每个节点首先连接 8 个最近的邻居节点,然后以均匀、独立的概率 p 随机地重新连接网络中原有的每一条边,即保留原边的一个端点,另一个端点在网络其他节点中随机选择,但规定不可以自连和重边。其中 $p=0$ 对应完全的规则网络,$p=1$ 对应完全的随机网络。通过调整 p 的值,可以实现从规则网络到随机网络的过渡。p 值越大,网络平均路径长度越小,小世界特性越明显。

不同 p 值下的稳态情感类型如图 11-12 所示。提议者分配水平 $\bar{\alpha}$ 随着 p 的增大而减小。值得一提的是,从图 11-10 可以看出,当 $k<8$ 时,节点度(k)对演化结果没有影响。因此,我们可以得出稳态情感类型的改变主要是由小世界性质导致的结论。从图 11-12 可以看出,当 $p=0.05$ 时,$E_{8,9}$($\alpha\in[0.4, 0.45)$,$\beta\in[-0.1,0)$)是稳态时唯一生存的情感类型。当 $p=0.2$ 时,小世界特性更加明显,$E_{4,9}$($\alpha\in[0.2,0.25)$,$\beta\in[-0.1,0)$)是最终存活下来的情感类型。另外,展现适度善良特征的个体($\beta<0$,$\beta\to0$)在所有情况下都占据生存优势。这表明,善良性可以增强个体在群体中的竞争力。

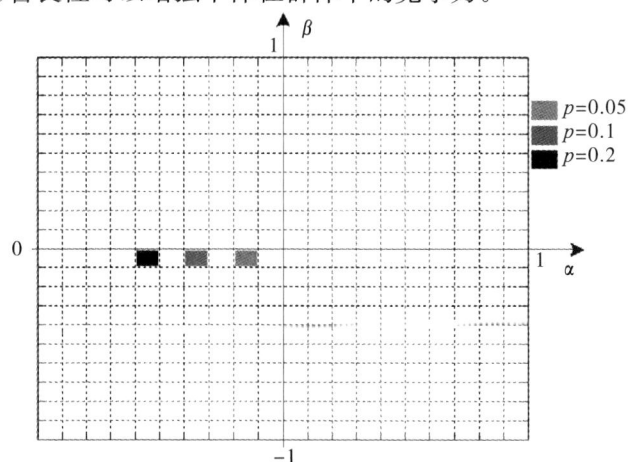

图 11-12 不同 p 值下的稳态情感类型(后附彩图)

注:$p=0.05$ 时,$E_{8,9}$ 幸存,$\alpha\in[0.4, 0.45)$,$\beta\in[-0.1, 0)$;
$p=0.1$ 时,$E_{6,9}$ 幸存,$\alpha\in[0.3, 0.35)$,$\beta\in[-0.1, 0)$;
$p=0.2$ 时,$E_{4,9}$ 幸存,$\alpha\in[0.2, 0.25)$,$\beta\in[-0.1, 0)$。

以 $p=0.2$ 为例,考查情感类型的分布占比随时间的演变情况,结果如图 11-13 所示。总体来说,演化过程与图 11-11 类似,稳态时的情感类型对应 $\alpha\in[0.2,0.25)$ 和 $\beta\in[-0.1,0)$。

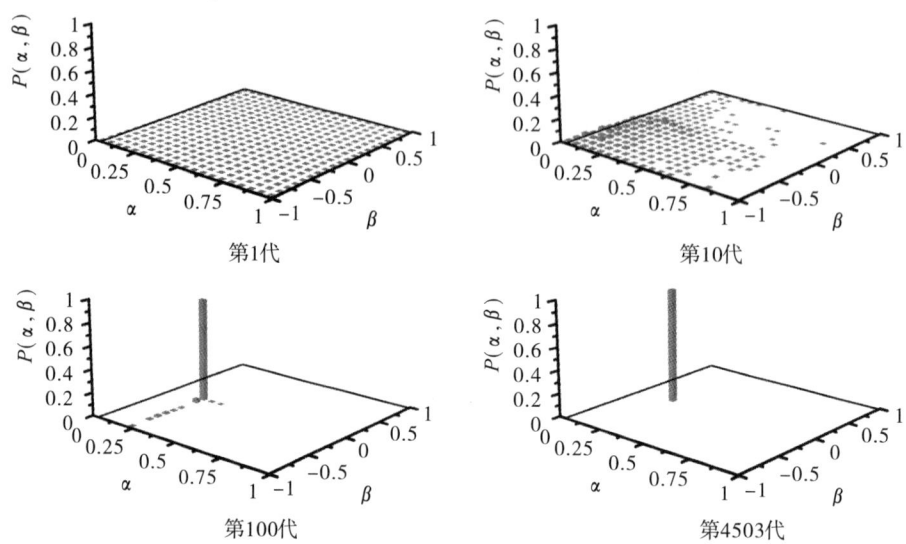

图 11-13 基于小世界网络的群体中情感类型占比的迭代演化

3) 网络度分布异质性的影响

复杂网络的许多独特性质是由其异质性造成的。不同的网络之间有比较明显的拓扑差异。对于二维格子网络,每个节点的度相同;而 BA 无标度网络的度分布具有幂律特征,意味着少数节点的连边非常多,而大多数节点的连边非常少。这些少数节点的存在是异构网络最突出的特征之一,使异构网络表现出很多独特的性质。为了分析网络度分布异质性对演化结果的影响,本章采用以下两种方法。

方法一 为了反映从二维格子网络到随机网络的渐进变化过程,基于二维格子网络,采用如下重连机制来生成随机网络:①生成一个初始的二维格子网络。②随机选择一个节点 E,然后从该节点的邻居节点中随机选择一个节点 F,断开节点 E 和 F 之间的连接。③在网络中随机选择两个节点 G 和 H,然后随机地在 E 和 G 或 F 和 H 之间建立新的连接。④重复步骤②和③ L 次。此时,随机重连的次数 L 是度分布异质性的控制指标。随着 L 的增大,网络的随机性相应增强。网络的节点度分布也从 δ 分布渐进地过渡到泊

第 11 章　基于最后通牒博弈模型的情感演化仿真分析

松分布,但网络中节点度的平均值一直保持为 4。

不同 L 值下的稳态情感类型如图 11-14 所示。随着 L 的增大,网络的异质性增强。异质性很弱或没有异质性的网络(二维格子网络,$L=0$)会最终演化出较为公平的结果($\alpha \to 0.5$),但是更强的异质性导致更多"理性"的结果(α 变小)。在随机网络中($L=20000$),情感类型 $E_{5,9}$($\alpha \in [0.25, 0.3)$,$\beta \in [-0.1, 0)$)成为唯一幸存的类型,其分配水平与行为实验的结果比较吻合。此外,以适度善良为特征的个体($\beta < 0$,$\beta \to 0$)在所有情况下都优于其他个体。

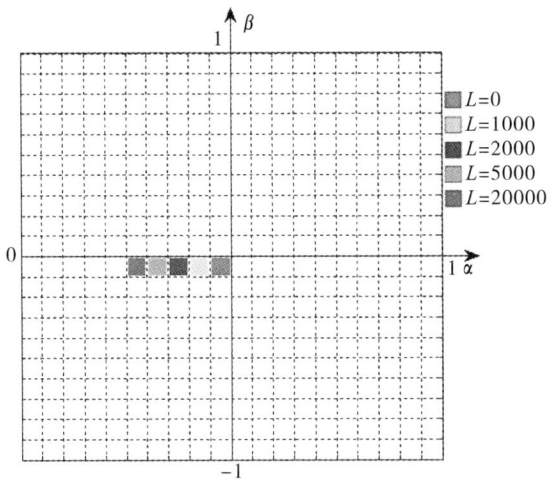

图 11-14　不同 L 值下的稳态情感类型(后附彩图)

注:$L=0$ 时,$E_{9,9}$ 幸存,$\alpha \in [0.45, 0.5)$,$\beta \in [-0.1, 0)$。

$L=1000$ 时,$E_{8,9}$ 幸存,$\alpha \in [0.4, 0.45)$,$\beta \in [-0.1, 0)$。

$L=2000$ 时,$E_{7,9}$ 幸存,$\alpha \in [0.35, 0.4)$,$\beta \in [-0.1, 0)$。

$L=5000$ 时,$E_{6,9}$ 幸存,$\alpha \in [0.3, 0.35)$,$\beta \in [-0.1, 0)$。

$L=20000$ 时,$E_{5,9}$ 幸存,$\alpha \in [0.25, 0.3)$,$\beta \in [-0.1, 0)$。

方法二　为了反映从随机网络到 BA 无标度网络的渐进变化过程,采用如下算法来构造网络:①增长。初始网络由 N 个节点组成,其中 m_0 个节点完全连通,构成集合 J_2,另有 $N-m_0$ 个孤立节点构成集合 J_1。每次从集合 J_1 中选择一个新节点,与其他节点建立 m 条连边。②选择连接。在上述选择出的新节点与其他 $N-1$ 个节点间以概率 q 随机建立连边(需要避免重复连边),以 $1-q$ 的概率遵循线性优先增长策略[类似式(3-2)的机制,即 J_2 中度越大的节点被连接的概率越大]连接集合 J_2 中的节点,共建立 m 条连边。连接完成后,将该节点从 J_1 中删除并添加到 J_2 中。③参数控制。在 $N-m_0$ 步之后,通过控制参数 $q\in[0,1]$ 可以生成一系列网络,其中 $q=0$ 对应 BA 无标度网络,$q=1$ 对应随机网络。参数 q 是度分布不均匀性的控制指标。随着 q 值的减小,节点度分布由泊松分布渐变为幂律分布。

如图 11-15 所示为 BA 无标度网络($q=0$)的情感类型分布随时间的演变情况。结果表明,$E_{4,9}(\alpha\in[0.2,0.25),\beta\in[-0.1,0])$ 是唯一幸存的类型。与图 11-14 中 $L=20000$ 的结果对比,可知 BA 无标度网络的分配水平低于随机网络。

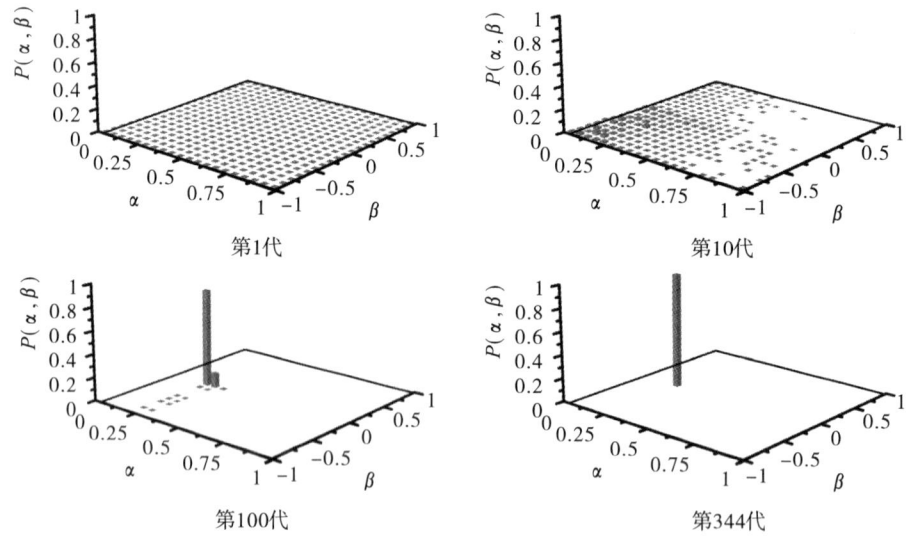

图 11-15　基于 BA 无标度网络的群体中情感类型占比的迭代演化

11.4　结果分析

本章建立了考虑净收益的最后通牒博弈模型,基于代际进化仿真方法,研究了均匀混合有限种群的情感演化;采用蒙特卡洛迭代方法,研究了基于二维格子网络的有限种群的情感演化,分析了复杂网络的拓扑特征——节点度、小世界特性和网络度分布异质性对情感演化的影响。

在由 10000 个节点组成的环状规则网络中,每个节点与最近的 k 个邻居节点相连,分配水平随着 k 的增加而降低。现实网络的小世界特性和无标度特性深刻地影响着网络中的个体,进而影响着他们的情感和行为。在小世界网络中,演化结果与行为实验的分配水平结果一致,这似乎也验证了现实社会网络的小世界特性。为了分析度分布的异质性对演化结果的影响,本章采用了两种网络异质性的构造方法:从二维格子网络到随机网络的渐进变化构造和从随机网络到BA无标度网络的渐进变化构造。结果表明,异质网络的分配水平(公平性)低于同质网络。

与传统的最后通牒博弈相比,本章网络模型的演化结果不仅体现了公平性,而且体现了善意。适度善良的个体($\beta \in [-0.1,0]$)在所有情况下都优于其他个体,表明个体的适度善良促进了种群的进化。网络结构对善良水平的演化没有影响,表明适度的善良($\beta<0,\beta\to 0$)适用于任何社会群体和组织。

一个群体中出现的公平和善良如何避免因"搭便车者"(背叛者)的出现而消亡呢?一旦一个合作的系统开始累积净收益(群体层面),净收益就会变成一种可以被背叛者利用的"公共物品"。也就是说,既然所有物种特有的社会行为模式都被认为是基于遗传和进化的,那么它们如何抵御突然入侵的背叛者呢?对于本章模型而言,在不同的网络拓扑结构下,稳态系统中都只有一种情感存在,即$E_{i,9}$。其中,$i\in[4,9]$,i的值随网络结构的变化而变化。我们可以证明,一个稳定的系统可以防止背叛者的突然入侵。这里以情感类型为$E_{0,10}$的背叛者入侵稳态系统(情感类型为$E_{i,9}$)为例,当$E_{0,10}$的个体($\alpha \in [0,0.05]$和$\beta \in [0,0.1]$)在稳态系统中遇到情感类型为$E_{i,9}$的个体,背叛者在与其所有邻居(情感类型均为$E_{i,9}$)的每次循环交互博弈中获得的平均收益为$\frac{0.05i}{2}$,而$E_{i,9}$个体在与其所有邻居(除此$E_{0,10}$个体外,其他邻居均为$E_{i,9}$)的每次循环交互博弈中获得的平均收益为$\frac{1}{2}-\frac{0.05i}{2k}$($k$是节点度,即邻居数目)。由于$\frac{0.05i}{2}<\frac{1}{2}-\frac{0.05i}{2k}$,因此,背叛者缺乏获得进化优势的途径。

基于最后通牒博弈模型的情感演化过程和结果验证了"成人为己,成己达人"的哲理。从中可以获得以下启示:

①慷慨有度。慷慨意味着帮助他人,需要面对内心的挣扎,并不以忽略自己为代价。慷慨一旦超过阈值,他人就会由心存感激转化成理所当然,不仅会纵容索取,引发"破窗效应",还会让自己面临更多压力而不堪重负。

②不要贪婪。控制贪欲是自然界生物的生存智慧,因为只有这样才能长久。例如,阿玛多刺蚁会定期有组织地对蜂群的蜂蛹和蜂蜜进行"洗劫",但不会赶尽杀绝,"洗劫"一次后,未来一段时间都不会再去。合作的稳定要求维持长期关系,而贪婪破坏关系的持续性和合作的稳定性。"假如我和别人合作,拿七分合理,拿八分也可以,那我只拿六分",这才是合作之道。

③不要吝啬。"轻财足以聚人",分享会让你的成功之路充满拥护者。有这样一个农夫,他的玉米品种每年都获得极好的收成,而他也总是将自己的优良种子毫不吝啬地赠给其他农友。有人问他为什么这么大方,他说:"我对别人好,其实是为自己好。风吹着花粉四处飞散,如果邻家播种的是次等的种子,在传粉的过程中自然会影响我的玉米质量。所以,我很乐意农友们都播种优良品种。"合作的产生和发展离不开分享、示好(如首先伸出橄榄枝)和回报等行为,而驱动这些行为的关键是不吝啬。

④适度善良。与人相处,彼此谦让会受益,彼此攀比只能受损。古代有一个卖肉的屠夫,为了多赚钱请秤店把十六两的秤做成十五两,并用这杆少一两的秤做起了生意。生意居然很红火。他带上礼品去酬谢秤店的掌柜,掌柜却说:"你要谢谢你的妻子。她在你走后就过来找我,要我做一杆多一两的秤换掉那杆黑心秤,把十七两当成十六两用。"屠夫听后恍然大悟,惭愧不已。人际交往是互惠互利的。在利益得失上少一点斤斤计较,多一些知足常乐,对实现合作共赢至关重要。

参考文献

[1] WANG L, YE S-Q, JONES M C, et al. The evolutionary analysis of the ultimatum game based on the net-profit decision [J]. Physica A: Statistical Mechanics and its Applications, 2015, 430: 32—38.

[2] YE S-Q, WANG L, JONES M C, et al. Effect of network topology on the evolutionary ultimatum game based on the net-profit decision [J]. The European Physical Journal B, 2016, 89(4): 93.

策 略
兼济天下 vs 独善其身

情感是道德信念、原则性和精神力量的核心和血肉。没有情感,道德就会变成枯燥无味的空话,只会培养出伪君子。

——苏霍姆林斯基

《帕夫雷什中学》

善人者人亦善之。

——管仲

《管子·霸形》

大丈夫所守者道,所待者时。时之来也,为云龙,为风鹏,勃然突然,陈力以出;时之不来也,为雾豹,为冥鸿,寂兮寥兮,奉身而退。进退出处,何往而不自得哉!故仆志在兼济,行在独善,奉而始终之则为道,言而发明之则为诗。

——白居易

《与元九书》

第 12 章　基于善者策略的多人重复囚徒困境博弈

扫码查看本章彩图

由于博弈模型刻画的合作竞争机制普遍存在于自然生态系统和社会系统中,因此利用博弈论分析生物行为策略,为达尔文的自然选择过程提供数理基础是非常重要的研究方向,其中囚徒困境模型是使用最广泛的分析合作行为产生的载体。群体动态囚徒困境博弈的研究结果表明,当博弈次数趋于无限时,群体合作可自发产生,揭示了自私个体构成的系统中合作产生的可能性。

12.1　演化策略

在多人重复囚徒困境博弈模型中,个体策略具有多样性和动态演化性的特征。为找到重复囚徒困境博弈中的最佳策略,著名行为分析及博弈论专家罗伯特·阿克塞尔罗德(Robert Axelrod)邀请众多专家提交策略和相应的计算机程序,参加博弈对局较量。他在全球范围内分两次征集了 78 种策略,其中大部分策略都具有动态演化能力,如一报还一报(TFT)策略、唐宁(Downing)策略、检验者(tester)策略、镇定者(tranquilizer)策略、弗里德曼(Friedman)策略和哈林顿(Harrington)策略等。

TFT 策略在两次计算机对局竞赛中都取得了排名第一的成绩。Axelrod 通过分析一小群采用 TFT 策略的个体的初始成活性,揭示合作在没有集权的自私的世界中产生和进化的过程,指出回报(奖励合作和惩罚背叛的能力都要具备)和足够重要的未来影响(重复博弈)是合作涌现、发展和繁荣的两个关键前提。但 TFT 策略在应对噪声(偶然失误)方面存在脆弱性:当两个采取 TFT 策略的局中人相遇时,一次偶然的失误就会使双方陷入背叛、合作交替的死循环中。

针对 TFT 策略应对噪声影响的不足,人们提出了更为慷慨的 GTFT(generous TFT,随机对对手的背叛行为进行报复)策略和更为宽容的两报还一报(tit for two tats,对手背叛两次才报复)策略以及 WSLS(赢则坚守,输则改变)策略。虽然 WSLS 策略具有纠正偶然错误和剥削无条件合作者(all cooperation,简称 ALLC 纯策略)的特点,但采取 WSLS 策略的个体受无条件背叛者(all defection,简称 ALLD 纯策略)剥削,所以 WSLS 策略无法像 TFT 策略那样在自私的群体中取得初始成活性和生存优势。因此,目前认为 TFT 策略是合作产生的"催化剂",WSLS 策略是合作发展的"稳定器"。

12.2 善者策略

吸血蝠之间的"借血"是它们进化出的一种食物共享行为。吸血蝠一旦连续两天没有吸到血,就有极大可能饿死。此时,唯有其他已经吃饱的蝙蝠吐血相助,才能拯救饥肠辘辘的蝙蝠。愿意吐血相助的蝙蝠,一般只会选择"亲友"施助。这种帮助有来有往,自私自利的蝙蝠很难"借"到血。一旦"借血"成为群体中的一种高频率行为,乐善好施和广结善缘就成了吸血蝠的重要生存法则。[1]

《菜根谭》中说:"天贤一人,以诲众人之愚,而世反逞所长,以形人之短;天富一人,以济众人之困,而世反挟所有,以凌人之贫。真天之戮民哉!"不管是因为命运眷顾还是因为努力,获得聪明和财富后应该怀有恻隐之心,懂得用优势来扶贫济困和教化众人。但真正善良的人应该是聪慧通透的,在向他人施以援手之时能保护好自己,不被善意挟持,不被道德绑架,不被人性背叛。

亚当·斯密在《道德情操论》中将美德分为审慎(利己)、合宜(克己)和慈善(利他),其中克己的目的是使情感受适当的治理与引导,合宜有度,从而促进整体的繁荣。基于"顺境时善待他人,逆境时善待自己"的精神模因和处世之道,本章提出一种"穷争富合"(poor-competition-rich-cooperation,PCRC,穷则竞争,富则合作)的善者策略。

12.3 策略间重复博弈

(1)7 种策略

策略是局中人的行动规则,决定局中人在进行囚徒困境博弈时采取何种行为(合作或背叛)。根据 Axelrod 两次计算机竞赛中各个策略的对局表现,

第 12 章 基于善者策略的多人重复囚徒困境博弈

本章选择了 6 种具有代表性的策略：ALLC 和 ALLD 为纯策略；random 策略代表群体中的随机者；Friedman 策略代表群体中的惩罚者；TFT 策略和 WSLS 策略是被广泛认可的成功的动态策略，代表群体中灵活的变通者。另外，加上本章提出的 PCRC 策略（也是一种动态策略），一共有 7 种策略类型，其定义分别如下：

① 一直合作策略（ALLC）：不考虑自身与对方的对局历史和自身的收益状态，始终采取合作行为。

② 一直背叛策略（ALLD）：不考虑自身与对方的对局历史和自身的收益状态，始终采取背叛行为。

③ 随机策略（random）：每次以 0.5 的概率随机采取合作或背叛行为。

④ 决不饶恕策略（Friedman）：只要对方出现一次背叛自己的历史，就永远对其采取背叛行为，否则一直合作下去。

⑤ 一报还一报策略（TFT）：自身在与所有局中人的首次对局中采取合作行为，然后根据对局历史在接下来的博弈中采取上次与对方博弈时对方的行为。如果对方上次与本方合作，则本方此次合作；如果对方上次对本方背叛，则本方此次也背叛。

⑥ 赢则坚守、输则改变策略（WSLS）：如果自身本次与某个局中人对局的收益大于某个期望水平（一般获得收益为 T 或 R），那么下一次与其对局时就保持这种行为方式不变；否则就切换为另一种行为方式。其中行为方式的可选集为｛合作，背叛｝。

⑦ 穷争富合策略（PCRC）：自身在与所有局中人的首次对局中采取合作行为，然后根据自身收益情况进行行为选择。自身收益大于或等于种群平均收益时合作，低于平均收益时背叛。

(2) 稳态平均收益

在囚徒困境博弈中，局中人博弈对局的收益 u 设定为：如果双方互相合作，则收益均为 R；如果互相背叛，则收益均为 J；如果一方合作而另一方背叛，则合作的一方收益为 F，背叛的一方收益为 T。其中，$T>R>J>F,R>\frac{F+T}{2}$。

表 12-1 为上述 7 种策略之间两两重复博弈时的稳态平均收益。

表 12-1 策略间重复博弈时的稳态平均收益

	ALLC	ALLD	random	Friedman	TFT	WSLS	PCRC
ALLC	(R,R)	(F,T)	$\left(\dfrac{R+F}{2},\dfrac{R+T}{2}\right)$	(R,R)	(R,R)	$\left(\dfrac{R+F}{2},\dfrac{R+T}{2}\right)$	(R,R)
ALLD	(T,F)	(J,J)	$\left(\dfrac{T+J}{2},\dfrac{F+J}{2}\right)$	(J,J)	(J,J)	$\left(\dfrac{T+J}{2},\dfrac{F+J}{2}\right)$	(J,J)
random	$\left(\dfrac{R+T}{2},\dfrac{R+F}{2}\right)$	$\left(\dfrac{F+J}{2},\dfrac{T+J}{2}\right)$	$\left(\dfrac{F+R+T+J}{4},\dfrac{F+R+T+J}{4}\right)$	(J,J)	$\left(\dfrac{F+R+T+J}{4},\dfrac{F+R+T+J}{4}\right)$	$\left(\dfrac{F+R+T+J}{4},\dfrac{F+R+T+J}{4}\right)$	$\left(\dfrac{F+R+T+J}{4},\dfrac{F+R+T+J}{4}\right)$
Friedman	(R,R)	(J,J)	(J,J)	(R,R)	(R,R)	$\left(\dfrac{2R+T+J}{4},\dfrac{F+2R+J}{4}\right)$	(R,R)
TFT	(R,R)	(J,J)	$\left(\dfrac{F+R+T+J}{4},\dfrac{F+R+T+J}{4}\right)$	(R,R)	(R,R)	$\left(\dfrac{F+3R+T+J}{6},\dfrac{F+3R+T+J}{6}\right)$	(R,R)
WSLS	$\left(\dfrac{R+T}{2},\dfrac{R+F}{2}\right)$	$\left(\dfrac{F+J}{2},\dfrac{T+J}{2}\right)$	$\left(\dfrac{F+R+T+J}{4},\dfrac{F+R+T+J}{4}\right)$	$\left(\dfrac{F+2R+J}{4},\dfrac{2R+T+J}{4}\right)$	$\left(\dfrac{F+3R+T+J}{6},\dfrac{F+3R+T+J}{6}\right)$	(R,R)	$\left(\dfrac{F+3R+T+J}{6},\dfrac{F+3R+T+J}{6}\right)$
PCRC	(R,R)	(J,J)	$\left(\dfrac{F+R+T+J}{4},\dfrac{F+R+T+J}{4}\right)$	(R,R)	(R,R)	$\left(\dfrac{F+3R+T+J}{6},\dfrac{F+3R+T+J}{6}\right)$	(R,R)
均值	$\dfrac{5R+2F}{7}$	$\dfrac{2T+5J}{7}$	$\dfrac{3T+3R+5J+3F}{14}$	$\dfrac{T+18R+9J}{28}$	$\dfrac{5T+57R+17J+5F}{84}$	$\dfrac{13T+39R+16J+16F}{84}$	$\dfrac{5T+57R+17J+5F}{84}$

注：采用行策略的博弈方收益在前。

下面以 WSLS 策略和 PCRC 策略的对局为例,说明收益计算方法。WSLS 策略的初始行为选择有 2 种,分别为合作和背叛,概率均为 0.5。PCRC 策略的初始行为选择为合作。这 2 种策略的对局会出现以下 2 种情况:

①当 WSLS 策略的初始行为选择为合作时,根据 2 种策略的行为规则,两者将一直合作下去,因此两者均一直获得回报 R。

②当 WSLS 策略的初始行为选择为背叛时,根据 2 种策略的行为规则,WSLS 策略和 PCRC 策略的对局演化情况为(背叛,合作),(背叛,背叛),(合作,背叛),(背叛,合作),(背叛,背叛),(合作,背叛)……以三轮为一个周期循环下去,三轮的收益分别为$(T,F),(J,J),(F,T)$。

由于这两种情况出现的概率均为 0.5,因此 WSLS 策略的平均收益为 $0.5R+\dfrac{0.5(T+J+F)}{3}$,PCRC 策略的平均收益为 $0.5R+\dfrac{0.5(F+J+T)}{3}$。

从表 12-1 中可以看出,PCRC 策略与 TFT 策略的收益相等。当 PCRC 策略与 7 种策略中的任一策略对决时,2 种策略的收益相等,说明采取 7 种策略中任一策略的个体都无法占得采取 PCRC 策略个体的便宜。表 12-1 中最后一行的均值为对应列的策略对 7 种行策略平均收益的均值。若取 $R=1$,$J=0.1$,$F=0$,$T=bR$(b 称为诱惑系数,即背叛成功相较于合作成功的收益比,$b>1$ 体现背叛的诱惑),则 $1<b<2$ 时 PCRC 策略与 TFT 策略的收益均值在 7 种策略中最大。

12.4 多人重复博弈

(1) 计算说明

针对多人重复囚徒困境博弈问题,作出如下假设:①局中人规模为 N,局中人共有 7 种策略,策略集记为 $Q=\{q_k,1\leqslant k\leqslant 7\}$。策略 q_k 以频度权重 w_k 出现在局中人集合中,权重集对应为 $W=\{w_k,1\leqslant k\leqslant 7\}$。每个局中人的策略都根据 w_k 采用轮盘赌法随机设定,之后不再改变。本章对策略权重进行设定,将策略分布设置为种群均匀型、种群偏好合作型、种群偏好背叛型。3 种分布下的 7 种策略权重取值见表 12-2。②每次博弈对局在两个个体之间进行,每次对局随机选择 i 和 j 两个局中人进行囚徒困境博弈。③对局收益是所有局中人的共有信息集。④局中人能够识别对手并保留与其对局的记忆。[2]

表 12-2 策略权重取值

策略简称	权重	均匀分布	偏好合作	偏好背叛
TFT	w_1	0.15	0.2	0.1
WSLS	w_2	0.15	0.2	0.1
PCRC	w_3	0.15	0.2	0.2
ALLC	w_4	0.15	0.15	0.15
ALLD	w_5	0.15	0.05	0.2
random	w_6	0.15	0.05	0.15
Friedman	w_7	0.1	0.15	0.1

局中人规模 N 取 5000，个体的初始收益均为 0，游戏收益参数设置为 $R=1, J=0.1, F=0, T=bR, b$ 为诱惑系数，$1<b<2$。博弈进程为 4000 次迭代，每次迭代包括 100000 个回合，每回合随机选取两个个体进行博弈。采用不同随机数（计算机生成）重复玩 100 次游戏，以 100 次游戏结果的平均值作图。[3]

由于个体不完全理性，信息不透明，因此谬误无法避免[4]：一是由于信息的传递机制或局中人的认知机制出现故障，错误地辨识了对方的行为；二是由于存在"颤抖的手"，局中人无法正确控制自身的行为。Axelrod 在他的计算机对局竞赛中分析了噪声的影响：当噪声为 0.01 时（错误发生的概率为 0.01，即局中人本来应采取的行为方式存在 0.01 的突变概率，原先合作的将转化为背叛，原先背叛的将转化为合作），TFT 仍然为最优策略；当噪声增大到 0.1 时，TFT 的收益排名大幅下降。本章将噪声设置为 0~0.1，对各策略的平均收益情况进行比较和分析。各策略每次迭代的平均收益定义如下：

$$\overline{U}_k = \frac{\sum_{l=1}^{N_k} U_k(l)}{N_k}, k=1,2,\cdots,7。 \quad (12\text{-}1)$$

式中 N_k 为所有采取第 q_k 种策略的局中人在一次迭代中的总博弈回合数，$U_k(l)$ 为采取第 q_k 种策略的局中人在一次迭代中的第 l 个博弈回合的收益。

(2) 策略平均收益

图 12-1、图 12-2 和图 12-3 分别为 3 种分布（均匀分布、偏好合作分布、偏好背叛分布）下的策略平均收益随博弈进程变化情况。从中可以看出，各种

策略的平均收益一般在博弈迭代2000次后趋于稳定。

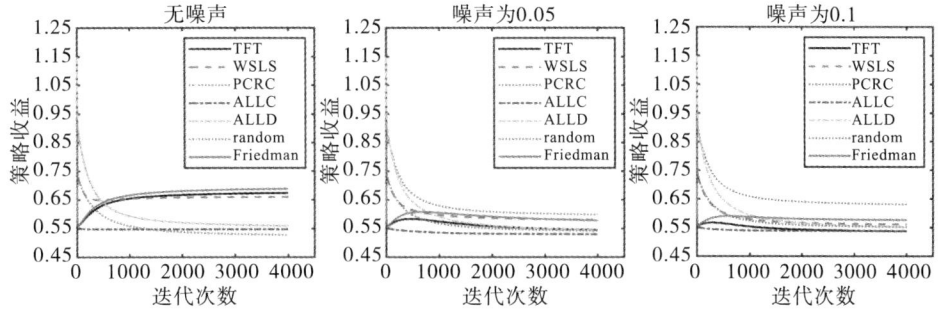

图12-1 均匀分布下的策略平均收益随博弈进程变化情况（后附彩图）

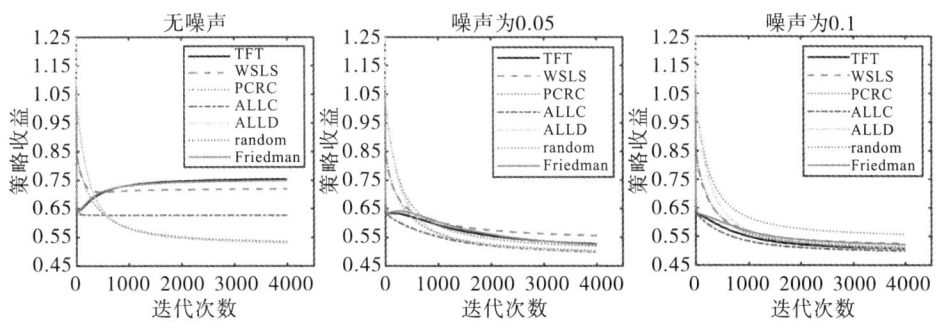

图12-2 偏好合作分布下的策略平均收益随博弈进程变化情况（后附彩图）

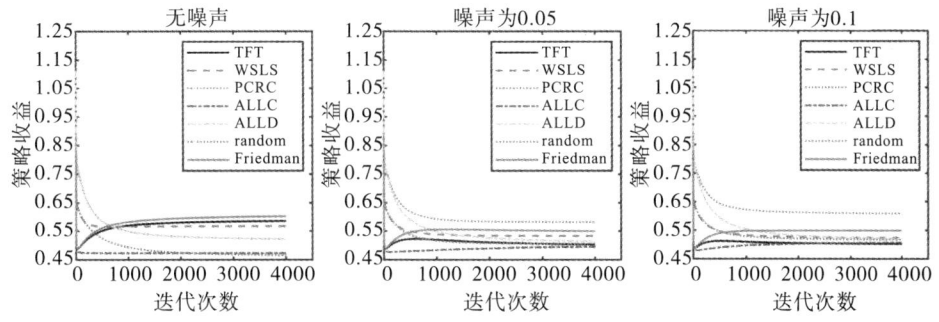

图12-3 偏好背叛分布下的策略平均收益随博弈进程变化情况（后附彩图）

(3) 考虑噪声的平均收益

图12-4、图12-5和图12-6分别为3种分布（均匀分布、偏好合作分布、偏好背叛分布）下7种策略的平均收益随噪声变化情况。从中可以看出，PCRC策略具有以下特征：

① PCRC策略具有足够强的鲁棒性。随着噪声的增大，PCRC策略的收

益基本呈单调上升趋势,说明该策略非常适合信息不透明或不完全的社会。

②诱惑系数 b 越大,PCRC 策略的优势越明显。如图 12-4 所示,$b=1.2$ 时,即使噪声为 0.1,PCRC 策略的收益也排在 WSLS 和 TFT 策略之后;当 $b=1.4$ 时,PCRC 策略在噪声为 0.07 时实现收益排名第一;当 $b=1.6$ 时,PCRC 策略在噪声为 0.04 时实现收益排名第一;当 $b=1.8$ 时,PCRC 策略在噪声为 0.02 时实现收益排名第一。这种情况在图 12-5 和图 12-6 中同样存在。

③种群策略分布越偏好背叛,PCRC 策略的优势越明显。对比图 12-4、图 12-5 和图 12-6,以 $b=1.6$ 时为例,PCRC 策略分别在噪声为 0.04(均匀分布)、0.08(偏好合作)和 0.03(偏好背叛)时实现收益排名的超越。这种情况在诱惑系数取其他值时同样存在。

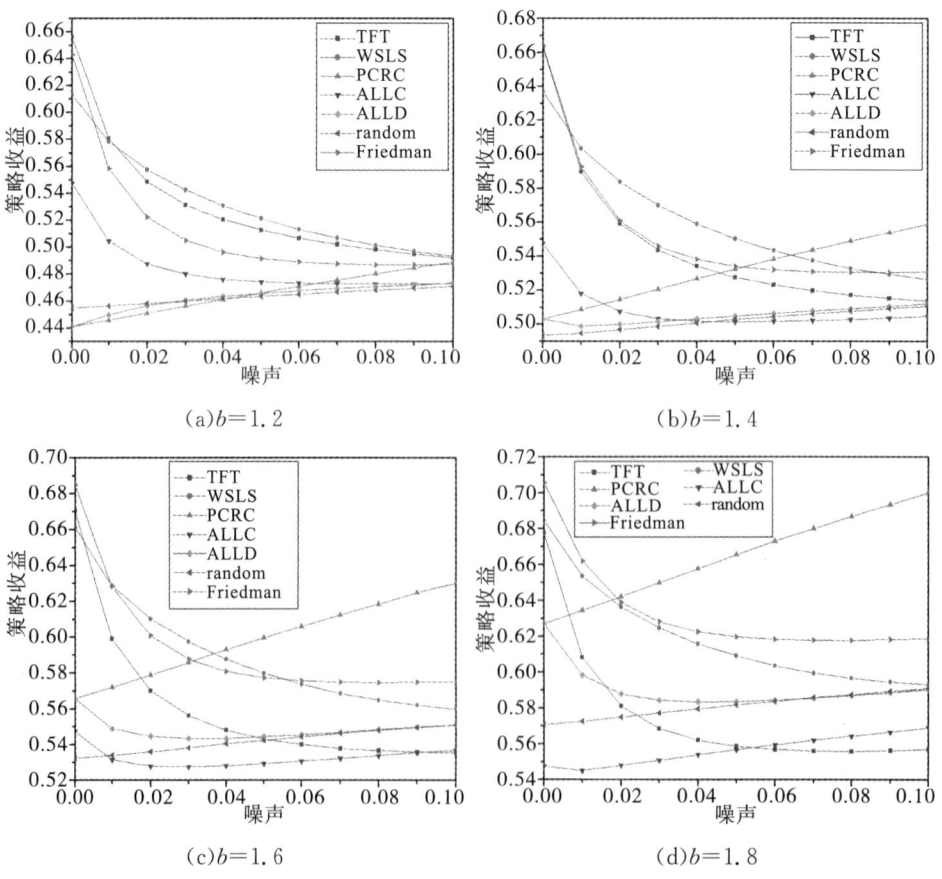

图 12-4 均匀分布下的策略平均收益随噪声变化情况(后附彩图)

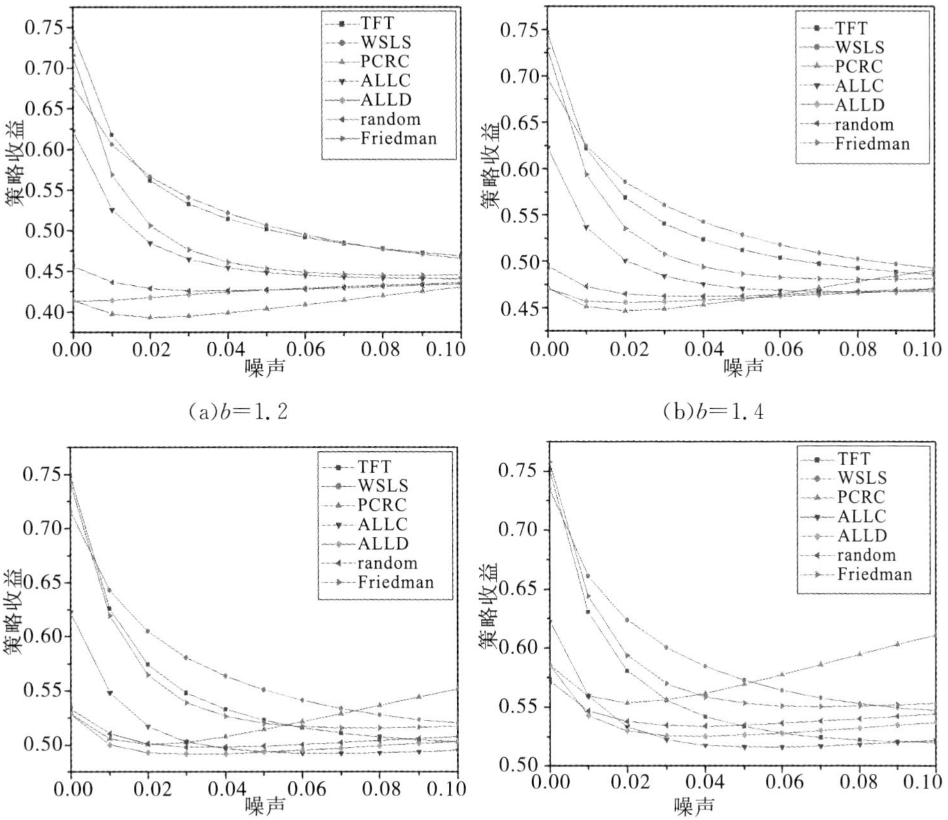

第 12 章 基于善者策略的多人重复囚徒困境博弈

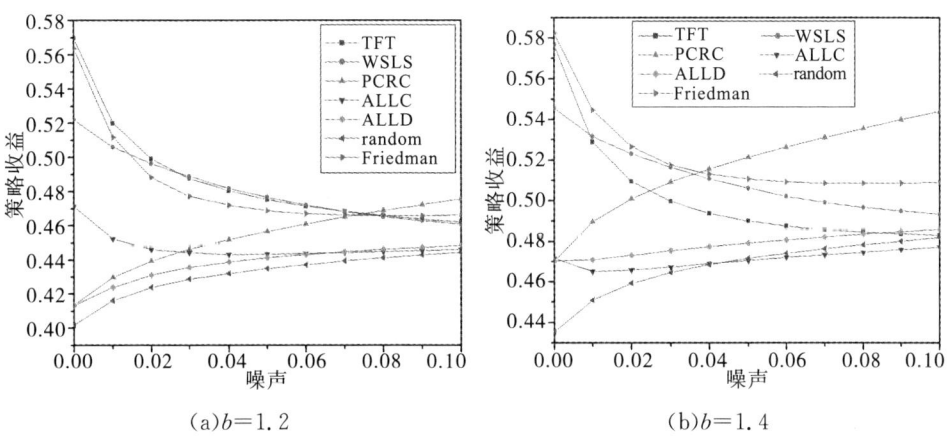

图 12-5 偏好合作分布下的策略平均收益随噪声变化情况（后附彩图）

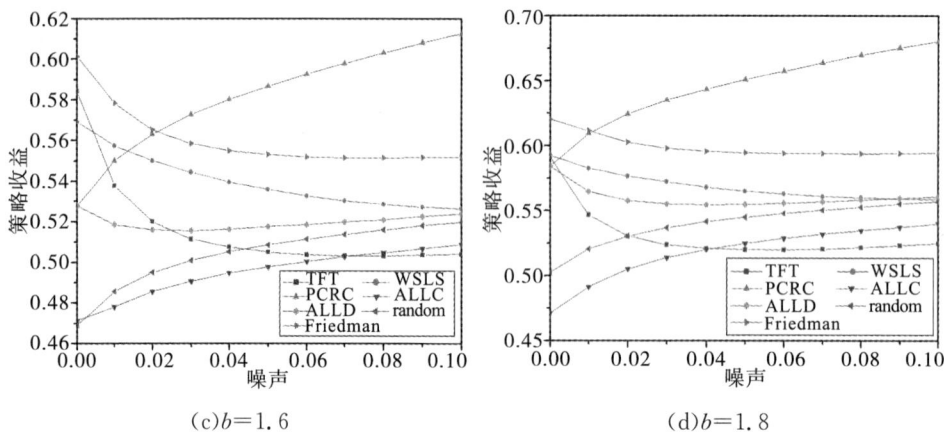

(c) $b=1.6$ (d) $b=1.8$

图 12-6 偏好背叛分布下的策略平均收益随噪声变化情况(后附彩图)

另外,考虑策略的记忆性,可将其分为有记忆型和无记忆型两类。本章所列的 7 种策略中 TFT、WSLS 和 Friedman 策略属于记忆型策略,PCRC、ALLC、ALLD 和 random 策略则属于无记忆型策略。由于记忆型策略依赖信息,而噪声可使信息产生谬误,因此噪声增大可导致此类策略的收益下降。从图 12-4~图 12-6 可以看出,噪声对记忆型策略存在不利影响,随着噪声的增大,TFT、WSLS 和 Friedman 策略的收益有较明显的下降趋势。噪声对无记忆型策略的影响大体为中性。随着噪声的增大,PCRC 策略收益呈上升趋势。

(4)进一步分析

虽然 PCRC 策略无须个体具备识别对方和记忆双方上个回合行为的能力,但 PCRC 策略要求个体在作出合作或背叛的行为选择时,以种群平均收益作为行为决策的依据。由于种群平均收益随着博弈进程而变化,因此对认知和信息收集的要求高。为了排除认知和信息收集对 PCRC 策略的影响,我们用固定值来代替变化的种群平均收益进行进一步分析。

由于群体中任何个体的对局收益情况不外乎 4 种(T,J,F 和 R),因此 $\frac{T+J+F+R}{4}$ 可用于表示广义的群体平均值,作为固定值取代 PCRC 策略中动态变化的种群平均收益。仿真计算结果如图 12-7~图 12-9 所示。从中可看出,种群平均收益取固定值 $\frac{T+J+F+R}{4}$ 时的结果与之前分析所得的结论基本一致,即噪声越大,诱惑系数 b 越大,种群策略分布越偏好背叛,PCRC 策略的优势越明显。只是在种群平均收益取固定值 $\frac{T+J+F+R}{4}$ 时,PCRC 策略的优势效应呈现一定的滞后性,需要在更大的噪声、更大的诱惑系数和更偏好背叛的分布下才能实现收益排名第一。

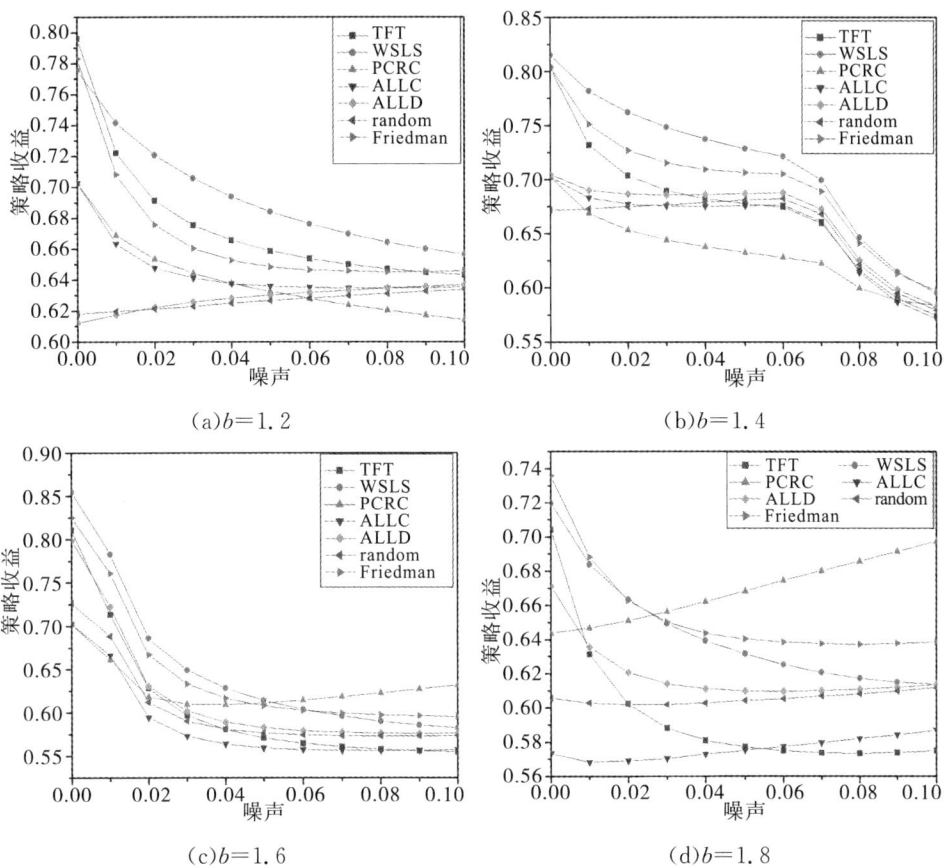

图 12-7 均匀分布下的策略平均收益随噪声变化情况(基于固定值)(后附彩图)

(a)b=1.2

(b)b=1.4

(c)b=1.6

(d)b=1.8

图 12-8 偏好合作分布下的策略平均收益随噪声变化情况(基于固定值)(后附彩图)

(a)b=1.2

(b)b=1.4

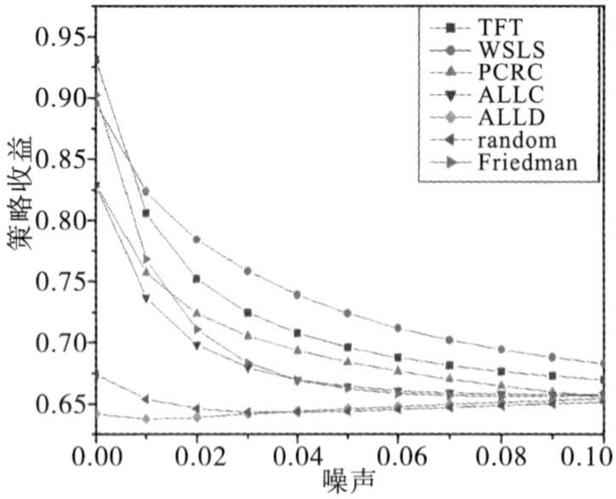

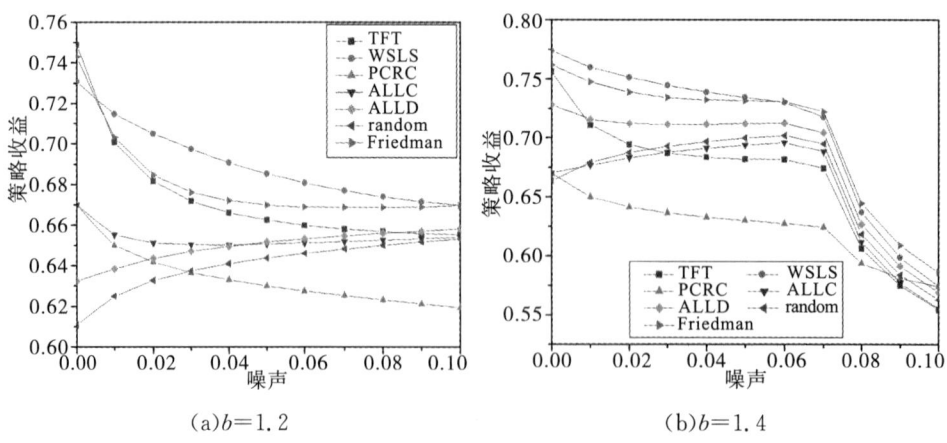

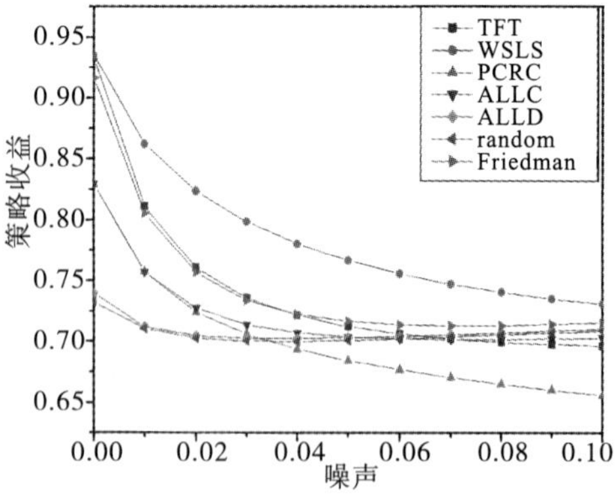

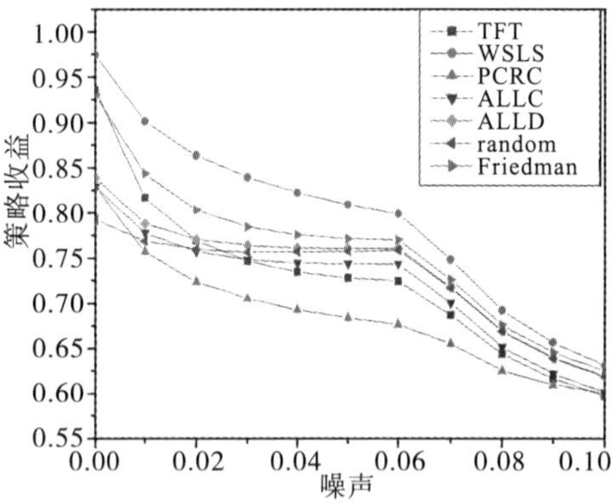

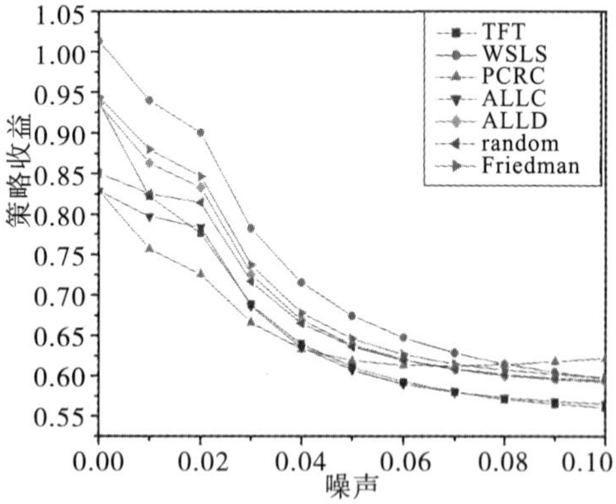

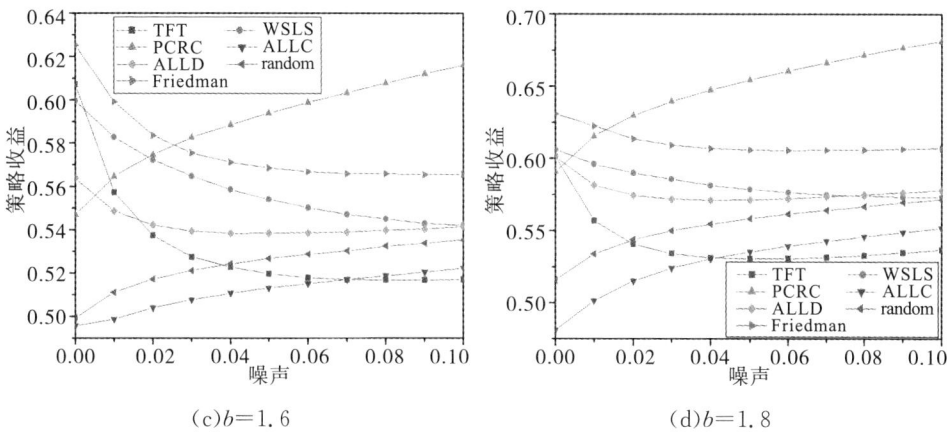

(c) $b=1.6$ (d) $b=1.8$

图 12-9 偏好背叛分布下的策略平均收益随噪声变化情况(基于固定值)(后附彩图)

12.5 结果分析

本章提出一种"穷争富合"(PCRC)的善者策略,令其与 TFT 策略、WSLS 策略、ALLC 策略、ALLD 策略、Friedman 策略和 random 策略进行混合博弈。结果显示,PCRC 策略具有足够强的鲁棒性,其收益随着噪声的增大基本呈单调上升趋势,并且诱惑系数 b 越大,种群策略分布越偏好背叛,PCRC 策略的优势越明显。

本章提出的 PCRC 策略具有以下优点:①自主性,即根据自身收益情况自主决定行为方式,不必根据对方的行为行事。由于个体无须具备识别对方和记忆双方上轮行为的能力,因此抗噪能力强。②应激性,即下一轮根据本轮自身收益情况迅速作出行为选择。③友善性,即当自身收益不小于种群平均收益时采取合作行为。④清晰性,策略演化规则简单清晰,足以媲美 TFT 策略和 WSLS 策略。

由于现实社会系统具有多样性(群体中存在多种策略类型)和复杂性(个体之间交往频繁且信息不完全透明),因此,在现实的社会系统中,PCRC 策略可能是一个成功的策略。首先,PCRC 策略是友善的,初次交往采取合作行为,且只要自己的收益不低于社会或者群体平均水平(可以是一个固定值)就合作。这是一种"自律的善"。康德认为,从他律的善达到自律的善,是唯一的道德的善。其次,PCRC 策略体现了因时制宜、因物制宜、因事制宜、因地制宜的"中庸之道",其面对恶劣环境表现出足够的生存优势,即噪声越大(信息不透明、谬误率高),诱惑系数越大(社会奖惩机制对背叛者有利),种群策略分布越偏好背叛(社会中"坏人"多),其优势越明显。最后,其决策是完全主动的,且为基于种群水平的行为选择,并不考虑交往个体的历史表现和收益情况。在一定程度上,PCRC策略可视为群体的一种平衡器和稳定器。正如亚里士多德所说,德性就是中间性,中庸是最高的善和极端的美。

PCRC策略体现了"人人相善其群"的公德观、"人我互惠"的责任观和个体"身心互滋"的健康观。PCRC策略促进社会合作行为的涌现、发展和繁荣,体现了文化模因、个体基因的协同进化机制,其进化路径可能是这样的:当面对一个恶劣的社会环境时,PCRC策略的初始存活性与生存稳定性使采取该策略的个体取得生存优势;同时,群体中的其他个体通过"文化学习"模仿成功的PCRC策略,从而实现合作的发展和繁荣;当采取PCRC策略的个体逐渐占主导后,其友善性和稳定群体的能力又能够引导社会向高效型发展,并最终形成"文化模因"(个人的生存策略升华为群体的处世之"道")。《知言》中有云:"穷则独善其身,达则兼善天下者,大贤之分也。达则兼善天下,穷则兼善万世者,圣人之分也。"圣人就是通过建立文化模因影响千秋万代的。

▌参考文献

[1] CARTER G G, FARINE D R, CRISP R J, et al. Development of new food-sharing relationships in vampire bats [J]. Current Biology, 2020, 30(7):1275－1279.

[2] 张四海,徐敏,王煦法. n人随机重复博弈下的策略选择研究[J]. 中国科学技术大学学报,2006,36(11):1171－1176.

[3] XIE N, YE Y, BAO W, et al. A new type of evolutionary strategy based on a multiplayer iterated prisoner's dilemma game [J]. Journal of Systems Science and Information, 2020,8(1):67－81.

[4] 张路,王浣尘,陈忠. 合作进化的研究进展[J]. 上海交通大学学报,1999,33(10):1322－1328.

第13章　考虑君子参与的三策略复制动态演化博弈

扫码查看本章彩图

考虑志愿者参与的囚徒困境博弈模型(VPDG)为演化博弈开辟了一个新的领域。在博弈模型中引入志愿者(L策略),系统将出现3种策略(C、D和L)循环主导的局面,可以避免群体陷入相互背叛的困境。目前,关于VPDG模型的研究主要集中在参数选择、策略更新规则、空间结构选取和不同进化动力学下博弈的演化分析等方面。

由于VPDG模型中志愿者对应的L策略是一种纯策略,没有充分发挥参与意愿的多样性和动态性。为解决这一问题,本章根据"穷则独善其身,达则兼济天下"的修身治世哲学,提出一种君子策略(gentleman,简称G),并参照VPDG模型,建立考虑君子参与的囚徒困境博弈模型(prisoner's dilemma game with gentleman participation,GPDG)。

13.1　君子策略

当采取君子策略的博弈方收益不低于群体平均收益时,选择参与博弈并采取合作策略(C,达则兼济天下);低于群体平均收益时,选择不参与博弈的孤独策略(L,穷则独善其身)。

研究发现,君子策略在植物身上得到完美体现。贝隆达·L.蒙哥马利在《植物教会我们的事》一书中指出,植物有形成相互依赖的能力(类似合作),但在联系可能具有破坏性的时候,也有避免相互依赖的能力(类似孤独)。当植物产生的糖分超过自身需求时,它们可以通过相互联系的根茎-真菌网络分享糖分。当光线或营养物之类的环境支持不足,通过光合作用制得的糖分只够维持自身生长时,植物可以限制其与伴生真菌交换物质的种类,同时避免形成新的联系。这是一种物理疏远形式,可在植物只有有限能量供应时保证它们的自我供养能力。

13.2 考虑君子参与的囚徒困境博弈模型

采取君子策略的博弈方在初次博弈回合中等概率随机选择合作策略和孤独策略,在后面的博弈回合中策略动态演化:当收益不低于群体平均收益时,选择合作策略;当收益低于群体平均收益时,选择孤独策略。

(1)君子策略 vs 合作策略

当采取君子策略的博弈方与采取合作策略的博弈方进行重复博弈时,可以分以下两种情形进行讨论。

第一种情形为采取君子策略的博弈方在初次博弈回合中随机选择合作策略,双方在初次博弈回合中的收益均为合作的奖励 R。由于其收益等于群体平均收益,根据君子策略的演化规则,在后续回合中将一直采取合作策略。

第二种情形为采取君子策略的博弈方在初次博弈回合中随机选择孤独策略,双方在初次博弈回合中的收益均为不参与博弈的福利 σ。由于其收益等于群体平均收益,根据君子策略的演化规则,在后续回合中将一直采取合作策略。

综合以上两种情形,君子策略与合作策略对局时的稳态收益为 (R,R)。

(2)君子策略 vs 背叛策略

当采取君子策略的博弈方与采取背叛策略的博弈方进行重复博弈时,可以分以下两种情形进行讨论。

第一种情形为采取君子策略的博弈方在初次博弈回合中随机选择合作策略,双方在初次博弈回合中的收益分别为:持君子策略的博弈方获得收益为合作失败的代价 F,持背叛策略的博弈方获得收益为背叛成功的诱惑 T。由于 $T>F$,君子策略的收益小于群体平均收益,根据君子策略的演化规则,在后续回合中将一直采取不参与博弈的孤独策略。

第二种情形为采取君子策略的博弈方在初次博弈回合中随机选择孤独策略,双方在初次博弈回合中的收益均为不参与博弈的福利 σ。由于其收益等于群体平均收益,根据君子策略的演化规则,在第二个回合中将采取合作策略,后续的博弈进程与上述第一种情形一致。

综合以上两种情形,君子策略与背叛策略对局时的稳态收益为 (σ,σ)。

(3) 君子策略 vs 君子策略

当采取君子策略的博弈方与同样采取君子策略的博弈方进行重复博弈时,可以分以下三种情形进行讨论:

第一种情形为双方在初次博弈回合中均随机选择合作策略,收益均为合作的奖励 R。由于其收益等于群体平均收益,根据君子策略的演化规则,在后续回合中双方将一直采取合作策略。

第二种情形为双方在初次博弈回合中均随机选择孤独策略,收益均为不参与博弈的福利 σ。由于其收益等于群体平均收益,根据君子策略的演化规则,在后续回合中双方将一直采取合作策略。

第三种情形为初次博弈回合中一方随机选择孤独策略而另一方随机选择合作策略,则双方的收益均为不参与博弈的福利 σ。由于其收益等于群体平均收益,根据君子策略的演化规则,在后续回合中双方将一直采取合作策略。

综合以上三种情形,君子策略与君子策略对局时的稳态收益为 (R,R)。

(4) 博弈收益矩阵

根据上述分析,GPDG 模型的收益矩阵见表 13-1(博弈方 1 的收益在前)。[1] 本章博弈收益参数取值: $0<\sigma\leqslant 1, R=1, J=F=0, T=b(1<b<2)$。

表 13-1 GPDG 模型博弈收益表

		博弈方 2		
		合作(C)	背叛(D)	君子(G)
博弈方 1	合作(C)	R/R	F/T	R/R
	背叛(D)	T/F	J/J	σ/σ
	君子(G)	R/R	σ/σ	R/R

13.3 复制动态方程

将群体设定为均匀混合的无限种群,假设种群中采取合作策略(C)、背叛策略(D)和君子策略(G)的比例分别为 $x, y, (1-x-y)$,则三种策略的平均收益分别为

$$\begin{cases} g_C = Rx + Fy + R(1-x-y) = 1-y, \\ g_D = Tx + Jy + \sigma(1-x-y) = (b-\sigma)x - \sigma y + \sigma, \\ g_G = Rx + \sigma y + R(1-x-y) = 1 + (\sigma-1)y, \end{cases} \quad (13\text{-}1)$$

种群平均收益为
$$\bar{g} = x \cdot g_C + y \cdot g_D + (1-x-y) \cdot g_G, \tag{13-2}$$
系统复制动态方程为
$$\begin{cases} \dot{x} = x(g_C - \bar{g}) = x[(g_G - g_C)(x-1) + (g_G - g_D)y], \\ \dot{y} = y(g_D - \bar{g}) = y[(g_G - g_D)(y-1) + (g_G - g_C)x]_\circ \end{cases} \tag{13-3}$$

13.4 平衡点

式(13-3)可视为两项相乘而得,即
$$\begin{cases} \dot{x} = x(g_C - \bar{g}) = x[(g_G - g_C)(x-1) + (g_G - g_D)y] = M_2 \cdot N_2, \\ \dot{y} = y(g_D - \bar{g}) = y[(g_G - g_D)(y-1) + (g_G - g_C)x] = E_2 \cdot Q_2_\circ \end{cases}$$
若要同时满足
$$\begin{cases} \dot{x} = 0, \\ \dot{y} = 0, \end{cases}$$
则(M_2, E_2),(M_2, Q_2),(N_2, E_2)或(N_2, Q_2)中的两个元素同时为零。下面对四种不同组合进行分类讨论。

(1) (M_2, E_2)组合

$M_2 = E_2 = 0$,即
$$\begin{cases} x = 0, \\ y = 0, \end{cases}$$
可直接得到第一个平衡点$(0, 0, 1)$。

(2) (M_2, Q_2)组合

$M_2 = Q_2 = 0$,即
$$\begin{cases} x = 0, \\ (g_G - g_D)(y-1) + (g_G - g_C)x = 0_\circ \end{cases}$$
此时,还须再分两种情况讨论:

①若$g_G \neq g_D$,则必有$y = 1$,于是可得第二个平衡点$(0, 1, 0)$。

②若$g_G = g_D$,根据式(13-1)可得$y = \dfrac{\sigma - 1}{2\sigma - 1}$,不满足$0 \leqslant y \leqslant 1$的条件。

(3) (N_2, E_2) 组合

$N_2 = E_2 = 0$，即

$$\begin{cases} (g_G - g_C)(x-1) + (g_G - g_D)y = 0, \\ y = 0. \end{cases}$$

此时，还须再分两种情况讨论：

① 若 $g_G \neq g_C$，则 $x = 1$，可得第三个平衡点 $(1, 0, 0)$。

② 若 $g_G = g_C$，根据式(13-1)可得第四个平衡点 $(x, 0, 1-x)$。

(4) (N_2, Q_2) 组合

$N_2 = Q_2 = 0$，即

$$\begin{cases} (g_G - g_C)(x-1) + (g_G - g_D)y = 0, \\ (g_G - g_D)(y-1) + (g_G - g_C)x = 0. \end{cases}$$

两式相减得 $g_C = g_D$，将 $g_C = g_D$ 代入后得

$$\begin{cases} (g_G - g_C)(x + y - 1) = 0, \\ (g_G - g_D)(x + y - 1) = 0. \end{cases}$$

此时，有 $g_G = g_D = g_C$，根据式(13-1)可得

$$\begin{cases} (b - \sigma)x = 1 - \sigma, \\ y = 0, \end{cases}$$

于是可得第五个平衡点 $\left(\dfrac{1-\sigma}{b-\sigma}, 0, \dfrac{b-1}{b-\sigma}\right)$。

13.5 稳定性

针对形如式(13-3)的非线性方程，主要采用近似线性方法判断其平衡点的稳定性：首先在平衡点处对非线性方程作 Taylor 展开，取一次项得到近似线性方程，然后获取该线性方程的系数矩阵(Jacobi 矩阵)，最后计算 Jacobi 矩阵的秩 $\det(J)$ 和迹 $\text{tr}(J)$，结合表 4-2 判断平衡点的稳定性。经过计算推导，式(13-3)对应的 Jacobi 矩阵为

$$\begin{bmatrix} J_{11} & J_{12} \\ J_{21} & J_{22} \end{bmatrix}。 \tag{13-4}$$

式中：

$J_{11} = (2\sigma-1)y^2 - (2b-4\sigma)xy + (1-2\sigma)y;$

$J_{12} = (4\sigma-2)xy - (b-2\sigma)x^2 + (1-2\sigma)x;$

$J_{21} = -(b-2\sigma)y^2 + (b-\sigma)y;$

$J_{22} = (6\sigma-3)y^2 - (2b-4\sigma)xy + (b-\sigma)x + (4-6\sigma)y + (\sigma-1).$

①平衡点$(0,0,1)$对应的Jacobi矩阵为

$$\begin{bmatrix} 0 & 0 \\ 0 & \sigma-1 \end{bmatrix},$$

$\det(J)=0$，$\mathrm{tr}(J)=\sigma-1\leqslant 0$，对应表4-2中第六种类型，为鞍点。

②平衡点$(0,1,0)$对应的Jacobi矩阵为

$$\begin{bmatrix} 0 & 0 \\ \sigma & \sigma \end{bmatrix},$$

$\det(J)=0$，$\mathrm{tr}(J)=\sigma>0$，对应表4-2中第五种类型，为不稳定点。

③平衡点$(1,0,0)$对应的Jacobi矩阵为

$$\begin{bmatrix} 0 & 1-b \\ 0 & b-1 \end{bmatrix},$$

$\det(J)=0$，$\mathrm{tr}(J)=b-1>0$，对应表4-2中第五种类型，为不稳定点。

④平衡点$(x,0,1-x)$对应的Jacobi矩阵为

$$\begin{bmatrix} 0 & (1-2\sigma)x-(b-2\sigma)x^2 \\ 0 & (b-\sigma)x+\sigma-1 \end{bmatrix},$$

$\det(J)=0$，$\mathrm{tr}(J)=(b-\sigma)x+\sigma-1$，分以下两种情形讨论：

$x\leqslant\dfrac{1-\sigma}{b-\sigma}$时，$\mathrm{tr}(J)\leqslant 0$，对应表4-2中第六种类型，为鞍点。

$x>\dfrac{1-\sigma}{b-\sigma}$时，$\mathrm{tr}(J)>0$，对应表4-2中第五种类型，为不稳定点。

⑤平衡点$\left(\dfrac{1-\sigma}{b-\sigma},0,\dfrac{b-1}{b-\sigma}\right)$对应的Jacobi矩阵为

$$\begin{bmatrix} 0 & \dfrac{(b\sigma-\sigma)(\sigma-1)}{(b-\sigma)^2} \\ 0 & 0 \end{bmatrix},$$

$\det(J)=0$，$\mathrm{tr}(J)=0$，对应表4-2中第六种类型，为鞍点。

13.6 复制动态的平面相图

为了进行比较,图 13-1 与图 13-2 分别给出了 VPDG 模型[2]和 GPDG 模型在复制动态下的平面演化相图,参数 b 取 $1.2,1.5,1.8$,参数 σ 取 $0.2,0.4,0.6$。其中:ALLC 表示平衡点 $(1,0,0)$,即群体中均为合作者;ALLD 表示平衡点 $(0,1,0)$,即群体中均为背叛者;在 VPDG 模型中,ALLL 表示平衡点 $(0,0,1)$,即群体中均为采取孤独策略的志愿者;在 GPDG 模型中,ALLG 表示平衡点 $(0,0,1)$,即群体中均为君子。图中箭头代表演化方向,颜色代表演化速率,从蓝色到红色代表演化速率加快。

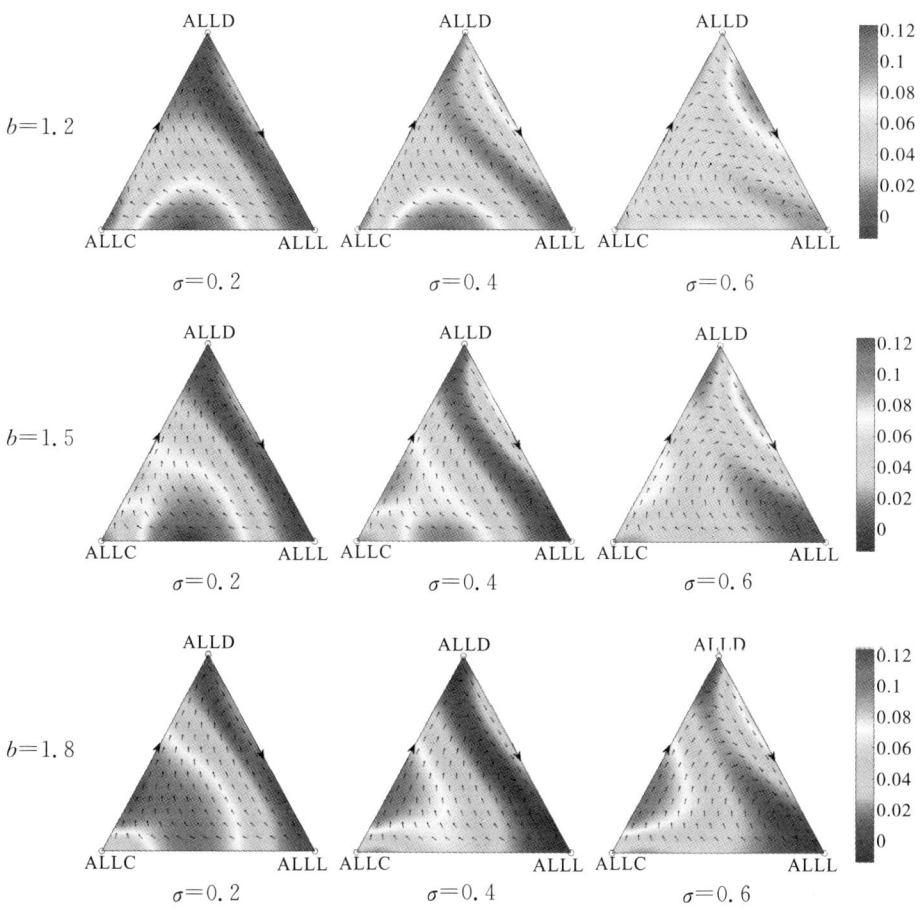

图 13-1 复制动态的平面演化相图(VPDG 模型)(后附彩图)

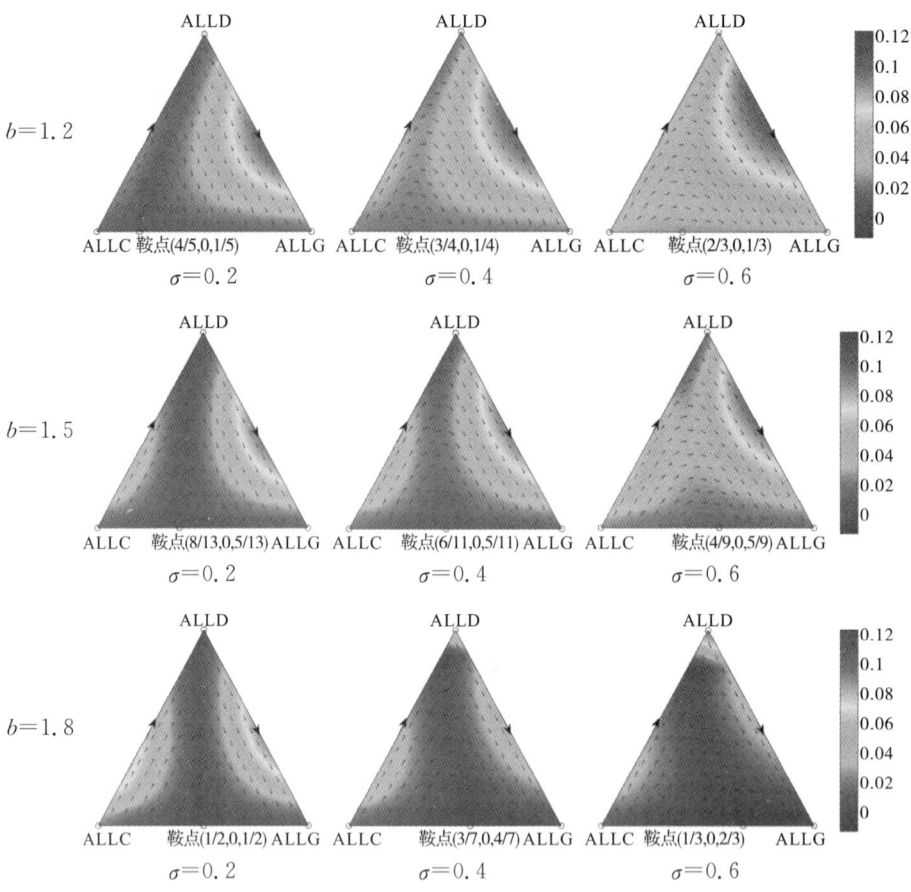

图 13-2　复制动态的平面演化相图(GPDG 模型)(后附彩图)

13.7　结果分析

在 VPDG 模型中(图 13-1),ALLC(1,0,0),ALLD(0,1,0)和 ALLL(0,0,1)均为不稳定点,系统演化显示出三态(ALLC、ALLD 和 ALLL)循环和三策略(C、D 和 L)共存的特征。

在 GPDG 模型中(图 13-2):①不论 b 和 σ 取何值,系统演化的整体趋势基本一致。ALLC(1,0,0)和 ALLD(0,1,0)均为不稳定点,演化方向显示系统趋向 ALLG(0,0,1)和鞍点 $\left(\frac{1-\sigma}{b-\sigma},0,\frac{b-1}{b-\sigma}\right)$ 之间的连线区域,这与图 13-1 的演化相图明显不同。②随着 b 的增大,系统的整体演化速率降低,即当背叛的诱惑值增大时,群体演化稍显"滞涩犹豫"。

基于本章的计算结果,可以发现:

①在博弈模型中引入君子(君子策略具有多样性和动态性特征),系统演化最终趋向 ALLG$(0,0,1)$和鞍点$\left(\dfrac{1-\sigma}{b-\sigma},0,\dfrac{b-1}{b-\sigma}\right)$之间的区域,其对应的群体中的个体或为合作者,或为君子,不存在背叛者,系统出现君子占主导或君子和合作者共同占主导的局面,因此系统的演化终态是良性的。君子的引入不仅可以使群体摆脱相互背叛的困境,而且可以达到相互合作的演化均衡。

②背叛的诱惑b对群体达到相互合作的演化进程和终态区域存在影响,虽然过程曲折[b增大,演化速率变慢,ALLG 和鞍点$\left(\dfrac{1-\sigma}{b-\sigma},0,\dfrac{b-1}{b-\sigma}\right)$之间的区域变小],但演化前景光明(群体合作概率为100%)。

▮参考文献

[1] 谢能刚,詹光杰. 考虑"君子"参与的三策略博弈模型 Smith 动态演化分析[J]. 信息与电脑(理论版),2021,33(19):93-97.

[2] YU Q,CHEN R,WEN X. Evolutionary voluntary prisoner's dilemma game under deterministic and stochastic dynamics[J]. Entropy,2015,17(4):1660-1672.

第 14 章　考虑君子参与的三策略随机演化博弈

扫码查看本章彩图

本章将基于 Moran 过程,针对 GPDG 博弈模型(博弈收益见表 13-1,取值与第 13 章一致)进行随机动力学分析,取 $N=5$,理论推导 3×3 对称群体演化博弈的吸收概率和扎根概率,分析各策略的演化趋势和占优条件,研究博弈收益参数和自然选择强度对群体合作水平和平均收益的影响。

14.1　基于 Moran 过程的随机动力学分析

(1)适应度计算

假设种群大小为 N 的均匀混合有限种群中存在 3 种博弈个体,其中采用合作策略(C)的个体数为 $i(0\leqslant i\leqslant N)$,采用背叛策略(D)的个体数为 $j(0\leqslant j\leqslant N)$,采用君子策略的个体数为 $(N-i-j)$。在不考虑自我博弈且博弈两两随机进行的条件下,采取 C 策略、D 策略和 G 策略的博弈平均收益分别为

$$\begin{cases} G_C(i,j)=\dfrac{(i-1)R+jF+(N-i-j)R}{N-1}=\dfrac{N-j-1}{N-1}, \\ G_D(i,j)=\dfrac{iT+(j-1)J+(N-i-j)\sigma}{N-1}=\dfrac{(b-\sigma)i+(N-j)\sigma}{N-1}, \\ G_G(i,j)=\dfrac{iR+j\sigma+(N-i-j-1)R}{N-1}=\dfrac{N+(\sigma-1)j-1}{N-1}。 \end{cases} \quad (14\text{-}1)$$

若考虑自然选择的影响,则采取 C 策略、D 策略和 G 策略的适应度分别为

$$\begin{cases} f_{i,j}=1-\omega+\omega G_C(i,j)=1-\omega\dfrac{j}{N-1}(1\leqslant i\leqslant N), \\ g_{i,j}=1-\omega+\omega G_D(i,j)=1-\omega\dfrac{(1-\sigma)N-(b-\sigma)i+\sigma j-1}{N-1}(1\leqslant j\leqslant N), \\ h_{i,j}=1-\omega+\omega G_G(i,j)=1-\omega\dfrac{(1-\sigma)j}{N-1}(1\leqslant N-i-j\leqslant N)。 \end{cases} \quad (14\text{-}2)$$

式中:$\omega\in[0,1]$ 为自然选择强度,反映适应度对博弈收益的依赖程度;$f_{i,j}$ 为 C 策略个体的适应度,当 C 策略个体数 $i=0$ 时,$f_{0,j}=0$;$g_{i,j}$ 为 D 策略个体的

适应度,当 D 策略个体数 $j=0$ 时,$g_{i,0}=0$;$h_{i,j}$ 为 G 策略个体的适应度,当 G 策略个体数 $N-i-j=0$ 时,$h_{i,j}=0$。

(2)转移概率计算

基于 Moran 过程的有限种群的演化动态表现为:在每一个时间步,根据个体适应度选择产生一个后代,繁殖的后代取代种群中随机选择的一个个体,种群中个体总数保持不变。下面,我们采用 Markov 链来描述系统状态的变化动态。假设系统初始状态为 (i,j),则系统每一个时间步的演化有以下 2 种情况:

1)C 策略的个体数量 i 增加(减少)一个

如果在系统的一个时间步内选择增加(减少)一个 C 策略个体,则必然会导致 D 策略和 G 策略个体其中之一相应地减少或增加一个,对应以下 2 种情况:①如果选择减少(增加)一个 D 策略个体,则系统内 G 策略个体的数量 $N-i-j$ 将保持不变。②如果选择减少(增加)一个 G 策略个体,则系统内 D 策略个体数量 j 将保持不变。上述 2 种情况的状态转移概率分别对应式(14-3)、式(14-4)和式(14-5)、式(14-6)。

$$P_{i,i+1}^{j,j-1} = \frac{i f_{i,j}}{i f_{i,j} + j g_{i,j} + (N-i-j) h_{i,j}} \cdot \frac{j}{N}, \qquad (14\text{-}3)$$

$$P_{i,i-1}^{j,j+1} = \frac{j g_{i,j}}{i f_{i,j} + j g_{i,j} + (N-i-j) h_{i,j}} \cdot \frac{i}{N}, \qquad (14\text{-}4)$$

$$P_{i,i+1}^{j,j} = \frac{i f_{i,j}}{i f_{i,j} + j g_{i,j} + (N-i-j) h_{i,j}} \cdot \frac{N-i-j}{N}, \qquad (14\text{-}5)$$

$$P_{i,i-1}^{j,j} = \frac{(N-i-j) h_{i,j}}{i f_{i,j} + j g_{i,j} + (N-i-j) h_{i,j}} \cdot \frac{i}{N}。 \qquad (14\text{-}6)$$

2)C 策略的个体数量 i 保持不变

如果在系统的一个时间步内保持 C 策略的个体数量 i 不变,则必然会出现以下 3 种情况:①选择产生一个 D 策略个体,取代一个 G 策略个体。②选择产生一个 G 策略个体,取代一个 D 策略个体。③D 策略和 G 策略对应个体数量 j 和 $N-i-j$ 也保持不变,即此时系统状态保持不变。这 3 种情况的状态转移概率分别对应式(14-7)、式(14-8)和式(14-9)。

$$P_{i,i}^{j,j+1} = \frac{j g_{i,j}}{i f_{i,j} + j g_{i,j} + (N-i-j) h_{i,j}} \cdot \frac{N-i-j}{N}, \qquad (14\text{-}7)$$

$$P_{i,i}^{j,j-1} = \frac{(N-i-j)\,h_{i,j}}{i\,f_{i,j}+j\,g_{i,j}+(N-i-j)\,h_{i,j}} \cdot \frac{j}{N}, \qquad (14\text{-}8)$$

$$P_{i,i}^{j,j} = \frac{i^2 f_{i,j}+j^2 g_{i,j}+(N-i-j)^2 h_{i,j}}{i\,f_{i,j}+j\,g_{i,j}+(N-i-j)\,h_{i,j}} \cdot \frac{1}{N}\text{。} \qquad (14\text{-}9)$$

14.2 系统吸收态

(1) 系统状态描述

针对固定的群体规模 N，我们根据系统内各策略的个体数，以二维数组 (i,j) 来定义系统的状态，其中 $0 \leqslant i \leqslant N, 0 \leqslant j \leqslant N$ 且 $i+j \leqslant N$。

系统所有状态的编号规则：① 当 $i=0, j=0$ 时，状态序号为 0。② 当 $i=0, j \neq 0\,(1 \leqslant j \leqslant N)$ 时，状态序号为 j。③ 当 $i \neq 0\,(1 \leqslant i \leqslant N), 0 \leqslant j \leqslant N-1$ 时，状态序号为 $N+1+j+\sum_{2}^{i}(N-i+2)$。从 C 策略和 D 策略的个体数 i,j $(0 \leqslant i+j \leqslant N)$ 能组成的最小数开始，从小到大依次排序编号，系统状态集 S 中总的状态数为 $\frac{(N+1)(N+2)}{2}$。

(2) 转移概率矩阵

根据式(14-3)～式(14-9)解得所有状态之间的转移概率，然后结合系统状态编号规则得到对应的状态之间的转移概率，并依次填入矩阵，形成系统转移概率矩阵 P。

$$P = [p_{a,b}]_{a,b \in S}$$

$$= \begin{bmatrix} p_{0,0} & p_{0,1} & \cdots & p_{0,\frac{(N+1)(N+2)}{2}-1} \\ p_{1,0} & p_{1,1} & \cdots & p_{1,\frac{(N+1)(N+2)}{2}-1} \\ \vdots & \vdots & \vdots & \vdots \\ p_{\frac{(N+1)(N+2)}{2}-1,0} & p_{\frac{(N+1)(N+2)}{2}-1,1} & \cdots & p_{\frac{(N+1)(N+2)}{2}-1,\frac{(N+1)(N+2)}{2}-1} \end{bmatrix}\text{。}$$

矩阵中元素满足两个条件：① $p_{a,b} \geqslant 0, a,b \in S$。② $\sum_{b \in S} p_{a,b} = 1, a \in S$。

根据本书 5.5 节的定义 1 可得

$$\pi = \pi P\text{。} \qquad (14\text{-}10)$$

式中 $\pi = \{\pi_0, \pi_1, \cdots, \pi_{\frac{(N+1)(N+2)}{2}-1}\}$ 为平稳分布概率且 $\sum_{b \in S} \pi_b = 1$。

根据式(14-9),结合系统状态编号规则,可以得到

$$p_{0,0} = P_{0,0}^{0,0} = \frac{i^2 f_{i,j} + j^2 g_{i,j} + (N-i-j)^2 h_{i,j}}{i f_{i,j} + j g_{i,j} + (N-i-j) h_{i,j}} \cdot \frac{1}{N} = \frac{N^2 h_{i,j}}{N h_{i,j}} \cdot \frac{1}{N} = 1,$$

$$p_{N,N} = P_{0,0}^{N,N} = \frac{i^2 f_{i,j} + j^2 g_{i,j} + (N-i-j)^2 h_{i,j}}{i f_{i,j} + j g_{i,j} + (N-i-j) h_{i,j}} \cdot \frac{1}{N} = \frac{N^2 g_{i,j}}{N g_{i,j}} \cdot \frac{1}{N} = 1,$$

$$p^{\frac{(N+1)(N+2)}{2}-1, \frac{(N+1)(N+2)}{2}-1} = P_{N,N}^{0,0}$$

$$= \frac{i^2 f_{i,j} + j^2 g_{i,j} + (N-i-j)^2 h_{i,j}}{i f_{i,j} + j g_{i,j} + (N-i-j) h_{i,j}} \cdot \frac{1}{N} = \frac{N^2 f_{i,j}}{N f_{i,j}} \cdot \frac{1}{N} = 1。$$

由于 $p_{0,0}$,$p_{N,N}$,$p^{\frac{(N+1)(N+2)}{2}-1, \frac{(N+1)(N+2)}{2}-1}$ 的值为 1,因此,$S_0(i=0, j=0)$,$S_N(i=0, j=N)$ 和 $S_{\frac{(N+1)(N+2)}{2}-1}(i=N, j=0)$ 为系统的 3 个吸收态。当系统处于吸收态时,系统中所有 N 个个体都为同一种策略类型:吸收态 S_0 对应群体中所有个体均为 G 策略类型,吸收态 S_N 对应群体中所有个体均为 D 策略类型,吸收态 $S_{\frac{(N+1)(N+2)}{2}-1}$ 对应群体中所有个体均为 C 策略类型。

由于系统演化的稳态必然是上述 3 种吸收态之一,因此,在一个混合有限种群环境中,最初的 3 种策略类型中 2 种策略类型将会随着系统的演化而逐渐消亡,即有限种群中不存在策略类型共存现象。在有限种群中,无论最初种群中个体的策略类型如何分布,最终只有一种策略类型的个体可以在演化过程中得以生存。

14.3 吸收概率

下面取 $N=5$,对系统的策略演化动态进行分析。系统状态集为 $S=\{S_0, S_1, \cdots, S_{20}\}$,其中状态 $S_0(0,0,5)$、状态 $S_5(0,5,0)$ 和 $S_{20}(5,0,0)$ 为系统的 3 种吸收态。系统从任一初始状态出发,无论经过几步状态转移,最终都会被上述 3 种吸收态之一吸收,具体的演化路径如图 14-1 所示。

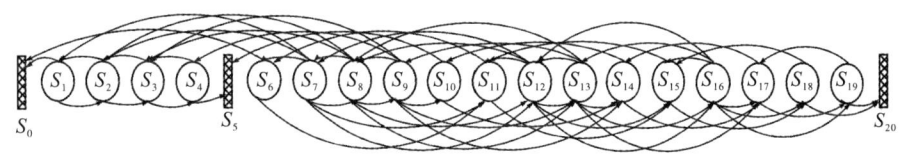

图 14-1 系统从任一初始状态出发的状态演化路径

注:图上部演化路径和箭头指向为从右至左,图下部演化路径和箭头指向为从左至右。

(1)转移概率自循环简化

将参数 b,σ,ω 代入本书 14.2 节的转移概率矩阵[根据式(14-3)至式(14-9)计算得到],可以得到所有 21 种初始状态经一步转移后所到达的状态及相应概率,见附录Ⅵ。初始状态(除吸收态外)的转移存在自循环现象,即系统状态通过转移到达自身状态。以 S_1 为例,定义

扫码查看附录Ⅵ

$$S_1 \to S_0, S_1 \to S_1 \to S_0, \cdots, \overbrace{S_1 \to S_1 \to S_1 \cdots \to S_1}^{n+1} \to S_0 \cdots$$

这个自循环过程为 $\overline{S_1 \to S_0}$,其相应概率为

$$\begin{aligned}
& p_{1,0} + p_{1,0}\, p_{1,1} + p_{1,0}\, p_{1,1}^2 + \cdots + p_{1,0}\, p_{1,1}^n + \cdots \\
& = p_{1,0} \lim_{n \to \infty} \frac{1 - p_{1,1}^n}{1 - p_{1,1}} = \frac{p_{1,0}}{1 - p_{1,1}}.
\end{aligned} \quad (14\text{-}11)$$

代入 $p_{1,0}$ 和 $p_{1,1}$ 可以得到 $\overline{S_1 \to S_0}$ 的概率为 $\dfrac{(\sigma-1)\omega+4}{(5\sigma-5)\omega+8}$。同理,可以得到其他状态自循环后的转移概率,见附录Ⅶ。

扫码查看附录Ⅶ

(2)2 种吸收态的情形

分析 $S_1,S_2,S_3,S_4,S_6,S_{10},S_{11},S_{14},S_{15},S_{17},S_{18},S_{19}$ 的转移路径后发现,这 12 种初始状态经过状态转移最终只能被 3 种吸收态中的 2 种吸收。其中:从初始状态 S_1,S_2,S_3,S_4 出发,经过状态转移,最终被 S_0 或 S_5 吸收;从初始状态 S_6,S_{11},S_{15},S_{18} 出发,经过状态转移,最终被 S_0 或 S_{20} 吸收;从初始状态 $S_{10},S_{14},S_{17},S_{19}$ 出发,经过状态转移,最终被 S_5 或 S_{20} 吸收。

具体的状态转移路径可分为 2 种:一种是从初始状态 $S_1,S_4,S_6,S_{10},S_{18},S_{19}$ 出发,经过三步转移后进入循环,最终被 2 种吸收态之一吸收;另一种是从初始状态 $S_2,S_3,S_{11},S_{14},S_{15},S_{17}$ 出发,经过两步转移后进入循环,最终被 2 种吸收态之一吸收。

下面分别以 S_1,S_2 为例,对其状态转移过程进行深入研究。

1)S_1 的状态转移过程

图 14-2 为从初始状态 S_1 出发的五步随机转移过程。从图 14-2 可以看出,从状态 S_1 出发,经过三步转移后只能到达 S_0,S_2,S_4,相应的到达概率分别为 $w_0 = k_{1,2} k_{2,1} k_{1,0}$,$w_1 = k_{1,2}(k_{2,1} k_{1,2} + k_{2,3} k_{3,2})$,$w_2 = k_{1,2} k_{2,3} k_{3,4}$。

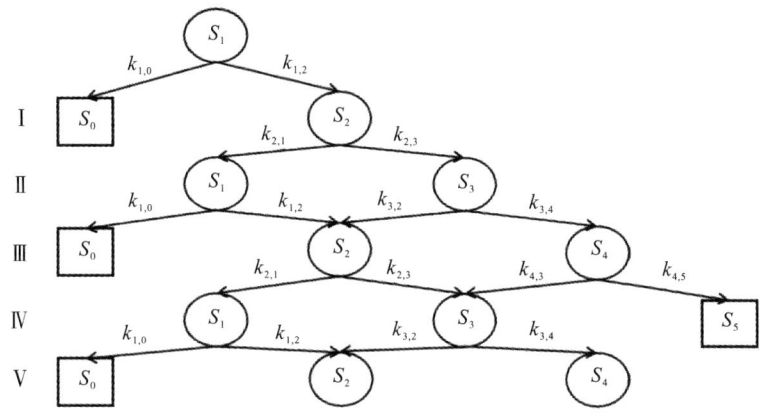

图 14-2　从初始状态S_1出发的五步随机转移过程

令 H 为状态S_2和S_4组成的状态集合，从状态S_1出发，经三步转移到达状态集 H 的概率为$k_{1,2}k_{2,1}k_{1,2}+k_{1,2}k_{2,3}k_{3,2}+k_{1,2}k_{2,3}k_{3,4}$。

根据图 14-2，从第三步的状态集 H 出发，再进行一步转移，能到达的状态有S_1,S_3,S_5，其中到达吸收态S_5的概率为$w_2 k_{4,5}$。然后从S_1,S_3状态出发，再进行一步随机转移，能到达的状态又只有S_0,S_2,S_4这 3 种状态，其中到达吸收态S_0的概率为$w_1 k_{2,1}k_{1,0}$。通过对转移状态的分析可以看出，状态集合 H 在五步及之后的状态转移过程中不断进行 $H\to(S_0,H)$ 循环。

定义 $H\to S_0, H\to H\to S_0,\cdots,H\to H\to H\to\cdots\to H\to S_0,\cdots$ 这个循环过程为$\overline{H}\to S_0$，其到达概率为

$$\begin{aligned}
&\{w_1 k_{2,1} k_{1,0}+w_1 k_{2,1} k_{1,0}[1-(w_1 k_{2,1} k_{1,0}+w_2 k_{4,5})]+\\
&\quad w_1 k_{2,1} k_{1,0}[1-(w_1 k_{2,1} k_{1,0}+w_2 k_{4,5})]^2+\cdots+\\
&\quad w_1 k_{2,1} k_{1,0}[1-(w_1 k_{2,1} k_{1,0}+w_2 k_{4,5})]^n+\cdots\}\cdot\\
&\quad [k_{1,2}(k_{2,1} k_{1,2}+k_{2,3} k_{3,2}+k_{2,3} k_{3,4})]\\
&=w_1 k_{2,1} k_{1,0} \lim_{n\to\infty}\frac{1-[1-(w_1 k_{2,1} k_{1,0}+w_2 k_{4,5})]^n}{1-[1-(w_1 k_{2,1} k_{1,0}+w_2 k_{4,5})]}\cdot\\
&\quad [k_{1,2}(k_{2,1} k_{1,2}+k_{2,3} k_{3,2}+k_{2,3} k_{3,4})]\\
&=w_1 k_{2,1} k_{1,0} k_{1,2}\frac{k_{2,1} k_{1,2}+k_{2,3} k_{3,2}+k_{2,3} k_{3,4}}{w_1 k_{2,1} k_{1,0}+w_2 k_{4,5}}。
\end{aligned}$$

定义 $H\to S_5, H\to H\to S_5,\cdots,H\to H\to H\to\cdots\to H\to S_5,\cdots$ 这个循环过程为$\overline{H}\to S_5$，其到达概率为

$$\{w_2\,k_{4,5}+w_2\,k_{4,5}[1-(w_1\,k_{2,1}\,k_{1,0}+w_2\,k_{4,5})]+$$
$$w_2\,k_{4,5}\,[1-(w_1\,k_{2,1}\,k_{1,0}+w_2\,k_{4,5})]^2+\cdots+$$
$$w_2\,k_{4,5}\,[1-(w_1\,k_{2,1}\,k_{1,0}+w_2\,k_{4,5})]^n+\cdots\}\cdot$$
$$[k_{1,2}(k_{2,1}\,k_{1,2}+k_{2,3}\,k_{3,2}+k_{2,3}\,k_{3,4})]$$
$$=w_2\,k_{4,5}\,\lim_{n\to\infty}\frac{1-[1-(w_1\,k_{2,1}\,k_{1,0}+w_2\,k_{4,5})]^n}{1-[1-(w_1\,k_{2,1}\,k_{1,0}+w_2\,k_{4,5})]}\cdot$$
$$[k_{1,2}(k_{2,1}\,k_{1,2}+k_{2,3}\,k_{3,2}+k_{2,3}\,k_{3,4})]$$
$$=w_2\,k_{4,5}\,k_{1,2}\,\frac{k_{2,1}\,k_{1,2}+k_{2,3}\,k_{3,2}+k_{2,3}\,k_{3,4}}{w_1\,k_{2,1}\,k_{1,0}+w_2\,k_{4,5}}\,。$$

通过以上对系统状态的转移过程和转移概率的分析,可以得到从初始状态S_1出发经过状态转移最终被S_0吸收的概率

$$\lambda_{S_1\to S_0}=k_{1,0}+k_{1,2}\,k_{2,1}\,k_{1,0}+$$
$$w_1\,\frac{k_{2,1}\,k_{1,0}\,k_{1,2}(k_{2,1}\,k_{1,2}+k_{2,3}\,k_{3,2}+k_{2,3}\,k_{3,4})}{w_1\,k_{2,1}\,k_{1,0}+w_2\,k_{4,5}}\,。\qquad(14\text{-}12)$$

同理,可以得到从初始状态S_1出发经过状态转移最终被S_5吸收的概率

$$\lambda_{S_1\to S_5}=w_2\,\frac{k_{4,5}\,k_{1,2}(k_{2,1}\,k_{1,2}+k_{2,3}\,k_{3,2}+k_{2,3}\,k_{3,4})}{w_1\,k_{2,1}\,k_{1,0}+w_2\,k_{4,5}}\,。\qquad(14\text{-}13)$$

2)S_2的状态转移过程

图 14-3 为从初始状态S_2出发的五步随机转移过程。从图 14-3 可以看出,从状态S_2出发,经过两步转移后只能到达S_0,S_2,S_4,相应的到达概率分别为$w_3=k_{2,1}k_{1,0}$,$w_4=(k_{2,1}k_{1,2}+k_{2,3}k_{3,2})$,$w_5=k_{2,3}k_{3,4}$。

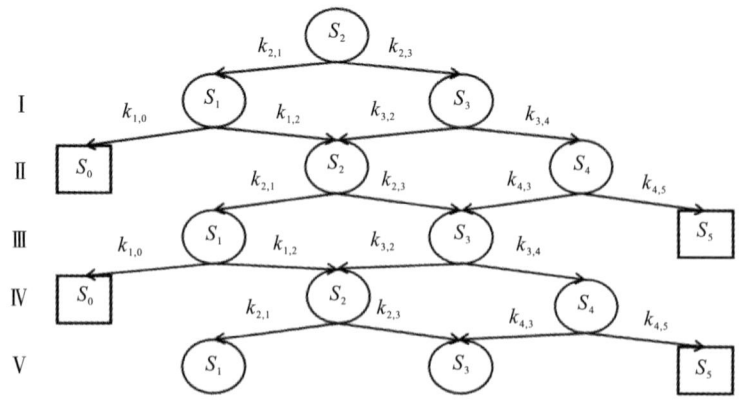

图 14-3 从初始状态S_2出发的五步随机转移过程

第 14 章 考虑君子参与的三策略随机演化博弈

令 U 为状态 S_2 和 S_4 组成的状态集合,从状态 S_2 出发,经两步转移到达状态集 U 的概率为 $k_{2,1}k_{1,2} + k_{2,3}k_{3,2} + k_{2,3}k_{3,4}$。

根据图 14-3,从第 2 步的状态集 U 出发,再进行一步转移,能到达的状态有 S_1, S_3, S_5,其中到达吸收态 S_5 的概率为 $w_5 k_{4,5}$。然后从 S_1, S_3 状态出发,再进行一步随机转移,能到达的状态又只有 S_0, S_2, S_4 这 3 种状态,其中到达吸收态 S_0 的概率为 $w_4 k_{2,1} k_{1,0}$。通过对转移状态的分析可以看出,状态集合 U 在两步及之后的状态转移过程中不断进行 $U \to (S_0, U)$ 循环。

定义 $U \to S_0, U \to U \to S_0, \cdots, U \to U \to U \to \cdots \to U \to S_0, \cdots$ 这个循环过程为 $\overline{U} \to S_0$,其到达概率为

$$\{w_4 k_{2,1} k_{1,0} + w_4 k_{2,1} k_{1,0}[1-(w_4 k_{2,1} k_{1,0} + w_5 k_{4,5})] +$$
$$w_4 k_{2,1} k_{1,0}[1-(w_4 k_{2,1} k_{1,0} + w_5 k_{4,5})]^2 + \cdots +$$
$$w_4 k_{2,1} k_{1,0}[1-(w_4 k_{2,1} k_{1,0} + w_5 k_{4,5})]^n + \cdots\}(k_{2,1}k_{1,2} + k_{2,3}k_{3,2} + k_{2,3}k_{3,4})$$
$$= w_4 k_{2,1} k_{1,0} \lim_{n \to \infty} \frac{1-[1-(w_4 k_{2,1} k_{1,0} + w_5 k_{4,5})]^n}{1-[1-(w_4 k_{2,1} k_{1,0} + w_5 k_{4,5})]}(k_{2,1}k_{1,2} + k_{2,3}k_{3,2} + k_{2,3}k_{3,4})$$
$$= w_4 k_{2,1} k_{1,0} \frac{k_{2,1}k_{1,2} + k_{2,3}k_{3,2} + k_{2,3}k_{3,4}}{w_4 k_{2,1} k_{1,0} + w_5 k_{4,5}}。$$

定义 $U \to S_5, U \to U \to S_5, \cdots, U \to U \to U \to \cdots \to U \to S_5, \cdots$ 这个循环过程为 $\overline{U} \to S_5$,其到达概率为

$$\{w_5 k_{4,5} + w_5 k_{4,5}[1-(w_4 k_{2,1} k_{1,0} + w_5 k_{4,5})] +$$
$$w_5 k_{4,5}[1-(w_4 k_{2,1} k_{1,0} + w_5 k_{4,5})]^2 + \cdots +$$
$$w_5 k_{4,5}[1-(w_4 k_{2,1} k_{1,0} + w_5 k_{4,5})]^n + \cdots\}(k_{2,1}k_{1,2} + k_{2,3}k_{3,2} + k_{2,3}k_{3,4})$$
$$= w_5 k_{4,5} \lim_{n \to \infty} \frac{1-[1-(w_4 k_{2,1} k_{1,0} + w_5 k_{4,5})]^n}{1-[1-(w_4 k_{2,1} k_{1,0} + w_5 k_{4,5})]}(k_{2,1}k_{1,2} + k_{2,3}k_{3,2} + k_{2,3}k_{3,4})$$
$$= w_5 k_{4,5} \frac{k_{2,1}k_{1,2} + k_{2,3}k_{3,2} + k_{2,3}k_{3,4}}{w_4 k_{2,1} k_{1,0} + w_5 k_{4,5}}。$$

通过以上对系统状态的转移过程和转移概率的分析,可以得到从初始状态 S_2 出发经过状态转移最终被 S_0 吸收的概率

$$\lambda_{S_2 \to S_0} = k_{2,1} k_{1,0} + w_4 \frac{k_{2,1} k_{1,0}(k_{2,1}k_{1,2} + k_{2,3}k_{3,2} + k_{2,3}k_{3,4})}{w_4 k_{2,1} k_{1,0} + w_5 k_{4,5}}。 \quad (14\text{-}14)$$

同理,可以得到从初始状态 S_1 出发经过状态转移最终被 S_5 吸收的概率

$$\lambda_{S_2 \to S_5} = w_5 \frac{k_{4,5}(k_{2,1}k_{1,2} + k_{2,3}k_{3,2} + k_{2,3}k_{3,4})}{w_4 k_{2,1} k_{1,0} + w_5 k_{4,5}}。 \quad (14\text{-}15)$$

从其他 10 个初始状态出发到达吸收态的概率可以用同样的方法得到,见附录Ⅷ。

(3) 3 种吸收态的情形

分析 $S_7,S_8,S_9,S_{12},S_{13},S_{16}$ 的转移路径后发现,从这 6 种初始状态出发,经过状态转移,最终可以被 3 种吸收态吸收。

下面以状态 S_7 为例进行分析。图 14-4 为从初始状态 S_7 出发的五步随机转移过程。

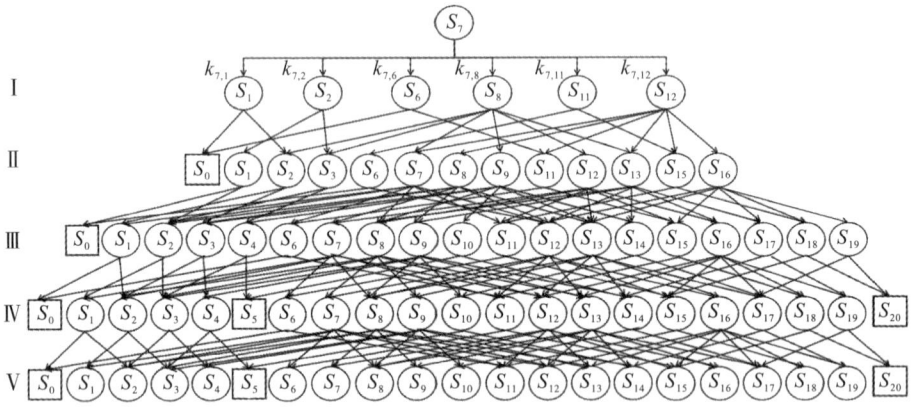

图 14-4　从初始状态 S_7 出发的五步随机转移过程

从图 14-4 可以看出,从状态 S_7 出发,经四步转移后能到达系统的所有状态。根据图 14-4 所示的状态转移路径和对应的状态转移概率,定义系统状态转移相应的四步到达概率 $l_{S_v}(v=0,\cdots,20)$(表示从初始状态出发经过四步转移到达 S_v 的概率)。例如:S_7 经四步转移后到达状态 S_1 的概率为

$$l_{S_1}=k_{7,2}(k_{2,1}k_{1,2}k_{2,1}+k_{2,3}k_{3,2}k_{2,1})+k_{7,8}(k_{8,3}k_{3,2}k_{2,1}+k_{8,7}k_{7,2}k_{2,1}+k_{8,12}k_{12,7}k_{7,1})+k_{7,12}(k_{12,7}k_{7,2}k_{2,1}+k_{12,8}k_{8,2}k_{2,1}+k_{12,8}k_{8,7}k_{7,1})。$$

同理,可以得到 S_7 经四步转移到达吸收态 S_0, S_5 和 S_{20} 的概率,分别为

$$l_{S_0}=k_{7,1}k_{1,0}+k_{7,6}k_{6,0}+k_{7,2}k_{2,1}k_{1,0}+k_{7,11}k_{11,6}k_{6,0}+k_{7,1}k_{1,2}k_{2,1}k_{1,0}+k_{7,6}k_{6,11}k_{11,6}k_{6,0}+k_{7,8}(k_{8,2}k_{2,1}k_{1,0}+k_{8,7}k_{7,1}k_{1,0}+k_{8,7}k_{7,6}k_{6,0})+k_{7,12}k_{12,7}(k_{7,1}k_{1,0}+k_{7,6}k_{6,0})+k_{7,12}k_{12,11}k_{11,6}k_{6,0},$$

$$l_{S_5}=k_{7,2}k_{2,3}k_{3,4}k_{4,5}+k_{7,8}k_{8,9}(k_{9,4}k_{4,5}+k_{9,10}k_{10,5}),$$

第 14 章 考虑君子参与的三策略随机演化博弈 215

$$l_{S_{20}} = k_{7,11}k_{11,15}k_{15,18}k_{18,20} + k_{7,12}(k_{12,15}k_{15,18}k_{18,20} + k_{12,16}k_{16,18}k_{18,20} + k_{12,16}k_{16,19}k_{19,20})。$$

从初始状态 S_7 出发经过四步转移除了可以到达 3 种吸收态以外,还可以到达其他非吸收态。为方便描述,令 V 为四步转移到达所有非吸收态组成的状态集合。从状态 S_7 出发,经四步转移到达状态集 V 的概率为 $1 - l_{S_0} - l_{S_5} - l_{S_{20}}$。此外,从图 14-4 的转移路径可看出,从状态 S_7 出发经过四步转移之后将不断进行 $V \to (S_0, S_5, S_{20}, V)$ 的循环。

定义 $V \to S_0, V \to V \to S_0, \cdots, V \to V \to \cdots \to V \to S_0, \cdots$ 这个循环过程为 $\overline{V} \to S_0$,其到达概率为

$$(1 - l_{S_0} - l_{S_5} - l_{S_{20}})(l_{S_1}k_{1,0} + l_{S_6}k_{6,0}) + (1 - l_{S_0} - l_{S_5} - l_{S_{20}})(l_{S_1}k_{1,0} + l_{S_6}k_{6,0}) \cdot$$
$$[1 - (l_{S_1}k_{1,0} + l_{S_6}k_{6,0} + l_{S_4}k_{4,5} + l_{S_{10}}k_{10,5} + l_{S_{18}}k_{18,20} + l_{S_{19}}k_{19,20})] +$$
$$(1 - l_{S_0} - l_{S_5} - l_{S_{20}})(l_{S_1}k_{1,0} + l_{S_6}k_{6,0})[1 - (l_{S_1}k_{1,0} + l_{S_6}k_{6,0} + l_{S_4}k_{4,5} +$$
$$l_{S_{10}}k_{10,5} + l_{S_{18}}k_{18,20} + l_{S_{19}}k_{19,20})]^2 + \cdots + (1 - l_{S_0} - l_{S_5} - l_{S_{20}})(l_{S_1}k_{1,0} + l_{S_6}k_{6,0})$$
$$[1 - (l_{S_1}k_{1,0} + l_{S_6}k_{6,0} + l_{S_4}k_{4,5} + l_{S_{10}}k_{10,5} + l_{S_{18}}k_{18,20} + l_{S_{19}}k_{19,20})]^n + \cdots$$
$$= \lim_{n \to \infty} \frac{1 - [1 - (l_{S_1}k_{1,0} + l_{S_6}k_{6,0} + l_{S_4}k_{4,5} + l_{S_{10}}k_{10,5} + l_{S_{18}}k_{18,20} + l_{S_{19}}k_{19,20})]^n}{1 - [1 - (l_{S_1}k_{1,0} + l_{S_6}k_{6,0} + l_{S_4}k_{4,5} + l_{S_{10}}k_{10,5} + l_{S_{18}}k_{18,20} + l_{S_{19}}k_{19,20})]} \cdot$$
$$(1 - l_{S_0} - l_{S_5} - l_{S_{20}})(l_{S_1}k_{1,0} + l_{S_6}k_{6,0})$$
$$= \frac{(1 - l_{S_0} - l_{S_5} - l_{S_{20}})(l_{S_1}k_{1,0} + l_{S_6}k_{6,0})}{l_{S_1}k_{1,0} + l_{S_6}k_{6,0} + l_{S_4}k_{4,5} + l_{S_{10}}k_{10,5} + l_{S_{18}}k_{18,20} + l_{S_{19}}k_{19,20}}。$$

定义 $V \to S_5, V \to V \to S_5, \cdots, V \to V \to \cdots \to V \to S_5, \cdots$ 这个循环过程为 $\overline{V} \to S_5$,其到达概率为

$$(1 - l_{S_0} - l_{S_5} - l_{S_{20}})(l_{S_4}k_{4,5} + l_{S_{10}}k_{10,5}) + (1 - l_{S_0} - l_{S_5} - l_{S_{20}})(l_{S_4}k_{4,5} + l_{S_{10}}k_{10,5}) \cdot$$
$$[1 - (l_{S_1}k_{1,0} + l_{S_6}k_{6,0} + l_{S_4}k_{4,5} + l_{S_{10}}k_{10,5} + l_{S_{18}}k_{18,20} + l_{S_{19}}k_{19,20})] + (1 - l_{S_0} -$$
$$l_{S_5} - l_{S_{20}})(l_{S_4}k_{4,5} + l_{S_{10}}k_{10,5})[1 - (l_{S_1}k_{1,0} + l_{S_6}k_{6,0} + l_{S_4}k_{4,5} + l_{S_{10}}k_{10,5} + l_{S_{18}}k_{18,20} +$$
$$l_{S_{19}}k_{19,20})]^2 + \cdots + (1 - l_{S_0} - l_{S_5} - l_{S_{20}})(l_{S_4}k_{4,5} + l_{S_{10}}k_{10,5})[1 - (l_{S_1}k_{1,0} + l_{S_6}k_{6,0} +$$
$$l_{S_4}k_{4,5} + l_{S_{10}}k_{10,5} + l_{S_{18}}k_{18,20} + l_{S_{19}}k_{19,20})]^n + \cdots$$
$$= \lim_{n \to \infty} \frac{1 - [1 - (l_{S_1}k_{1,0} + l_{S_6}k_{6,0} + l_{S_4}k_{4,5} + l_{S_{10}}k_{10,5} + l_{S_{18}}k_{18,20} + l_{S_{19}}k_{19,20})]^n}{1 - [1 - (l_{S_1}k_{1,0} + l_{S_6}k_{6,0} + l_{S_4}k_{4,5} + l_{S_{10}}k_{10,5} + l_{S_{18}}k_{18,20} + l_{S_{19}}k_{19,20})]} \cdot$$
$$(1 - l_{S_0} - l_{S_5} - l_{S_{20}})(l_{S_4}k_{4,5} + l_{S_{10}}k_{10,5})$$
$$= \frac{(1 - l_{S_0} - l_{S_5} - l_{S_{20}})(l_{S_4}k_{4,5} + l_{S_{10}}k_{10,5})}{l_{S_1}k_{1,0} + l_{S_6}k_{6,0} + l_{S_4}k_{4,5} + l_{S_{10}}k_{10,5} + l_{S_{18}}k_{18,20} + l_{S_{19}}k_{19,20}}。$$

定义 $V \to S_{20}, V \to V \to S_{20}, \cdots, V \to V \to \cdots \to V \to S_{20}, \cdots$ 这个循环过程为 $\overline{V} \to S_{20}$，其到达概率为

$(1-l_{S_0}-l_{S_5}-l_{S_{20}})(l_{S_{18}}k_{18,20}+l_{S_{19}}k_{19,20})+(1-l_{S_0}-l_{S_5}-l_{S_{20}})(l_{S_{18}}k_{18,20}+l_{S_{19}}k_{19,20})[1-(l_{S_1}k_{1,0}+l_{S_6}k_{6,0}+l_{S_4}k_{4,5}+l_{S_{10}}k_{10,5}+l_{S_{18}}k_{18,20}+l_{S_{19}}k_{19,20})]+(1-l_{S_0}-l_{S_5}-l_{S_{20}})(l_{S_{18}}k_{18,20}+l_{S_{19}}k_{19,20})[1-(l_{S_1}k_{1,0}+l_{S_6}k_{6,0}+l_{S_4}k_{4,5}+l_{S_{10}}k_{10,5}+l_{S_{18}}k_{18,20}+l_{S_{19}}k_{19,20})]^2+\cdots+(1-l_{S_0}-l_{S_5}-l_{S_{20}})(l_{S_{18}}k_{18,20}+l_{S_{19}}k_{19,20})[1-(l_{S_1}k_{1,0}+l_{S_6}k_{6,0}+l_{S_4}k_{4,5}+l_{S_{10}}k_{10,5}+l_{S_{18}}k_{18,20}+l_{S_{19}}k_{19,20})]^n+\cdots$

$= \lim_{n\to\infty} \dfrac{1-[1-(l_{S_1}k_{1,0}+l_{S_6}k_{6,0}+l_{S_4}k_{4,5}+l_{S_{10}}k_{10,5}+l_{S_{18}}k_{18,20}+l_{S_{19}}k_{19,20})]^n}{1-[1-(l_{S_1}k_{1,0}+l_{S_6}k_{6,0}+l_{S_4}k_{4,5}+l_{S_{10}}k_{10,5}+l_{S_{18}}k_{18,20}+l_{S_{19}}k_{19,20})]} \cdot (1-l_{S_0}-l_{S_5}-l_{S_{20}})(l_{S_{18}}k_{18,20}+l_{S_{19}}k_{19,20})$

$= \dfrac{(1-l_{S_0}-l_{S_5}-l_{S_{20}})(l_{S_{18}}k_{18,20}+l_{S_{19}}k_{19,20})}{l_{S_1}k_{1,0}+l_{S_6}k_{6,0}+l_{S_4}k_{4,5}+l_{S_{10}}k_{10,5}+l_{S_{18}}k_{18,20}+l_{S_{19}}k_{19,20}}。$

通过以上对初始状态 S_7 的转移过程和相应转移概率的分析，可以得到其被 S_0，S_5 和 S_{20} 吸收的概率 $\lambda_{S_7 \to S_0}$，$\lambda_{S_7 \to S_5}$ 和 $\lambda_{S_7 \to S_{20}}$，分别为

$$\lambda_{S_7 \to S_0} = l_{S_0} + \dfrac{(1-l_{S_0}-l_{S_5}-l_{S_{20}})(l_{S_1}k_{1,0}+l_{S_6}k_{6,0})}{l_{S_1}k_{1,0}+l_{S_6}k_{6,0}+l_{S_4}k_{4,5}+l_{S_{10}}k_{10,5}+l_{S_{18}}k_{18,20}+l_{S_{19}}k_{19,20}}, \quad (14-16)$$

$$\lambda_{S_7 \to S_5} = l_{S_5} + \dfrac{(1-l_{S_0}-l_{S_5}-l_{S_{20}})(l_{S_4}k_{4,5}+l_{S_{10}}k_{10,5})}{l_{S_1}k_{1,0}+l_{S_6}k_{6,0}+l_{S_4}k_{4,5}+l_{S_{10}}k_{10,5}+l_{S_{18}}k_{18,20}+l_{S_{19}}k_{19,20}}, \quad (14-17)$$

$$\lambda_{S_7 \to S_{20}} = l_{S_{20}} + \dfrac{(1-l_{S_0}-l_{S_5}-l_{S_{20}})(l_{S_{18}}k_{18,20}+l_{S_{19}}k_{19,20})}{l_{S_1}k_{1,0}+l_{S_6}k_{6,0}+l_{S_4}k_{4,5}+l_{S_{10}}k_{10,5}+l_{S_{18}}k_{18,20}+l_{S_{19}}k_{19,20}}。$$

(14-18)

从初始状态 S_8，S_9，S_{12}，S_{13}，S_{16} 出发被 3 种吸收态吸收的概率可以用同样的方法得到，结果见附录Ⅸ。

扫码查看附录Ⅸ

14.4 系统稳态特征

(1) 吸收概率与扎根概率

针对群体规模 $N=5$ 的情形，我们详细推导了从各个初始状态出发最终被相应吸收态吸收的概率，下面根据第 5 章的定义 2，计算整个系统处于稳态时的吸收概率。

第 14 章 考虑君子参与的三策略随机演化博弈

令 β_{S_n} 代表系统初始状态为 $S_n(n=0,1,\cdots,20)$ 的发生概率,其计算方法为:如 S_n 对应系统状态 $(i,j,N-i-j)$ 的情形,则发生概率 $\beta_{S_n}=\dfrac{C_N^i \cdot C_{N-i}^j}{3^N}$。系统被 3 种吸收态吸收的概率为

$$a_m = \sum_{n=0}^{20} (\beta_{S_n} \lambda_{S_n \to S_m})。 \tag{14-19}$$

式中 $\lambda_{S_n \to S_m}$ 表示状态 S_n 被 S_m 吸收的概率,$m=0,5,20$。

根据第 5 章的定义 3,C 策略的扎根概率 ρ_C 表示特定系统状态类 $S(l)=(1,l,N-1-l)(l=0,1,2,3,4)$ 被 $S_{20}(5,0,0)$ 吸收的概率:

$$\rho_C = \sum_{l=0}^{4} (\mu_{S(l)} \lambda_{S(l) \to S_{20}})。 \tag{14-20}$$

式中 $\mu_{S(l)} = \dfrac{C_{N-1}^l}{2^{N-1}}$,表示状态 $S(l)$ 在该特定系统状态类中的发生概率。

D 策略的扎根概率 ρ_D 表示特定系统状态类 $S(l)=(l,1,N-1-l)(l=0,1,2,3,4)$ 被 $S_5(0,5,0)$ 吸收的概率,G 策略的扎根概率 ρ_G 表示特定系统状态类 $S(l)=(l,N-1-l,1)(l=0,1,2,3,4)$ 被 $S_0(0,0,5)$ 吸收的概率。

$$\rho_D = \sum_{l=0}^{4} (\mu_{S(l)} \lambda_{S(l) \to S_5}), \tag{14-21}$$

$$\rho_G = \sum_{l=0}^{4} (\mu_{S(l)} \lambda_{S(l) \to S_0})。 \tag{14-22}$$

取 $\sigma=0.3$,根据系统状态的定义规则,$S_0(0,0,5)$ 对应系统稳态时种群被君子 G 策略个体占据,$S_5(0,5,0)$ 对应系统稳态时种群被背叛 D 策略个体占据,$S_{20}(5,0,0)$ 对应系统稳态时种群被合作 C 策略个体占据。

从图 14-5 可以看出:①系统被 G 策略吸收的概率>被 D 策略吸收的概率>被 C 策略吸收的概率。②随着选择强度 ω 的增大,系统被 D 策略和 C 策略两个策略类型吸收的概率逐渐减小,被 G 策略吸收的概率逐渐增大。

从图 14-6 可以看出:①ω 越大,b 越小,G 策略的扎根概率越大;ω 越大,b 越大,D 策略的扎根概率越大;ω 越小,C 策略的扎根概率越大,b 的变化对 C 策略扎根概率的影响不明显。②在 $b<1.7$ 的区域,G 策略的扎根概率高于其他 2 种策略。因此,在此区域,当不考虑策略变异时,采取 G 策略的个体数量逐渐增加,G 策略经过长时间的演化更有可能成为演化稳定策略(ESS)。当 $\omega>0.2$ 时,由于 G 策略的扎根概率大于中性入侵的固定点概率 $1/5$ $\left(\text{对应本书 5.7 节定义 4 的 }\dfrac{1}{N}, N=5\right)$,此时自然选择有利于 G 策略取代其他

2种策略。③在 $b>1.7$ 的区域,D策略的扎根概率大于其他2种策略,因此其成为 ESS 的概率较大。当 $\omega>0.2$ 时,D 策略的扎根概率大于 $1/5$,此时自然选择有利于 D 策略取代其他 2 种策略。

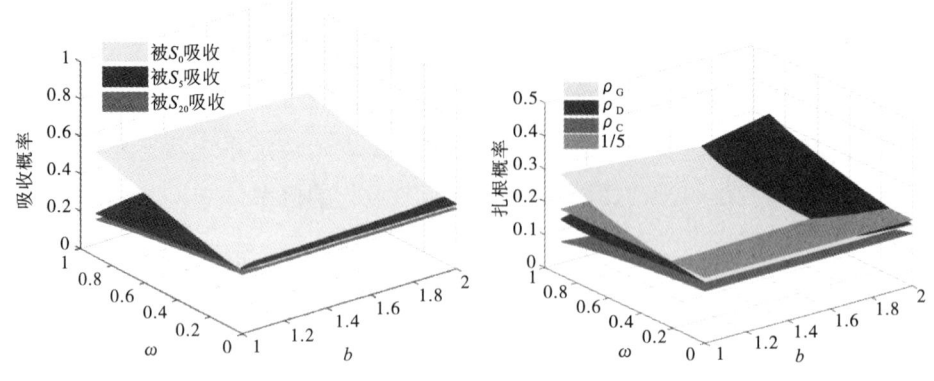

图 14-5　系统的吸收概率(后附彩图)　　图 14-6　系统的扎根概率(后附彩图)

(2)合作水平和平均收益

由于系统演化的稳态必然是 3 种吸收态之一,根据 C 策略、D 策略和 G 策略的吸收概率,定义系统稳态时的合作水平 η_1 和平均收益 $\overline{G}_1$ 为

$$\eta_1 = a_0 + a_{20}, \tag{14-23}$$

$$\overline{G}_1 = a_0 R + a_5 J + a_{20} R。 \tag{14-24}$$

对本章结果与 PDG 模型(见本书 5.8 节)进行对比。PDG 模型的系统合作水平为 $\eta_2 = a'_N$,系统平均收益 $\overline{G}_2 = a'_N R + a'_0 J$。其中吸收概率 a'_N 和 a'_0 可由式(5-48)和式(5-49)计算,取 $N=5$。

为了进行进一步对比,针对 VPDG 模型(见本书第 7 章),也采用本章方法进行推导,计算得到相应的吸收概率 a_C, a_D 和 a_L,系统稳态时的合作水平 $\eta_3 = a_C$ 和平均收益 $\overline{G}_3 = a_C R + a_D J + a_L \sigma$。

针对本章参数取值($N=5, R=1, J=0, \sigma=0.3$),系统稳态时的合作水平和平均收益分别如图 14-7、图 14-8 所示。由图可知:①本章 GPDG 模型的合作水平和平均收益较高,在收益参数取值区域内基本在 0.5 以上。②不论 b 和 ω 取值如何,本章 GPDG 模型的合作水平与平均收益均高于 PDG 模型和 VPDG 模型,并且随着 ω 和 b 的增大,本章 GPDG 模型与 PDG 模型的差值增大。

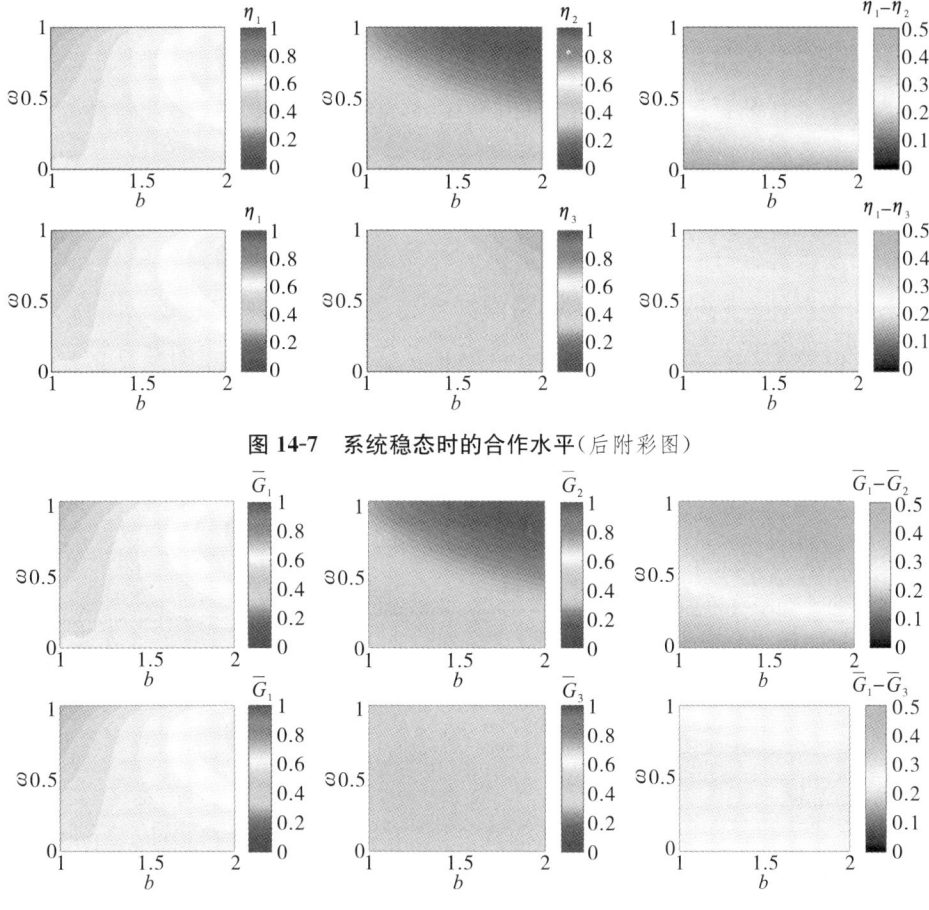

图 14-7 系统稳态时的合作水平(后附彩图)

图 14-8 系统稳态时的平均收益(后附彩图)

14.5 结果分析

系统吸收概率和扎根概率的计算结果均表明,与 C 策略和 D 策略相比,G 策略更有可能在自然选择下成为演化稳定策略。考虑系统稳态时的合作水平和平均收益,与 PDG 模型和 VPDG 模型相比,本章提出的 GPDG 模型可以更好地促进合作的产生、演化和繁荣,从而提升群体适应度。现有研究结果显示,建立在动态特性基础上的演化策略,如 TFT 策略、WSLS 策略等,可有效引导合作的产生[1,2]。与 VPDG 模型相比(演化策略 G 与 L 相比),本章中 GPDG 模型可以产生并维持高频率的合作行为,取得较高的群体平均收益。这体现了"穷则独善其身,达则兼济天下"这一修身治世哲学的科学性与适应性。

基于本章的计算结果,我们可以发现,G 策略具有以下优势和特色:

①清晰性。G 策略的演化规则简单清晰,足以媲美 TFT 策略和 WSLS 策略。

②友善和保守。G 策略属于有限合作策略。在博弈进程中,只要自身收益不低于群体平均收益,持 G 策略的博弈方就会选择合作策略。当自身收益低于群体平均收益时,持 G 策略的博弈方选择不参与博弈的孤独策略,以保护自己不受其他策略个体的剥削。

③足够的生存优势。自然选择强度 ω 越大(自然选择倾向于博弈收益高的策略),诱惑系数 b 越大(社会奖惩机制对背叛策略有利),GPDG 模型的合作水平和平均收益的优势越明显,生存稳定性越高。

由于 G 策略具有保守性且更易成为演化稳定策略 ESS,因此其具有初始成活性和生存稳定性。当采取 G 策略的个体占主导后,其友善性和稳定性能够引导系统向高效型(群体合作水平和平均收益高)发展。

▍参考文献

[1] AXELROD R,DION D. The further evolution of cooperation[J]. Science,1988,242(4884):1385—1390.

[2] NOWAK M,SIGMUND K. A strategy of win-stay,lose-shift that outperforms tit-for-tat in the Prisoner's Dilemma game[J]. Nature,1993,364(6432):56—58.

第 15 章　考虑君子参与的三策略网络演化博弈

扫码查看本章彩图

针对 GPDG 模型,我们在第 14 章进行了基于有限种群的 Moran 过程随机动力学分析。结果显示,GPDG 模型的群体合作水平与平均收益均高于 VPDG 模型。这表明,君子策略可有效引导合作的产生,提高群体适应性。种群中的个体之间存在交互连接关系,这种交互连接关系一般采用网络结构表示,常用的网络结构有二维格子网络、随机网络和 BA 无标度网络。网络交互连接特征对个体乃至群体的策略演化有重要影响,本章将基于三种不同网络结构分析 GPDG 模型和 VPDG 模型。

15.1　蒙特卡洛迭代

基于特定网络结构(节点总数为 N),采用蒙特卡洛方法对博弈模型进行演化仿真。

①初始阶段,每个个体被随机分配一个策略以及初始收益 U_0。

②在每一个博弈轮次,首先随机选择一个个体 x,使其与全部邻居进行博弈交互(GPDG 模型的博弈收益见表 13-1,VPDG 模型的博弈收益见表 7-1),获得平均收益 U_x。然后,以新获得的 U_x 替代个体 x 之前的收益值,随机选择个体 x 的一个邻居 y,根据双方的收益差值,个体 x 以概率 $w=\left[1+\exp\left(\dfrac{U_x-U_y}{\kappa}\right)\right]^{-1}$ 学习个体 y 的策略。

③重复上述博弈 N 轮,使每个个体在概率意义上都有一次机会更新策略和收益。

④将以上过程计作一个蒙特卡洛步,重复基于蒙特卡洛步的迭代过程,直至系统演化达到相对稳定状态。

本章博弈参数设置为:$R=1, J=0, 1 \leqslant T \leqslant 2, -1 \leqslant F \leqslant 0, \sigma=0.3$。

15.2 基于二维格子网络的三策略演化博弈

(1) 系统稳态分析

本节采用 200×200 的二维格子网络。如图 15-1 和图 15-2 所示为群体演化进入稳态后,群体中个体在博弈中采取的行为(合作、背叛和孤独)的占比和群体平均收益情况。如图 15-3 所示为群体演化进入稳态后,GPDG 模型中群体的 3 种策略(合作、背叛和君子)的占比和群体平均收益(与图 15-2 中的平均收益图一致)情况。对于 VPDG 模型,策略占比与行为占比一致。

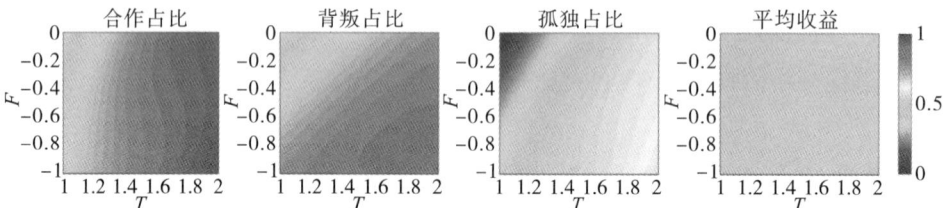

图 15-1 基于二维格子网络的 VPDG 模型结果(行为占比)(后附彩图)

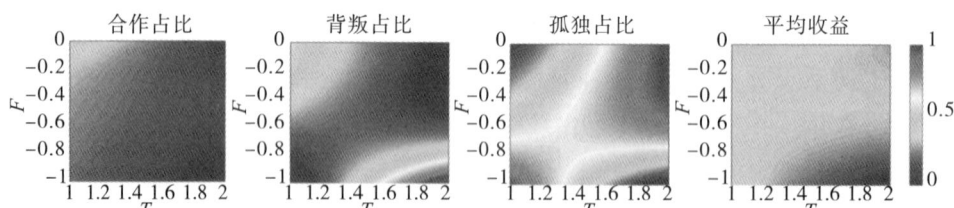

图 15-2 基于二维格子网络的 GPDG 模型结果(行为占比)(后附彩图)

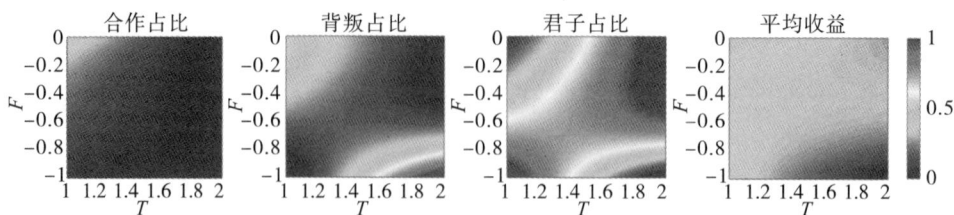

图 15-3 基于二维格子网络的 GPDG 模型结果(策略占比)(后附彩图)

对比图 15-2、图 15-3 可以看出,合作行为占比稍大于合作策略占比,孤独行为占比稍低于君子策略占比,表明群体中大多数君子策略个体在博弈中采取了孤独行为,少部分采取了合作行为。

如图 15-4 所示为 GPDG 模型和 VPDG 模型的差值。可以发现,GPDG 模型趋于行为保守,在负向特征(大部分区域的背叛行为占比差值为负)方面稍好于 VPDG 模型,但在群体合作(合作占比差值为负)和适应性(平均收益差值为负)方面稍弱于 VPDG 模型。

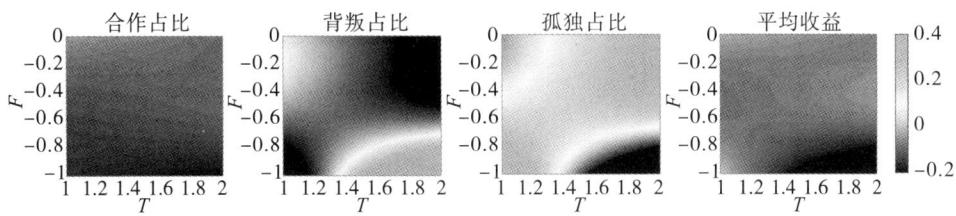

图 15-4 基于二维格子网络的 2 种博弈模型结果的差值(后附彩图)

(2)演化迭代过程分析

取 $T=1.5, F=-0.5$,进行具体的群体演化迭代分析,结果如图15-5~图 15-7 所示。可以发现,在 VPDG 模型中,3 种策略振荡共存,其中孤独策略(行为)占优,合作策略与背叛策略(行为)的占比基本一致;在 GPDG 模型中,演化达到稳态时群体被君子策略占据(合作和背叛策略均消失),但这些君子策略的个体在博弈中约有 90% 选择孤独行为,只有约 10% 选择合作行为。

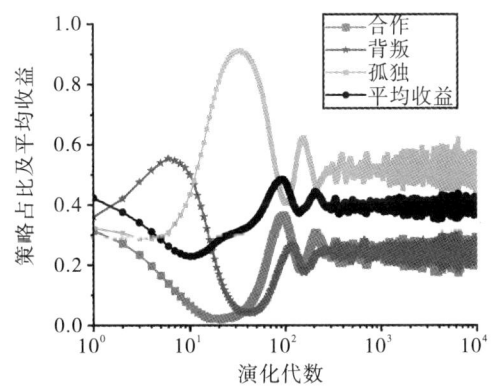

图 15-5 基于二维格子网络的 VPDG 模型演化迭代

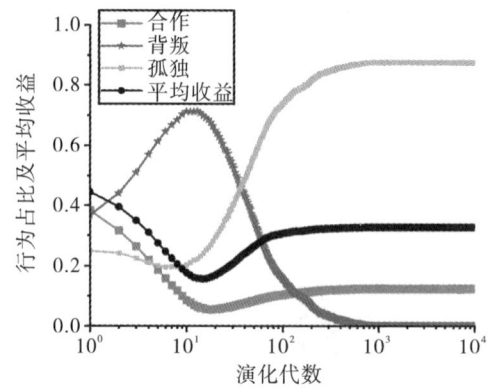

图 15-6　基于二维格子网络的 GPDG 模型演化迭代（行为占比）

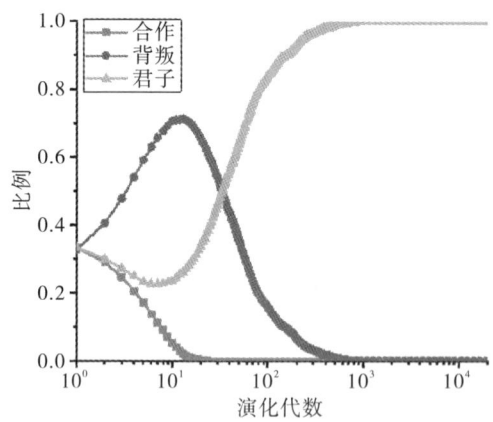

图 15-7　基于二维格子网络的 GPDG 模型演化迭代（策略占比）

图 15-8～图 15-10 为种群空间分布特征的演化斑图。从中可以看出：在 VPDG 模型中，3 种策略（行为）的个体在空间相融共存，每种策略在空间分布上呈现小群体的团簇化特征，在时间上呈现策略类型循环更替的特征。在 GPDG 模型中，格子网络最终被君子策略个体占据（图 15-10）。在空间分布上，采取合作行为的君子个体（10%）呈细粒状散布在采取孤独行为的君子个体（90%）中（图 15-9）；在时间进程上，同一个君子个体呈现合作行为和孤独行为动态变化特征。

第 15 章　考虑君子参与的三策略网络演化博弈　　225

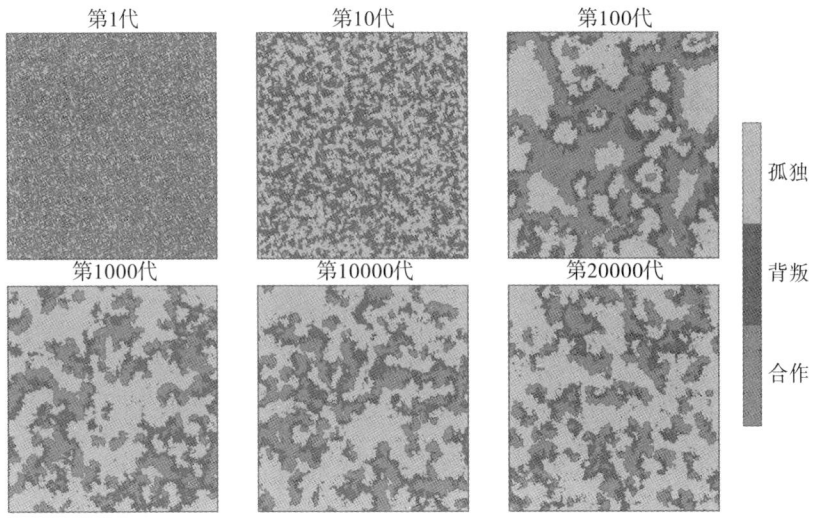

图 15-8　基于二维格子网络的 VPDG 模型空间演化斑图(后附彩图)

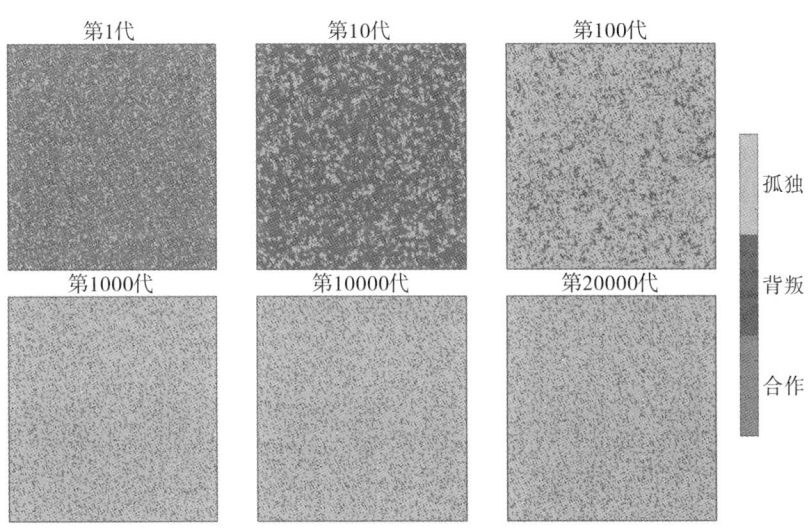

图 15-9　基于二维格子网络的 GPDG 模型空间演化斑图(行为特征)(后附彩图)

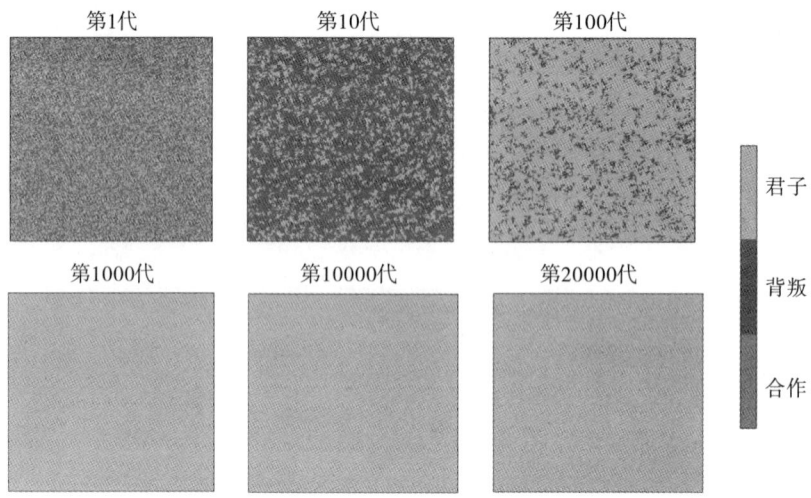

图 15-10　基于二维格子网络的 GPDG 模型空间演化斑图（策略特征）（后附彩图）

15.3　基于随机网络的三策略演化博弈

(1) 系统稳态分析

采用第 3 章中的网络构造方法生成一个随机网络（40000 个节点）。如图 15-11 和图 15-12 所示为群体演化进入稳态后，群体中个体在博弈中采取的行为（合作、背叛和孤独）的占比和群体平均收益情况。如图 15-13 所示为群体演化进入稳态后，GPDG 模型中群体的 3 种策略（合作、背叛和君子）的占比情况。

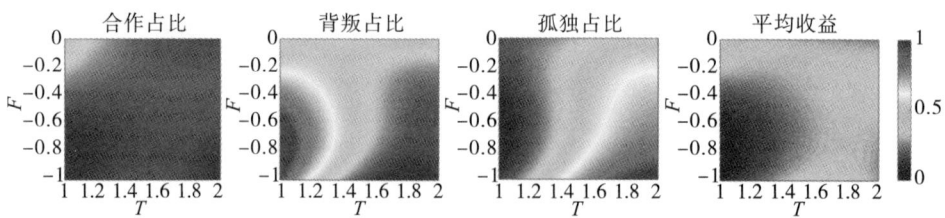

图 15-11　基于随机网络的 VPDG 模型结果（行为占比）（后附彩图）

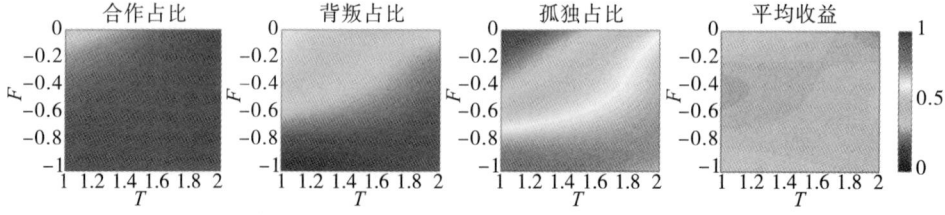

图 15-12　基于随机网络的 GPDG 模型结果（行为占比）（后附彩图）

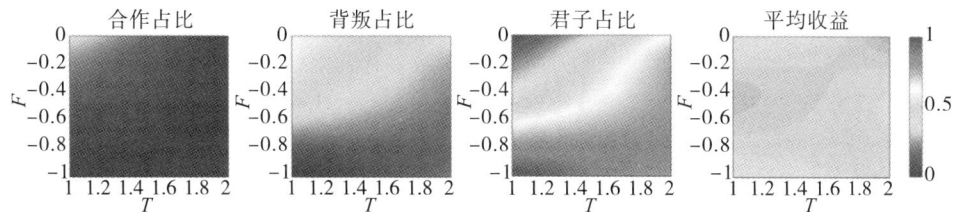

图 15-13　基于随机网络的 GPDG 模型结果（策略占比）（后附彩图）

对比图 15-12 和图 15-13 可以看出，与二维格子网络的结果一样，群体中大多数君子策略在博弈中采取了孤独行为，少部分采取了合作行为，但其中合作行为的占比要略高于二维格子网络。

如图 15-14 所示为 GPDG 模型和 VPDG 模型的差值。可以发现，GPDG 模型在群体合作（合作占比差值为正）和适应性（平均收益差值为正）方面稍强于 VPDG 模型，表明相较于二维格子网络，随机网络中的君子策略在产生合作行为方面优于孤独策略。

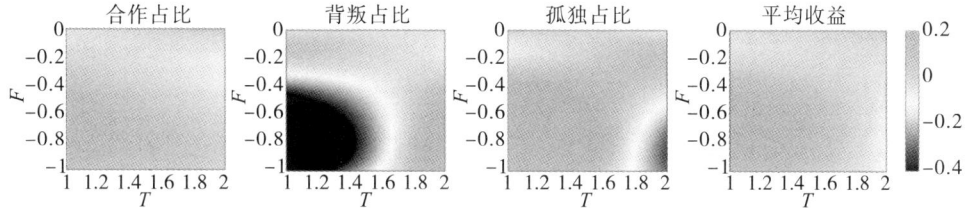

图 15-14　基于随机网络的 2 种博弈模型结果的差值（后附彩图）

(2) 演化迭代过程分析

取 $T=1.5, F=-0.5$，进行具体的群体演化迭代分析，结果如图 15-15～图 15-17 所示。可以发现，在 VPDG 模型中，3 种策略大幅振荡并交替循环占优，其中背叛策略和孤独策略具有一定优势；在 GPDG 模型中，3 种行为（合作、背叛和孤独）和 3 种策略（合作、背叛和君子）振荡共存，其中君子策略和孤独行为占优。对比图 15-16 和图 15-17 可以发现，少部分君子策略个体选择了合作行为，提升了群体合作水平。

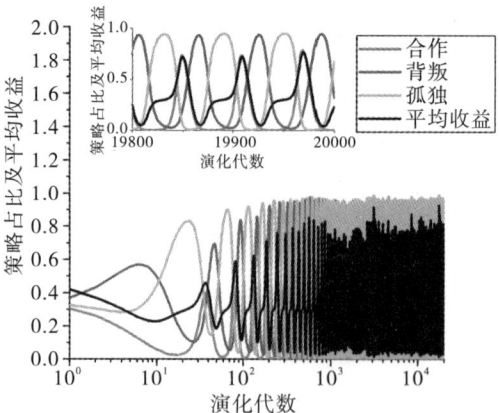

图 15-15　基于随机网络的 VPDG 模型演化迭代（后附彩图）

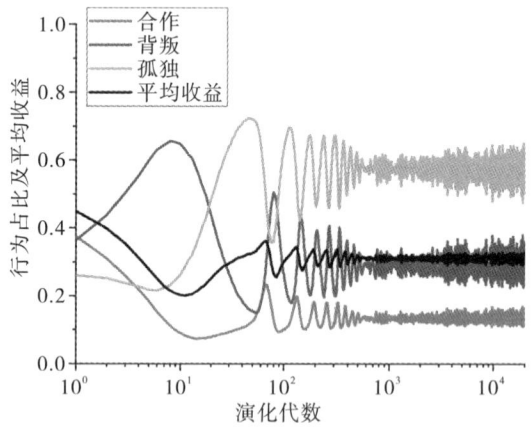

图 15-16　基于随机网络的 GPDG 模型演化迭代(行为占比)（后附彩图）

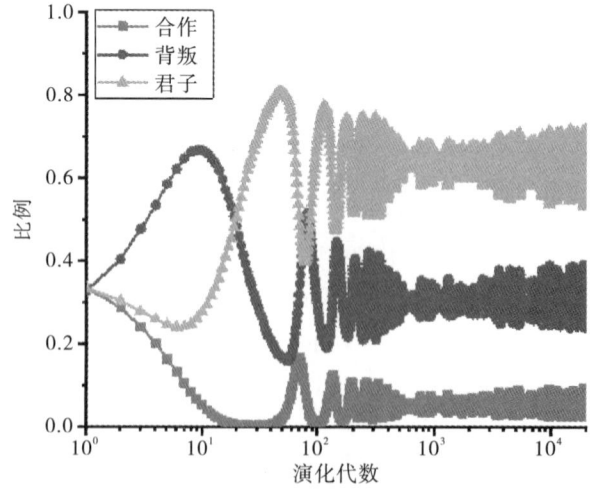

图 15-17　基于随机网络的 GPDG 模型演化迭代(策略占比)

15.4 基于BA无标度网络的三策略演化博弈

(1) 系统稳态分析

采用第3章中的网络构造方法生成一个BA无标度网络(40000个节点)。如图15-18和图15-19所示为群体演化进入稳态后,群体中个体在博弈中采取的行为(合作、背叛和孤独)的占比和群体平均收益情况。如图15-20所示为群体演化进入稳态后,GPDG模型中群体的3种策略(合作、背叛和君子)的占比情况。

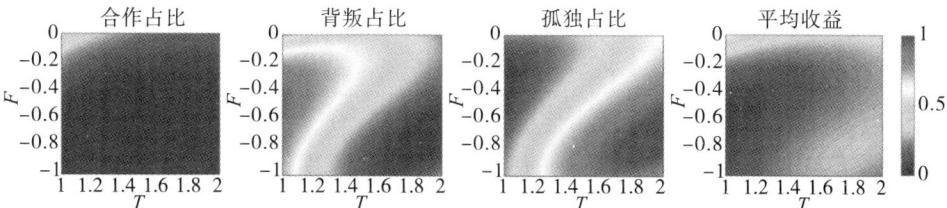

图15-18 基于BA无标度网络的VPDG模型结果(行为占比)(后附彩图)

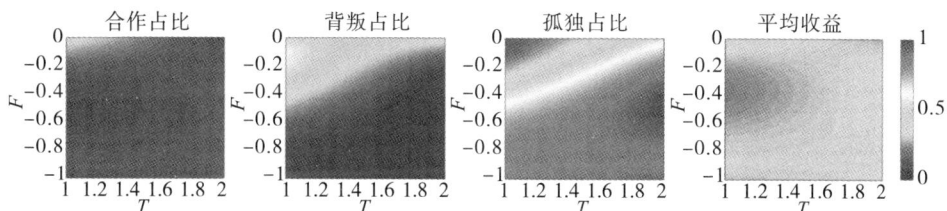

图15-19 基于BA无标度网络的GPDG模型结果(行为占比)(后附彩图)

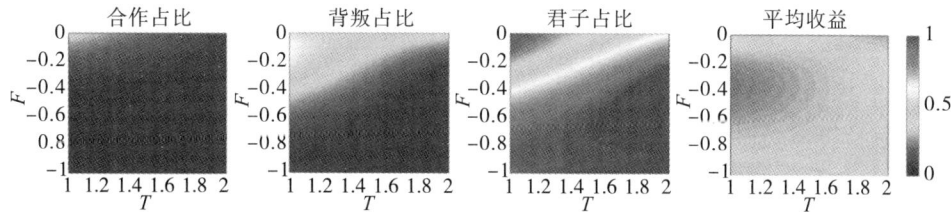

图15-20 基于BA无标度网络的GPDG模型结果(策略占比)(后附彩图)

对比图15-19和图15-20可以看出,与二维格子网络和随机网络的结果一样,BA无标度网络中大多数君子策略在博弈中采取孤独行为,少部分采取合作行为。

如图 15-21 所示为 GPDG 模型和考虑 VPDG 模型的差值。可以发现，GPDG 模型在群体合作（合作占比差值为正）和适应性（平均收益差值为正）方面强于 VPDG 模型。

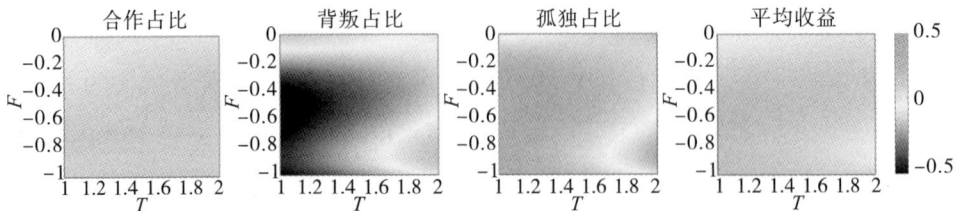

图 15-21　基于 BA 无标度网络的 2 种博弈模型结果的差值（后附彩图）

(2) 演化迭代过程分析

取 $T=1.5$，$F=-0.5$，进行具体的群体演化迭代分析，结果如图 15-22～图 15-24 所示。可以发现，在 VPDG 模型中，演化达到稳态时群体被孤独策略占据（合作策略和背叛策略均消失）；在 GPDG 模型中，演化达到稳态时群体被君子策略占据（合作策略和背叛策略均消失），但这些君子策略个体在博弈中约有 90% 选择孤独行为，只有约 10% 选择合作行为。

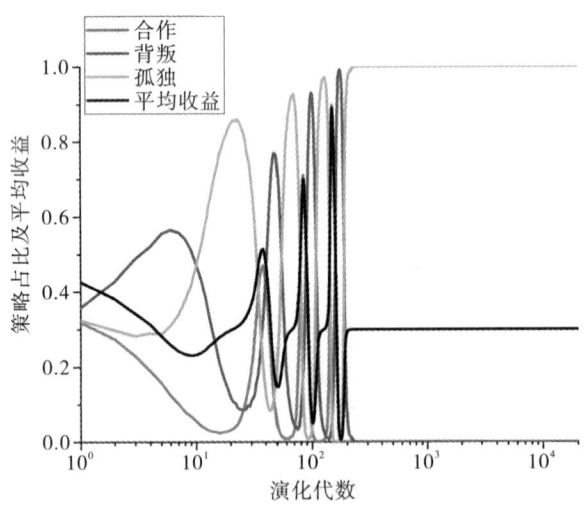

图 15-22　基于 BA 无标度网络的 VPDG 模型演化迭代（后附彩图）

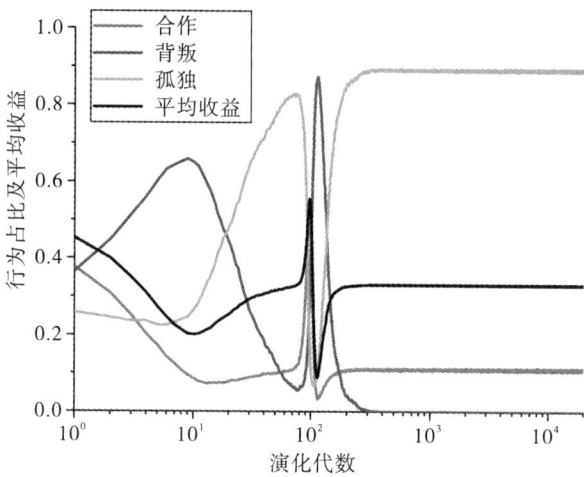

图 15-23 基于 BA 无标度网络的 GPDG 模型演化迭代(行为占比)(后附彩图)

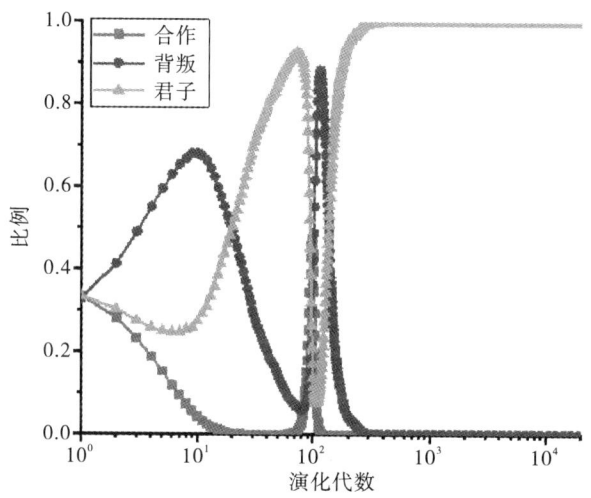

图 15-24 基于 BA 无标度网络的 GPDG 模型演化迭代(策略占比)

15.5 结果分析

在二维格子网络中，VPDG 模型可以利用类似"剪刀、石头、布"的相互制约机制，形成群体中 3 种策略共存和交替占优的特征，间接促进群体中的合作行为[1,2]，但在随机网络和 BA 无标度网络中，这种作用被弱化(对比图 15-11、图 15-18 与图 15-1 中的合作占比)。据此，我们可以推断：孤独策略在异质性网络中对合作行为的促进作用有限,且纯粹的孤独策略无法直接带来群体合作的红利。而在本章采用的 GPDG 模型中,君子策略在孤独和合作之间动态演化,可以直接产生合作行为。

基于 3 种网络的演化博弈稳态结果显示,在随机网络和 BA 无标度网络中,GPDG 模型中的群体合作行为占比和群体平均收益均稍优于 VPDG 模型。随着度分布异质性的提升,随机网络和 BA 无标度网络中节点度大的中心节点的策略影响力有利于君子策略的动态演化,使群体产生较多的合作行为。由于现实社会网络的拓扑特征更接近 BA 无标度网络和随机网络,因此,与单纯的孤独策略相比,君子策略更具有社会适应性。

在 T,F 取值的大部分区域,基于 3 种网络的演化博弈稳态结果均显示君子策略占据主导,表明君子策略的适应性强,具有进化优势。在空间分布上,90% 的君子策略个体采取不参加博弈的孤独行为;在时间进程上,君子策略个体在合作(概率 10%)和孤独(概率 90%)之间动态变化。

▌参考文献

[1] SZABÓ G, VUKOV J. Cooperation for volunteering and partially random partnerships[J]. Physical Review E,2004,69(3):36107.

[2] SUN L, LIN P, CHEN Y. Voluntary strategy suppresses the positive impact of preferential selection in prisoner's dilemma [J]. Physica A:Statistical Mechanics and its Applications,2014,414:233-239.

第 16 章 考虑君子参与的三策略量子博弈

扫码查看本章彩图

任何常规的经典计算模型都不能解释大脑是如何产生思想和意识体验的。大脑由原子组成,原子要遵循量子物理的规律。从这个意义上来看,量子物理中所呈现的不确定性能够很好地契合人类大脑所呈现的不确定性。在量子世界中,人是"行走的波函数",只有产生了行为,波函数坍缩或叠加态之间的相干性消退,才能呈现一个熟悉的、确定的经典世界。个体的某些决策可能是非理性和感性的,但它们是符合量子论的,也是符合人类的行为和认知的。

情感是由大脑思维活动产生的。由于情感具有复杂性,因此博弈方的策略(情感表现型)具有相对性、多样性、随机性、可变性、动态性等特征。实际上,在博弈方的行为产生之前,其脑海中的信息处于所有可选策略的量子叠加状态,博弈方需要依据自身所拥有的信息作出最终决策(对应唯一的策略状态,即量子叠加态坍缩)。杰尔姆·R. 布斯迈耶和彼得·D. 布鲁托在《量子思维:认知和决策的量子模型》中写道:"不确定状态的'波动性质'反映了冲突、模糊、困惑、不确定的心理体验;而确定状态的'粒子性质'反映了解决争端、果断、确定的心理体验。"决策会将思想波瓦解为粒子,而记忆中的精神模因与处世之"道"则能导引和促进这一进程。

16.1 量子博弈模型

量子博弈论是量子信息论与博弈论结合的产物。作为博弈论的新分支,量子博弈论受到博弈论和量子物理学界的广泛关注,是当前博弈论研究的热点领域之一。量子信息论的引入为演化博弈研究提供了新的视角,为经典博弈跳出困境提供了新的方法。1999 年,Meyer[1]提出了翻硬币博弈的量子模型。同年,Eisert、Wilkens 和 Lewenstein[2]建立了一个双人量子囚徒困境博弈模型,即 Eisert-Wilkens-Lewenstein(EWL)模型。2000 年,Marinatto 和

Weber[3]提出了不需要解纠缠的 Marinatto-Weber(MW)量子博弈模型,为经典博弈量子化奠定了基础。

在 EWL 模型中,任何一个时刻的博弈状态可以用两个量子比特(分别属于两个博弈方)的直积空间中的态表示。量子化步骤为:①利用比特产生源让两个博弈方各拥有一个量子比特。②利用酉算子 J(J 需要满足规定的正则条件)操作生成博弈的初态(量子纠缠)。③博弈双方将两个局域算子 U,V 分别作用在自己的量子比特上,得到一个新的系统状态(相当于博弈中的策略选择)。④利用逆变换 J^+($J^+J=I$,J^+ 为 J 的共轭转置,I 为单位矩阵)获得量子系统的最终状态(解纠缠),并基于特定的测量系统来确定博弈双方的收益。

在 MW 模型中,量子化步骤为:①建立一个由基矢生成的希尔伯特空间作为策略空间,量子系统的状态就是由两个博弈方策略空间张成的希尔伯特空间中的矢量。②任意选择一个量子初态,两个博弈方分别对初态进行局域变换(变换内容包括局域算子和选择概率),得到量子终态(相当于博弈策略选择)。③由支付算子和量子终态的密度矩阵得到博弈双方的收益。

上述两种模型都是针对两人两策略的量子化分析。而现实生活中,博弈个体的策略往往具有多样性,因此需要将两人两策略推广到两人 N 策略。Iqbal 等[4]将 2×2 对称型博弈推广到 3×3 对称型博弈("剪刀、石头、布"机制),但其推广方法存在无法保留 2×2 对称型博弈优良性质的缺陷。Frąckiewicz[5]在此基础上进行了改良,提出了将 MW 量子博弈推广到 $N\times N$ 型的新方法。

16.2 考虑君子参与的三策略博弈量子化

在经典信息论中,信息单元用一个二进制位(bit)表示,处于"0"态或"1"态。而在量子信息论中,信息单元被称为"量子比特(qubit)",除可以处于"0"态或"1"态外,还可以处于二者的叠加态。若二维希尔伯特空间的基矢为 $|0\rangle$ 和 $|1\rangle$,则量子比特 $|\psi\rangle$ 可以表示为 $|\psi\rangle=\alpha|0\rangle+\beta|1\rangle$,式中 α 和 β 为复数,且 $|\alpha|^2+|\beta|^2=1$。[6]

(1) 量子初态

本章采用的方法为 Frąckiewicz 提出的改进的 MW 量子博弈方法[5],采用的模型为 3×3 型 GPDG 模型(博弈收益见表 13-1,取值与第 13 章一致)。假设量子系统由两个博弈方构成,每个博弈方的策略空间均为基矢 $|0\rangle,|1\rangle,|2\rangle$ 张成的希尔伯特空间,于是量子系统的状态就是由 $|00\rangle,|01\rangle,|02\rangle,|10\rangle,|11\rangle,|12\rangle,|20\rangle,|21\rangle,|22\rangle$ 张成的希尔伯特空间中的矢量。

各个基矢的向量形式依次为

$$|0\rangle=\begin{pmatrix}1\\0\\0\end{pmatrix},\quad |1\rangle=\begin{pmatrix}0\\1\\0\end{pmatrix},\quad |2\rangle=\begin{pmatrix}0\\0\\1\end{pmatrix}。$$

设系统的量子初态为

$$|\rho_{in}\rangle = C_{00}|00\rangle + C_{01}|01\rangle + C_{02}|02\rangle + C_{10}|10\rangle + C_{11}|11\rangle +$$
$$C_{12}|12\rangle + C_{20}|20\rangle + C_{21}|21\rangle + C_{22}|22\rangle, \tag{16-1}$$

式中系数 $C_{ij}(i,j\in\{0,1,2\})$ 均为复数,且 $\sum_{i=0}^{2}\sum_{j=0}^{2}|C_{ij}|^2=1$,其对应的密度矩阵为 $\rho_{in}=|\rho_{in}\rangle\langle\rho_{in}|$,其中 $\langle\rho_{in}|$ 为 $|\rho_{in}\rangle$ 的对偶向量。

(2) 局域算子

假定博弈方 A 的局域算子为满足如下条件的算子 U_0,U_1,U_2。

$$U_0|0\rangle=|0\rangle,\quad U_0|1\rangle=|1\rangle,\quad U_0|2\rangle=|2\rangle;$$
$$U_1|0\rangle=|1\rangle,\quad U_1|1\rangle=|2\rangle,\quad U_1|2\rangle=|0\rangle;$$
$$U_2|0\rangle=|2\rangle,\quad U_2|1\rangle=|0\rangle,\quad U_2|2\rangle=|1\rangle。$$

假定博弈方 B 的局域算子为满足如下条件的算子 V_0,V_1,V_2。

$$V_0|0\rangle=|0\rangle,\quad V_0|1\rangle=|1\rangle,\quad V_0|2\rangle=|2\rangle;$$
$$V_1|0\rangle=|1\rangle,\quad V_1|1\rangle=|2\rangle,\quad V_1|2\rangle=|0\rangle;$$
$$V_2|0\rangle=|2\rangle,\quad V_2|1\rangle=|0\rangle,\quad V_2|2\rangle=|1\rangle。$$

经过简单计算,可得出

$$U_0=V_0=\begin{pmatrix}1&0&0\\0&1&0\\0&0&1\end{pmatrix},\quad U_1=V_1=\begin{pmatrix}0&0&1\\1&0&0\\0&1&0\end{pmatrix},\quad U_2=V_2=\begin{pmatrix}0&1&0\\0&0&1\\1&0&0\end{pmatrix}。$$

式中 U_0,U_1,U_2 均为酉矩阵,即矩阵的逆等于它的共轭转置,$U^{-1}=U^+$。

(3)量子终态

设博弈方 A 的策略为 $p=(p_1,p_2,p_3)$, $p_1+p_2+p_3=1$, 博弈方 B 的策略为 $q=(q_1,q_2,q_3)$, $q_1+q_2+q_3=1$。博弈方 A 以概率 p_1 选择合作策略, 以概率 p_2 选择背叛策略, 以概率 p_3 选择君子策略; 博弈方 B 以概率 q_1 选择合作策略, 以概率 q_2 选择背叛策略, 以概率 q_3 选择君子策略。二者博弈共有 9 组策略组合。基于每组策略组合, 对量子初态进行局域变换(变换内容包括对应的局域算子和策略选择概率), 得到量子终态的密度矩阵

$$\begin{aligned}\rho_{\text{fin}}=\ &p_1q_1 U_0\otimes V_0\rho_{\text{in}}(U_0\otimes V_0)^+ + p_1q_2 U_0\otimes V_1\rho_{\text{in}}(U_0\otimes V_1)^+ + \\ &p_1q_3 U_0\otimes V_2\rho_{\text{in}}(U_0\otimes V_2)^+ + p_2q_1 U_1\otimes V_0\rho_{\text{in}}(U_1\otimes V_0)^+ + \\ &p_2q_2 U_1\otimes V_1\rho_{\text{in}}(U_1\otimes V_1)^+ + p_2q_3 U_1\otimes V_2\rho_{\text{in}}(U_1\otimes V_2)^+ + \\ &p_3q_1 U_2\otimes V_0\rho_{\text{in}}(U_2\otimes V_0)^+ + p_3q_2 U_2\otimes V_1\rho_{\text{in}}(U_2\otimes V_1)^+ + \\ &p_3q_3 U_2\otimes V_2\rho_{\text{in}}(U_2\otimes V_2)^+ 。\end{aligned} \quad (16\text{-}2)$$

式中 $\otimes$ 表示张量积。以两个简单向量 $d_1=\begin{pmatrix}1\\0\end{pmatrix}$, $d_2=\begin{pmatrix}0\\1\end{pmatrix}$ 为例, 其张量积可表示为

$$d_1\otimes d_2 = \begin{pmatrix}1\\0\end{pmatrix}\otimes\begin{pmatrix}0\\1\end{pmatrix}=\begin{pmatrix}1\times 0\\1\times 1\\0\times 0\\0\times 1\end{pmatrix}=\begin{pmatrix}0\\1\\0\\0\end{pmatrix}。$$

(4)博弈收益

根据支付算子和量子终态的密度矩阵, 得到博弈双方的收益为

$$\begin{cases}\pi_A(p,q)=\text{tr}(P_A\rho_{\text{fin}}),\\ \pi_B(p,q)=\text{tr}(P_B\rho_{\text{fin}})。\end{cases}$$

其中 tr 为迹, 支付算子为

$$P_A=|00\rangle\langle 00|+|02\rangle\langle 02|+b|10\rangle\langle 10|+\sigma|12\rangle\langle 12|+|20\rangle\langle 20|+\\ \sigma|21\rangle\langle 21|+|22\rangle\langle 22|,$$

$$P_B=|00\rangle\langle 00|+b|01\rangle\langle 01|+|02\rangle\langle 02|+\sigma|12\rangle\langle 12|+|20\rangle\langle 20|+\\ \sigma|21\rangle\langle 21|+|22\rangle\langle 22|。$$

只考虑量子化之后依然为对称型博弈的情况, 即默认量子初态 $|\rho_{\text{in}}\rangle=$

$\sum_{i=0}^{2}\sum_{j=0}^{2}|C_{ij}||ij\rangle$ 对任意 $i,j\{0,1,2\}$ 都有 $|C_{ij}|=|C_{ji}|$。基于表 13-1 中 GPDG 博弈收益,通过计算整理可得

$$\pi_A(p,q)=(p_1,p_2,p_3)\begin{bmatrix} W_{00}^A & W_{01}^A & W_{02}^A \\ W_{10}^A & W_{11}^A & W_{12}^A \\ W_{20}^A & W_{21}^A & W_{22}^A \end{bmatrix}(q_1,q_2,q_3)^T,$$

$$\pi_B(p,q)=(p_1,p_2,p_3)\begin{bmatrix} W_{00}^B & W_{01}^B & W_{02}^B \\ W_{10}^B & W_{11}^B & W_{12}^B \\ W_{20}^B & W_{21}^B & W_{22}^B \end{bmatrix}(q_1,q_2,q_3)^T。$$

(16-3)

式(16-3)中 3 阶方阵中的各个元素分别为

$W_{00}^A = 1 \cdot |C_{00}|^2 + 0 \cdot |C_{01}|^2 + 1 \cdot |C_{02}|^2 + b \cdot |C_{10}|^2 + 0 \cdot |C_{11}|^2 + \sigma \cdot |C_{12}|^2 + 1 \cdot |C_{20}|^2 + \sigma \cdot |C_{21}|^2 + 1 \cdot |C_{22}|^2,$

$W_{01}^A = 1 \cdot |C_{02}|^2 + 0 \cdot |C_{00}|^2 + 1 \cdot |C_{01}|^2 + b \cdot |C_{12}|^2 + 0 \cdot |C_{10}|^2 + \sigma \cdot |C_{11}|^2 + 1 \cdot |C_{22}|^2 + \sigma \cdot |C_{20}|^2 + 1 \cdot |C_{21}|^2,$

$W_{02}^A = 1 \cdot |C_{01}|^2 + 0 \cdot |C_{02}|^2 + 1 \cdot |C_{00}|^2 + b \cdot |C_{11}|^2 + 0 \cdot |C_{12}|^2 + \sigma \cdot |C_{10}|^2 + 1 \cdot |C_{21}|^2 + \sigma \cdot |C_{22}|^2 + 1 \cdot |C_{20}|^2,$

$W_{10}^A = 1 \cdot |C_{20}|^2 + 0 \cdot |C_{21}|^2 + 1 \cdot |C_{22}|^2 + b \cdot |C_{00}|^2 + 0 \cdot |C_{01}|^2 + \sigma \cdot |C_{02}|^2 + 1 \cdot |C_{10}|^2 + \sigma \cdot |C_{11}|^2 + 1 \cdot |C_{12}|^2,$

$W_{11}^A = 1 \cdot |C_{22}|^2 + 0 \cdot |C_{20}|^2 + 1 \cdot |C_{21}|^2 + b \cdot |C_{02}|^2 + 0 \cdot |C_{00}|^2 + \sigma \cdot |C_{01}|^2 + 1 \cdot |C_{12}|^2 + \sigma \cdot |C_{10}|^2 + 1 \cdot |C_{11}|^2,$

$W_{12}^A = 1 \cdot |C_{21}|^2 + 0 \cdot |C_{22}|^2 + 1 \cdot |C_{20}|^2 + b \cdot |C_{01}|^2 + 0 \cdot |C_{02}|^2 + \sigma \cdot |C_{00}|^2 + 1 \cdot |C_{11}|^2 + \sigma \cdot |C_{12}|^2 + 1 \cdot |C_{10}|^2,$

$W_{20}^A = 1 \cdot |C_{10}|^2 + 0 \cdot |C_{11}|^2 + 1 \cdot |C_{12}|^2 + b \cdot |C_{20}|^2 + 0 \cdot |C_{21}|^2 + \sigma \cdot |C_{22}|^2 + 1 \cdot |C_{00}|^2 + \sigma \cdot |C_{01}|^2 + 1 \cdot |C_{02}|^2,$

$W_{21}^A = 1 \cdot |C_{12}|^2 + 0 \cdot |C_{10}|^2 + 1 \cdot |C_{11}|^2 + b \cdot |C_{22}|^2 + 0 \cdot |C_{20}|^2 + \sigma \cdot |C_{21}|^2 + 1 \cdot |C_{02}|^2 + \sigma \cdot |C_{00}|^2 + 1 \cdot |C_{01}|^2,$

$W_{22}^A = 1 \cdot |C_{11}|^2 + 0 \cdot |C_{12}|^2 + 1 \cdot |C_{10}|^2 + b \cdot |C_{21}|^2 + 0 \cdot |C_{22}|^2 + \sigma \cdot |C_{20}|^2 + 1 \cdot |C_{01}|^2 + \sigma \cdot |C_{02}|^2 + 1 \cdot |C_{00}|^2,$

$W_{00}^B = 1 \cdot |C_{00}|^2 + b \cdot |C_{01}|^2 + 1 \cdot |C_{02}|^2 + 0 \cdot |C_{10}|^2 + 0 \cdot |C_{11}|^2 + \sigma \cdot |C_{12}|^2 + 1 \cdot |C_{20}|^2 + \sigma \cdot |C_{21}|^2 + 1 \cdot |C_{22}|^2,$

238 情感博弈:合作演化的感性机制

$W_{01}^B = 1 \cdot |C_{02}|^2 + b \cdot |C_{00}|^2 + 1 \cdot |C_{01}|^2 + 0 \cdot |C_{12}|^2 + 0 \cdot |C_{10}|^2 + \sigma \cdot |C_{11}|^2 + 1 \cdot |C_{22}|^2 + \sigma \cdot |C_{20}|^2 + 1 \cdot |C_{21}|^2,$

$W_{02}^B = 1 \cdot |C_{01}|^2 + b \cdot |C_{02}|^2 + 1 \cdot |C_{00}|^2 + 0 \cdot |C_{11}|^2 + 0 \cdot |C_{12}|^2 + \sigma \cdot |C_{10}|^2 + 1 \cdot |C_{21}|^2 + \sigma \cdot |C_{22}|^2 + 1 \cdot |C_{20}|^2,$

$W_{10}^B = 1 \cdot |C_{20}|^2 + b \cdot |C_{21}|^2 + 1 \cdot |C_{22}|^2 + 0 \cdot |C_{00}|^2 + 0 \cdot |C_{01}|^2 + \sigma \cdot |C_{02}|^2 + 1 \cdot |C_{10}|^2 + \sigma \cdot |C_{11}|^2 + 1 \cdot |C_{12}|^2,$

$W_{11}^B = 1 \cdot |C_{22}|^2 + b \cdot |C_{20}|^2 + 1 \cdot |C_{21}|^2 + 0 \cdot |C_{02}|^2 + 0 \cdot |C_{00}|^2 + \sigma \cdot |C_{01}|^2 + 1 \cdot |C_{12}|^2 + \sigma \cdot |C_{10}|^2 + 1 \cdot |C_{11}|^2,$

$W_{12}^B = 1 \cdot |C_{21}|^2 + b \cdot |C_{22}|^2 + 1 \cdot |C_{20}|^2 + 0 \cdot |C_{01}|^2 + 0 \cdot |C_{02}|^2 + \sigma \cdot |C_{00}|^2 + 1 \cdot |C_{11}|^2 + \sigma \cdot |C_{12}|^2 + 1 \cdot |C_{10}|^2,$

$W_{20}^B = 1 \cdot |C_{10}|^2 + b \cdot |C_{11}|^2 + 1 \cdot |C_{12}|^2 + 0 \cdot |C_{20}|^2 + 0 \cdot |C_{21}|^2 + \sigma \cdot |C_{22}|^2 + 1 \cdot |C_{00}|^2 + \sigma \cdot |C_{01}|^2 + 1 \cdot |C_{02}|^2,$

$W_{21}^B = 1 \cdot |C_{12}|^2 + b \cdot |C_{10}|^2 + 1 \cdot |C_{11}|^2 + 0 \cdot |C_{22}|^2 + 0 \cdot |C_{20}|^2 + \sigma \cdot |C_{21}|^2 + 1 \cdot |C_{02}|^2 + \sigma \cdot |C_{00}|^2 + 1 \cdot |C_{01}|^2,$

$W_{22}^B = 1 \cdot |C_{11}|^2 + b \cdot |C_{12}|^2 + 1 \cdot |C_{10}|^2 + 0 \cdot |C_{21}|^2 + 0 \cdot |C_{22}|^2 + \sigma \cdot |C_{20}|^2 + 1 \cdot |C_{01}|^2 + \sigma \cdot |C_{02}|^2 + 1 \cdot |C_{00}|^2。$

由于$|C_{ij}| = |C_{ji}|$,可以得到$W_{ij}^A = W_{ji}^B(i,j=0,1,2)$。

如果设博弈方 A 的策略为$q=(q_1,q_2,q_3),q_1+q_2+q_3=1$,博弈方 B 的策略为$p=(p_1,p_2,p_3),p_1+p_2+p_3=1$。通过计算整理可得

$$\pi_A(q,p) = (q_1,q_2,q_3) \begin{bmatrix} W_{00}^A & W_{01}^A & W_{02}^A \\ W_{10}^A & W_{11}^A & W_{12}^A \\ W_{20}^A & W_{21}^A & W_{22}^A \end{bmatrix} (p_1,p_2,p_3)^T,$$

$$\pi_B(q,p) = (q_1,q_2,q_3) \begin{bmatrix} W_{00}^B & W_{01}^B & W_{02}^B \\ W_{10}^B & W_{11}^B & W_{12}^B \\ W_{20}^B & W_{21}^B & W_{22}^B \end{bmatrix} (p_1,p_2,p_3)^T。$$

(16-4)

计算并展开式(16-3)和式(16-4),由于$W_{ij}^A = W_{ji}^B(i,j=0,1,2)$,可得

$$\pi_A(p,q) = \pi_B(q,p),$$
$$\pi_B(p,q) = \pi_A(q,p)。$$

由此可见,当两个博弈方博弈时,一方采取 p 策略,另一方采取 q 策略,

每个博弈方的收益只与其采取的策略有关,与博弈方的序号(A 或 B)无关。因此,后文中我们忽略表征博弈方的序号,直接用 $\pi(p,q)$ 表示 p 策略和 q 策略博弈时 p 策略的收益。

16.3 纯策略的演化稳定性

在量子博弈模型中,纯策略的演化稳定性值得关注。纯策略$(1,0,0)$,$(0,1,0)$,$(0,0,1)$分别对应算子U_0,U_1和U_2,以及经典策略下的 C,D 和 G。

$$(1,0,0) \leftrightarrow U_0 \leftrightarrow C$$
$$(0,1,0) \leftrightarrow U_1 \leftrightarrow D$$
$$(0,0,1) \leftrightarrow U_2 \leftrightarrow G$$

经过分析,上述三个纯策略均有可能为演化稳定策略。将三个纯策略代入式(16-3)计算可得

$$\pi(U_0,U_0) = W_{00}, \pi(U_1,U_0) = W_{10}, \pi(U_2,U_0) = W_{20},$$
$$\pi(U_1,U_1) = W_{11}, \pi(U_0,U_1) = W_{01}, \pi(U_2,U_1) = W_{21},$$
$$\pi(U_2,U_2) = W_{22}, \pi(U_0,U_2) = W_{02}, \pi(U_1,U_2) = W_{12}。$$

(1) 纯策略 U_0 为演化稳定策略的情形

如果满足

$$\begin{cases} \pi(U_0,U_0) > \pi(U_1,U_0), \\ \pi(U_0,U_0) > \pi(U_2,U_0), \end{cases} \Rightarrow \begin{cases} W_{00} - W_{10} > 0, \\ W_{00} - W_{20} > 0, \end{cases}$$

那么纯策略 U_0(对应 C,即总是采取合作策略)是量子博弈的演化稳定策略。其中

$$W_{00} - W_{10} = (1-b)(|C_{00}|^2 - |C_{10}|^2) + (1-\sigma)(|C_{02}|^2 - |C_{12}|^2) + \sigma(|C_{21}|^2 - |C_{11}|^2),$$

$$W_{00} - W_{20} = (1-b)(|C_{20}|^2 - |C_{10}|^2) + (1-\sigma)(|C_{22}|^2 - |C_{12}|^2) + \sigma(|C_{21}|^2 - |C_{01}|^2)。$$

(2) 纯策略 U_1 为演化稳定策略的情形

如果满足

$$\begin{cases} \pi(U_1,U_1) > \pi(U_0,U_1), \\ \pi(U_1,U_1) > \pi(U_2,U_1), \end{cases} \Rightarrow \begin{cases} W_{11} - W_{01} > 0, \\ W_{11} - W_{21} > 0, \end{cases}$$

那么纯策略 U_1(对应 D,即总是采取背叛策略)是量子博弈的演化稳定策略。其中

$$W_{11}-W_{01}=(b-1)(|C_{02}|^2-|C_{12}|^2)+(1-\sigma)(|C_{11}|^2-|C_{01}|^2)+\sigma(|C_{10}|^2-|C_{20}|^2),$$

$$W_{11}-W_{21}=(b-1)(|C_{02}|^2-|C_{22}|^2)+(1-\sigma)(|C_{21}|^2-|C_{01}|^2)+\sigma(|C_{10}|^2-|C_{00}|^2)。$$

(3)纯策略 U_2 为演化稳定策略的情形

如果满足

$$\begin{cases}\pi(U_2,U_2)>\pi(U_0,U_2),\\ \pi(U_2,U_2)>\pi(U_1,U_2),\end{cases}\Rightarrow\begin{cases}W_{22}-W_{02}>0,\\ W_{22}-W_{12}>0,\end{cases}$$

那么纯策略 U_2(对应 G,即总是采取君子策略)是量子博弈的演化稳定策略。其中

$$W_{22}-W_{02}=(b-1)(|C_{21}|^2-|C_{11}|^2)+(1-\sigma)(|C_{10}|^2-|C_{20}|^2)+\sigma(|C_{02}|^2-|C_{22}|^2),$$

$$W_{22}-W_{12}=(b-1)(|C_{21}|^2-|C_{01}|^2)+(1-\sigma)(|C_{00}|^2-|C_{20}|^2)+\sigma(|C_{02}|^2-|C_{12}|^2)。$$

(4)3 个纯策略均非演化稳定策略的情形

考虑 $C_{ij}=0(\forall i\neq j)$ 的情况,即假设量子系统的初态为

$$|\rho_{\text{in}}\rangle=C_{00}|00\rangle+C_{11}|11\rangle+C_{22}|22\rangle。$$

此时,式(16-3)中 3 阶方阵中的各个元素分别为:

$$W_{00}=|C_{00}|^2+|C_{22}|^2,$$
$$W_{01}=\sigma|C_{11}|^2+|C_{22}|^2,$$
$$W_{02}=|C_{00}|^2+b|C_{11}|^2+\sigma|C_{22}|^2,$$
$$W_{10}=|C_{22}|^2+b|C_{00}|^2+\sigma|C_{11}|^2,$$
$$W_{11}=|C_{22}|^2+|C_{11}|^2,$$
$$W_{12}=\sigma|C_{00}|^2+|C_{11}|^2,$$
$$W_{20}=\sigma|C_{22}|^2+|C_{00}|^2,$$
$$W_{21}=|C_{11}|^2+b|C_{22}|^2+\sigma|C_{00}|^2,$$
$$W_{22}=|C_{11}|^2+|C_{00}|^2。$$

容易计算得

$$W_{00} - W_{10} = (1-b)|C_{00}|^2 - \sigma|C_{11}|^2,$$
$$W_{11} - W_{21} = (1-b)|C_{22}|^2 - \sigma|C_{00}|^2,$$
$$W_{22} - W_{02} = (1-b)|C_{11}|^2 - \sigma|C_{22}|^2。$$

因为 $1<b<2,0<\sigma\leq1$,所以在量子系统初态系数 $C_{ii}(i=0,1,2)$ 均不为零的情况下,$W_{00}-W_{10}$,$W_{11}-W_{21}$,$W_{22}-W_{02}$ 均小于零,从而得出

$$\pi(U_0,U_0)<\pi(U_1,U_0), \pi(U_1,U_1)<\pi(U_2,U_1), \pi(U_2,U_2)<\pi(U_0,U_2)。$$

此时,量子博弈的三个纯策略都不是演化稳定性策略,即如果 $|\rho_{in}\rangle = C_{00}|00\rangle + C_{11}|11\rangle + C_{22}|22\rangle$ 中的 3 个系数均不为零,则量子化的三策略博弈没有纯策略的演化稳定策略。

取 $|C_{00}|^2 = |C_{11}|^2 = |C_{22}|^2 = \dfrac{1}{3}$,根据上述公式计算相应收益,结果如图 16-1~图 16-3 所示。从图中可以看出,

$$\pi(U_0,U_0)<\pi(U_1,U_0), \pi(U_1,U_1)<\pi(U_2,U_1), \pi(U_2,U_2)<\pi(U_0,U_2),$$

此时不存在纯策略的演化稳定策略。

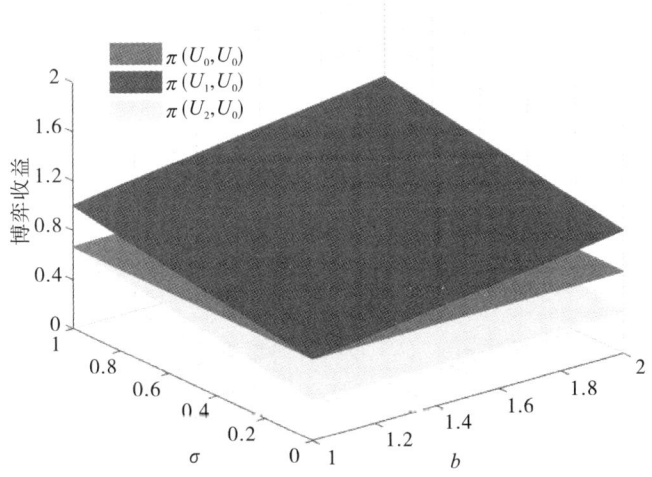

图 16-1 收益 $\pi(U_0,U_0)$,$\pi(U_1,U_0)$ 和 $\pi(U_2,U_0)$(后附彩图)

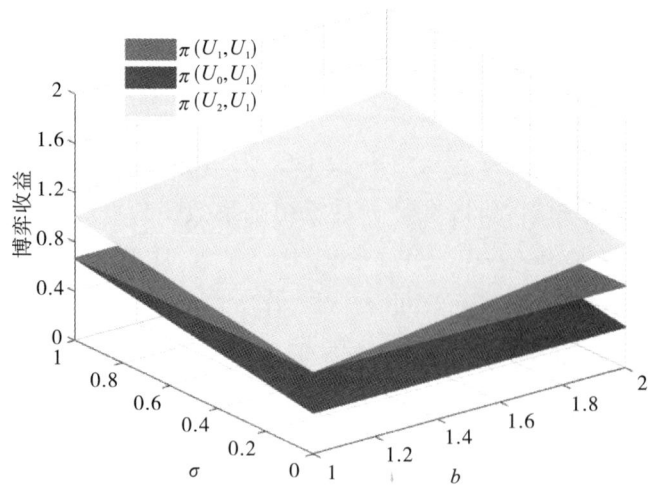

图 16-2　收益 $\pi(U_1,U_1)$，$\pi(U_0,U_1)$ 和 $\pi(U_2,U_1)$（后附彩图）

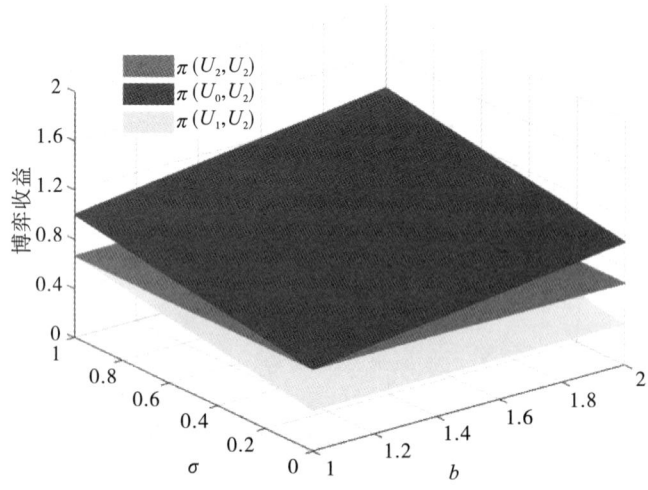

图 16-3　收益 $\pi(U_2,U_2)$，$\pi(U_0,U_2)$ 和 $\pi(U_1,U_2)$（后附彩图）

16.4　量子模型的退化

下面考虑最特殊的情况，即 $|\rho_{in}\rangle=|ii\rangle$ 的情况。当量子系统的初态为 $|\rho_{in}\rangle=|ii\rangle(i=0,1,2)$，量子化之后的 MW 模型将退化为原来的经典博弈模型。

(1) $|\rho_{in}\rangle = |00\rangle$

经过计算可以得到

$$\pi(p,q) = p \begin{bmatrix} (1,1) & (0,b) & (1,1) \\ (b,0) & (0,0) & (\sigma,\sigma) \\ (1,1) & (\sigma,\sigma) & (1,1) \end{bmatrix} q^{\mathrm{T}}.$$

基于博弈矩阵,将博弈双方分为博弈方 A(其收益为矩阵元素数组中的第 1 个值)和博弈方 B(其收益为矩阵元素数组中的第 2 个值),根据划线法确定博弈的纳什均衡。方法如下:

1)博弈方 A 选择策略时

博弈方 A 选择合作策略(矩阵第 1 行)时,博弈方 B 的最优策略为背叛策略(第 2 列),因为此时能够获得最大收益 b(在博弈方 B 的收益"b"下方画一道横线)。

当博弈方 A 选择背叛策略(矩阵第 2 行)时,博弈方 B 的最优策略为君子策略(第 3 列),因为此时能够获得最大收益 σ(在博弈方 B 的收益"σ"下方画一道横线)。

当博弈方 A 选择君子策略(矩阵第 3 行)时,博弈方 B 的最优策略为合作策略(第 1 列)或者君子策略(第 3 列),因为能够获得最大收益 1(在博弈方 B 的收益"1"下方画一道横线)。

2)博弈方 B 选择策略时

当博弈方 B 选择合作策略(矩阵第 1 列)时,博弈方 A 的最优策略为背叛策略(第 2 行),因为此时能够获得最大收益 b(在博弈方 A 的收益"b"下方画一道横线)。

当博弈方 B 选择背叛策略(矩阵第 2 列)时,博弈方 A 的最优策略为君子策略(第 3 行),因为此时能够获得最大收益 σ(在博弈方 A 的收益"σ"下方画一道横线)。

当博弈方 B 选择君子策略(矩阵第 3 列)时,博弈方 A 的最优策略为合作策略(第 1 行)或者君子策略(第 3 行),因为能够获得最大收益 1(在博弈方 A 的收益"1"下方画一道横线)。

根据划线法，最终可得 $\begin{bmatrix}(1,1) & (0,\underline{b}) & (1,1)\\ (\underline{b},0) & (0,0) & (\sigma,\underline{\sigma})\\ (1,\underline{1}) & (\sigma,\sigma) & (1,1)\end{bmatrix}$，因此存在唯一的纳什均衡$(U_2,U_2)$，即(君子，君子)策略。根据演化稳定策略的判断条件，如果(U_2,U_2)为演化稳定策略，则必须满足

$$\pi(U_2,U_2) > \pi(U_0,U_2), \pi(U_2,U_2) > \pi(U_1,U_2)。$$

经过计算可以得到

$$\pi(U_2,U_2) = \pi(U_0,U_2) = 1, \pi(U_2,U_2) = 1 \geqslant \pi(U_1,U_2) = \sigma,$$

因此，与G对应的纯策略U_2不是演化稳定策略。

(2) $|\rho_{in}\rangle = |11\rangle$

经计算可得

$$\pi(p,q) = p\begin{bmatrix}(0,0) & (\sigma,\sigma) & (b,0)\\ (\sigma,\sigma) & (1,1) & (1,1)\\ (0,b) & (1,1) & (1,1)\end{bmatrix}q^T。$$

根据划线法确定博弈的纳什均衡，(U_1,U_1)是唯一的纳什均衡。同理，可以计算得到

$$\pi(U_1,U_1) = 1 \geqslant \pi(U_0,U_1) = \sigma, \pi(U_1,U_1) = \pi(U_2,U_1) = 1,$$

因此，与D对应的纯策略U_1不是演化稳定策略。

(3) $|\rho_{in}\rangle = |22\rangle$

经计算可得

$$\pi(p,q) = p\begin{bmatrix}(1,1) & (1,1) & (\sigma,\sigma)\\ (1,1) & (1,1) & (0,b)\\ (\sigma,\sigma) & (b,0) & (0,0)\end{bmatrix}q^T。$$

根据划线法确定博弈的纳什均衡，(U_0,U_0)是唯一的纳什均衡。同理，可以计算得到

$$\pi(U_0,U_0) = \pi(U_1,U_0) = 1, \pi(U_0,U_0) = 1 \geqslant \pi(U_2,U_0) = \sigma,$$

因此，与C对应的纯策略U_0不是演化稳定策略。

16.5 结果分析

量子博弈论的主要关注点之一为博弈模型量子化之后会给博弈的均衡

解和演化稳定策略带来何种影响。本章主要分析了 GPDG 模型的量子化过程(采用 MW 量子博弈方法),通过设定不同量子初态形式,分析了量子化的纯策略的演化稳定性。

①在一般的量子系统初态下,量子化的三个纯策略在一定的参数条件下均可以成为量子博弈的演化稳定策略。纯策略 U_0,U_1 和 U_2 分别对应经典策略下的 C,D 和 G,如果想提高群体的合作水平,就要合理设置参数条件(主要是量子初态参数和博弈收益参数),使纯策略 U_0 或 U_2 成为量子博弈的演化稳定策略,避免纯策略 U_1 成为量子博弈的演化稳定策略。

②量子初态形式为 $|\rho_{in}\rangle = C_{00}|00\rangle + C_{11}|11\rangle + C_{22}|22\rangle$,且系数 C_{ii} ($i=0,1,2$) 均不为零时,量子化的 GPDG 模型不存在纯策略的演化稳定策略。

③对于最特殊的量子初态 $|\rho_{in}\rangle = |ii\rangle$ ($i=0,1,2$),量子化后的模型将退化为原来的经典博弈模型,不同的量子初态对应不同的纳什均衡解,但不存在演化稳定策略。

相较于量子化的纯策略的演化稳定性,量子化的混合策略的演化稳定性更值得关注,因为混合策略中的概率 (p_1,p_2,p_3) 和概率 (q_1,q_2,q_3) 能够反映两个个体在交互博弈时的情感特征。个体的情感特征决定了选择合作策略、背叛策略和君子策略的概率组合。那么,什么样的概率组合和对应的情感特征能够使量子化的混合策略成为演化稳定策略呢? 该领域的研究结果将为群体情感的引导和社会合作水平的提升提供决策参考。

参考文献

[1] MEYER D A. Quantum strategies[J]. Physical Review Letters,1999,82(5):1052−1055.

[2] EISERT J, WILKENS M, LEWENSTEIN M. Quantum games and quantum strategies[J]. Physical Review Letters,1999,83(15):3077−3080.

[3] MARINATTO L, WEBER T. A quantum approach to static games of complete information[J]. Physics Letters A,2000,272(5−6):291−303.

[4] IQBAL A, TOOR A H. Quantum mechanics gives stability to a Nash equilibrium[J]. Physical Review A, 2002,65(2):022306.

[5] FRĄCKIEWICZ P. A comment on the generalization of the Marinatto-Weber quantum game scheme[J]. Acta Physica Polonica B,2013,44(1):29−33.

[6] 兰军. 演化博弈与量子博弈中的几个问题研究[D]. 武汉:武汉大学,2015.

终 章
格劳秀斯难题的破解之道

生物的进化,就是发现爱和良心的过程。

——汤因比和池田大作
《展望21世纪:汤因比与池田大作对话录》

有史以来,人的演化一直是社会性的而不是生物性的:其进化程度不是经由物种遗传变异,而主要是因为经济、政治、智力和伦理道德的革新,通过模仿、习俗和教育的力量,个别地或者一代一代地传递下去。

——威尔·杜兰特和阿里尔·杜兰特
《历史的教训》

圣人比其类而论会之,观其先后而逆顺之,体其义而节文之,理其情而出入之,然后复以教。教,所以生德于中者也。

——何益鑫
《竹简〈性自命出〉章句讲疏》

"道"始于情

"如何让自利的人能够相互合作"被称为"格劳秀斯难题"。为什么自利的人不能相互合作呢？一是自利的人以自我为中心，缺乏同理心，无法共情，而同理心和共情正是合作的滥觞；二是自利的人常常追求利益最大化，因此竞争（背叛）成为其追求利益的首选策略；三是生存压力（资源约束）和生存动机（适应性）使得自利向自私发展，进一步加剧竞争（背叛）。

那么如何破解格劳秀斯难题呢？胡果·格劳秀斯本人提出的解决方法是社会契约，利用法律、制度、政策、规则等社会契约约束自利行为（弱化自我中心的地位和限制追求利益的程度），以实现个体之间的合作。但契约会受到生存压力和机会主义的冲击而难以承续。理查德·道金斯在《自私的基因》中指出："假如有一个自私的叛逆者准备利用其他成员的利他主义，……它比其他成员更可能生存下来并繁殖后代。这些后代都有继承其自私特性的倾向。这样的自然选择经过几代之后，利他性的群体将会被自私的个体淹没。"虽然合作的适应性不如背叛强，且不稳定，但合作的广泛存在性（存在即合理）和情感促进合作的证据（田野调查、社会实验、认知神经科学）表明，情感是制约自利向自私发展和稳定合作的核心力量。

《性自命出》云："道始于情"。从情感这个驱动因素出发，人们构建了道德、信仰、文化、思想等精神模因（"道"），使得自利的人不仅能实现"相偶不相残，相争不相害"，而且能合作共赢。亚当·斯密推崇克己和合宜有度，期望通过适当治理与引导，克制自利的欲望，从而实现群体繁荣。他指出，自利和克己的区别在于，自利的下限是利己但不违背整体利益，克己的下限是正义，即不伤害他人。他在《道德情操论》中写道："为了强迫人们尊奉正义，造物主在人们心中培植起了那种恶有恶报的意识以及害怕违反正义就会受到惩罚的心理。正义就像人类联合的伟大卫士，保护和维持着社会的良性运转。"其中包含了两层意思，一个层面是通过同情和内疚产生的合宜道德引导人们走向正义，另一个层面是通过法律的强制惩罚防止人们走向非正义。

我们认为，个体的自利动机和对利益的追求是合乎理性的，但实现自利的行为策略需要情感引导和制约。基于此观点，本书根据情、理两方面的逻辑构建了情感博弈模型,试图从定量分析的角度论证情感驱动合作的可行性。综观本书,破解格劳秀斯难题可以从以下 4 个关键要素着手。

情理机制 本书构建的情感博弈模型既考虑了个体追求利益(博弈收益)的理性机制,如社会身份和社会获得的表达方式、适应度的定义、模仿对象的选择等;又考虑了个体追求利益的程度和行为方式的情感机制,如个体情感特征的表达方式(体现合宜)、情感与策略的对应关系(体现克己)、情感博弈收益矩阵(体现有度)、基于模仿学习的情感传播机制(体现同理心)、情感声誉机制(体现共情,包括基于个体情感特征的声誉表达、情感声誉的认同激活、交互个体声誉对本方情感响应的迁移效应)、基于情感声誉的网络断边重连规则(体现同理心)、善者策略和君子策略(体现合宜、克己、有度)等,以弥补个体自利在同理心、共情和追求利益无度上的不足。本书的计算结果显示,情理机制的引入促进了群体中合作行为的涌现,且可以维持合作行为的长期稳定性。

善良情感 在合作产生的亲缘选择、直接互惠、间接互惠、网络互惠和种群选择等物理机制中,广泛存在着情感因素,如亲情、回报、感恩、好名声、亲社会等。本书主要考虑社会身份比较激发的情感和社会获得比较激发的情感。在这些情感中,善良情感是驱动合作的"原力"。合作的产生、发展和繁荣都离不开善良情感,如主动示好、互敬互爱、成人达己、诚信重诺、大度宽容等。本书的计算结果也验证了善良情感的适应性和对群体合作的驱动作用:同情比欺凌的适应性好,尊敬比嫉妒的适应性好。与尊敬相比,同情对合作更重要。每个人付出的善良里,都藏着未来的合作之路(情感声誉)。适度善良是群体取得高合作水平和高收益的原因。善者策略和君子策略具有高适应性,可有效促进合作的涌现。

多样性 情感具有多样、矛盾、动态变化的特征,会受到情境(如资源约束和竞争压力)的影响。本书在建立情感博弈模型时也充分考虑了这一点(情感参数、动态演化、演化策略等)。本书的计算结果显示,情感多样性可以促进生存压力情境下的合作产生:群体中个体情感的多样性是对自然的适应和进化的必然结果。存在多种情感表现型的个体共存(形成既相互关联又相互制约的子簇群)的自组织模式。情感多样性对群体有调节、平衡和稳定作用,在一定程度上提升了群体合作频率和平均收益。善者策略和君子策略均表现出优良的初始存活性和生存稳定性,促进了群体中合作行为的涌现、发展和繁荣,提升了群体适应度。

社会网络 社会网络反映个体之间的连接关系。在更为广阔的时空网络中,人们可以通过模因建立连接。网络将交互、回报、感恩、声誉等行为、情感和信息的对象定向化和具体化,弱化了对个体的认知要求,是处于生存压力情境下合作行为产生的温床。本书的计算结果表明:网络能够有效地促使正向情感的个体聚集成簇,从而维持稳定的合作水平。网络结构对情感演化和传播存在影响。随着网络度分布异质性的提高,中心节点的活化能力和泛化能力增强,正向情感表现型的个体在演化中取得优势的概率增大。利用基于情感声誉的网络断边重连规则,可以实现"物以类聚,人以群分",实现好人和好人、合作者与合作者的联合。

思想模因

人类情感(长尺度)沉淀升华形成的处世之道和思想模因是合作成为适应性行为的重要推手。从古至今,伟大的哲学家通过建构思想模因而为天下立"道",东西方都是如此。与基因一样,思想模因具有多样性和动态性,在传播过程中有"遗传、变异和选择"机制。爱德华·威尔逊在《知识大融通:21世纪的科学与人文》一书中提出"基因-文化协同进化"的观点(其中"文化"指的是宗教、神话、艺术、科技、运动和其他世代相传的所有系统知识),倡导从神经科学、心理学和演化生物学的角度来理解人性,以此获得重新塑造自身的力量。

文明是一个群体通过充分的思想模因博弈形成的生存模式。每一个文明都有自己的模因基石。基于中华文明,可以归纳出一种"一体之仁—和谐共生—世界大同—天地贵德"的思想模因体系。该体系可在一定程度上构成逻辑闭环:先要有"爱人"的仁心,并推及每一个人和自然界万事万物,然后达到"一体之仁"的宏大境界。由此,人与人、人与万物和谐共生,进而实现人人平等的世界大同和唯德是亲的天地大道。

一体之仁 "大人之能以天地万物为一体也,非意之也,其心之仁本若是。"此即为"一体之仁"。"仁"有其坚固的情感基础。孔子主张"仁者,人也,亲亲为大",认为要实现人人亲爱的"仁",首先要爱自己的亲人。孟子则主张"恻隐之心,仁之端也;羞恶之心,义之端也;辞让之心,礼之端也;是非之心,智之端也",提出以更具有普遍意义的"恻隐之心"作为仁德的情感基础。

"仁爱"可以视为中国"扶危济困"文化生成的价值之源。中国自先秦时代就已采取"饥者食之,寒者衣之,不资者振之"及帮助"天下之穷民而无告者"的政策。这些政策充分体现了社会救济意识。孟子云:"死徙无出乡,乡田同井,出入相友,守望相助,疾病相扶持,则百姓亲睦"。"同舟共济,守望相助"既是"仁爱"精神的具体体现,也是实现百姓亲睦的抓手。同时,扶危济困也符合老子的"天道"思想:"天之道,损有余而补不足"。历代统治者常倾斜国家资源,用于扶危济困、赈灾救荒、雪中送炭。《黄氏日抄》里就有这样的记载:"照对救荒之法,惟有劝分。劝分者,劝富室以惠小民,损有余而补不足,天道也,国法也。富者种德,贫者感恩,乡井盛事也。"

和谐共生 《易经》有云:"利者,义之和也。"真正的利,是建立在道义基础上的。合作共赢,对大家都有利。正所谓"和羹之美,在于合异,上下之益,在能相济",格局越大的人,往往越懂得助力别人,彼此成就。

"人与自然的关系是人类社会最基本的关系,人类也总是在与自然的互动中生产、生活、发展。"庄子在《齐物论》中提到:"天地与我并生,而万物与我为一。"《道德经》中有云:"天地所以能长且久者,以其不自生,故能长生。"与道家的观点类似,儒家也提倡"生生"之意。细化之,有共生、互生、利生、护生等层次范畴。尊重与人类在同一生命树上的那些"远房亲戚",与万物和谐共生,是人类面向未来、永续发展的智慧之门。

"人绝对不是生物的君主,每一种生物都在同样完满的水平上,站立在人旁边。"人是万物之灵,亦是自然之子,如果不能与自然界和睦相处,人类只能是"孤独的侵入者"。所有生命都是"悦纳生命"本身的,善待自然有利于人的道德感的培育。程颢提出的"仁者,浑然与物同体"就表达了对世间万物的仁慈恻隐之心。

世界大同 儒家认为,一个理想的人类社会应该是人人平等的大同世界。中国人心中的大同社会是"大道之行也,天下为公。选贤与能,讲信修睦,故人不独亲其亲,不独子其子,使老有所终,壮有所用,幼有所长,矜寡孤独废疾者皆有所养"。世界大同不仅是一种精神信仰,而且具有物质基础——脑结构和相应神经活动。前额叶是人类的高级脑区域。在前额叶的作用下,人们尝试将自我利益和他人利益融合,演化出共情、同理心和社会化行为,形成一个平等合作的命运共同体。

天地贵德 人的情感观念与情感实践都需要一个外在的检验对象,这就是天道。天道无亲,常与善人。老子在《道德经》中写道:"万物莫不尊道而贵德"。万物非道不能生,非德不能成,天地万物的生存发展皆源于道德的润养。周敦颐认为,人的最高道德理想是"中正仁义"。程颢和程颐认为,只有"克己",即克除一己之私,才能做到中正,同时提出"仁者公也""天心所以至仁者,惟公尔。人能至公,便是仁",认为只有出于公心,才能做到仁义。

合作是文明的基石,文明的物质基础依赖生产的社会化合作。越高等的文明,其物质基础越先进,也就需要越高的社会合作度。善良是合作的根基,驱动了文明的发展。同时,文明的进步也以"上善"为内核、归向和目标。

谨以本书致敬人类所有的善良模因!

附 录

附录 I 35 种初始状态一步转移的概率

当 $N=4, R=1, J=0$ 时,从 35 种初始状态出发,经一步转移后到达的状态及相应概率如下:

$S_0 \to S_0 \quad p_{0,0}=1$

$S_1 \begin{cases} S_0 & p_{1,0}=\dfrac{\dfrac{T\omega}{2}-3\omega+3}{2F\omega-16\omega+2T\omega+16} \\ S_1 & p_{1,1}=\dfrac{F\omega-20\omega+3T\omega+20}{4F\omega-32\omega+4T\omega+32} \\ S_2 & p_{1,2}=\dfrac{\dfrac{3F\omega}{2}-3\omega+3}{2F\omega-16\omega+2T\omega+16} \end{cases}$

$S_2 \begin{cases} S_1 & p_{2,1}=\dfrac{T\omega-3\omega+3}{3(F\omega-4\omega+T\omega+4)} \\ S_2 & p_{2,2}=\dfrac{1}{2} \\ S_3 & p_{2,3}=\dfrac{3F\omega-6\omega+T\omega+6}{6(F\omega-4\omega+T\omega+4)} \end{cases}$

$S_3 \begin{cases} S_2 & p_{3,2}=\dfrac{3T\omega-6\omega+6}{12T\omega-32\omega+12F\omega+32} \\ S_3 & p_{3,3}=\dfrac{7T\omega-20\omega+9F\omega+20}{12T\omega-32\omega+12F\omega+32} \\ S_4 & p_{3,4}=\dfrac{2T\omega+3F\omega-6\omega+6}{12T\omega-32\omega+12F\omega+32} \end{cases}$

$S_4 \to S_4 \quad p_{4,4}=1$

$S_5 \begin{cases} S_0 & p_{5,0}=\dfrac{\dfrac{T\omega}{2}-3\omega+3}{2F\omega-16\omega+2T\omega+16} \\ S_5 & p_{5,5}=\dfrac{F\omega-20\omega+3T\omega+20}{4F\omega-32\omega+4T\omega+32} \\ S_9 & p_{5,9}=\dfrac{\dfrac{3F\omega}{2}-3\omega+3}{2F\omega-16\omega+2T\omega+16} \end{cases}$

$$S_6 \rightarrow \begin{cases} S_1 & p_{6,1} = \dfrac{T\omega-3\omega+3}{4T\omega-22\omega+4F\omega+24} \\ S_2 & p_{6,2} = \dfrac{2F\omega-5\omega+6}{16T\omega-88\omega+16F\omega+96} \\ S_5 & p_{6,5} = \dfrac{T\omega-3\omega+3}{4T\omega-22\omega+4F\omega+24} \\ S_6 & p_{6,6} = \dfrac{4T\omega-17\omega+2F\omega+18}{8T\omega-44\omega+8F\omega+48} \\ S_7 & p_{6,7} = \dfrac{2F\omega-5\omega+6}{8T\omega-44\omega+8F\omega+48} \\ S_9 & p_{6,9} = \dfrac{2F\omega-5\omega+6}{16T\omega-88\omega+16F\omega+96} \\ S_{10} & p_{6,10} = \dfrac{2F\omega-5\omega+6}{8T\omega-44\omega+8F\omega+48} \end{cases}$$

$$S_7 \rightarrow \begin{cases} S_2 & p_{7,2} = \dfrac{3T\omega-6\omega+6}{4(5F\omega-20\omega+5T\omega+24)} \\ S_3 & p_{7,3} = \dfrac{2F\omega-5\omega+T\omega+6}{10F\omega-40\omega+10T\omega+48} \\ S_6 & p_{7,6} = \dfrac{3T\omega-6\omega+6}{10F\omega-40\omega+10T\omega+48} \\ S_7 & p_{7,7} = \dfrac{7T\omega+9F\omega-30\omega+36}{4(5F\omega-20\omega+5T\omega+24)} \\ S_8 & p_{7,8} = \dfrac{2F\omega-5\omega+T\omega+6}{10F\omega-40\omega+10T\omega+48} \\ S_{10} & p_{7,10} = \dfrac{F\omega-4\omega+6}{10F\omega-40\omega+10T\omega+48} \\ S_{11} & p_{7,11} = \dfrac{F\omega-4\omega+6}{4(5F\omega-20\omega+5T\omega+24)} \end{cases}$$

$$S_8 \rightarrow \begin{cases} S_4 & p_{8,4} = \dfrac{3\omega\left(\dfrac{F}{3}+\dfrac{T}{3}+\dfrac{1}{6}\right)-3\omega+3}{12\omega\left(\dfrac{F}{3}+\dfrac{T}{3}+\dfrac{1}{6}\right)-14\omega+16} \\ S_8 & p_{8,8} = \dfrac{9\omega\left(\dfrac{F}{3}+\dfrac{T}{3}+\dfrac{1}{6}\right)-\dfrac{19\omega}{2}+10}{12\omega\left(\dfrac{F}{3}+\dfrac{T}{3}+\dfrac{1}{6}\right)-14\omega+16} \\ S_{11} & p_{8,11} = \dfrac{3-\dfrac{3\omega}{2}}{12\omega\left(\dfrac{F}{3}+\dfrac{T}{3}+\dfrac{1}{6}\right)-14\omega+16} \end{cases}$$

$$S_9 \rightarrow \begin{cases} S_5 & p_{9,5} = \dfrac{T\omega-3\omega+3}{3(F\omega-4\omega+T\omega+4)} \\ S_9 & p_{9,9} = \dfrac{1}{2} \\ S_{12} & p_{9,12} = \dfrac{3F\omega-6\omega+T\omega+6}{6(F\omega-4\omega+T\omega+4)} \end{cases}$$

$$S_{10} \rightarrow \begin{cases} S_6 & p_{10,6} = \dfrac{3T\omega-6\omega+6}{10F\omega-40\omega+10T\omega+48} \\ S_7 & p_{10,7} = \dfrac{F\omega-4\omega+6}{10F\omega-40\omega+10T\omega+48} \\ S_9 & p_{10,9} = \dfrac{3T\omega-6\omega+6}{4(5F\omega-20\omega+5T\omega+24)} \\ S_{10} & p_{10,10} = \dfrac{7T\omega+9F\omega-30\omega+36}{4(5F\omega-20\omega+5T\omega+24)} \\ S_{11} & p_{10,11} = \dfrac{F\omega-4\omega+6}{4(5F\omega-20\omega+5T\omega+24)} \\ S_{12} & p_{10,12} = \dfrac{2F\omega-5\omega+T\omega+6}{10F\omega-40\omega+10T\omega+48} \\ S_{13} & p_{10,13} = \dfrac{2F\omega-5\omega+T\omega+6}{10F\omega-40\omega+10T\omega+48} \end{cases}$$

$$S_{11} \rightarrow \begin{cases} S_8 & p_{11,8} = \dfrac{1}{4} \\ S_{11} & p_{11,11} = \dfrac{1}{2} \\ S_{13} & p_{11,13} = \dfrac{1}{4} \end{cases}$$

$$S_{12} \to \begin{cases} S_9 & p_{12,9} = \dfrac{3T\omega - 6\omega + 6}{12T\omega - 32\omega + 12F\omega + 32} \\ S_{12} & p_{12,12} = \dfrac{7T\omega - 20\omega + 9F\omega + 20}{12T\omega - 32\omega + 12F\omega + 32} \\ S_{14} & p_{12,14} = \dfrac{2T\omega + 3F\omega - 6\omega + 6}{12T\omega - 32\omega + 12F\omega + 32} \end{cases}$$

$$S_{13} \to \begin{cases} S_{11} & p_{13,11} = \dfrac{3 - \dfrac{3\omega}{2}}{12\omega\left(\dfrac{F}{3} + \dfrac{T}{3} + \dfrac{1}{6}\right) - 14\omega + 16} \\ S_{13} & p_{13,13} = \dfrac{9\omega\left(\dfrac{F}{3} + \dfrac{T}{3} + \dfrac{1}{6}\right) - \dfrac{19\omega}{2} + 10}{12\omega\left(\dfrac{F}{3} + \dfrac{T}{3} + \dfrac{1}{6}\right) - 14\omega + 16} \\ S_{14} & p_{13,14} = \dfrac{3\omega\left(\dfrac{F}{3} + \dfrac{T}{3} + \dfrac{1}{6}\right) - 3\omega + 3}{12\omega\left(\dfrac{F}{3} + \dfrac{T}{3} + \dfrac{1}{6}\right) - 14\omega + 16} \end{cases}$$

$$S_{14} \to S_{14} \quad p_{14,14} = 1$$

$$S_{15} \to \begin{cases} S_0 & p_{15,0} = \dfrac{T\omega - 3\omega + 3}{4(F\omega - 4\omega + T\omega + 4)} \\ S_{15} & p_{15,15} = \dfrac{F\omega + 3T\omega - 10\omega + 10}{4(F\omega - 4\omega + T\omega + 4)} \\ S_{25} & p_{15,25} = \dfrac{3F\omega - 3\omega + 3}{4(F\omega - 4\omega + T\omega + 4)} \end{cases}$$

$$S_{16} \to \begin{cases} S_1 & p_{16,1} = \dfrac{3T\omega - 6\omega + 6}{14F\omega - 44\omega + 14T\omega + 48} \\ S_2 & p_{16,2} = \dfrac{2F\omega - 5\omega + T\omega + 6}{4(7F\omega - 22\omega + 7T\omega + 24)} \\ S_{15} & p_{16,15} = \dfrac{3T\omega - 6\omega + 6}{14F\omega - 44\omega + 14T\omega + 48} \\ S_{16} & p_{16,16} = \dfrac{7F\omega - 34\omega + 13T\omega + 36}{4(7F\omega - 22\omega + 7T\omega + 24)} \\ S_{17} & p_{16,17} = \dfrac{2F\omega - 5\omega + T\omega + 6}{14F\omega - 44\omega + 14T\omega + 48} \\ S_{25} & p_{16,25} = \dfrac{5F\omega - 5\omega + 6}{4(7F\omega - 22\omega + 7T\omega + 24)} \\ S_{26} & p_{16,26} = \dfrac{5F\omega - 5\omega + 6}{14F\omega - 44\omega + 14T\omega + 48} \end{cases}$$

$$S_{17} \to \begin{cases} S_2 & p_{17,2} = \dfrac{2T\omega - 3\omega + 3}{16F\omega - 40\omega + 16T\omega + 48} \\ S_3 & p_{17,3} = \dfrac{1}{8} \\ S_{16} & p_{17,16} = \dfrac{2T\omega - 3\omega + 3}{8F\omega - 20\omega + 8T\omega + 24} \\ S_{17} & p_{17,17} = \dfrac{3}{8} \\ S_{18} & p_{17,18} = \dfrac{1}{8} \\ S_{26} & p_{17,26} = \dfrac{2F\omega - 2\omega + 3}{8F\omega - 20\omega + 8T\omega + 24} \\ S_{27} & p_{17,27} = \dfrac{2F\omega - 2\omega + 3}{16F\omega - 40\omega + 16T\omega + 48} \end{cases}$$

$$S_{18} \to \begin{cases} S_4 & p_{18,4} = \dfrac{2F\omega-5\omega+3T\omega+6}{12F\omega-24\omega+12T\omega+32} \\ S_{18} & p_{18,18} = \dfrac{7F\omega-16\omega+9T\omega+20}{12F\omega-24\omega+12T\omega+32} \\ S_{27} & p_{18,27} = \dfrac{3F\omega-3\omega+6}{12F\omega-24\omega+12T\omega+32} \end{cases}$$

$$S_{19} \to \begin{cases} S_5 & p_{19,5} = \dfrac{3T\omega-6\omega+6}{14F\omega-44\omega+14T\omega+48} \\ S_9 & p_{19,9} = \dfrac{2F\omega-5\omega+T\omega+6}{4(7F\omega-22\omega+7T\omega+24)} \\ S_{15} & p_{19,15} = \dfrac{3T\omega-6\omega+6}{14F\omega-44\omega+14T\omega+48} \\ S_{19} & p_{19,19} = \dfrac{7F\omega-34\omega+13T\omega+36}{4(7F\omega-22\omega+7T\omega+24)} \\ S_{22} & p_{19,22} = \dfrac{2F\omega-5\omega+T\omega+6}{14F\omega-44\omega+14T\omega+48} \\ S_{25} & p_{19,25} = \dfrac{5F\omega-5\omega+6}{4(7F\omega-22\omega+7T\omega+24)} \\ S_{28} & p_{19,28} = \dfrac{5F\omega-5\omega+6}{14F\omega-44\omega+14T\omega+48} \end{cases}$$

$$S_{20} \to \begin{cases} S_6 & p_{20,6} = \dfrac{2T\omega-3\omega+3}{12(F\omega-3\omega+T\omega+4)} \\ S_7 & p_{20,7} = \dfrac{F\omega+T\omega-4\omega+6}{24(F\omega-3\omega+T\omega+4)} \\ S_{10} & p_{20,10} = \dfrac{F\omega+T\omega-4\omega+6}{24(F\omega-3\omega+T\omega+4)} \\ S_{16} & p_{20,16} = \dfrac{2T\omega-3\omega+3}{12(F\omega-3\omega+T\omega+4)} \\ S_{17} & p_{20,17} = \dfrac{F\omega+T\omega-4\omega+6}{24(F\omega-3\omega+T\omega+4)} \\ S_{19} & p_{20,19} = \dfrac{2T\omega-3\omega+3}{12(F\omega-3\omega+T\omega+4)} \\ S_{20} & p_{20,20} = \dfrac{1}{4} \\ S_{21} & p_{20,21} = \dfrac{F\omega+T\omega-4\omega+6}{24(F\omega-3\omega+T\omega+4)} \\ S_{22} & p_{20,22} = \dfrac{F\omega+T\omega-4\omega+6}{24(F\omega-3\omega+T\omega+4)} \\ S_{23} & p_{20,23} = \dfrac{F\omega+T\omega-4\omega+6}{24(F\omega-3\omega+T\omega+4)} \\ S_{26} & p_{20,26} = \dfrac{2F\omega-2\omega+3}{12(F\omega-3\omega+T\omega+4)} \\ S_{28} & p_{20,28} = \dfrac{2F\omega-2\omega+3}{12(F\omega-3\omega+T\omega+4)} \\ S_{29} & p_{20,29} = \dfrac{2F\omega-2\omega+3}{12(F\omega-3\omega+T\omega+4)} \end{cases}$$

$$S_{21} \to \begin{cases} S_8 & p_{21,8} = \dfrac{F\omega+2T\omega-4\omega+6}{10F\omega-28\omega+10T\omega+48} \\ S_{11} & p_{21,11} = \dfrac{T\omega-3\omega+6}{20F\omega-56\omega+20T\omega+96} \\ S_{18} & p_{21,18} = \dfrac{F\omega+2T\omega-4\omega+6}{10F\omega-28\omega+10T\omega+48} \\ S_{21} & p_{21,21} = \dfrac{7F\omega+9T\omega-22\omega+36}{20F\omega-56\omega+20T\omega+96} \\ S_{23} & p_{21,23} = \dfrac{T\omega-3\omega+6}{10F\omega-28\omega+10T\omega+48} \\ S_{27} & p_{21,27} = \dfrac{3F\omega-3\omega+6}{20F\omega-56\omega+20T\omega+96} \\ S_{29} & p_{21,29} = \dfrac{3F\omega-3\omega+6}{10F\omega-28\omega+10T\omega+48} \end{cases}$$

$$S_{22} \rightarrow \begin{cases} S_9 & p_{22,9} = \dfrac{2T\omega - 3\omega + 3}{16F\omega - 40\omega + 16T\omega + 48} \\ S_{12} & p_{22,12} = \dfrac{1}{8} \\ S_{19} & p_{22,19} = \dfrac{2T\omega - 3\omega + 3}{8F\omega - 20\omega + 8T\omega + 24} \\ S_{22} & p_{22,22} = \dfrac{3}{8} \\ S_{24} & p_{22,24} = \dfrac{1}{8} \\ S_{28} & p_{22,28} = \dfrac{2F\omega - 2\omega + 3}{8F\omega - 20\omega + 8T\omega + 24} \\ S_{30} & p_{22,30} = \dfrac{2F\omega - 2\omega + 3}{16F\omega - 40\omega + 16T\omega + 48} \end{cases}$$

$$S_{23} \rightarrow \begin{cases} S_{11} & p_{23,11} = \dfrac{T\omega - 3\omega + 6}{20F\omega - 56\omega + 20T\omega + 96} \\ S_{13} & p_{23,13} = \dfrac{F\omega + 2T\omega - 4\omega + 6}{10F\omega - 28\omega + 10T\omega + 48} \\ S_{21} & p_{23,21} = \dfrac{T\omega - 3\omega + 6}{10F\omega - 28\omega + 10T\omega + 48} \\ S_{23} & p_{23,23} = \dfrac{7F\omega + 9T\omega - 22\omega + 36}{20F\omega - 56\omega + 20T\omega + 96} \\ S_{24} & p_{23,24} = \dfrac{F\omega + 2T\omega - 4\omega + 6}{10F\omega - 28\omega + 10T\omega + 48} \\ S_{29} & p_{23,29} = \dfrac{3F\omega - 3\omega + 6}{10F\omega - 28\omega + 10T\omega + 48} \\ S_{30} & p_{23,30} = \dfrac{3F\omega - 3\omega + 6}{20F\omega - 56\omega + 20T\omega + 96} \end{cases}$$

$$S_{24} \rightarrow \begin{cases} S_{14} & p_{24,14} = \dfrac{2F\omega - 5\omega + 3T\omega + 6}{12F\omega - 24\omega + 12T\omega + 32} \\ S_{24} & p_{24,24} = \dfrac{7F\omega - 16\omega + 9T\omega + 20}{12F\omega - 24\omega + 12T\omega + 32} \\ S_{30} & p_{24,30} = \dfrac{3F\omega - 3\omega + 6}{12F\omega - 24\omega + 12T\omega + 32} \end{cases}$$

$$S_{25} \rightarrow \begin{cases} S_{15} & p_{25,15} = \dfrac{2T\omega - 3\omega + 3}{4F\omega - 10\omega + 4T\omega + 12} \\ S_{25} & p_{25,25} = \dfrac{1}{2} \\ S_{31} & p_{25,31} = \dfrac{2F\omega - 2\omega + 3}{4F\omega - 10\omega + 4T\omega + 12} \end{cases}$$

$$S_{26} \rightarrow \begin{cases} S_{16} & p_{26,16} = \dfrac{5T\omega - 6\omega + 6}{14F\omega - 32\omega + 14T\omega + 48} \\ S_{17} & p_{26,17} = \dfrac{F\omega + 2T\omega - 4\omega + 6}{14F\omega - 32\omega + 14T\omega + 48} \\ S_{25} & p_{26,25} = \dfrac{5T\omega - 6\omega + 6}{4(7F\omega - 16\omega + 7T\omega + 24)} \\ S_{26} & p_{26,26} = \dfrac{13F\omega + 7T\omega - 22\omega + 36}{4(7F\omega - 16\omega + 7T\omega + 24)} \\ S_{27} & p_{26,27} = \dfrac{F\omega + 2T\omega - 4\omega + 6}{4(7F\omega - 16\omega + 7T\omega + 24)} \\ S_{31} & p_{26,31} = \dfrac{3F\omega - 3\omega + 6}{14F\omega - 32\omega + 14T\omega + 48} \\ S_{32} & p_{26,32} = \dfrac{3F\omega - 3\omega + 6}{14F\omega - 32\omega + 14T\omega + 48} \end{cases}$$

$$S_{27} \rightarrow \begin{cases} S_{18} & p_{27,18} = \dfrac{F\omega + 3T\omega - 4\omega + 6}{6(F\omega - 2\omega + T\omega + 4)} \\ S_{27} & p_{27,27} = \dfrac{1}{2} \\ S_{32} & p_{27,32} = \dfrac{F\omega - \omega + 3}{3(F\omega - 2\omega + T\omega + 4)} \end{cases}$$

$$S_{28} \to \begin{cases} S_{19} & p_{28,19} = \dfrac{5T\omega - 6\omega + 6}{14F\omega - 32\omega + 14T\omega + 48} \\ S_{22} & p_{28,22} = \dfrac{F\omega + 2T\omega - 4\omega + 6}{14F\omega - 32\omega + 14T\omega + 48} \\ S_{25} & p_{28,25} = \dfrac{5T\omega - 6\omega + 6}{4(7F\omega - 16\omega + 7T\omega + 24)} \\ S_{28} & p_{28,28} = \dfrac{13F\omega + 7T\omega - 22\omega + 36}{4(7F\omega - 16\omega + 7T\omega + 24)} \\ S_{30} & p_{28,30} = \dfrac{F\omega + 2T\omega - 4\omega + 6}{4(7F\omega - 16\omega + 7T\omega + 24)} \\ S_{31} & p_{28,31} = \dfrac{3F\omega - 3\omega + 6}{14F\omega - 32\omega + 14T\omega + 48} \\ S_{33} & p_{28,33} = \dfrac{3F\omega - 3\omega + 6}{14F\omega - 32\omega + 14T\omega + 48} \end{cases}$$

$$S_{29} \to \begin{cases} S_{21} & p_{29,21} = \dfrac{2T\omega - 3\omega + 6}{8F\omega - 20\omega + 8T\omega + 48} \\ S_{23} & p_{29,23} = \dfrac{2T\omega - 3\omega + 6}{8F\omega - 20\omega + 8T\omega + 48} \\ S_{27} & p_{29,27} = \dfrac{2T\omega - 3\omega + 6}{16F\omega - 40\omega + 16T\omega + 96} \\ S_{29} & p_{29,29} = \dfrac{4F\omega + 2T\omega - 7\omega + 18}{8F\omega - 20\omega + 8T\omega + 48} \\ S_{30} & p_{29,30} = \dfrac{2T\omega - 3\omega + 6}{16F\omega - 40\omega + 16T\omega + 96} \\ S_{32} & p_{29,32} = \dfrac{F\omega - \omega + 3}{4F\omega - 10\omega + 4T\omega + 24} \\ S_{33} & p_{29,33} = \dfrac{F\omega - \omega + 3}{4F\omega - 10\omega + 4T\omega + 24} \end{cases}$$

$$S_{30} \to \begin{cases} S_{24} & p_{30,24} = \dfrac{F\omega + 3T\omega - 4\omega + 6}{6(F\omega - 2\omega + T\omega + 4)} \\ S_{30} & p_{30,30} = \dfrac{1}{2} \\ S_{33} & p_{30,33} = \dfrac{F\omega - \omega + 3}{3(F\omega - 2\omega + T\omega + 4)} \end{cases}$$

$$S_{31} \to \begin{cases} S_{25} & p_{31,25} = \dfrac{3T\omega - 3\omega + 3}{4(F\omega - 2\omega + T\omega + 4)} \\ S_{31} & p_{31,31} = \dfrac{3F\omega + T\omega - 4\omega + 10}{4(F\omega - 2\omega + T\omega + 4)} \\ S_{34} & p_{31,34} = \dfrac{F\omega - \omega + 3}{4(F\omega - 2\omega + T\omega + 4)} \end{cases}$$

$$S_{32} \to \begin{cases} S_{27} & p_{32,27} = \dfrac{3T\omega - 3\omega + 6}{4(F\omega - 2\omega + T\omega + 8)} \\ S_{32} & p_{32,32} = \dfrac{3F\omega - 4\omega + T\omega + 20}{4(F\omega - 2\omega + T\omega + 8)} \\ S_{34} & p_{32,34} = \dfrac{F\omega - \omega + 6}{4(F\omega - 2\omega + T\omega + 8)} \end{cases}$$

$$S_{33} \to \begin{cases} S_{30} & p_{33,30} = \dfrac{3T\omega - 3\omega + 6}{4(F\omega - 2\omega + T\omega + 8)} \\ S_{33} & p_{33,33} = \dfrac{3F\omega - 4\omega + T\omega + 20}{4(F\omega - 2\omega + T\omega + 8)} \\ S_{34} & p_{33,34} = \dfrac{F\omega - \omega + 6}{4(F\omega - 2\omega + T\omega + 8)} \end{cases}$$

$S_{34} \to S_{34}$ $p_{34,34} = 1$

附录Ⅱ　35 种初始状态自循环简化后一步转移的概率

当 $N=4, R=1, J=0$ 时，从 35 种初始状态出发，经自循环简化后，一步转移到达的状态和相应概率如下：

$S_0 \to S_0 \quad q_{0,0}=1$

$S_1 \begin{cases} S_0 & q_{1,0}=\dfrac{T\omega-6\omega+6}{3F\omega-12\omega+T\omega+12} \\ S_2 & q_{1,2}=\dfrac{3F\omega-6\omega+6}{3F\omega-12\omega+T\omega+12} \end{cases}$

$S_2 \begin{cases} S_1 & q_{2,1}=\dfrac{2(T\omega-3\omega+3)}{3(F\omega-4\omega+T\omega+4)} \\ S_3 & q_{2,3}=\dfrac{3F\omega-6\omega+T\omega+6}{3(F\omega-4\omega+T\omega+4)} \end{cases}$

$S_3 \begin{cases} S_2 & q_{3,2}=\dfrac{3T\omega-6\omega+6}{3F\omega-12\omega+5T\omega+12} \\ S_4 & q_{3,4}=\dfrac{3F\omega-6\omega+2T\omega+6}{3F\omega-12\omega+5T\omega+12} \end{cases}$

$S_4 \to S_4 \quad q_{4,4}=1$

$S_5 \begin{cases} S_0 & q_{5,0}=\dfrac{T\omega-6\omega+6}{3F\omega-12\omega+T\omega+12} \\ S_9 & q_{5,9}=\dfrac{3F\omega-6\omega+6}{3F\omega-12\omega+T\omega+12} \end{cases}$

$S_6 \begin{cases} S_1 & q_{6,1}=\dfrac{2T\omega-6\omega+6}{6F\omega-27\omega+4T\omega+30} \\ S_2 & q_{6,2}=\dfrac{2F\omega-5\omega+6}{12F\omega-54\omega+8T\omega+60} \\ S_5 & q_{6,5}=\dfrac{2T\omega-6\omega+6}{6F\omega-27\omega+4T\omega+30} \\ S_7 & q_{6,7}=\dfrac{2F\omega-5\omega+6}{6F\omega-27\omega+4T\omega+30} \\ S_9 & q_{6,9}=\dfrac{2F\omega-5\omega+6}{12F\omega-54\omega+8T\omega+60} \\ S_{10} & q_{6,10}=\dfrac{2F\omega-5\omega+6}{6F\omega-27\omega+4T\omega+30} \end{cases}$

$S_7 \begin{cases} S_2 & q_{7,2}=\dfrac{3T\omega-6\omega+6}{11F\omega-50\omega+13T\omega+60} \\ S_3 & q_{7,3}=\dfrac{4F\omega-10\omega+2T\omega+12}{11F\omega-50\omega+13T\omega+60} \\ S_6 & q_{7,6}=\dfrac{6T\omega-12\omega+12}{11F\omega-50\omega+13T\omega+60} \\ S_8 & q_{7,8}=\dfrac{4F\omega-10\omega+2T\omega+12}{11F\omega-50\omega+13T\omega+60} \\ S_{10} & q_{7,10}=\dfrac{2F\omega-8\omega+12}{11F\omega-50\omega+13T\omega+60} \\ S_{11} & q_{7,11}=\dfrac{F\omega-4\omega+6}{11F\omega-50\omega+13T\omega+60} \end{cases}$

$S_8 \begin{cases} S_4 & q_{8,4}=\dfrac{2F\omega-5\omega+2T\omega+6}{2(F\omega-4\omega+T\omega+6)} \\ S_{11} & q_{8,11}=\dfrac{-3\omega+6}{2(F\omega-4\omega+T\omega+6)} \end{cases}$

$S_9 \begin{cases} S_5 & q_{9,5}=\dfrac{2(T\omega-3\omega+3)}{3(F\omega-4\omega+T\omega+4)} \\ S_{12} & q_{9,12}=\dfrac{3F\omega-6\omega+T\omega+6}{3(F\omega-4\omega+T\omega+4)} \end{cases}$

$$S_{10} \to \begin{cases} S_6 & q_{10,6} = \dfrac{6T\omega - 12\omega + 12}{11F\omega - 50\omega + 13T\omega + 60} \\ S_7 & q_{10,7} = \dfrac{2F\omega - 8\omega + 12}{11F\omega - 50\omega + 13T\omega + 60} \\ S_9 & q_{10,9} = \dfrac{3T\omega - 6\omega + 6}{11F\omega - 50\omega + 13T\omega + 60} \\ S_{11} & q_{10,11} = \dfrac{F\omega - 4\omega + 6}{11F\omega - 50\omega + 13T\omega + 60} \\ S_{12} & q_{10,12} = \dfrac{4F\omega - 10\omega + 2T\omega + 12}{11F\omega - 50\omega + 13T\omega + 60} \\ S_{13} & q_{10,13} = \dfrac{4F\omega - 10\omega + 2T\omega + 12}{11F\omega - 50\omega + 13T\omega + 60} \end{cases}$$

$$S_{11} \to \begin{cases} S_8 & q_{11,8} = \dfrac{1}{2} \\ S_{13} & q_{11,13} = \dfrac{1}{2} \end{cases}$$

$$S_{12} \to \begin{cases} S_9 & q_{12,9} = \dfrac{3T\omega - 6\omega + 6}{3F\omega - 12\omega + 5T\omega + 12} \\ S_{14} & q_{12,14} = \dfrac{3F\omega - 6\omega + 2T\omega + 6}{3F\omega - 12\omega + 5T\omega + 12} \end{cases}$$

$$S_{13} \to \begin{cases} S_{11} & q_{13,11} = \dfrac{-3\omega + 6}{2(F\omega - 4\omega + T\omega + 6)} \\ S_{14} & q_{13,14} = \dfrac{2F\omega - 5\omega + 2T\omega + 6}{2(F\omega - 4\omega + T\omega + 6)} \end{cases}$$

$$S_{14} \to S_{14} \quad q_{14,14} = 1$$

$$S_{15} \to \begin{cases} S_0 & q_{15,0} = \dfrac{T\omega - 3\omega + 3}{3F\omega - 6\omega + T\omega + 6} \\ S_{25} & q_{15,25} = \dfrac{3F\omega - 3\omega + 3}{3F\omega - 6\omega + T\omega + 6} \end{cases}$$

$$S_{16} \to \begin{cases} S_1 & q_{16,1} = \dfrac{2T\omega - 4\omega + 4}{7F\omega - 18\omega + 5T\omega + 20} \\ S_2 & q_{16,2} = \dfrac{2F\omega - 5\omega + T\omega + 6}{21F\omega - 54\omega + 15T\omega + 60} \\ S_{15} & q_{16,15} = \dfrac{2T\omega - 4\omega + 4}{7F\omega - 18\omega + 5T\omega + 20} \\ S_{17} & q_{16,17} = \dfrac{4F\omega - 10\omega + 2T\omega + 12}{21F\omega - 54\omega + 15T\omega + 60} \\ S_{25} & q_{16,25} = \dfrac{5F\omega - 5\omega + 6}{21F\omega - 54\omega + 15T\omega + 60} \\ S_{26} & q_{16,26} = \dfrac{10F\omega - 10\omega + 12}{21F\omega - 54\omega + 15T\omega + 60} \end{cases}$$

$$S_{17} \to \begin{cases} S_2 & q_{17,2} = \dfrac{2T\omega - 3\omega + 3}{5(2F\omega - 5\omega + 2T\omega + 6)} \\ S_3 & q_{17,3} = \dfrac{1}{5} \\ S_{16} & q_{17,16} = \dfrac{2(2T\omega - 3\omega + 3)}{5(2F\omega - 5\omega + 2T\omega + 6)} \\ S_{18} & q_{17,18} = \dfrac{1}{5} \\ S_{26} & q_{17,26} = \dfrac{2(2F\omega - 2\omega + 3)}{5(2F\omega - 5\omega + 2T\omega + 6)} \\ S_{27} & q_{17,27} = \dfrac{2F\omega - 2\omega + 3}{5(2F\omega - 5\omega + 2T\omega + 6)} \end{cases}$$

$$S_{18} \to \begin{cases} S_4 & q_{18,4} = \dfrac{2F\omega - 5\omega + 3T\omega + 6}{5F\omega - 8\omega + 3T\omega + 12} \\ S_{27} & q_{18,27} = \dfrac{3F\omega - 3\omega + 6}{5F\omega - 8\omega + 3T\omega + 12} \end{cases}$$

$$S_{19} \to \begin{cases} S_5 & q_{19,5} = \dfrac{2T\omega - 4\omega + 4}{7F\omega - 18\omega + 5T\omega + 20} \\ S_9 & q_{19,9} = \dfrac{2F\omega - 5\omega + T\omega + 6}{21F\omega - 54\omega + 15T\omega + 60} \\ S_{15} & q_{19,15} = \dfrac{2T\omega - 4\omega + 4}{7F\omega - 18\omega + 5T\omega + 20} \\ S_{22} & q_{19,22} = \dfrac{4F\omega - 10\omega + 2T\omega + 12}{21F\omega - 54\omega + 15T\omega + 60} \\ S_{25} & q_{19,25} = \dfrac{5F\omega - 5\omega + 6}{21F\omega - 54\omega + 15T\omega + 60} \\ S_{28} & q_{19,28} = \dfrac{10F\omega - 10\omega + 12}{21F\omega - 54\omega + 15T\omega + 60} \end{cases}$$

$$S_{20} \to \begin{cases} S_6 & q_{20,6} = \dfrac{2T\omega - 3\omega + 3}{9(F\omega - 3\omega + T\omega + 4)} \\ S_7 & q_{20,7} = \dfrac{F\omega + T\omega - 4\omega + 6}{18(F\omega - 3\omega + T\omega + 4)} \\ S_{10} & q_{20,10} = \dfrac{F\omega + T\omega - 4\omega + 6}{18(F\omega - 3\omega + T\omega + 4)} \\ S_{16} & q_{20,16} = \dfrac{2T\omega - 3\omega + 3}{9(F\omega - 3\omega + T\omega + 4)} \\ S_{17} & q_{20,17} = \dfrac{F\omega + T\omega - 4\omega + 6}{18(F\omega - 3\omega + T\omega + 4)} \\ S_{19} & q_{20,19} = \dfrac{2T\omega - 3\omega + 3}{9(F\omega - 3\omega + T\omega + 4)} \\ S_{21} & q_{20,21} = \dfrac{F\omega + T\omega - 4\omega + 6}{18(F\omega - 3\omega + T\omega + 4)} \\ S_{22} & q_{20,22} = \dfrac{F\omega + T\omega - 4\omega + 6}{18(F\omega - 3\omega + T\omega + 4)} \\ S_{23} & q_{20,23} = \dfrac{F\omega + T\omega - 4\omega + 6}{18(F\omega - 3\omega + T\omega + 4)} \\ S_{26} & q_{20,26} = \dfrac{2F\omega - 2\omega + 3}{9(F\omega - 3\omega + T\omega + 4)} \\ S_{28} & q_{20,28} = \dfrac{2F\omega - 2\omega + 3}{9(F\omega - 3\omega + T\omega + 4)} \\ S_{29} & q_{20,29} = \dfrac{2F\omega - 2\omega + 3}{9(F\omega - 3\omega + T\omega + 4)} \end{cases}$$

$$S_{21} \to \begin{cases} S_8 & q_{21,8} = \dfrac{2F\omega - 8\omega + 4T\omega + 12}{13F\omega - 34\omega + 11T\omega + 60} \\ S_{11} & q_{21,11} = \dfrac{T\omega - 3\omega + 6}{13F\omega - 34\omega + 11T\omega + 60} \\ S_{18} & q_{21,18} = \dfrac{2F\omega - 8\omega + 4T\omega + 12}{13F\omega - 34\omega + 11T\omega + 60} \\ S_{23} & q_{21,23} = \dfrac{2T\omega - 6\omega + 12}{13F\omega - 34\omega + 11T\omega + 60} \\ S_{27} & q_{21,27} = \dfrac{3F\omega - 3\omega + 6}{13F\omega - 34\omega + 11T\omega + 60} \\ S_{29} & q_{21,29} = \dfrac{6F\omega - 6\omega + 12}{13F\omega - 34\omega + 11T\omega + 60} \end{cases}$$

$$S_{22} \to \begin{cases} S_9 & q_{22,9} = \dfrac{2T\omega-3\omega+3}{5(2F\omega-5\omega+2T\omega+6)} \\ S_{12} & q_{22,12} = \dfrac{1}{5} \\ S_{19} & q_{22,19} = \dfrac{2(2T\omega-3\omega+3)}{5(2F\omega-5\omega+2T\omega+6)} \\ S_{24} & q_{22,24} = \dfrac{1}{5} \\ S_{28} & q_{22,28} = \dfrac{2(2F\omega-2\omega+3)}{5(2F\omega-5\omega+2T\omega+6)} \\ S_{30} & q_{22,30} = \dfrac{2F\omega-2\omega+3}{5(2F\omega-5\omega+2T\omega+6)} \end{cases}$$

$$S_{23} \to \begin{cases} S_{11} & q_{23,11} = \dfrac{T\omega-3\omega+6}{13F\omega-34\omega+11T\omega+60} \\ S_{13} & q_{23,13} = \dfrac{2F\omega-8\omega+4T\omega+12}{13F\omega-34\omega+11T\omega+60} \\ S_{21} & q_{23,21} = \dfrac{2T\omega-6\omega+12}{13F\omega-34\omega+11T\omega+60} \\ S_{24} & q_{23,24} = \dfrac{2F\omega-8\omega+4T\omega+12}{13F\omega-34\omega+11T\omega+60} \\ S_{29} & q_{23,29} = \dfrac{6F\omega-6\omega+12}{13F\omega-34\omega+11T\omega+60} \\ S_{30} & q_{23,30} = \dfrac{3F\omega-3\omega+6}{13F\omega-34\omega+11T\omega+60} \end{cases}$$

$$S_{24} \to \begin{cases} S_{14} & q_{24,14} = \dfrac{2F\omega-5\omega+3T\omega+6}{5F\omega-8\omega+3T\omega+12} \\ S_{30} & q_{24,30} = \dfrac{3F\omega-3\omega+6}{5F\omega-8\omega+3T\omega+12} \end{cases}$$

$$S_{25} \to \begin{cases} S_{15} & q_{25,15} = \dfrac{2T\omega-3\omega+3}{2F\omega-5\omega+2T\omega+6} \\ S_{31} & q_{25,31} = \dfrac{2F\omega-2\omega+3}{2F\omega-5\omega+2T\omega+6} \end{cases}$$

$$S_{26} \to \begin{cases} S_{16} & q_{26,16} = \dfrac{10T\omega-12\omega+12}{15F\omega-42\omega+21T\omega+60} \\ S_{17} & q_{26,17} = \dfrac{2F\omega-8\omega+4T\omega+12}{15F\omega-42\omega+21T\omega+60} \\ S_{25} & q_{26,25} = \dfrac{5T\omega-6\omega+6}{15F\omega-42\omega+21T\omega+60} \\ S_{27} & q_{26,27} = \dfrac{F\omega-4\omega+2T\omega+6}{15F\omega-42\omega+21T\omega+60} \\ S_{31} & q_{26,31} = \dfrac{2F\omega-2\omega+4}{5F\omega-14\omega+7T\omega+20} \\ S_{32} & q_{26,32} = \dfrac{2F\omega-2\omega+4}{5F\omega-14\omega+7T\omega+20} \end{cases}$$

$$S_{27} \to \begin{cases} S_{18} & q_{27,18} = \dfrac{F\omega-4\omega+3T\omega+6}{3(F\omega-2\omega+T\omega+4)} \\ S_{32} & q_{27,32} = \dfrac{2(F\omega-\omega+3)}{3(F\omega-2\omega+T\omega+4)} \end{cases}$$

$$S_{28} \to \begin{cases} S_{19} & q_{28,19} = \dfrac{10T\omega-12\omega+12}{15F\omega-42\omega+21T\omega+60} \\ S_{22} & q_{28,22} = \dfrac{2F\omega-8\omega+4T\omega+12}{15F\omega-42\omega+21T\omega+60} \\ S_{25} & q_{28,25} = \dfrac{5T\omega-6\omega+6}{15F\omega-42\omega+21T\omega+60} \\ S_{30} & q_{28,30} = \dfrac{F\omega-4\omega+2T\omega+6}{15F\omega-42\omega+21T\omega+60} \\ S_{31} & q_{28,31} = \dfrac{2F\omega-2\omega+4}{5F\omega-14\omega+7T\omega+20} \\ S_{33} & q_{28,33} = \dfrac{2F\omega-2\omega+4}{5F\omega-14\omega+7T\omega+20} \end{cases}$$

$$S_{29} \to \begin{cases} S_{21} & q_{29,21} = \dfrac{2T\omega-3\omega+6}{4F\omega-13\omega+6T\omega+30} \\ S_{23} & q_{29,23} = \dfrac{2T\omega-3\omega+6}{4F\omega-13\omega+6T\omega+30} \\ S_{27} & q_{29,27} = \dfrac{2T\omega-3\omega+6}{8F\omega-26\omega+12T\omega+60} \\ S_{30} & q_{29,30} = \dfrac{2T\omega-3\omega+6}{8F\omega-26\omega+12T\omega+60} \\ S_{32} & q_{29,32} = \dfrac{2F\omega-2\omega+6}{4F\omega-13\omega+6T\omega+30} \\ S_{33} & q_{29,33} = \dfrac{2F\omega-2\omega+6}{4F\omega-13\omega+6T\omega+30} \end{cases}$$

$S_{30} \to \begin{cases} S_{24} & q_{30,24} = \dfrac{F\omega - 4\omega + 3T\omega + 6}{3(F\omega - 2\omega + T\omega + 4)} \\ S_{33} & q_{30,33} = \dfrac{2(F\omega - \omega + 3)}{3(F\omega - 2\omega + T\omega + 4)} \end{cases}$
$\qquad S_{31} \to \begin{cases} S_{25} & q_{31,25} = \dfrac{3T\omega - 3\omega + 3}{F\omega - 4\omega + 3T\omega + 6} \\ S_{34} & q_{31,34} = \dfrac{F\omega - \omega + 3}{F\omega - 4\omega + 3T\omega + 6} \end{cases}$

$S_{32} \to \begin{cases} S_{27} & q_{32,27} = \dfrac{3T\omega - 3\omega + 6}{F\omega - 4\omega + 3T\omega + 12} \\ S_{34} & q_{32,34} = \dfrac{F\omega - \omega + 6}{F\omega - 4\omega + 3T\omega + 12} \end{cases}$
$\qquad S_{33} \to \begin{cases} S_{30} & q_{33,30} = \dfrac{3T\omega - 3\omega + 6}{F\omega - 4\omega + 3T\omega + 12} \\ S_{34} & q_{33,34} = \dfrac{F\omega - \omega + 6}{F\omega - 4\omega + 3T\omega + 12} \end{cases}$

$S_{34} \to S_{34} \quad q_{34,34} = 1$

附录Ⅲ 到达 2 种吸收态的概率

从初始状态 $S_2, S_3, S_5, S_8, S_9, S_{11}, S_{12}, S_{13}, S_{15}, S_{18}, S_{24}, S_{25}, S_{27}, S_{30}, S_{31}, S_{32}, S_{33}$ 出发,到达 2 种吸收态的概率如下:

(1) 从 S_2, S_3 到 S_0 或 S_4 的概率

$$\lambda_{S_2 \to S_0} = \frac{q_{2,1}\, q_{1,0}}{q_{2,1}\, q_{1,0} + q_{2,3}\, q_{3,4}}$$

$$\lambda_{S_2 \to S_4} = \frac{q_{2,3}\, q_{3,4}}{q_{2,1}\, q_{1,0} + q_{2,3}\, q_{3,4}}$$

$$\lambda_{S_3 \to S_0} = q_{3,2}\, q_{2,1}\, q_{1,0} + \frac{q_{S_3 \to S_2}\, q_{2,1}\, q_{1,0}}{q_{2,1}\, q_{1,0} + q_{2,3}\, q_{3,4}}$$

$$\lambda_{S_3 \to S_4} = q_{3,4} + q_{3,2}\, q_{2,3}\, q_{3,4} + \frac{q_{S_3 \to S_2}\, q_{2,3}\, q_{3,4}}{q_{2,1}\, q_{1,0} + q_{2,3}\, q_{3,4}}$$

其中,$q_{S_3 \to S_2}$ 为 S_3 经三步转移到达 S_2 的概率。

(2) 从 S_5, S_9, S_{12} 到 S_0 或 S_{14} 的概率

$$\lambda_{S_5 \to S_0} = q_{5,0} + q_{5,9}\, q_{9,5}\, q_{5,0} + \frac{q_{S_5 \to S_9}\, q_{9,5}\, q_{5,0}}{q_{9,5}\, q_{5,0} + q_{9,12}\, q_{12,14}}$$

$$\lambda_{S_5 \to S_{14}} = q_{5,9}\, q_{9,12}\, q_{12,14} + \frac{q_{S_5 \to S_9}\, q_{9,12}\, q_{12,14}}{q_{9,5}\, q_{5,0} + q_{9,12}\, q_{12,14}}$$

$$\lambda_{S_9 \to S_0} = \frac{q_{9,5}\, q_{5,0}}{q_{9,5}\, q_{5,0} + q_{9,12}\, q_{12,14}}$$

$$\lambda_{S_9 \to S_{14}} = \frac{q_{9,12}\, q_{12,14}}{q_{9,5}\, q_{5,0} + q_{9,12}\, q_{12,14}}$$

$$\lambda_{S_{12} \to S_0} = q_{12,9}\, q_{9,5}\, q_{5,0} + \frac{q_{S_{12} \to S_9}\, q_{9,5}\, q_{5,0}}{q_{9,5}\, q_{5,0} + q_{9,12}\, q_{12,14}}$$

$$\lambda_{S_{12} \to S_{14}} = q_{12,14} + q_{12,9}\, q_{9,12}\, q_{12,14} + \frac{q_{S_{12} \to S_9}\, q_{9,12}\, q_{12,14}}{q_{9,5}\, q_{5,0} + q_{9,12}\, q_{12,14}}$$

其中,$q_{S_5 \to S_9}$ 为 S_5 经三步转移到达 S_9 的概率,$q_{S_{12} \to S_9}$ 为 S_{12} 经三步转移到达 S_9 的概率。

(3) 从 S_{15}, S_{25}, S_{31} 到 S_0 或 S_{34} 的概率

$$\lambda_{S_{15} \to S_0} = q_{15,0} + q_{15,25}\, q_{25,15}\, q_{15,0} + \frac{q_{S_{15} \to S_{25}}\, q_{25,15}\, q_{15,0}}{q_{25,15}\, q_{15,0} + q_{25,31}\, q_{31,34}}$$

$$\lambda_{S_{15} \to S_{34}} = q_{15,25}\, q_{25,31}\, q_{31,34} + \frac{q_{S_{15} \to S_{25}}\, q_{25,31}\, q_{31,34}}{q_{25,15}\, q_{15,0} + q_{25,31}\, q_{31,34}}$$

$$\lambda_{S_{25} \to S_0} = \frac{q_{25,15}\, q_{15,0}}{q_{25,15}\, q_{15,0} + q_{25,31}\, q_{31,34}}$$

$$\lambda_{S_{25} \to S_{34}} = \frac{q_{25,31}\, q_{31,34}}{q_{25,15}\, q_{15,0} + q_{25,31}\, q_{31,34}}$$

$$\lambda_{S_{31} \to S_0} = q_{31,25}\, q_{25,15}\, q_{15,0} + \frac{q_{S_{31} \to S_{25}}\, q_{25,15}\, q_{15,0}}{q_{25,15}\, q_{15,0} + q_{25,31}\, q_{31,34}}$$

$$\lambda_{S_{31} \to S_{34}} = q_{31,34} + q_{31,25}\, q_{25,31}\, q_{31,34} + \frac{q_{S_{31} \to S_{25}}\, q_{25,31}\, q_{31,34}}{q_{25,15}\, q_{15,0} + q_{25,31}\, q_{31,34}}$$

其中,$q_{S_{15} \to S_{25}}$ 为 S_{15} 经三步转移到达 S_{25} 的概率,$q_{S_{31} \to S_{25}}$ 为 S_{31} 经三步转移到达 S_{25} 的概率。

(4) 从 S_8, S_{11}, S_{13} 到 S_4 或 S_{14} 的概率

$$\lambda_{S_8 \to S_4} = q_{8,4} + q_{8,11}\, q_{11,8}\, q_{8,4} + \frac{q_{S_8 \to S_{11}}\, q_{11,8}\, q_{8,4}}{q_{11,8}\, q_{8,4} + q_{11,13}\, q_{13,14}}$$

$$\lambda_{S_8 \to S_{14}} = q_{8,11}\, q_{11,13}\, q_{13,14} + \frac{q_{S_8 \to S_{11}}\, q_{11,13}\, q_{13,14}}{q_{11,8}\, q_{8,4} + q_{11,13}\, q_{13,14}}$$

$$\lambda_{S_{11} \to S_4} = \frac{q_{11,8}\, q_{8,4}}{q_{11,8}\, q_{8,4} + q_{11,13}\, q_{13,14}}$$

$$\lambda_{S_{11} \to S_{14}} = \frac{q_{11,13}\, q_{13,14}}{q_{11,8}\, q_{8,4} + q_{11,13}\, q_{13,14}}$$

$$\lambda_{S_{13} \to S_4} = q_{13,11}\, q_{11,8}\, q_{8,4} + \frac{q_{S_{13} \to S_{11}}\, q_{11,8}\, q_{8,4}}{q_{11,8}\, q_{8,4} + q_{11,13}\, q_{13,14}}$$

$$\lambda_{S_{13} \to S_{14}} = q_{13,14} + q_{13,11}\, q_{11,13}\, q_{13,14} + \frac{q_{S_{13} \to S_{11}}\, q_{11,13}\, q_{13,14}}{q_{11,8}\, q_{8,4} + q_{11,13}\, q_{13,14}}$$

其中,$q_{S_8 \to S_{11}}$ 为 S_8 经三步转移到达 S_{11} 的概率,$q_{S_{13} \to S_{11}}$ 为 S_{13} 经三步转移到达 S_{11} 的概率。

(5) 从 S_{18}, S_{27}, S_{32} 到 S_4 或 S_{34} 的概率

$$\lambda_{S_{18} \to S_4} = q_{18,4} + q_{18,27}\, q_{27,18}\, q_{18,4} + \frac{q_{S_{18} \to S_{27}}\, q_{27,18}\, q_{18,4}}{q_{27,18}\, q_{18,4} + q_{27,32}\, q_{32,34}}$$

$$\lambda_{S_{18}\to S_{34}} = q_{18,27}\ q_{27,32}\ q_{32,34} + \frac{q_{S_{18}\to S_{27}}\ q_{27,32}\ q_{32,34}}{q_{27,18}\ q_{18,4} + q_{27,32}\ q_{32,34}}$$

$$\lambda_{S_{27}\to S_{4}} = \frac{q_{27,18}\ q_{18,4}}{q_{27,18}\ q_{18,4} + q_{27,32}\ q_{32,34}}$$

$$\lambda_{S_{27}\to S_{34}} = \frac{q_{27,32}\ q_{32,34}}{q_{27,18}\ q_{18,4} + q_{27,32}\ q_{32,34}}$$

$$\lambda_{S_{32}\to S_{4}} = q_{32,27}\ q_{27,18}\ q_{18,4} + \frac{q_{S_{32}\to S_{27}}\ q_{27,18}\ q_{18,4}}{q_{27,18}\ q_{18,4} + q_{27,32}\ q_{32,34}}$$

$$\lambda_{S_{32}\to S_{34}} = q_{32,34} + q_{32,27}\ q_{27,32}\ q_{32,34} + \frac{q_{S_{32}\to S_{27}}\ q_{27,32}\ q_{32,34}}{q_{27,18}\ q_{18,4} + q_{27,32}\ q_{32,34}}$$

其中，$q_{S_{18}\to S_{27}}$ 为 S_{18} 经三步转移到达 S_{27} 的概率，$q_{S_{32}\to S_{27}}$ 为 S_{32} 经三步转移到达 S_{27} 的概率。

(6) 从 S_{24}，S_{30}，S_{33} 到 S_{14} 或 S_{34} 的概率

$$\lambda_{S_{24}\to S_{14}} = q_{24,14} + q_{24,30}\ q_{30,24}\ q_{24,14} + \frac{q_{S_{24}\to S_{30}}\ q_{30,24}\ q_{24,14}}{q_{30,24}\ q_{24,14} + q_{30,33}\ q_{33,34}}$$

$$\lambda_{S_{24}\to S_{34}} = q_{24,30}\ q_{30,33}\ q_{33,34} + \frac{q_{S_{24}\to S_{30}}\ q_{30,33}\ q_{33,34}}{q_{30,24}\ q_{24,14} + q_{30,33}\ q_{33,34}}$$

$$\lambda_{S_{30}\to S_{14}} = \frac{q_{30,24}\ q_{24,14}}{q_{30,24}\ q_{24,14} + q_{30,33}\ q_{33,34}}$$

$$\lambda_{S_{30}\to S_{34}} = \frac{q_{30,33}\ q_{33,34}}{q_{30,24}\ q_{24,14} + q_{30,33}\ q_{33,34}}$$

$$\lambda_{S_{33}\to S_{14}} = q_{33,30}\ q_{30,24}\ q_{24,14} + \frac{q_{S_{33}\to S_{30}}\ q_{30,24}\ q_{24,14}}{q_{30,24}\ q_{24,14} + q_{30,33}\ q_{33,34}}$$

$$\lambda_{S_{33}\to S_{34}} = q_{33,34} + q_{33,30}\ q_{30,33}\ q_{33,34} + \frac{q_{S_{33}\to S_{30}}\ q_{30,33}\ q_{33,34}}{q_{30,24}\ q_{24,14} + q_{30,33}\ q_{33,34}}$$

其中，$q_{S_{24}\to S_{30}}$ 为 S_{24} 经三步转移到达 S_{30} 的概率，$q_{S_{33}\to S_{30}}$ 为 S_{33} 经三步转移到达 S_{30} 的概率。

附录 Ⅳ 到达3种吸收态的概率

从初始状态$S_7, S_{10}, S_{16}, S_{17}, S_{19}, S_{21}, S_{22}, S_{23}, S_{26}, S_{28}, S_{29}$出发，到达3种吸收态的概率如下：

(1) 从S_7, S_{10}到S_0, S_4, S_{14}的概率

$$\lambda_{S_7 \to S_0} = q_{7,2}q_{2,1}q_{1,0} + q_{7,6}q_{6,1}q_{1,0} + q_{7,6}q_{6,5}q_{5,0} + \frac{q_{S_7}(q_{S_7 \to S_1}q_{1,0} + q_{S_7 \to S_5}q_{5,0})}{q_{S_7} - r_{S_7}}$$

$$\lambda_{S_7 \to S_4} = q_{7,3}q_{3,4} + q_{7,8}q_{8,4} + q_{7,2}q_{2,3}q_{3,4} + q_{7,11}q_{11,8}q_{8,4} + \frac{q_{S_7}(q_{S_7 \to S_3}q_{3,4} + q_{S_7 \to S_8}q_{8,4})}{q_{S_7} - r_{S_7}}$$

$$\lambda_{S_7 \to S_{14}} = q_{7,10}q_{10,12}q_{12,14} + q_{7,10}q_{10,13}q_{13,14} + q_{7,11}q_{11,13}q_{13,14} + \frac{q_{S_7}(q_{S_7 \to S_{12}}q_{12,14} + q_{S_7 \to S_{13}}q_{13,14})}{q_{S_7} - r_{S_7}}$$

$$\lambda_{S_{10} \to S_0} = q_{10,6}q_{6,1}q_{1,0} + q_{10,6}q_{6,5}q_{5,0} + q_{10,9}q_{9,5}q_{5,0} + \frac{q_{S_{10}}(q_{S_{10} \to S_1}q_{1,0} + q_{S_{10} \to S_5}q_{5,0})}{q_{S_{10}} - r_{S_{10}}}$$

$$\lambda_{S_{10} \to S_4} = q_{10,7}q_{7,3}q_{3,4} + q_{10,7}q_{7,8}q_{8,4} + q_{10,11}q_{11,8}q_{8,4} + \frac{q_{S_{10}}(q_{S_{10} \to S_3}q_{3,4} + q_{S_{10} \to S_8}q_{8,4})}{q_{S_{10}} - r_{S_{10}}}$$

$$\lambda_{S_{10} \to S_{14}} = q_{10,9}q_{9,12}q_{12,14} + q_{10,11}q_{11,13}q_{13,14} + q_{10,12}q_{12,14} + q_{10,13}q_{13,14} + \frac{q_{S_{10}}(q_{S_{10} \to S_{12}}q_{12,14} + q_{S_{10} \to S_{13}}q_{13,14})}{q_{S_{10}} - r_{S_{10}}}$$

(2) 从S_{16}, S_{17}, S_{26}到S_0, S_4, S_{34}的概率

$$\lambda_{S_{16} \to S_0} = q_{16,1}q_{1,0} + q_{16,15}q_{15,0} + q_{16,2}q_{2,1}q_{1,0} + q_{16,25}q_{25,15}q_{15,0} + \frac{q_{S_{16}}(q_{S_{16} \to S_1}q_{1,0} + q_{S_{16} \to S_{15}}q_{15,0})}{q_{S_{16}} - r_{S_{16}}}$$

$$\lambda_{S_{16} \to S_4} = q_{16,2}q_{2,3}q_{3,4} + q_{16,17}q_{17,3}q_{3,4} + q_{16,17}q_{17,18}q_{18,4} + \frac{q_{S_{16}}(q_{S_{16} \to S_3}q_{3,4} + q_{S_{16} \to S_{18}}q_{18,4})}{q_{S_{16}} - r_{S_{16}}}$$

$$\lambda_{S_{16} \to S_{34}} = q_{16,25} q_{25,31} q_{31,34} + q_{16,26} q_{26,31} q_{31,34} + q_{16,26} q_{26,32} q_{32,34} +$$
$$\frac{q_{S_{16}} (q_{S_{16} \to S_{31}} q_{31,34} + q_{S_{16} \to S_{32}} q_{32,34})}{q_{S_{16}} - r_{S_{16}}}$$

$$\lambda_{S_{17} \to S_0} = q_{17,2} q_{2,1} q_{1,0} + q_{17,16} q_{16,1} q_{1,0} + q_{17,16} q_{16,15} q_{15,0} +$$
$$\frac{q_{S_{17}} (q_{S_{17} \to S_1} q_{1,0} + q_{S_{17} \to S_{15}} q_{15,0})}{q_{S_{17}} - r_{S_{17}}}$$

$$\lambda_{S_{17} \to S_4} = q_{17,2} q_{2,3} q_{3,4} + q_{17,3} q_{3,4} + q_{17,18} q_{18,4} + q_{17,27} q_{27,18} q_{18,4} +$$
$$\frac{q_{S_{17}} (q_{S_{17} \to S_3} q_{3,4} + q_{S_{17} \to S_{18}} q_{18,4})}{q_{S_{17}} - r_{S_{17}}}$$

$$\lambda_{S_{17} \to S_{34}} = q_{17,26} q_{26,31} q_{31,34} + q_{17,26} q_{26,32} q_{32,34} + q_{17,27} q_{27,32} q_{32,34} +$$
$$\frac{q_{S_{17}} (q_{S_{17} \to S_{31}} q_{31,34} + q_{S_{17} \to S_{32}} q_{32,34})}{q_{S_{17}} - r_{S_{17}}}$$

$$\lambda_{S_{26} \to S_0} = q_{26,16} q_{16,1} q_{1,0} + q_{26,16} q_{16,15} q_{15,0} + q_{26,25} q_{25,15} q_{15,0} +$$
$$\frac{q_{S_{26}} (q_{S_{26} \to S_1} q_{1,0} + q_{S_{26} \to S_{15}} q_{15,0})}{q_{S_{26}} - r_{S_{26}}}$$

$$\lambda_{S_{26} \to S_4} = q_{26,17} q_{17,3} q_{3,4} + q_{26,17} q_{17,18} q_{18,4} + q_{26,27} q_{27,18} q_{18,4} +$$
$$\frac{q_{S_{26}} (q_{S_{26} \to S_3} q_{3,4} + q_{S_{26} \to S_{18}} q_{18,4})}{q_{S_{26}} - r_{S_{26}}}$$

$$\lambda_{S_{26} \to S_{34}} = q_{26,31} q_{31,34} + q_{26,32} q_{32,34} + q_{26,25} q_{25,31} q_{31,34} + q_{26,27} q_{27,32} q_{32,34} +$$
$$\frac{q_{S_{26}} (q_{S_{26} \to S_{31}} q_{31,34} + q_{S_{26} \to S_{32}} q_{32,34})}{q_{S_{26}} - r_{S_{26}}}$$

(3) 从 S_{19}, S_{22}, S_{28} 到 S_0, S_{14}, S_{34} 的概率

$$\lambda_{S_{19} \to S_0} = q_{19,5} q_{5,0} + q_{19,9} q_{9,5} q_{5,0} + q_{19,15} q_{15,0} + q_{19,25} q_{25,15} q_{15,0} +$$
$$\frac{q_{S_{19}} (q_{S_{19} \to S_5} q_{5,0} + q_{S_{19} \to S_{15}} q_{15,0})}{q_{S_{19}} - r_{S_{19}}}$$

$$\lambda_{S_{19} \to S_{14}} = q_{19,9} q_{9,12} q_{12,14} + q_{19,22} q_{22,12} q_{12,14} + q_{19,22} q_{22,24} q_{24,14} +$$
$$\frac{q_{S_{19}} (q_{S_{19} \to S_{12}} q_{12,14} + q_{S_{19} \to S_{24}} q_{24,14})}{q_{S_{19}} - r_{S_{19}}}$$

$$\lambda_{S_{19} \to S_{34}} = q_{19,25} q_{25,31} q_{31,34} + q_{19,28} q_{28,31} q_{31,34} + q_{19,28} q_{28,33} q_{33,34} +$$
$$\frac{q_{S_{19}} (q_{S_{19} \to S_{31}} q_{31,34} + q_{S_{19} \to S_{33}} q_{33,34})}{q_{S_{19}} - r_{S_{19}}}$$

$$\lambda_{S_{22} \to S_0} = q_{22,9} q_{9,5} q_{5,0} + q_{22,19} q_{19,5} q_{5,0} + q_{22,19} q_{19,15} q_{15,0} +$$
$$\frac{q_{S_{22}} (q_{S_{22} \to S_5} q_{5,0} + q_{S_{22} \to S_{15}} q_{15,0})}{q_{S_{22}} - r_{S_{22}}}$$

$$\lambda_{S_{22} \to S_{14}} = q_{22,12} q_{12,14} + q_{22,24} q_{24,14} + q_{22,9} q_{9,12} q_{12,14} + q_{22,30} q_{30,24} q_{24,14} +$$
$$\frac{q_{S_{22}} (q_{S_{22} \to S_{12}} q_{12,14} + q_{S_{22} \to S_{24}} q_{24,14})}{q_{S_{22}} - r_{S_{22}}}$$

$$\lambda_{S_{22} \to S_{34}} = q_{22,28} q_{28,31} q_{31,34} + q_{22,28} q_{28,33} q_{33,34} + q_{22,30} q_{30,33} q_{33,34} +$$
$$\frac{q_{S_{22}} (q_{S_{22} \to S_{31}} q_{31,34} + q_{S_{22} \to S_{33}} q_{33,34})}{q_{S_{22}} - r_{S_{22}}}$$

$$\lambda_{S_{28} \to S_0} = q_{28,19} q_{19,5} q_{5,0} + q_{28,19} q_{19,15} q_{15,0} + q_{28,25} q_{25,15} q_{15,0} +$$
$$\frac{q_{S_{28}} (q_{S_{28} \to S_5} q_{5,0} + q_{S_{28} \to S_{15}} q_{15,0})}{q_{S_{28}} - r_{S_{28}}}$$

$$\lambda_{S_{28} \to S_{14}} = q_{28,22} q_{22,12} q_{12,14} + q_{28,22} q_{22,24} q_{24,14} + q_{28,30} q_{30,24} q_{24,14} +$$
$$\frac{q_{S_{28}} (q_{S_{28} \to S_{12}} q_{12,14} + q_{S_{28} \to S_{24}} q_{24,14})}{q_{S_{28}} - r_{S_{28}}}$$

$$\lambda_{S_{28} \to S_{34}} = q_{28,31} q_{31,34} + q_{28,33} q_{33,34} + q_{28,25} q_{25,31} q_{31,34} + q_{28,30} q_{30,33} q_{33,34} +$$
$$\frac{q_{S_{28}} (q_{S_{28} \to S_{31}} q_{31,34} + q_{S_{28} \to S_{33}} q_{33,34})}{q_{S_{28}} - r_{S_{28}}}$$

(4) 从 S_{21}, S_{23}, S_{29} 到 S_4, S_{14}, S_{34} 的概率

$$\lambda_{S_{21} \to S_4} = q_{21,8} q_{8,4} + q_{21,18} q_{18,4} + q_{21,11} q_{11,8} q_{8,4} + q_{21,27} q_{27,18} q_{18,4} +$$
$$\frac{q_{S_{21}} (q_{S_{21} \to S_8} q_{8,4} + q_{S_{21} \to S_{18}} q_{18,4})}{q_{S_{21}} - r_{S_{21}}}$$

$$\lambda_{S_{21} \to S_{14}} = q_{21,11} q_{11,13} q_{13,14} + q_{21,23} q_{23,13} q_{13,14} + q_{21,23} q_{23,24} q_{24,14} +$$
$$\frac{q_{S_{21}} (q_{S_{21} \to S_{13}} q_{13,14} + q_{S_{21} \to S_{24}} q_{24,14})}{q_{S_{21}} - r_{S_{21}}}$$

$$\lambda_{S_{21} \to S_{34}} = q_{21,27} q_{27,32} q_{32,34} + q_{21,29} q_{29,32} q_{32,34} + q_{21,29} q_{29,33} q_{33,34} +$$
$$\frac{q_{S_{21}} (q_{S_{21} \to S_{32}} q_{32,34} + q_{S_{21} \to S_{33}} q_{33,34})}{q_{S_{21}} - r_{S_{21}}}$$

$$\lambda_{S_{23} \to S_4} = q_{23,11} q_{11,8} q_{8,4} + q_{23,21} q_{21,8} q_{8,4} + q_{23,21} q_{21,18} q_{18,4} +$$
$$\frac{q_{S_{23}} (q_{S_{23} \to S_8} q_{8,4} + q_{S_{23} \to S_{18}} q_{18,4})}{q_{S_{23}} - r_{S_{23}}}$$

$$\lambda_{S_{23} \to S_{14}} = q_{23,13} q_{13,14} + q_{23,24} q_{24,14} + q_{23,11} q_{11,13} q_{13,14} + q_{23,30} q_{30,24} q_{24,14} +$$
$$\frac{q_{S_{23}} (q_{S_{23} \to S_{13}} q_{13,14} + q_{S_{23} \to S_{24}} q_{24,14})}{q_{S_{23}} - r_{S_{23}}}$$

$$\lambda_{S_{23} \to S_{34}} = q_{22,29} q_{29,32} q_{32,34} + q_{23,29} q_{29,33} q_{33,34} + q_{23,30} q_{30,33} q_{33,34} +$$
$$\frac{q_{S_{23}} (q_{S_{23} \to S_{32}} q_{32,34} + q_{S_{23} \to S_{33}} q_{33,34})}{q_{S_{23}} - r_{S_{23}}}$$

$$\lambda_{S_{29} \to S_{4}} = q_{29,21} q_{21,8} q_{8,4} + q_{29,21} q_{21,18} q_{18,4} + q_{29,27} q_{27,18} q_{18,4} +$$
$$\frac{q_{S_{29}} (q_{S_{29} \to S_{8}} q_{8,4} + q_{S_{29} \to S_{18}} q_{18,4})}{q_{S_{29}} - r_{S_{29}}}$$

$$\lambda_{S_{29} \to S_{14}} = q_{29,23} q_{23,13} q_{13,14} + q_{29,23} q_{23,24} q_{24,14} + q_{29,30} q_{30,24} q_{24,14} +$$
$$\frac{q_{S_{29}} (q_{S_{29} \to S_{13}} q_{13,14} + q_{S_{29} \to S_{24}} q_{24,14})}{q_{S_{29}} - r_{S_{29}}}$$

$$\lambda_{S_{29} \to S_{34}} = q_{29,32} q_{32,34} + q_{29,33} q_{33,34} + q_{29,27} q_{27,32} q_{32,34} + q_{29,30} q_{30,33} q_{33,34} +$$
$$\frac{q_{S_{29}} (q_{S_{29} \to S_{32}} q_{32,34} + q_{S_{29} \to S_{33}} q_{33,34})}{q_{S_{29}} - r_{S_{29}}}$$

其中，$q_{S_u \to S_v}$表示初始状态S_u经三步转移到达S_v的概率，q_{S_u}和r_{S_u}分别表示初始状态S_u经三步和四步随机转移到达所有非吸收态的概率之和。

附录 Ⅴ 两策略囚徒困境博弈模型的吸收概率

根据第 5 章的方法对两策略囚徒困境博弈模型的吸收概率进行理论推导。

(1) 转移概率

取 $N=4$，一共 5 个状态，分别为 $S_0(0,4), S_1(1,3), S_2(2,2), S_3(3,1), S_4(4,0)$。根据状态编号规则，得到对应的状态序号之间的转移概率为

$$P = \begin{bmatrix} p_{0,0} & 0 & 0 & 0 & 0 \\ p_{1,0} & p_{1,1} & p_{1,2} & 0 & 0 \\ 0 & p_{2,1} & p_{2,2} & p_{2,3} & 0 \\ 0 & 0 & p_{3,2} & p_{3,3} & p_{3,4} \\ 0 & 0 & 0 & 0 & p_{4,4} \end{bmatrix}。$$

其中，

$$p_{0,0} = p_{4,4} = 1, \quad p_{1,0} = \frac{3g_1}{f_1 + 3g_1} \cdot \frac{1}{4},$$

$$p_{1,1} = \frac{f_1}{f_1 + 3g_1} \cdot \frac{1}{4} + \frac{3g_1}{f_1 + 3g_1} \cdot \frac{3}{4}, \quad p_{1,2} = \frac{f_1}{f_1 + 3g_1} \cdot \frac{3}{4},$$

$$p_{2,1} = \frac{2g_2}{2f_2 + 2g_2} \cdot \frac{2}{4}, \quad p_{2,3} = \frac{2f_2}{2f_2 + 2g_2} \cdot \frac{2}{4},$$

$$p_{2,2} = \frac{2f_2}{2f_2 + 2g_2} \cdot \frac{2}{4} + \frac{2g_2}{2f_2 + 2g_2} \cdot \frac{2}{4}, \quad p_{3,2} = \frac{g_3}{3f_3 + g_3} \cdot \frac{3}{4},$$

$$p_{3,4} = \frac{3f_3}{3f_3 + g_3} \cdot \frac{1}{4}, \quad p_{3,3} = \frac{g_3}{3f_3 + g_3} \cdot \frac{1}{4} + \frac{3f_3}{3f_3 + g_3} \cdot \frac{3}{4}。$$

f_i 和 g_i 分别为采取合作策略和竞争策略的个体适应度，可通过式(5-41)和式(5-42)计算获得。

(2) 自循环简化

根据第 5 章的方法，所有状态转移概率自循环简化为

$$q_{1,0} = \frac{p_{1,0}}{1 - p_{1,1}} = \frac{g_1}{f_1 + g_1}, \quad q_{1,2} = \frac{p_{1,2}}{1 - p_{1,1}} = \frac{f_1}{f_1 + g_1},$$

$$q_{2,1} = \frac{p_{2,1}}{1 - p_{2,2}} = \frac{g_2}{f_2 + g_2}, \quad q_{2,3} = \frac{p_{2,3}}{1 - p_{2,2}} = \frac{f_2}{f_2 + g_2},$$

$$q_{3,2} = \frac{p_{3,2}}{1 - p_{3,3}} = \frac{g_3}{f_3 + g_3}, \quad q_{3,4} = \frac{p_{3,4}}{1 - p_{3,3}} = \frac{f_3}{f_3 + g_3}。$$

(3)吸收概率

经过演化,系统最终会被状态 S_0 或 S_4 吸收。下面以 S_1 为例进行计算分析。如附图 V-1 所示,从状态 S_1 出发,经过三步转移后能到达的状态有 S_0,S_2,S_4,且相应概率分别为 $q_{1,2}q_{2,1}q_{1,0}$,$q_{1,2}(q_{2,1}q_{1,2}+q_{2,3}q_{3,2})$ 和 $q_{1,2}q_{2,3}q_{3,4}$。从三步随机转移到达的状态 S_2 出发,再进行两步随机转移,又回到 S_0,S_2,S_4。可以看出,如果初始状态为 S_1,三步之后将不断经历 S_2 到 S_0,S_2,S_4 的循环。

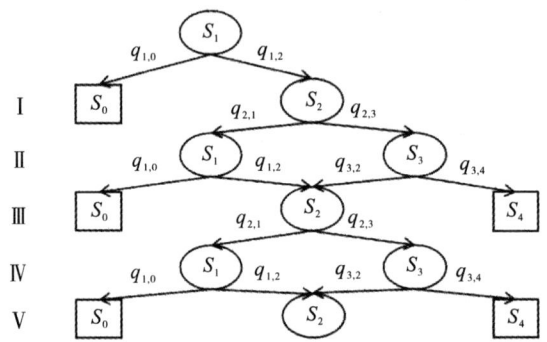

附图 V-1　从初始状态 S_1 出发的五步随机转移过程

下面我们将

$$S_2 \to S_0, S_2 \to S_2 \to S_0, \cdots, S_2 \to S_2 \to \cdots \to S_2 \to S_0, \cdots$$

称为 $\overline{S_2 \to S_0}$,其概率为

$$q_{1,2}(q_{2,1}q_{1,2}+q_{2,3}q_{3,2})[q_{2,1}q_{1,0}+q_{2,1}q_{1,0}(q_{2,1}q_{1,2}+q_{2,3}q_{3,2})+$$
$$q_{2,1}q_{1,0}(q_{2,1}q_{1,2}+q_{2,3}q_{3,2})^2+\cdots+q_{2,1}q_{1,0}(q_{2,1}q_{1,2}+q_{2,3}q_{3,2})^n+\cdots]$$

$$= q_{1,2}(q_{2,1}q_{1,2}+q_{2,3}q_{3,2})q_{2,1}q_{1,0}\lim_{n\to\infty}\frac{1-(q_{2,1}q_{1,2}+q_{2,3}q_{3,2})^n}{1-(q_{2,1}q_{1,2}+q_{2,3}q_{3,2})}$$

$$= \frac{q_{1,2}(q_{2,1}q_{1,2}+q_{2,3}q_{3,2})q_{2,1}q_{1,0}}{1-(q_{2,1}q_{1,2}+q_{2,3}q_{3,2})}$$

$$= \frac{q_{1,2}(q_{2,1}q_{1,2}+q_{2,3}q_{3,2})q_{2,1}q_{1,0}}{q_{2,1}q_{1,0}+q_{2,3}q_{3,4}}。$$

同理,我们将

$$S_2 \to S_4, S_2 \to S_2 \to S_4, \cdots, S_2 \to S_2 \to \cdots \to S_2 \to S_4, \cdots$$

称为 $\overline{S_2 \to S_4}$,其概率为

$$q_{1,2}(q_{2,1}q_{1,2}+q_{2,3}q_{3,2})[q_{2,3}q_{3,4}+q_{2,3}q_{3,4}(q_{2,1}q_{1,2}+q_{2,3}q_{3,2})+$$
$$q_{2,3}q_{3,4}(q_{2,1}q_{1,2}+q_{2,3}q_{3,2})^2+\cdots+q_{2,3}q_{3,4}(q_{2,1}q_{1,2}+q_{2,3}q_{3,2})^n+\cdots]$$

$$= q_{1,2}(q_{2,1}\,q_{1,2}+q_{2,3}\,q_{3,2})\,q_{2,3}\,q_{3,4}\lim_{n\to\infty}\frac{1-(q_{2,1}\,q_{1,2}+q_{2,3}\,q_{3,2})^n}{1-(q_{2,1}\,q_{1,2}+q_{2,3}\,q_{3,2})}$$

$$=\frac{q_{1,2}(q_{2,1}\,q_{1,2}+q_{2,3}\,q_{3,2})\,q_{2,3}\,q_{3,4}}{1-(q_{2,1}\,q_{1,2}+q_{2,3}\,q_{3,2})}$$

$$=\frac{q_{1,2}(q_{2,1}\,q_{1,2}+q_{2,3}\,q_{3,2})\,q_{2,3}\,q_{3,4}}{q_{2,1}\,q_{1,0}+q_{2,3}\,q_{3,4}}。$$

根据以上分析,可得初始状态S_1被S_0吸收的概率$\lambda_{S_1\to S_0}$为(一步到达吸收态S_0+三步到达吸收态S_0+五步及之后到达吸收态S_0)

$$\lambda_{S_1\to S_0}=q_{1,0}+q_{1,2}\,q_{2,1}\,q_{1,0}+\frac{q_{1,2}\,q_{2,1}\,q_{1,0}(q_{2,1}\,q_{1,2}+q_{2,3}\,q_{3,2})}{q_{2,1}\,q_{1,0}+q_{2,3}\,q_{3,4}}。$$

初始状态S_1被S_4吸收的概率$\lambda_{S_1\to S_4}$为

$$\lambda_{S_1\to S_4}=q_{1,2}\,q_{2,3}\,q_{3,4}+\frac{q_{1,2}\,q_{2,3}\,q_{3,4}(q_{2,1}\,q_{1,2}+q_{2,3}\,q_{3,2})}{q_{2,1}\,q_{1,0}+q_{2,3}\,q_{3,4}}。$$

附图Ⅴ-2和附图Ⅴ-3为从初始状态S_2,S_3出发的随机转移过程。可按上述方法计算得到S_2,S_3被吸收态吸收的概率$\lambda_{S_2\to S_0}$,$\lambda_{S_2\to S_4}$,$\lambda_{S_3\to S_0}$,$\lambda_{S_3\to S_4}$。

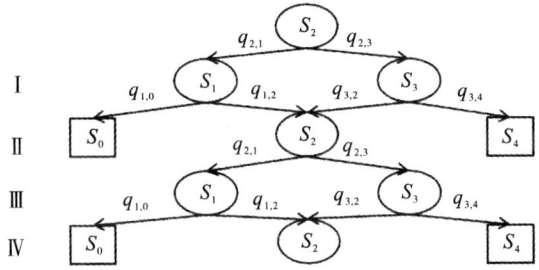

附图Ⅴ-2 从初始状态S_2出发的四步随机转移过程

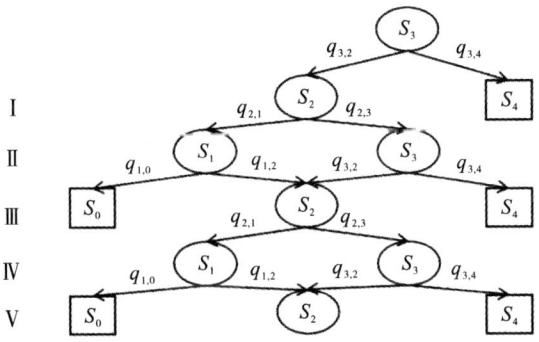

附图Ⅴ-3 从初始状态S_3出发的五步随机转移过程

以吸收概率 $\lambda_{S_1 \to S_4}$, $\lambda_{S_2 \to S_4}$ 和 $\lambda_{S_3 \to S_4}$ 为例，将适应度 f_i 和 g_i 带入其中，得到

$$\lambda_{S_1 \to S_4} = q_{1,2} q_{2,3} q_{3,4} + \frac{q_{1,2} q_{2,3} q_{3,4} (q_{2,1} q_{1,2} + q_{2,3} q_{3,2})}{q_{2,1} q_{1,0} + q_{2,3} q_{3,4}}$$

$$= q_{1,2} q_{2,3} q_{3,4} \left(1 + \frac{q_{2,1} q_{1,2} + q_{2,3} q_{3,2}}{q_{2,1} q_{1,0} + q_{2,3} q_{3,4}} \right)$$

$$= \frac{f_1 f_2 f_3}{(f_1+g_1)(f_2+g_2)(f_3+g_3)} \left[1 + \frac{\frac{f_1 g_2}{(f_1+g_1)(f_2+g_2)} + \frac{f_2 g_3}{(f_2+g_2)(f_3+g_3)}}{\frac{g_1 g_2}{(f_1+g_1)(f_2+g_2)} + \frac{f_2 f_3}{(f_2+g_2)(f_3+g_3)}} \right]$$

$$= \frac{f_1 f_2 f_3}{(f_1+g_1)(f_2+g_2)(f_3+g_3)} \left[1 + \frac{f_1 g_2 (f_3+g_3) + f_2 g_3 (f_1+g_1)}{g_1 g_2 (f_3+g_3) + f_2 f_3 (f_1+g_1)} \right]$$

$$= \frac{f_1 f_2 f_3}{f_1 f_2 f_3 + g_1 f_2 f_3 + g_1 g_2 f_3 + g_1 g_2 g_3},$$

$$\lambda_{S_2 \to S_4} = \frac{q_{2,3} q_{3,4}}{q_{2,1} q_{1,0} + q_{2,3} q_{3,4}}$$

$$= \frac{\frac{f_2 f_3}{(f_2+g_2)(f_3+g_3)}}{\frac{g_1 g_2}{(f_1+g_1)(f_2+g_2)} + \frac{f_2 f_3}{(f_2+g_2)(f_3+g_3)}}$$

$$= \frac{f_1 f_2 f_3 + g_1 f_2 f_3}{f_1 f_2 f_3 + g_1 f_2 f_3 + g_1 g_2 f_3 + g_1 g_2 g_3},$$

$$\lambda_{S_3 \to S_4} = q_{3,4} + q_{3,2} q_{2,3} q_{3,4} \left(1 + \frac{q_{2,1} q_{1,2} + q_{2,3} q_{3,2}}{q_{2,1} q_{1,0} + q_{2,3} q_{3,4}} \right)$$

$$= \frac{f_3}{f_3+g_3} + \frac{f_2 f_3 g_3}{(f_2+g_2)(f_3+g_3)^2} \left[1 + \frac{f_1 g_2 (f_3+g_3) + f_2 g_3 (f_1+g_1)}{g_1 g_2 (f_3+g_3) + f_2 f_3 (f_1+g_1)} \right]$$

$$= \frac{f_1 f_2 f_3 + g_1 f_2 f_3 + g_1 g_2 f_3}{f_1 f_2 f_3 + g_1 f_2 f_3 + g_1 g_2 f_3 + g_1 g_2 g_3}。$$

(4) 与理论解的对应

基于式(5-47)递归方程的解 θ_i，取 $N=4$，可得

$$\theta_1 = \frac{1}{1 + \frac{g_1}{f_1} + \frac{g_1 g_2}{f_1 f_2} + \frac{g_1 g_2 g_3}{f_1 f_2 f_3}} = \frac{f_1 f_2 f_3}{f_1 f_2 f_3 + g_1 f_2 f_3 + g_1 g_2 f_3 + g_1 g_2 g_3},$$

$$\theta_2 = \frac{1 + \frac{g_1}{f_1}}{1 + \frac{g_1}{f_1} + \frac{g_1 g_2}{f_1 f_2} + \frac{g_1 g_2 g_3}{f_1 f_2 f_3}} = \frac{f_1 f_2 f_3 + g_1 f_2 f_3}{f_1 f_2 f_3 + g_1 f_2 f_3 + g_1 g_2 f_3 + g_1 g_2 g_3},$$

$$\theta_3 = \frac{1+\dfrac{g_1}{f_1}+\dfrac{g_1 g_2}{f_1 f_2}}{1+\dfrac{g_1}{f_1}+\dfrac{g_1 g_2}{f_1 f_2}+\dfrac{g_1 g_2 g_3}{f_1 f_2 f_3}} = \frac{f_1 f_2 f_3 + g_1 f_2 f_3 + g_1 g_2 f_3}{f_1 f_2 f_3 + g_1 f_2 f_3 + g_1 g_2 f_3 + g_1 g_2 g_3}.$$

由此可见,吸收概率$\lambda_{S_1 \to S_4}$与递归方程的解θ_1对应,$\lambda_{S_2 \to S_4}$与递归方程的解θ_2对应,$\lambda_{S_3 \to S_4}$与递归方程的解θ_3对应。同理,可证明递归方程的其他解与相应的吸收概率一一对应。

附录Ⅵ 21种初始状态一步转移的概率

当 $N=5, R=1, J=F=0$ 时，从 21 种初始状态出发，经一步转移后到达的状态及相应概率如下：

$S_0 \to S_0 \quad p_{0,0}=1$

$S_1 \to \begin{cases} S_0 & p_{1,0}=\dfrac{(\sigma-1)\omega+4}{(10\sigma-10)\omega+25} \\ S_1 & p_{1,1}=\dfrac{(5\sigma-5)\omega+17}{(10\sigma-10)\omega+25} \\ S_2 & p_{1,2}=\dfrac{(4\sigma-4)\omega+4}{(10\sigma-10)\omega+25} \end{cases}$

$S_2 \to \begin{cases} S_1 & p_{2,1}=\dfrac{(6\sigma-6)\omega+12}{(30\sigma-35)\omega+50} \\ S_2 & p_{2,2}=\dfrac{(15\sigma-17)\omega+26}{(30\sigma-35)\omega+50} \\ S_3 & p_{2,3}=\dfrac{(9\sigma-12)\omega+12}{(30\sigma-35)\omega+50} \end{cases}$

$S_3 \to \begin{cases} S_2 & p_{3,2}=\dfrac{(9\sigma-9)\omega+12}{(30\sigma-45)\omega+50} \\ S_3 & p_{3,3}=\dfrac{(15\sigma-24)\omega+26}{(30\sigma-45)\omega+50} \\ S_4 & p_{3,4}=\dfrac{(6\sigma-12)\omega+12}{(30\sigma-45)\omega+50} \end{cases}$

$S_4 \to \begin{cases} S_3 & p_{4,3}=\dfrac{(4\sigma-4)\omega+4}{(10\sigma-25)\omega+25} \\ S_4 & p_{4,4}=\dfrac{(5\sigma-17)\omega+17}{(10\sigma-25)\omega+25} \\ S_5 & p_{4,5}=\dfrac{(\sigma-4)\omega+4}{(10\sigma-25)\omega+25} \end{cases}$

$S_5 \to S_5 \quad p_{5,5}=1$

$S_6 \to \begin{cases} S_0 & p_{6,0}=\dfrac{4}{25} \\ S_6 & p_{6,6}=\dfrac{17}{25} \\ S_{11} & p_{6,11}=\dfrac{4}{25} \end{cases}$

$S_7 \to \begin{cases} S_1 & p_{7,1}=\dfrac{(3\sigma-3)\omega+12}{(5b+30\sigma-40)\omega+100} \\ S_2 & p_{7,2}=\dfrac{(b+3\sigma-4)\omega+4}{(5b+30\sigma-40)\omega+100} \\ S_6 & p_{7,6}=\dfrac{(3\sigma-3)\omega+12}{(5b+30\sigma-40)\omega+100} \\ S_7 & p_{7,7}=\dfrac{(b+12\sigma-14)\omega+44}{(5b+30\sigma-40)\omega+100} \\ S_8 & p_{7,8}=\dfrac{(3b+9\sigma-12)\omega+12}{(5b+30\sigma-40)\omega+100} \\ S_{11} & p_{7,11}=\dfrac{4-\omega}{(5b+30\sigma-40)\omega+100} \\ S_{12} & p_{7,12}=\dfrac{12-3\omega}{(5b+30\sigma-40)\omega+100} \end{cases}$

$$S_8 \rightarrow \begin{cases} S_2 & p_{8,2} = \dfrac{(2\sigma-2)\omega+4}{(5b+20\sigma-35)\omega+50} \\ S_3 & p_{8,3} = \dfrac{(b+2\sigma-4)\omega+4}{(5b+20\sigma-35)\omega+50} \\ S_7 & p_{8,7} = \dfrac{(4\sigma-4)\omega+8}{(5b+20\sigma-35)\omega+50} \\ S_8 & p_{8,8} = \dfrac{(2b+8\sigma-13)\omega+18}{(5b+20\sigma-35)\omega+50} \\ S_9 & p_{8,9} = \dfrac{(2b+4\sigma-8)\omega+8}{(5b+20\sigma-35)\omega+50} \\ S_{12} & p_{8,12} = \dfrac{4-2\omega}{(5b+20\sigma-35)\omega+50} \\ S_{13} & p_{8,13} = \dfrac{4-2\omega}{(5b+20\sigma-35)\omega+50} \end{cases}$$

$$S_9 \rightarrow \begin{cases} S_3 & p_{9,3} = \dfrac{(3\sigma-3)\omega+4}{(15b+30\sigma-90)\omega+100} \\ S_4 & p_{9,4} = \dfrac{(3b+3\sigma-12)\omega+12}{(15b+30\sigma-90)\omega+100} \\ S_8 & p_{9,8} = \dfrac{(9\sigma-9)\omega+12}{(15b+30\sigma-90)\omega+100} \\ S_9 & p_{9,9} = \dfrac{(9b+12\sigma-42)\omega+44}{(15b+30\sigma-90)\omega+100} \\ S_{10} & p_{9,10} = \dfrac{(3b+3\sigma-12)\omega+12}{(15b+30\sigma-90)\omega+100} \\ S_{13} & p_{9,13} = \dfrac{12-9\omega}{(15b+30\sigma-90)\omega+100} \\ S_{14} & p_{9,14} = \dfrac{4-3\omega}{(15b+30\sigma-90)\omega+100} \end{cases}$$

$$S_{10} \rightarrow \begin{cases} S_5 & p_{10,5} = \dfrac{(b-4)\omega+4}{(5b-25)\omega+25} \\ S_{10} & p_{10,10} = \dfrac{(4b-17)\omega+17}{(5b-25)\omega+25} \\ S_{14} & p_{10,14} = \dfrac{4-4\omega}{(5b-25)\omega+25} \end{cases}$$

$$S_{11} \rightarrow \begin{cases} S_6 & p_{11,6} = \dfrac{6}{25} \\ S_{11} & p_{11,11} = \dfrac{13}{25} \\ S_{15} & p_{11,15} = \dfrac{6}{25} \end{cases}$$

$$S_{12} \rightarrow \begin{cases} S_7 & p_{12,7} = \dfrac{(2\sigma-2)\omega+8}{(5b+10\sigma-20)\omega+50} \\ S_8 & p_{12,8} = \dfrac{(2b+2\sigma-4)\omega+4}{(5b+10\sigma-20)\omega+50} \\ S_{11} & p_{12,11} = \dfrac{(\sigma-1)\omega+4}{(5b+10\sigma-20)\omega+50} \\ S_{12} & p_{12,12} = \dfrac{(b+3\sigma-6)\omega+18}{(5b+10\sigma-20)\omega+50} \\ S_{13} & p_{12,13} = \dfrac{(2b+2\sigma-4)\omega+4}{(5b+10\sigma-20)\omega+50} \\ S_{15} & p_{12,15} = \dfrac{4-\omega}{(5b+10\sigma-20)\omega+50} \\ S_{16} & p_{12,16} = \dfrac{8-2\omega}{(5b+10\sigma-20)\omega+50} \end{cases}$$

$$S_{13} \rightarrow \begin{cases} S_8 & p_{13,8} = \dfrac{(2\sigma-2)\omega+4}{(10b+10\sigma-35)\omega+50} \\ S_9 & p_{13,9} = \dfrac{(4b+2\sigma-8)\omega+8}{(10b+10\sigma-35)\omega+50} \\ S_{12} & p_{13,12} = \dfrac{(2\sigma-2)\omega+4}{(10b+10\sigma-35)\omega+50} \\ S_{13} & p_{13,13} = \dfrac{(4b+3\sigma-13)\omega+18}{(10b+10\sigma-35)\omega+50} \\ S_{14} & p_{13,14} = \dfrac{(2b+\sigma-4)\omega+4}{(10b+10\sigma-35)\omega+50} \\ S_{16} & p_{13,16} = \dfrac{8-4\omega}{(10b+10\sigma-35)\omega+50} \\ S_{17} & p_{13,17} = \dfrac{4-2\omega}{(10b+10\sigma-35)\omega+50} \end{cases}$$

$$S_{14} \rightarrow \begin{cases} S_{10} & p_{14,10} = \dfrac{(6b-12)\omega+12}{(15b-45)\omega+50} \\ S_{14} & p_{14,14} = \dfrac{(9b-24)\omega+26}{(15b-45)\omega+50} \\ S_{17} & p_{14,17} = \dfrac{12-9\omega}{(15b-45)\omega+50} \end{cases}$$

$$S_{15} \rightarrow \begin{cases} S_{11} & p_{15,11} = \dfrac{6}{25} \\ S_{15} & p_{15,15} = \dfrac{13}{25} \\ S_{18} & p_{15,18} = \dfrac{6}{25} \end{cases}$$

$$S_{16} \rightarrow \begin{cases} S_{12} & p_{16,12} = \dfrac{(3\sigma-3)\omega+12}{(15b+10\sigma-40)\omega+100} \\ S_{13} & p_{16,13} = \dfrac{(9b+3\sigma-12)\omega+12}{(15b+10\sigma-40)\omega+100} \\ S_{15} & p_{16,15} = \dfrac{(\sigma-1)\omega+4}{(15b+10\sigma-40)\omega+100} \\ S_{16} & p_{16,16} = \dfrac{(3b+2\sigma-14)\omega+44}{(15b+10\sigma-40)\omega+100} \\ S_{17} & p_{16,17} = \dfrac{(3b+\sigma-4)\omega+4}{(15b+10\sigma-40)\omega+100} \\ S_{18} & p_{16,18} = \dfrac{12-3\omega}{(15b+10\sigma-40)\omega+100} \\ S_{19} & p_{16,19} = \dfrac{12-3\omega}{(15b+10\sigma-40)\omega+100} \end{cases}$$

$$S_{17} \rightarrow \begin{cases} S_{14} & p_{17,14} = \dfrac{(9b-12)\omega+12}{(15b-35)\omega+50} \\ S_{17} & p_{17,17} = \dfrac{(6b-17)\omega+26}{(15b-35)\omega+50} \\ S_{19} & p_{17,19} = \dfrac{12-6\omega}{(15b-35)\omega+50} \end{cases}$$

$$S_{18} \rightarrow \begin{cases} S_{15} & p_{18,15} = \dfrac{4}{25} \\ S_{18} & p_{18,18} = \dfrac{17}{25} \\ S_{20} & p_{18,20} = \dfrac{4}{25} \end{cases}$$

$$S_{19} \rightarrow \begin{cases} S_{17} & p_{19,17} = \dfrac{(4b-4)\omega+4}{(5b-10)\omega+25} \\ S_{19} & p_{19,19} = \dfrac{(b-5)\omega+17}{(5b-10)\omega+25} \\ S_{20} & p_{19,20} = \dfrac{4-\omega}{(5b-10)\omega+25} \end{cases}$$

$$S_{20} \rightarrow S_{20} \quad p_{20,20} = 1$$

附录Ⅶ 21种初始状态自循环简化后一步转移的概率

当 $N=5, R=1, F=J=0$ 时,从 21 种初始状态出发,经自循环简化后,一步转移到达的状态和相应概率如下:

$S_0 \to S_0 \quad k_{0,0} = 1$

$S_1 \to \begin{cases} S_0 & k_{1,0} = \dfrac{(\sigma-1)\omega+4}{(5\sigma-5)\omega+8} \\ S_2 & k_{1,2} = \dfrac{(4\sigma-4)\omega+4}{(5\sigma-5)\omega+8} \end{cases}$

$S_2 \to \begin{cases} S_1 & k_{2,1} = \dfrac{(2\sigma-2)\omega+4}{(5\sigma-6)\omega+8} \\ S_3 & k_{2,3} = \dfrac{(3\sigma-4)\omega+4}{(5\sigma-6)\omega+8} \end{cases}$

$S_3 \to \begin{cases} S_2 & k_{3,2} = \dfrac{(3\sigma-3)\omega+4}{(5\sigma-7)\omega+8} \\ S_4 & k_{3,4} = \dfrac{(2\sigma-4)\omega+4}{(5\sigma-7)\omega+8} \end{cases}$

$S_4 \to \begin{cases} S_3 & k_{4,3} = \dfrac{(4\sigma-4)\omega+4}{(5\sigma-8)\omega+8} \\ S_5 & k_{4,5} = \dfrac{(\sigma-4)\omega+4}{(5\sigma-8)\omega+8} \end{cases}$

$S_5 \to S_5 \quad k_{5,5} = 1$

$S_6 \to \begin{cases} S_0 & k_{6,0} = \dfrac{1}{2} \\ S_{11} & k_{6,11} = \dfrac{1}{2} \end{cases}$

$S_7 \to \begin{cases} S_1 & k_{7,1} = \dfrac{(3\sigma-3)\omega+12}{(4b+18\sigma-26)\omega+56} \\ S_2 & k_{7,2} = \dfrac{(b+3\sigma-4)\omega+4}{(4b+18\sigma-26)\omega+56} \\ S_6 & k_{7,6} = \dfrac{(3\sigma-3)\omega+12}{(4b+18\sigma-26)\omega+56} \\ S_8 & k_{7,8} = \dfrac{(3b+9\sigma-12)\omega+12}{(4b+18\sigma-26)\omega+56} \\ S_{11} & k_{7,11} = \dfrac{4-\omega}{(4b+18\sigma-26)\omega+56} \\ S_{12} & k_{7,12} = \dfrac{12-3\omega}{(4b+18\sigma-26)\omega+56} \end{cases}$

$$S_8 \rightarrow \begin{cases} S_2 & k_{8,2} = \dfrac{(2\sigma-2)\omega+4}{(3b+12\sigma-22)\omega+32} \\ S_3 & k_{8,3} = \dfrac{(b+2\sigma-4)\omega+4}{(3b+12\sigma-22)\omega+32} \\ S_7 & k_{8,7} = \dfrac{(4\sigma-4)\omega+8}{(3b+12\sigma-22)\omega+32} \\ S_9 & k_{8,9} = \dfrac{(2b+4\sigma-8)\omega+8}{(3b+12\sigma-22)\omega+32} \\ S_{12} & k_{8,12} = \dfrac{4-2\omega}{(3b+12\sigma-22)\omega+32} \\ S_{13} & k_{8,13} = \dfrac{4-2\omega}{(3b+12\sigma-22)\omega+32} \end{cases}$$

$$S_9 \rightarrow \begin{cases} S_3 & k_{9,3} = \dfrac{(3\sigma-3)\omega+4}{(6b+18\sigma-48)\omega+56} \\ S_4 & k_{9,4} = \dfrac{(3b+3\sigma-12)\omega+12}{(6b+18\sigma-48)\omega+56} \\ S_8 & k_{9,8} = \dfrac{(9\sigma-9)\omega+12}{(6b+18\sigma-48)\omega+56} \\ S_{10} & k_{9,10} = \dfrac{(3b+3\sigma-12)\omega+12}{(6b+18\sigma-48)\omega+56} \\ S_{13} & k_{9,13} = \dfrac{12-9\omega}{(6b+18\sigma-48)\omega+56} \\ S_{14} & k_{9,14} = \dfrac{4-3\omega}{(6b+18\sigma-48)\omega+56} \end{cases}$$

$$S_{10} \rightarrow \begin{cases} S_5 & k_{10,5} = \dfrac{(b-4)\omega+4}{(b-8)\omega+8} \\ S_{14} & k_{10,14} = \dfrac{4-4\omega}{(b-8)\omega+8} \end{cases}$$

$$S_{11} \rightarrow \begin{cases} S_6 & k_{11,6} = \dfrac{1}{2} \\ S_{15} & k_{11,15} = \dfrac{1}{2} \end{cases}$$

$$S_{12} \rightarrow \begin{cases} S_7 & k_{12,7} = \dfrac{(2\sigma-2)\omega+8}{(4b+7\sigma-14)\omega+32} \\ S_8 & k_{12,8} = \dfrac{(2b+2\sigma-4)\omega+4}{(4b+7\sigma-14)\omega+32} \\ S_{11} & k_{12,11} = \dfrac{(\sigma-1)\omega+4}{(4b+7\sigma-14)\omega+32} \\ S_{13} & k_{12,13} = \dfrac{(2b+2\sigma-4)\omega+4}{(4b+7\sigma-14)\omega+32} \\ S_{15} & k_{12,15} = \dfrac{4-\omega}{(4b+7\sigma-14)\omega+32} \\ S_{16} & k_{12,16} = \dfrac{8-2\omega}{(4b+7\sigma-14)\omega+32} \end{cases}$$

$$S_{13} \rightarrow \begin{cases} S_8 & k_{13,8} = \dfrac{(2\sigma-2)\omega+4}{(6b+7\sigma-22)\omega+32} \\ S_9 & k_{13,9} = \dfrac{(4b+2\sigma-8)\omega+8}{(6b+7\sigma-22)\omega+32} \\ S_{12} & k_{13,12} = \dfrac{(2\sigma-2)\omega+4}{(6b+7\sigma-22)\omega+32} \\ S_{14} & k_{13,14} = \dfrac{(2b+\sigma-4)\omega+4}{(6b+7\sigma-22)\omega+32} \\ S_{16} & k_{13,16} = \dfrac{8-4\omega}{(6b+7\sigma-22)\omega+32} \\ S_{17} & k_{13,17} = \dfrac{4-2\omega}{(6b+7\sigma-22)\omega+32} \end{cases}$$

$$S_{14} \rightarrow \begin{cases} S_{10} & k_{14,10} = \dfrac{(2b-4)\omega+4}{(2b-7)\omega+8} \\ S_{17} & k_{14,17} = \dfrac{4-3\omega}{(2b-7)\omega+8} \end{cases}$$

$$S_{15} \rightarrow \begin{cases} S_{11} & k_{15,11} = \dfrac{1}{2} \\ S_{18} & k_{15,18} = \dfrac{1}{2} \end{cases}$$

$$S_{16} \rightarrow \begin{cases} S_{12} & k_{16,12} = \dfrac{(3\sigma-3)\omega+12}{(12b+8\sigma-26)\omega+56} \\ S_{13} & k_{16,13} = \dfrac{(9b+3\sigma-12)\omega+12}{(12b+8\sigma-26)\omega+56} \\ S_{15} & k_{16,15} = \dfrac{(\sigma-1)\omega+4}{(12b+8\sigma-26)\omega+56} \\ S_{17} & k_{16,17} = \dfrac{(3b+\sigma-4)\omega+4}{(12b+8\sigma-26)\omega+56} \\ S_{18} & k_{16,18} = \dfrac{12-3\omega}{(12b+8\sigma-26)\omega+56} \\ S_{19} & k_{16,19} = \dfrac{12-3\omega}{(12b+8\sigma-26)\omega+56} \end{cases}$$

$$S_{17} \rightarrow \begin{cases} S_{14} & k_{17,14} = \dfrac{(3b-4)\omega+4}{(3b-6)\omega+8} \\ S_{19} & k_{17,19} = \dfrac{4-2\omega}{(3b-6)\omega+8} \end{cases}$$

$$S_{18} \rightarrow \begin{cases} S_{15} & k_{18,15} = \dfrac{1}{2} \\ S_{20} & k_{18,20} = \dfrac{1}{2} \end{cases}$$

$$S_{19} \rightarrow \begin{cases} S_{17} & k_{19,17} = \dfrac{(4b-4)\omega+4}{(4b-5)\omega+8} \\ S_{20} & k_{19,20} = \dfrac{4-\omega}{(4b-5)\omega+8} \end{cases}$$

$S_{20} \rightarrow S_{20} \quad k_{20,20} = 1$

附录Ⅷ 被 2 种吸收态吸收的概率

从初始状态 $S_4, S_6, S_{10}, S_{18}, S_{19}$ 出发,经三步转移后进入循环并最终被 2 种吸收态吸收的概率如下:($k_{S_a \to S_b}$ 表示 S_a 经三步转移到达 S_b 的概率)

$$\lambda_{S_4 \to S_0} = \frac{(k_{S_4 \to S_3} + k_{S_4 \to S_1}) k_{S_4 \to S_1} k_{1,0}}{k_{S_4 \to S_3} k_{3,4} k_{4,5} + k_{S_4 \to S_1} k_{1,0}}$$

$$\lambda_{S_4 \to S_5} = k_{4,5} + k_{S_4 \to S_5} + \frac{(k_{S_4 \to S_3} + k_{S_4 \to S_1}) k_{S_4 \to S_3} k_{3,4} k_{4,5}}{k_{S_4 \to S_3} k_{3,4} k_{4,5} + k_{S_4 \to S_1} k_{1,0}}$$

$$\lambda_{S_6 \to S_0} = k_{6,0} + k_{S_6 \to S_0} + \frac{(k_{S_6 \to S_{11}} + k_{S_6 \to S_{18}}) k_{S_6 \to S_{11}} k_{11,6} k_{6,0}}{k_{S_6 \to S_{11}} k_{11,6} k_{6,0} + k_{S_6 \to S_{18}} k_{18,20}}$$

$$\lambda_{S_6 \to S_{20}} = \frac{(k_{S_6 \to S_{11}} + k_{S_6 \to S_{18}}) k_{S_6 \to S_{18}} k_{18,20}}{k_{S_6 \to S_{11}} k_{11,6} k_{6,0} + k_{S_6 \to S_{18}} k_{18,20}}$$

$$\lambda_{S_{10} \to S_5} = k_{10,5} + k_{S_{10} \to S_5} + \frac{(k_{S_{10} \to S_{14}} + k_{S_{10} \to S_{19}}) k_{S_{10} \to S_{14}} k_{14,10} k_{10,5}}{k_{S_{10} \to S_{14}} k_{14,10} k_{10,5} + k_{S_{10} \to S_{19}} k_{19,20}}$$

$$\lambda_{S_{10} \to S_{20}} = \frac{(k_{S_{10} \to S_{14}} + k_{S_{10} \to S_{19}}) k_{S_{10} \to S_{19}} k_{19,20}}{k_{S_{10} \to S_{14}} k_{14,10} k_{10,5} + k_{S_{10} \to S_{19}} k_{19,20}}$$

$$\lambda_{S_{18} \to S_0} = \frac{(k_{S_{18} \to S_6} + k_{S_{18} \to S_{15}}) k_{S_{18} \to S_6} k_{6,0}}{k_{S_{18} \to S_{15}} k_{15,18} k_{18,20} + k_{S_{18} \to S_6} k_{6,0}}$$

$$\lambda_{S_{18} \to S_{20}} = k_{18,20} + k_{S_{18} \to S_{20}} + \frac{(k_{S_{18} \to S_6} + k_{S_{18} \to S_{15}}) k_{S_{18} \to S_{15}} k_{15,18} k_{18,20}}{k_{S_{18} \to S_{15}} k_{15,18} k_{18,20} + k_{S_{18} \to S_6} k_{6,0}}$$

$$\lambda_{S_{19} \to S_5} = \frac{(k_{S_{19} \to S_{17}} + k_{S_{19} \to S_{10}}) k_{S_{19} \to S_{10}} k_{10,5}}{k_{S_{19} \to S_{17}} k_{17,19} k_{19,20} + k_{S_{19} \to S_{10}} k_{10,5}}$$

$$\lambda_{S_{19} \to S_{20}} = k_{19,20} + k_{S_{19} \to S_{20}} + \frac{(k_{S_{19} \to S_{17}} + k_{S_{19} \to S_{10}}) k_{S_{19} \to S_{17}} k_{17,19} k_{19,20}}{k_{S_{19} \to S_{17}} k_{17,19} k_{19,20} + k_{S_{19} \to S_{10}} k_{10,5}}$$

从初始状态 $S_3, S_{11}, S_{14}, S_{15}, S_{17}$ 出发,经两步转移后进入循环并最终被 2 种吸收态吸收的概率如下:($k_{S_a \to S_b}$ 表示 S_a 经两步转移到达 S_b 的概率)

$$\lambda_{S_3 \to S_0} = \frac{(k_{S_3 \to S_1} + k_{S_3 \to S_3}) k_{S_3 \to S_1} k_{1,0}}{k_{S_3 \to S_5} k_{S_3 \to S_5} + k_{S_3 \to S_1} k_{1,0}}$$

$$\lambda_{S_3 \to S_5} = k_{S_3 \to S_5} + \frac{(k_{S_3 \to S_1} + k_{S_3 \to S_3}) k_{S_3 \to S_5} k_{S_3 \to S_5}}{k_{S_3 \to S_5} k_{S_3 \to S_5} + k_{S_3 \to S_1} k_{1,0}}$$

$$\lambda_{S_{11} \to S_0} = k_{S_{11} \to S_0} + \frac{(k_{S_{11} \to S_{11}} + k_{S_{11} \to S_{18}}) k_{S_{11} \to S_{11}} k_{S_{11} \to S_0}}{k_{S_{11} \to S_{11}} k_{S_{11} \to S_0} + k_{S_{11} \to S_{18}} k_{18,20}}$$

附 录 283

$$\lambda_{S_{11}\to S_{20}} = \frac{(k_{S_{11}\to S_{11}} + k_{S_{11}\to S_{18}}) k_{S_{11}\to S_{18}} k_{18,20}}{k_{S_{11}\to S_{11}} k_{S_{11}\to S_0} + k_{S_{11}\to S_{18}} k_{18,20}}$$

$$\lambda_{S_{14}\to S_5} = k_{S_{14}\to S_5} + \frac{(k_{S_{14}\to S_{14}} + k_{S_{14}\to S_{19}}) k_{S_{14}\to S_{14}} k_{S_{14}\to S_5}}{k_{S_{14}\to S_{14}} k_{S_{14}\to S_5} + k_{S_{14}\to S_{19}} k_{19,20}}$$

$$\lambda_{S_{14}\to S_{20}} = \frac{(k_{S_{14}\to S_{14}} + k_{S_{14}\to S_{19}}) k_{S_{14}\to S_{19}} k_{19,20}}{k_{S_{14}\to S_{14}} k_{S_{14}\to S_5} + k_{S_{14}\to S_{19}} k_{19,20}}$$

$$\lambda_{S_{15}\to S_0} = \frac{(k_{S_{15}\to S_6} + k_{S_{15}\to S_{15}}) k_{S_{15}\to S_6} k_{6,0}}{k_{S_{15}\to S_{15}} k_{S_{15}\to S_{20}} + k_{S_{15}\to S_6} k_{6,0}}$$

$$\lambda_{S_{15}\to S_{20}} = k_{S_{15}\to S_{20}} + \frac{(k_{S_{15}\to S_6} + k_{S_{15}\to S_{15}}) k_{S_{15}\to S_{15}} k_{S_{15}\to S_{20}}}{k_{S_{15}\to S_{15}} k_{S_{15}\to S_{20}} + k_{S_{15}\to S_6} k_{6,0}}$$

$$\lambda_{S_{17}\to S_5} = \frac{(k_{S_{17}\to S_{10}} + k_{S_{17}\to S_{17}}) k_{S_{17}\to S_{10}} k_{10,5}}{k_{S_{17}\to S_{17}} k_{S_{17}\to S_{20}} + k_{S_{17}\to S_{10}} k_{10,5}}$$

$$\lambda_{S_{17}\to S_{20}} = k_{S_{17}\to S_{20}} + \frac{(k_{S_{17}\to S_{10}} + k_{S_{17}\to S_{17}}) k_{S_{17}\to S_{17}} k_{S_{17}\to S_{20}}}{k_{S_{17}\to S_{17}} k_{S_{17}\to S_{20}} + k_{S_{17}\to S_{10}} k_{10,5}}$$

附录 IX 被 3 种吸收态吸收的概率

从初始状态 $S_8, S_9, S_{12}, S_{13}, S_{16}$ 出发，经四步转移后进入循环并最终被 3 种吸收态吸收的概率如下：（$k_{S_a \to S_b}$ 表示 S_a 经过四步转移到达 S_b 的概率）

$$\lambda_{S_8 \to S_0} = k_{S_8 \to S_0} + \frac{(1 - k_{S_8 \to S_0} - k_{S_8 \to S_5} - k_{S_8 \to S_{20}})(k_{S_8 \to S_1} k_{1,0} + k_{S_8 \to S_6} k_{6,0})}{k_{S_8 \to S_1} k_{1,0} + k_{S_8 \to S_6} k_{6,0} + k_{S_8 \to S_4} k_{4,5} + k_{S_8 \to S_{10}} k_{10,5} + k_{S_8 \to S_{18}} k_{18,20} + k_{S_8 \to S_{19}} k_{19,20}}$$

$$\lambda_{S_8 \to S_5} = k_{S_8 \to S_5} + \frac{(1 - k_{S_8 \to S_0} - k_{S_8 \to S_5} - k_{S_8 \to S_{20}})(k_{S_8 \to S_4} k_{4,5} + k_{S_8 \to S_{10}} k_{10,5})}{k_{S_8 \to S_1} k_{1,0} + k_{S_8 \to S_6} k_{6,0} + k_{S_8 \to S_4} k_{4,5} + k_{S_8 \to S_{10}} k_{10,5} + k_{S_8 \to S_{18}} k_{18,20} + k_{S_8 \to S_{19}} k_{19,20}}$$

$$\lambda_{S_8 \to S_{20}} = k_{S_8 \to S_{20}} + \frac{(1 - k_{S_8 \to S_0} - k_{S_8 \to S_5} - k_{S_8 \to S_{20}})(k_{S_8 \to S_{18}} k_{18,20} + k_{S_8 \to S_{19}} k_{19,20})}{k_{S_8 \to S_1} k_{1,0} + k_{S_8 \to S_6} k_{6,0} + k_{S_8 \to S_4} k_{4,5} + k_{S_8 \to S_{10}} k_{10,5} + k_{S_8 \to S_{18}} k_{18,20} + k_{S_8 \to S_{19}} k_{19,20}}$$

$$\lambda_{S_9 \to S_0} = k_{S_9 \to S_0} + \frac{(1 - k_{S_9 \to S_0} - k_{S_9 \to S_5} - k_{S_9 \to S_{20}})(k_{S_9 \to S_1} k_{1,0} + k_{S_9 \to S_6} k_{6,0})}{k_{S_9 \to S_1} k_{1,0} + k_{S_9 \to S_6} k_{6,0} + k_{S_9 \to S_4} k_{4,5} + k_{S_9 \to S_{10}} k_{10,5} + k_{S_9 \to S_{18}} k_{18,20} + k_{S_9 \to S_{19}} k_{19,20}}$$

$$\lambda_{S_9 \to S_5} = k_{S_9 \to S_5} + \frac{(1 - k_{S_9 \to S_0} - k_{S_9 \to S_5} - k_{S_9 \to S_{20}})(k_{S_9 \to S_4} k_{4,5} + k_{S_9 \to S_{10}} k_{10,5})}{k_{S_9 \to S_1} k_{1,0} + k_{S_9 \to S_6} k_{6,0} + k_{S_9 \to S_4} k_{4,5} + k_{S_9 \to S_{10}} k_{10,5} + k_{S_9 \to S_{18}} k_{18,20} + k_{S_9 \to S_{19}} k_{19,20}}$$

$$\lambda_{S_9 \to S_{20}} = k_{S_9 \to S_{20}} + \frac{(1 - k_{S_9 \to S_0} - k_{S_9 \to S_5} - k_{S_9 \to S_{20}})(k_{S_9 \to S_{18}} k_{18,20} + k_{S_9 \to S_{19}} k_{19,20})}{k_{S_9 \to S_1} k_{1,0} + k_{S_9 \to S_6} k_{6,0} + k_{S_9 \to S_4} k_{4,5} + k_{S_9 \to S_{10}} k_{10,5} + k_{S_9 \to S_{18}} k_{18,20} + k_{S_9 \to S_{19}} k_{19,20}}$$

$$\lambda_{S_{12} \to S_0} = k_{S_{12} \to S_0} + \frac{(1 - k_{S_{12} \to S_0} - k_{S_{12} \to S_5} - k_{S_{12} \to S_{20}})(k_{S_{12} \to S_1} k_{1,0} + k_{S_{12} \to S_6} k_{6,0})}{k_{S_{12} \to S_1} k_{1,0} + k_{S_{12} \to S_6} k_{6,0} + k_{S_{12} \to S_4} k_{4,5} + k_{S_{12} \to S_{10}} k_{10,5} + k_{S_{12} \to S_{18}} k_{18,20} + k_{S_{12} \to S_{19}} k_{19,20}}$$

$$\lambda_{S_{12} \to S_5} = k_{S_{12} \to S_5} + \frac{(1 - k_{S_{12} \to S_0} - k_{S_{12} \to S_5} - k_{S_{12} \to S_{20}})(k_{S_{12} \to S_4} k_{4,5} + k_{S_{12} \to S_{10}} k_{10,5})}{k_{S_{12} \to S_1} k_{1,0} + k_{S_{12} \to S_6} k_{6,0} + k_{S_{12} \to S_4} k_{4,5} + k_{S_{12} \to S_{10}} k_{10,5} + k_{S_{12} \to S_{18}} k_{18,20} + k_{S_{12} \to S_{19}} k_{19,20}}$$

$$\lambda_{S_{12} \to S_{20}} = k_{S_{12} \to S_{20}} + \frac{(1 - k_{S_{12} \to S_0} - k_{S_{12} \to S_5} - k_{S_{12} \to S_{20}})(k_{S_{12} \to S_{18}} k_{18,20} + k_{S_{12} \to S_{19}} k_{19,20})}{k_{S_{12} \to S_1} k_{1,0} + k_{S_{12} \to S_6} k_{6,0} + k_{S_{12} \to S_4} k_{4,5} + k_{S_{12} \to S_{10}} k_{10,5} + k_{S_{12} \to S_{18}} k_{18,20} + k_{S_{12} \to S_{19}} k_{19,20}}$$

$$\lambda_{S_{13} \to S_0} = k_{S_{13} \to S_0} + \frac{(1 - k_{S_{13} \to S_0} - k_{S_{13} \to S_5} - k_{S_{13} \to S_{20}})(k_{S_{13} \to S_1} k_{1,0} + k_{S_{13} \to S_6} k_{6,0})}{k_{S_{13} \to S_1} k_{1,0} + k_{S_{13} \to S_6} k_{6,0} + k_{S_{13} \to S_4} k_{4,5} + k_{S_{13} \to S_{10}} k_{10,5} + k_{S_{13} \to S_{18}} k_{18,20} + k_{S_{13} \to S_{19}} k_{19,20}}$$

$$\lambda_{S_{13} \to S_5} = k_{S_{13} \to S_5} + \frac{(1 - k_{S_{13} \to S_0} - k_{S_{13} \to S_5} - k_{S_{13} \to S_{20}})(k_{S_{13} \to S_4} k_{4,5} + k_{S_{13} \to S_{10}} k_{10,5})}{k_{S_{13} \to S_1} k_{1,0} + k_{S_{13} \to S_6} k_{6,0} + k_{S_{13} \to S_4} k_{4,5} + k_{S_{13} \to S_{10}} k_{10,5} + k_{S_{13} \to S_{18}} k_{18,20} + k_{S_{13} \to S_{19}} k_{19,20}}$$

$$\lambda_{S_{13} \to S_{20}} = k_{S_{13} \to S_{20}} + \frac{(1 - k_{S_{13} \to S_0} - k_{S_{13} \to S_5} - k_{S_{13} \to S_{20}})(k_{S_{13} \to S_{18}} k_{18,20} + k_{S_{13} \to S_{19}} k_{19,20})}{k_{S_{13} \to S_1} k_{1,0} + k_{S_{13} \to S_6} k_{6,0} + k_{S_{13} \to S_4} k_{4,5} + k_{S_{13} \to S_{10}} k_{10,5} + k_{S_{13} \to S_{18}} k_{18,20} + k_{S_{13} \to S_{19}} k_{19,20}}$$

$$\lambda_{S_{16} \to S_0} = k_{S_{16} \to S_0} + \frac{(1 - k_{S_{16} \to S_0} - k_{S_{16} \to S_5} - k_{S_{16} \to S_{20}})(k_{S_{16} \to S_1} k_{1,0} + k_{S_{16} \to S_6} k_{6,0})}{k_{S_{16} \to S_1} k_{1,0} + k_{S_{16} \to S_6} k_{6,0} + k_{S_{16} \to S_4} k_{4,5} + k_{S_{16} \to S_{10}} k_{10,5} + k_{S_{16} \to S_{18}} k_{18,20} + k_{S_{16} \to S_{19}} k_{19,20}}$$

$$\lambda_{S_{16} \to S_5} = k_{S_{16} \to S_5} + \frac{(1 - k_{S_{16} \to S_0} - k_{S_{16} \to S_5} - k_{S_{16} \to S_{20}})(k_{S_{12} \to S_4} k_{4,5} + k_{S_{16} \to S_{10}} k_{10,5})}{k_{S_{16} \to S_1} k_{1,0} + k_{S_{16} \to S_6} k_{6,0} + k_{S_{16} \to S_4} k_{4,5} + k_{S_{16} \to S_{10}} k_{10,5} + k_{S_{16} \to S_{18}} k_{18,20} + k_{S_{16} \to S_{19}} k_{19,20}}$$

$$\lambda_{S_{16} \to S_{20}} = k_{S_{16} \to S_{20}} + \frac{(1 - k_{S_{16} \to S_0} - k_{S_{16} \to S_5} - k_{S_{16} \to S_{20}})(k_{S_{16} \to S_{18}} k_{18,20} + k_{S_{16} \to S_{19}} k_{19,20})}{k_{S_{16} \to S_1} k_{1,0} + k_{S_{16} \to S_6} k_{6,0} + k_{S_{16} \to S_4} k_{4,5} + k_{S_{16} \to S_{10}} k_{10,5} + k_{S_{16} \to S_{18}} k_{18,20} + k_{S_{16} \to S_{19}} k_{19,20}}$$

本书彩图

第 4 章彩图

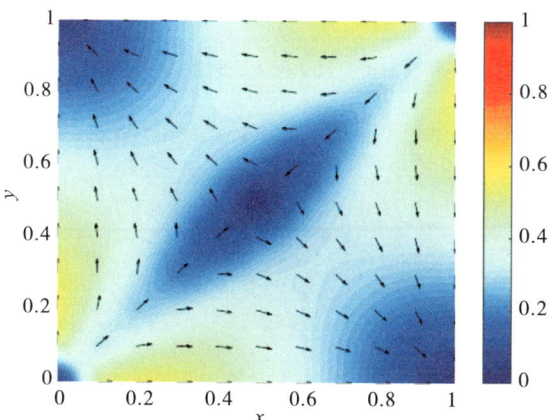

彩图 4-2　$T=1.5$ 且 $F=0.5$ 时的 x-y 演化路径

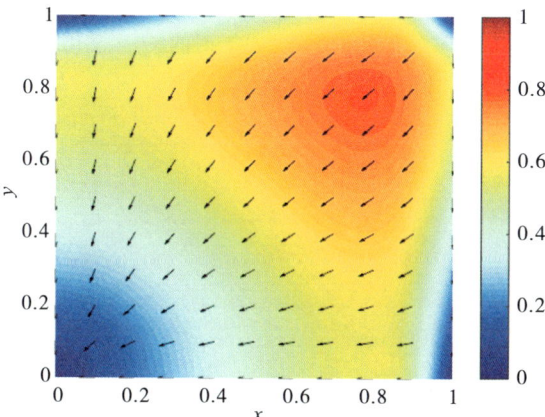

彩图 4-3　$T=1.5$ 且 $F=-0.5$ 时的 x-y 演化路径

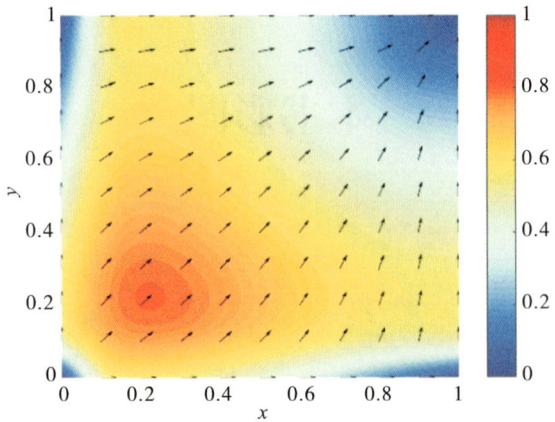

彩图 4-4　$T=0.5$ 且 $F=0.5$ 时的 x-y 演化路径

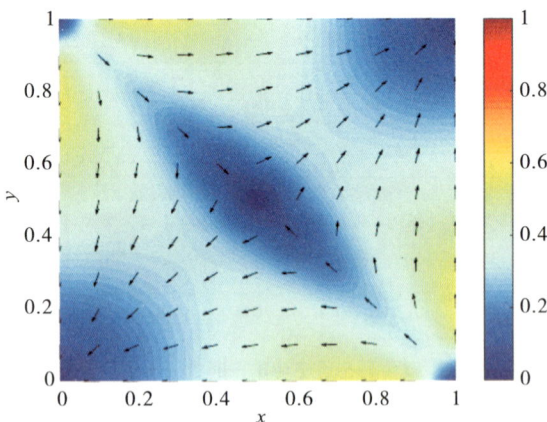

彩图 4-5　$T=0.5$ 且 $F=-0.5$ 时的 x-y 演化路径

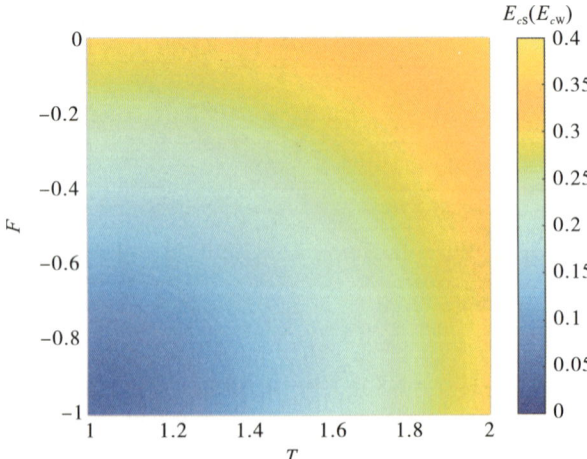

彩图 4-9　强者(弱者)在稳定点 $(0,0)$ 的期望收益与 T,F 的取值关系图

第 5 章彩图

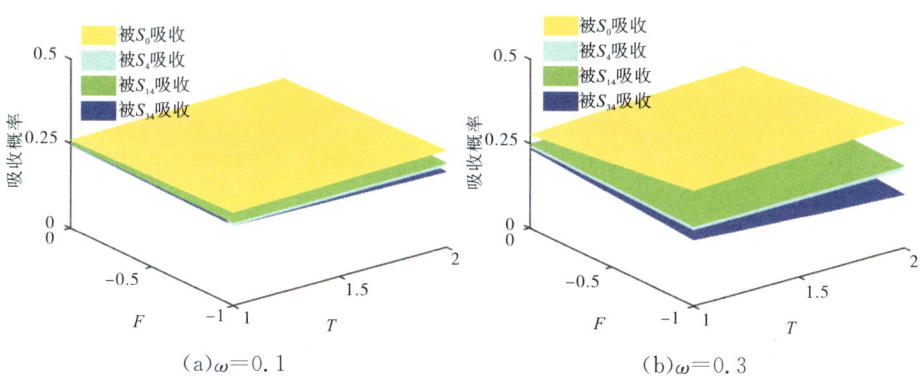

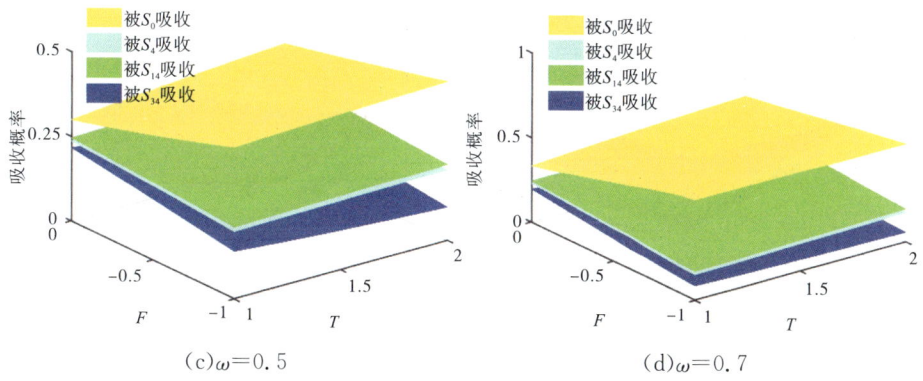

彩图 5-5　不同自然选择强度下的系统吸收概率

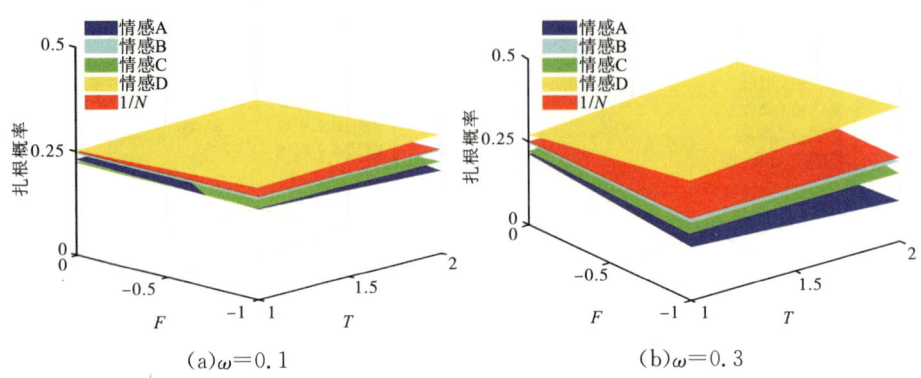
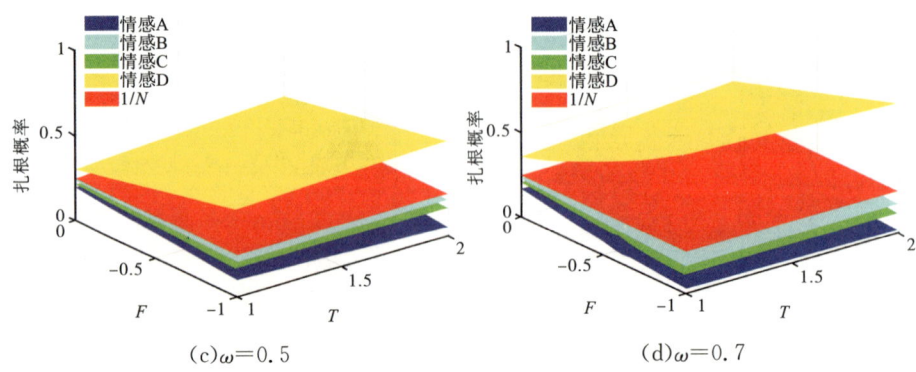

彩图 5-6　情感类型的扎根概率及中性概率

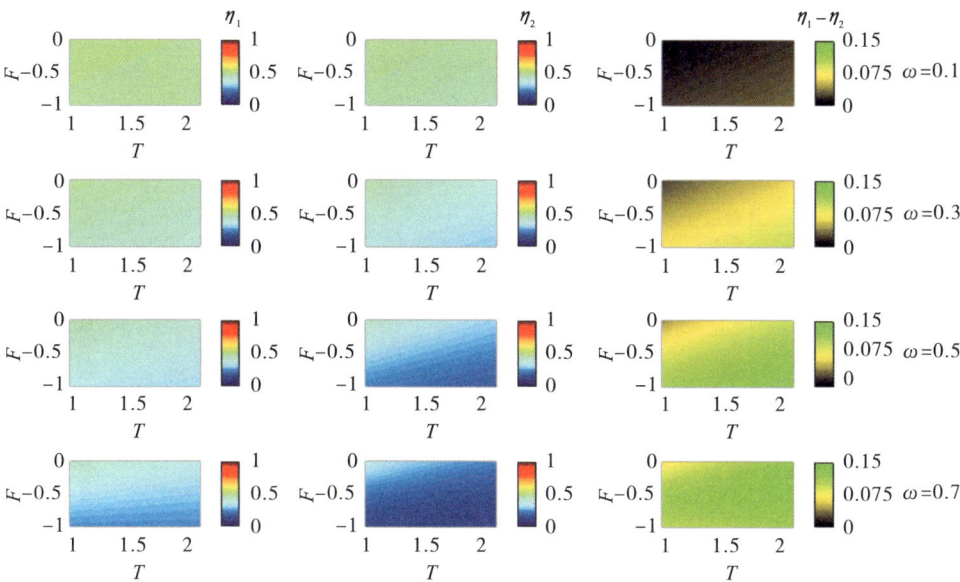

彩图 5-7 系统稳态时的合作水平

注：η_1 为情感博弈模型的合作水平，η_2 为 PDG 模型的合作水平，$\eta_1-\eta_2$ 为两个模型的合作水平差。

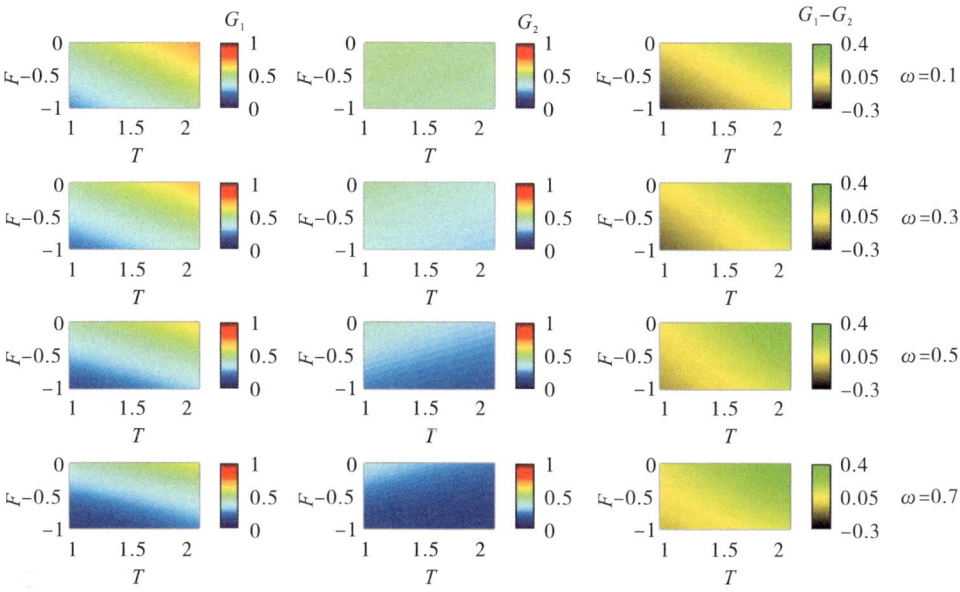

彩图 5-8 系统稳态时的平均收益

注：G_1 为情感博弈模型的平均收益，G_2 为 PDG 模型的平均收益，G_1-G_2 为两个模型的平均收益差。

第 6 章彩图

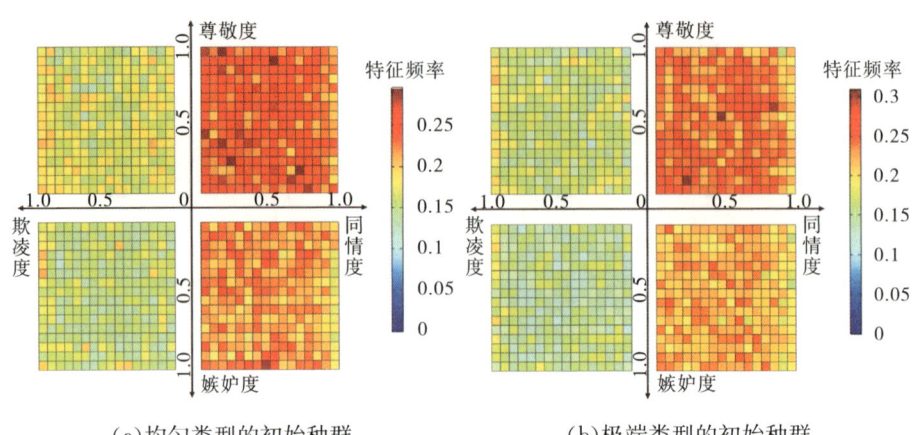

(a) 均匀类型的初始种群　　　(b) 极端类型的初始种群

彩图 6-4　染色体的特征频率分布

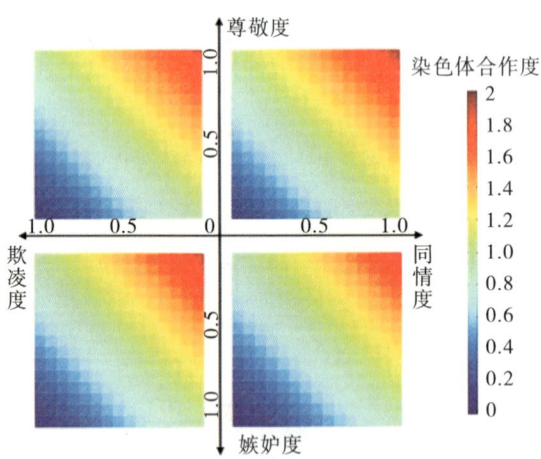

彩图 6-7　染色体的合作度分布

第 7 章彩图

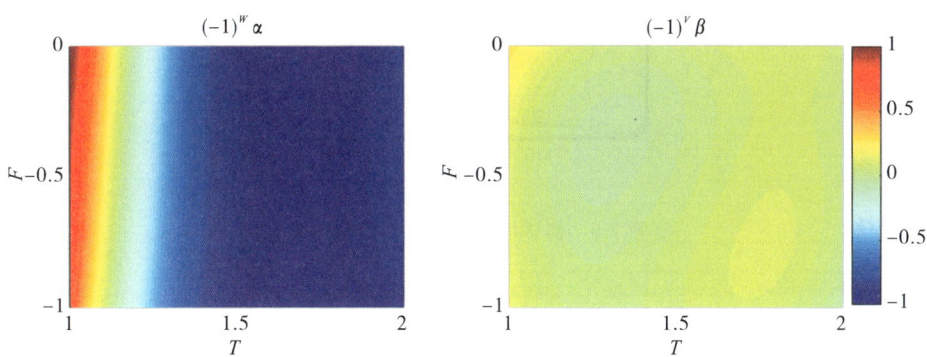

彩图 7-3 群体情感特征指标的平均值(二维格子网络)

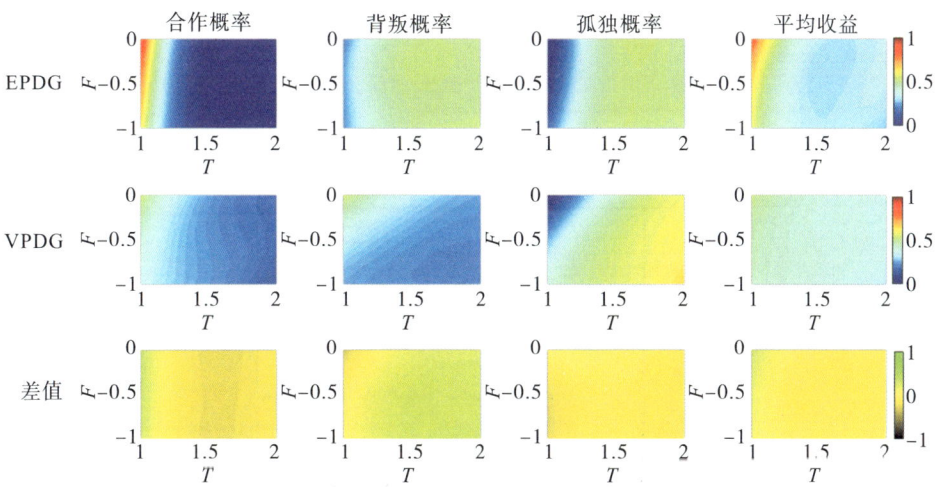

彩图 7-4 群体策略特征和平均收益(二维格子网络)

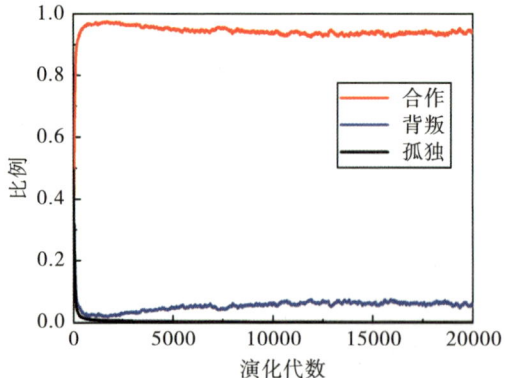

彩图 7-5　群体中策略占比的演化($T=1$)

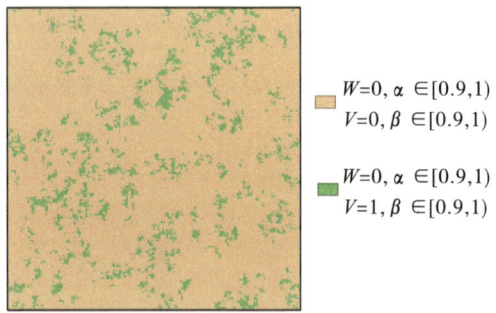

彩图 7-7　群体中情感表现型的空间分布特征($T=1$)

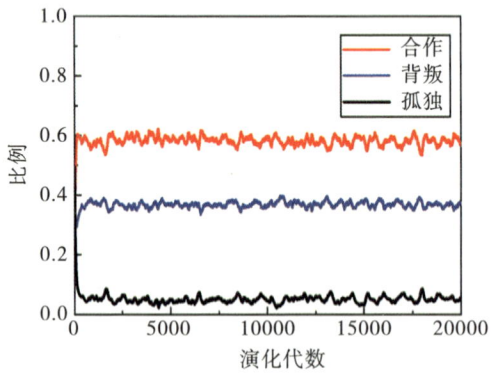

彩图 7-8　群体中策略占比的演化($T=1.1$)

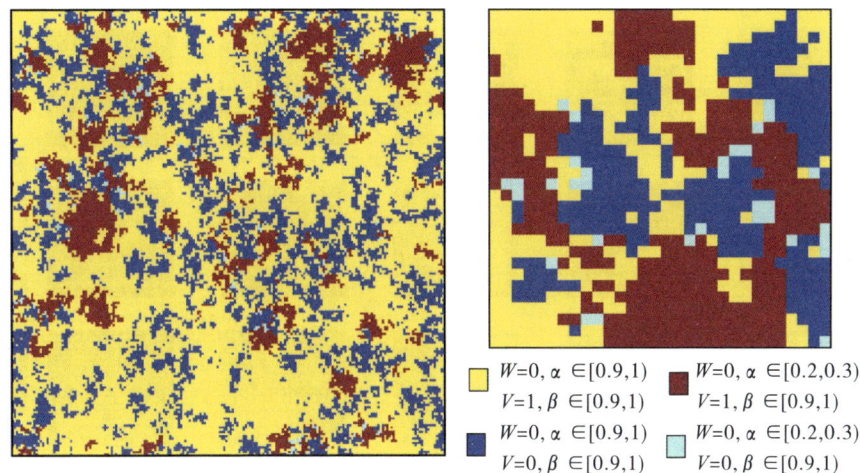

彩图 7-10　群体中情感表现型的空间分布特征（$T=1.1$）

注：右图是左图中一个 30×30 区域的放大显示。

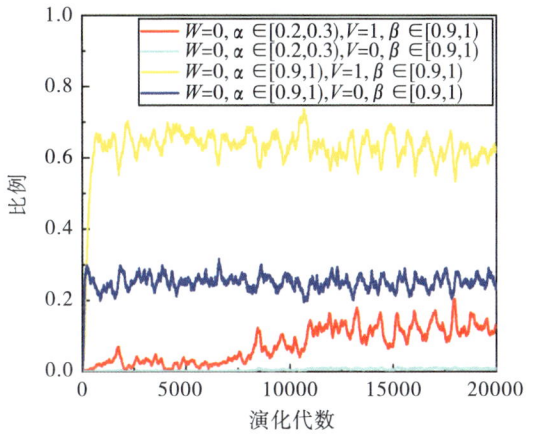

彩图 7-11　群体中 4 种情感表现型占比的演化（$T=1.1$）

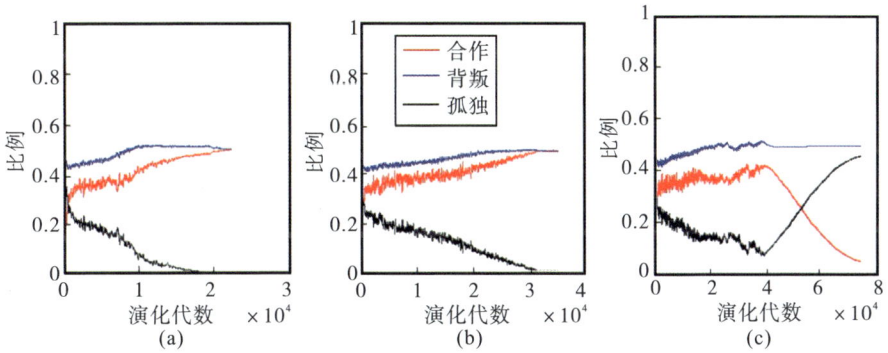

彩图 7-12　群体中策略占比的 3 种演化情形（$T=1.2$）

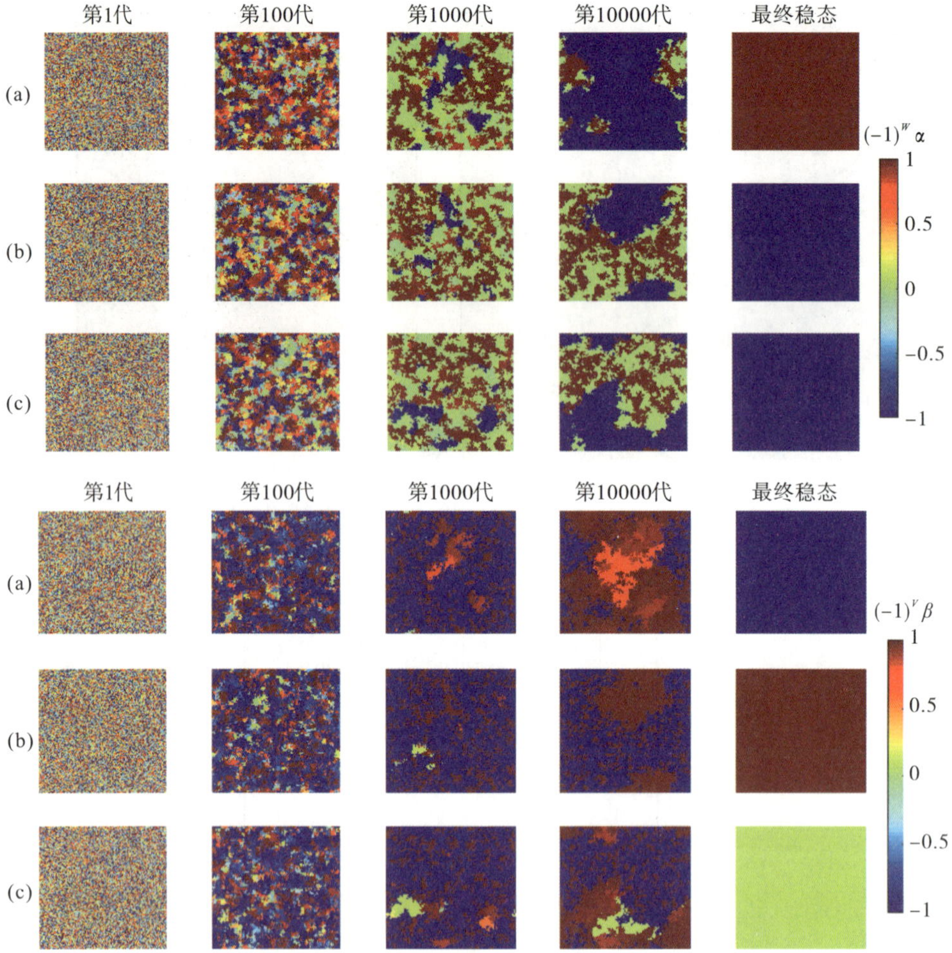

彩图 7-13　群体中个体情感特征指标的空间分布演化（$T=1.2$）

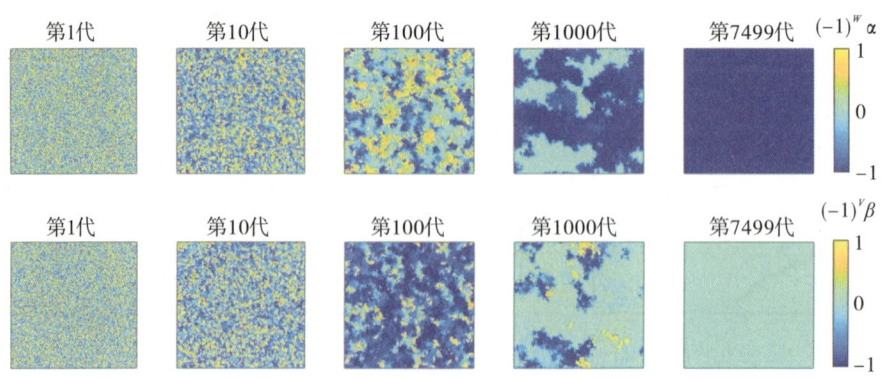

彩图 7-16　群体中个体情感特征指标的空间分布演化（$T=1.5$）

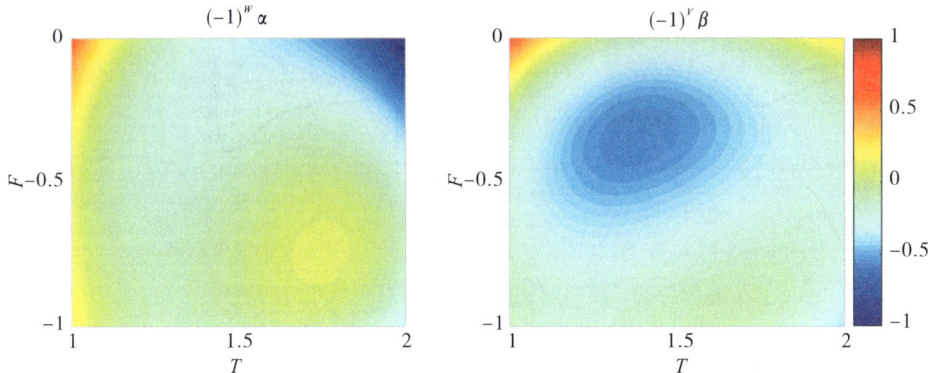

彩图 7-17　群体情感特征指标的平均值(随机网络)

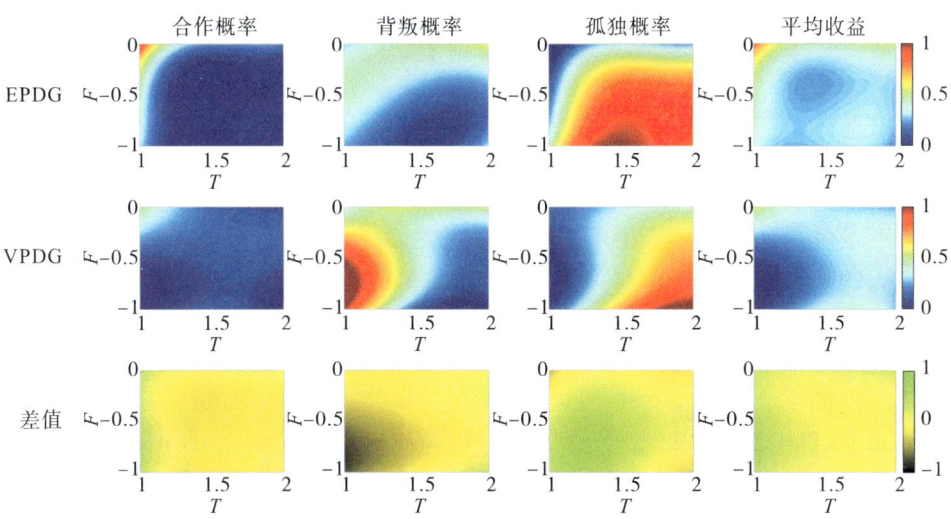

彩图 7-18　群体策略特征和平均收益(随机网络)

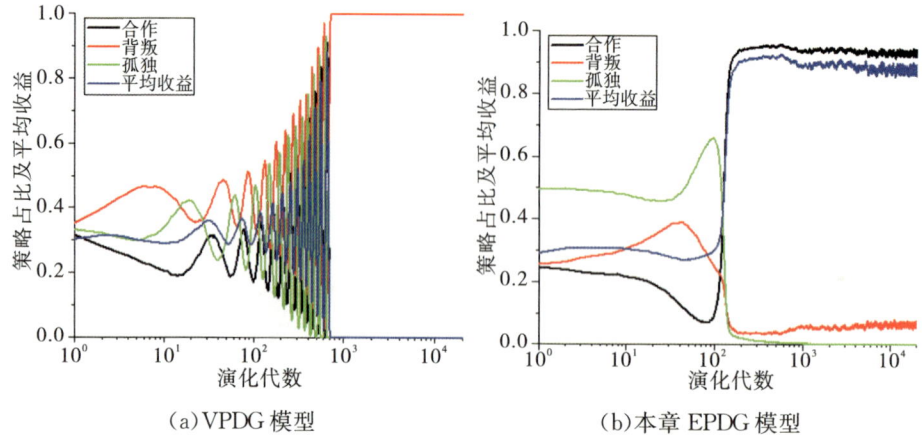

彩图 7-20 随机网络中群体策略及平均收益的演化

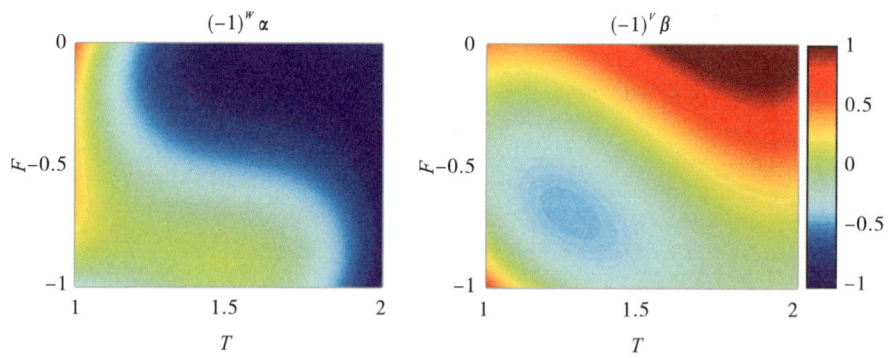

彩图 7-21 群体情感特征指标的平均值(BA 无标度网络)

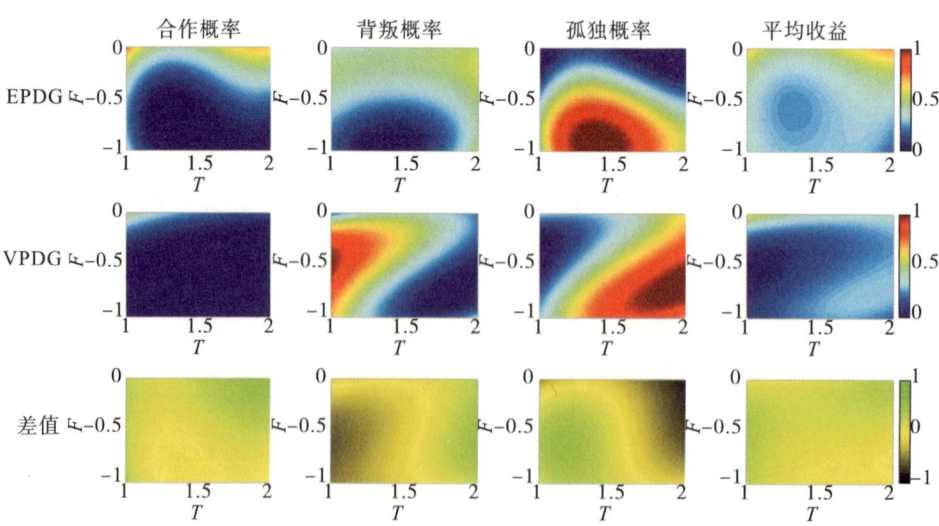

彩图 7-22 群体策略特征和平均收益(BA 无标度网络)

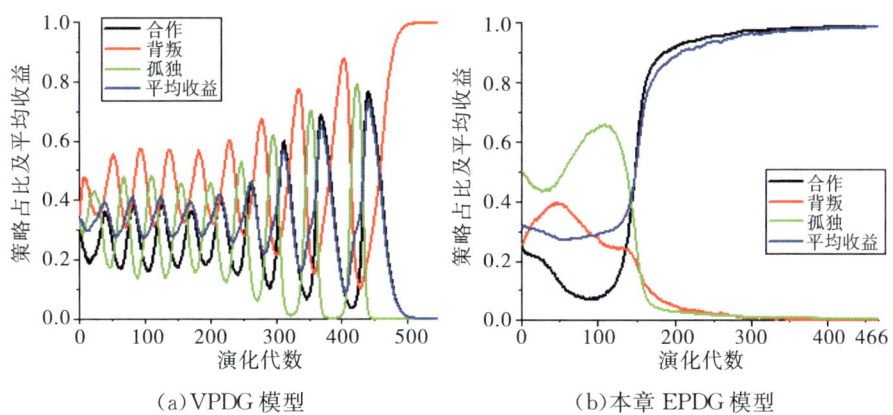

(a) VPDG 模型　　　　(b) 本章 EPDG 模型

彩图 7-24　BA 无标度网络中群体策略及平均收益的演化

第 8 章彩图

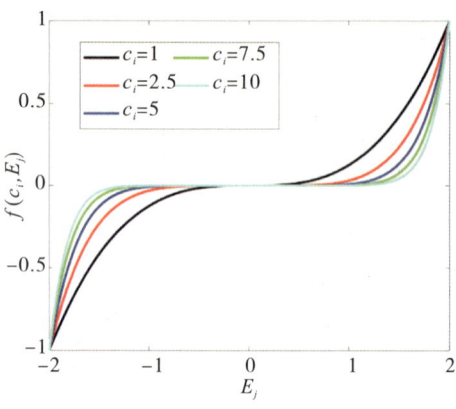

彩图 8-1 声誉激活函数

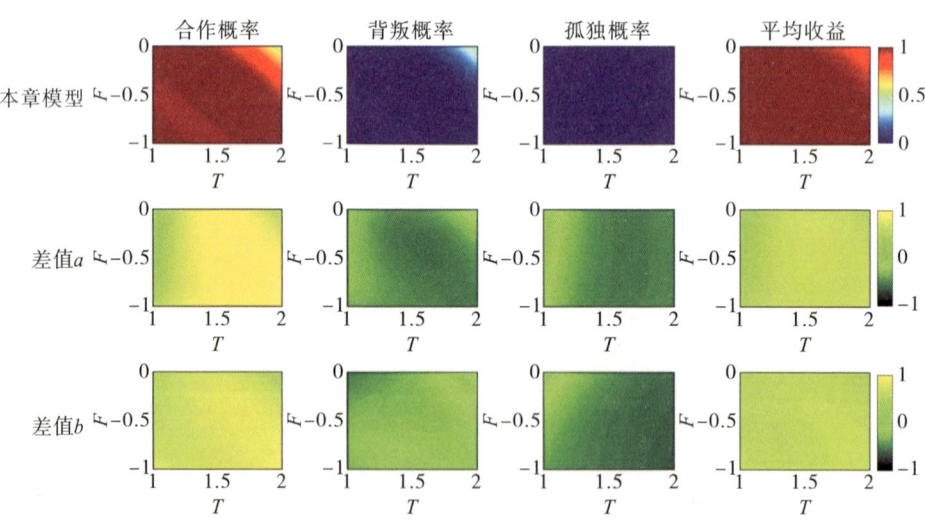

彩图 8-2 二维格子网络中群体策略特征和平均收益

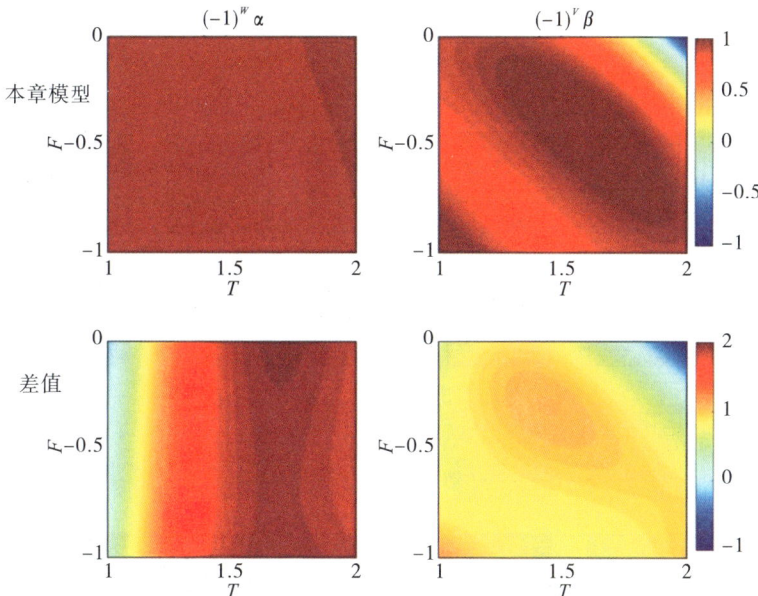

彩图 8-3 二维格子网络中群体情感特征指标的平均值

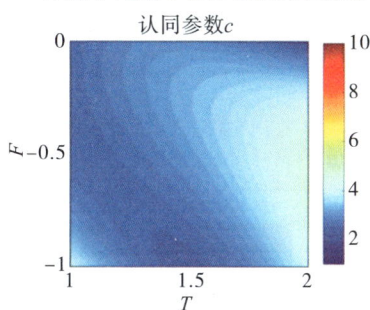

彩图 8-4 二维格子网络中群体认同参数的平均值

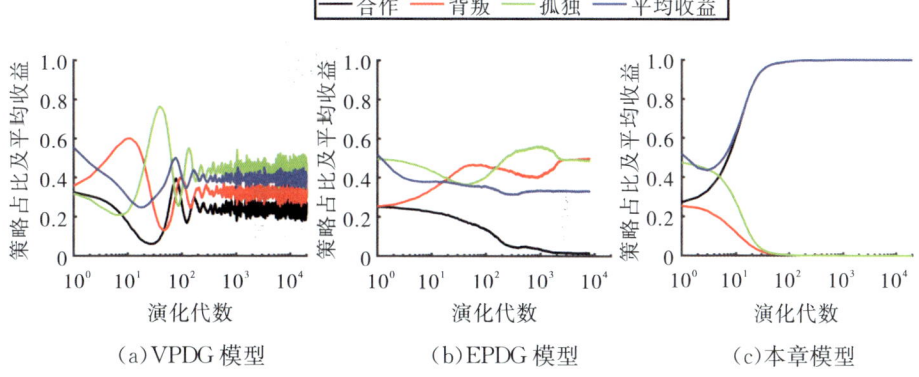

彩图 8-5 二维格子网络中群体策略及平均收益的演化动态

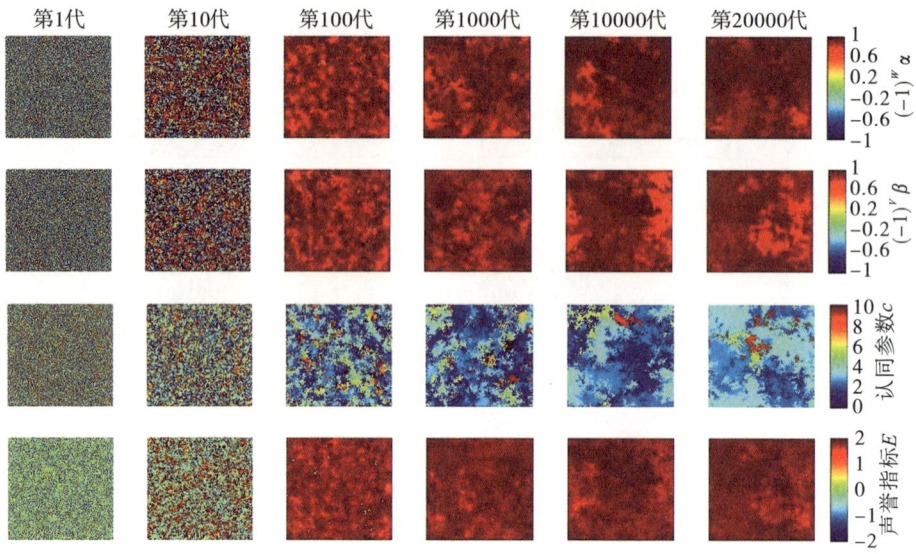

彩图 8-8 二维格子网络群体中个体情感特征指标、认同参数及声誉指标的空间分布演化动态

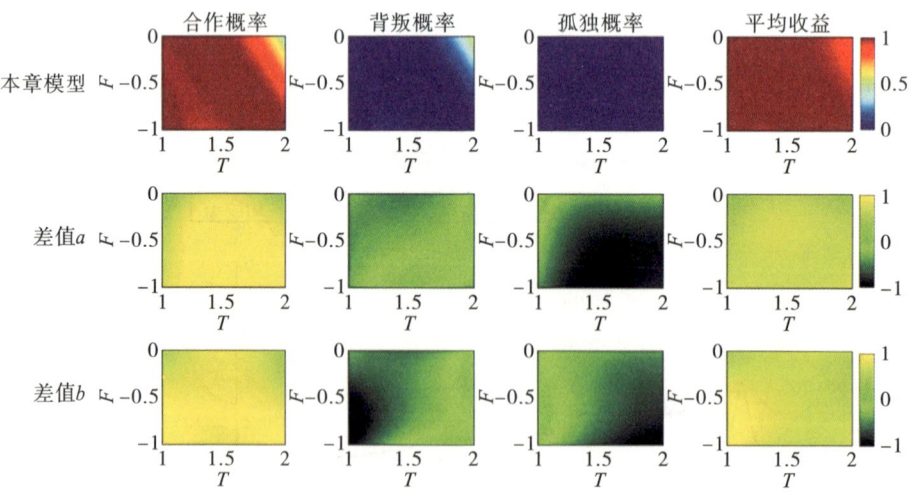

彩图 8-9 随机网络中群体策略特征和平均收益

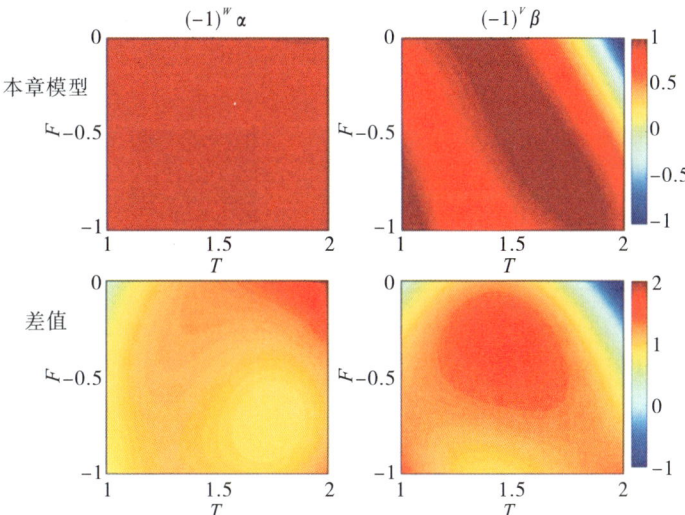

彩图 8-10　随机网络中群体情感特征指标的平均值

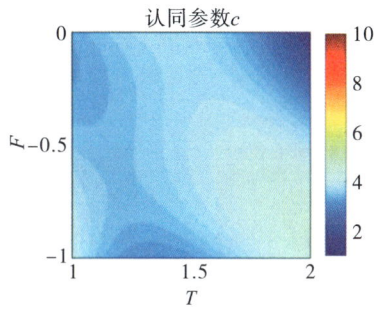

彩图 8-11　随机网络中群体认同参数的平均值

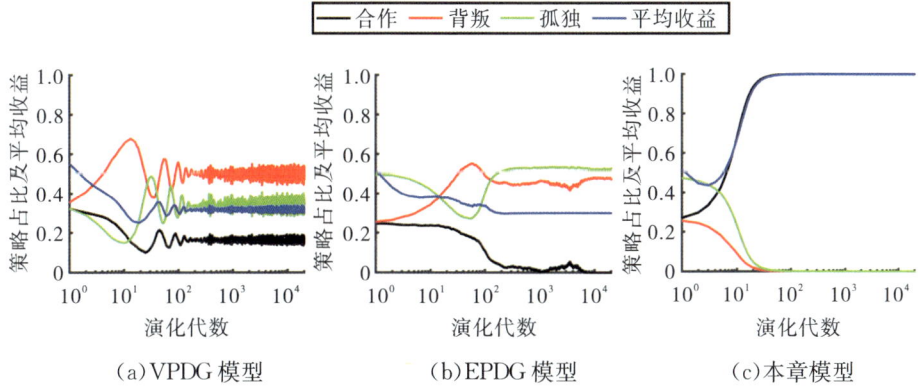

彩图 8-12　随机网络中群体策略及平均收益的演化动态

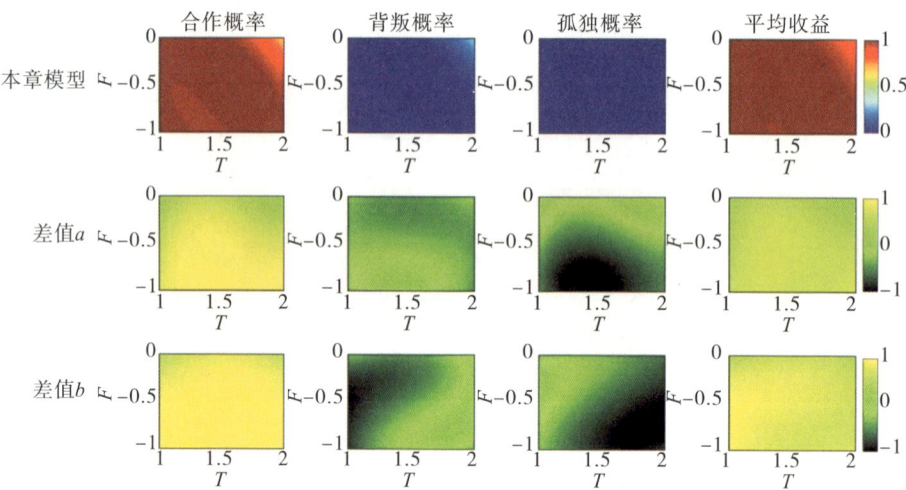

彩图 8-15　BA 无标度网络中群体策略特征和平均收益

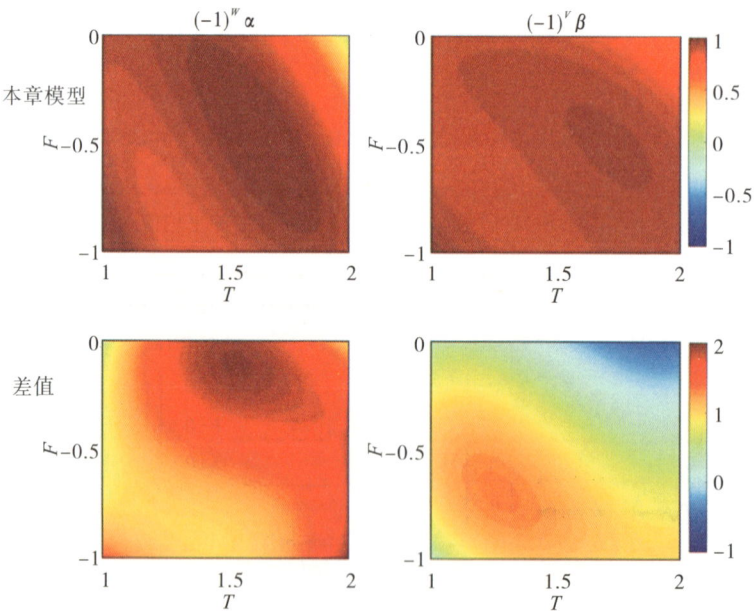

彩图 8-16　BA 无标度网络中群体情感特征指标的平均值

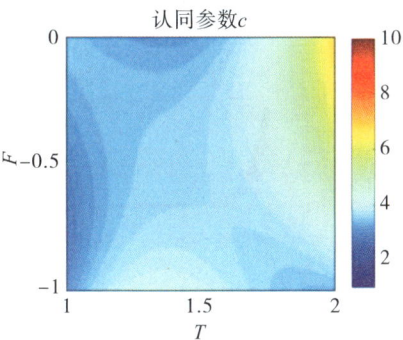

彩图 8-17　BA 无标度网络中群体认同参数的平均值

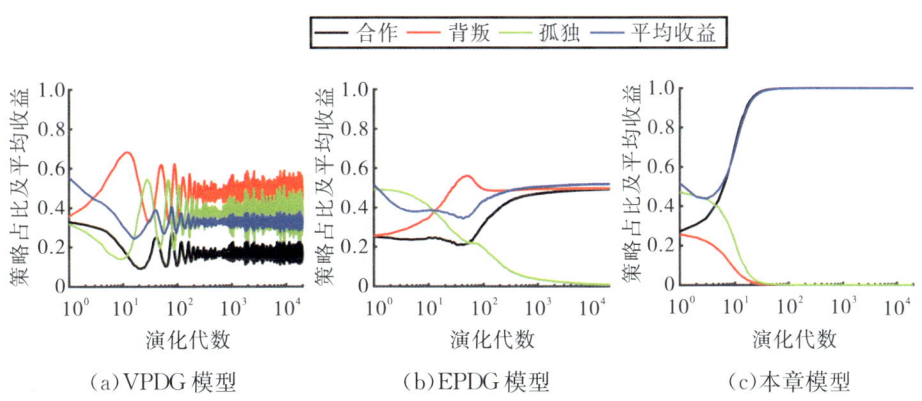

彩图 8-18　BA 无标度网络中群体策略及平均收益的演化动态

第 9 章彩图

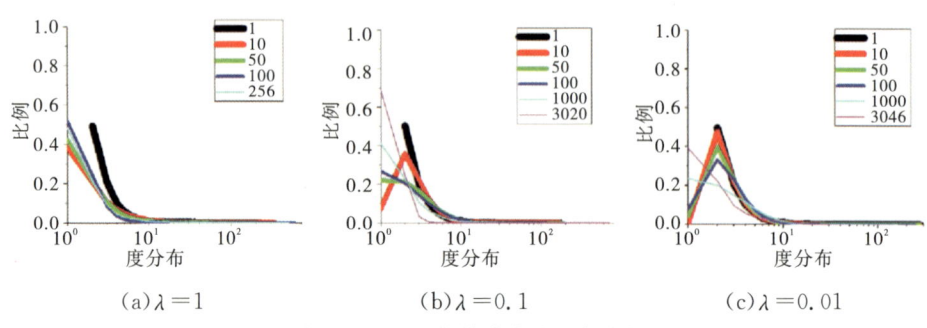

(a) $\lambda=1$ (b) $\lambda=0.1$ (c) $\lambda=0.01$

彩图 9-15　网络的节点度分布演化

注：图中右上侧图例中的数字代表演化代数。

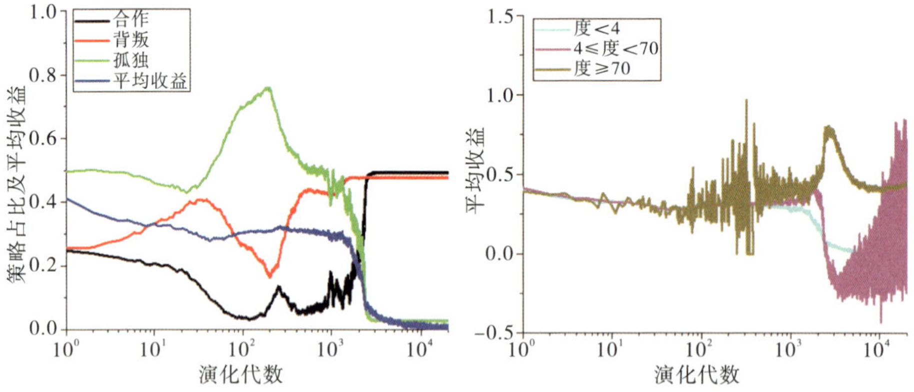

(a) $\lambda=0.1$

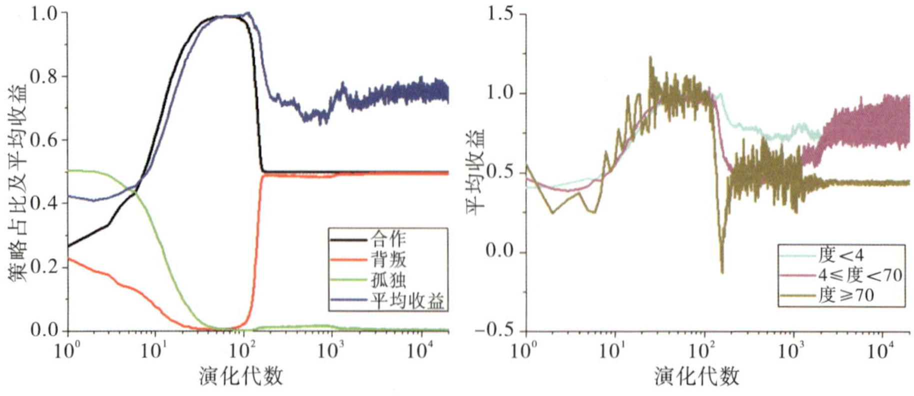

(b) $\lambda=1$

彩图 9-16　网络演化对不同子群体的影响

第 11 章彩图

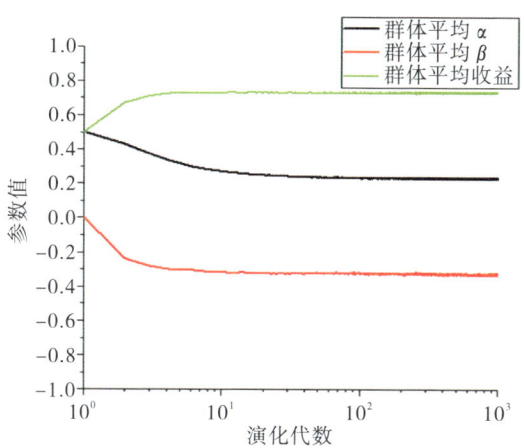

彩图 11-1　群体特征参数的演化

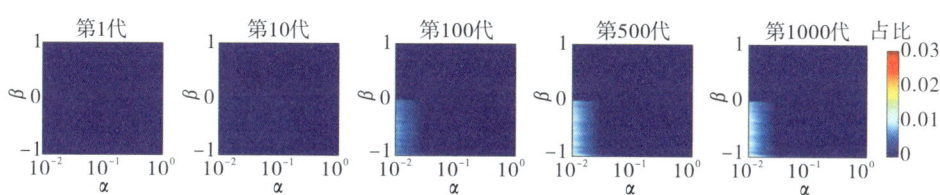

彩图 11-3　群体中所有个体情感参数 α, β 分布占比的演化进程

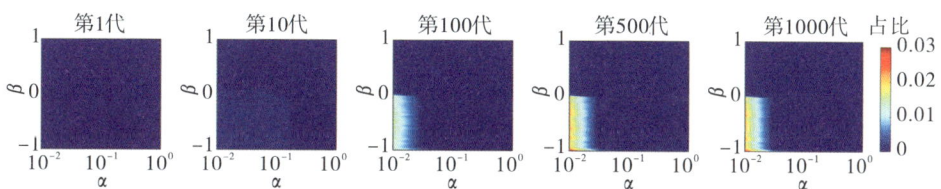

彩图 11-5　群体中父代个体情感参数 α, β 分布占比的演化进程

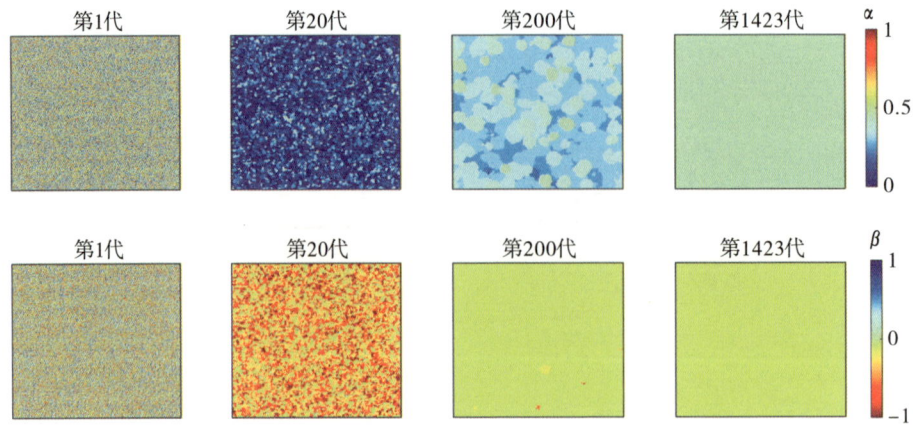

彩图 11-8　二维格子网络中个体情感参数 α, β 的空间分布特征演化

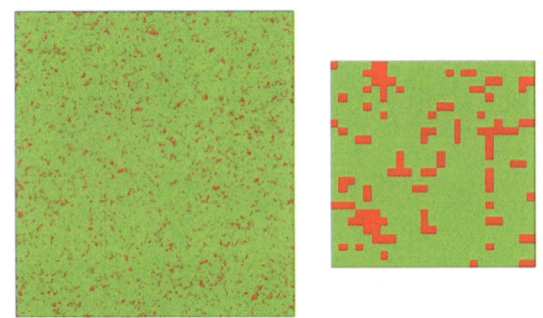

彩图 11-9　最终稳态下 2 种情感类型个体空间分布情况

注：$E_{9,0}$ 的个体用绿色表示，$E_{10,0}$ 的个体用红色表示。右图为左图的局部放大图(25×25)。

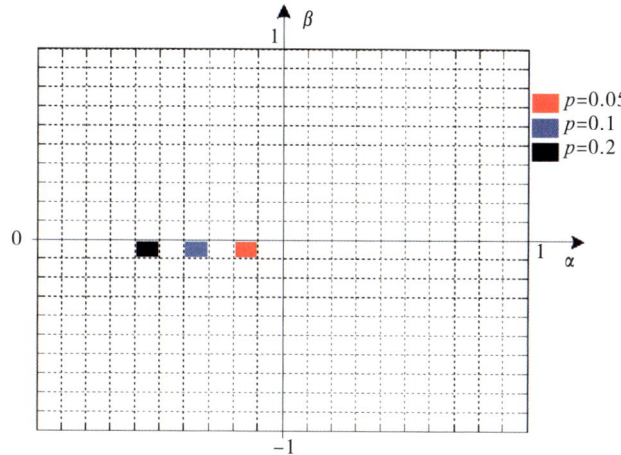

彩图 11-12 不同 p 值下的稳态情感类型

注：$p=0.05$ 时，$E_{8,9}$ 幸存，$\alpha \in [0.4, 0.45)$，$\beta \in [-0.1, 0)$；

$p=0.1$ 时，$E_{6,9}$ 幸存，$\alpha \in [0.3, 0.35)$，$\beta \in [-0.1, 0)$；

$p=0.2$ 时，$E_{4,9}$ 幸存，$\alpha \in [0.2, 0.25)$，$\beta \in [-0.1, 0)$。

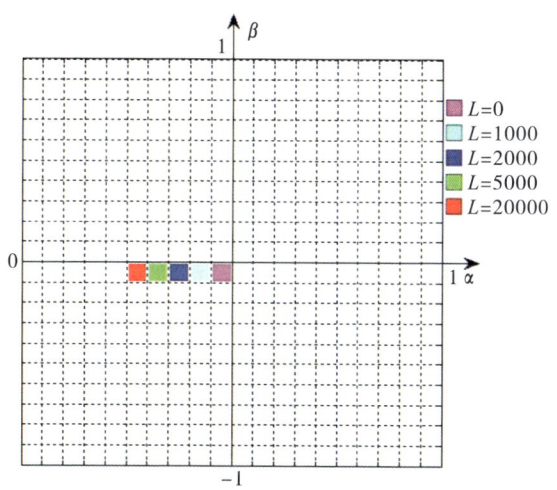

彩图 11-14 不同 L 值下的稳态情感类型

注：$L=0$ 时，$E_{9,9}$ 幸存，$\alpha \in [0.45, 0.5)$，$\beta \in [-0.1, 0)$。

$L=1000$ 时，$E_{8,9}$ 幸存，$\alpha \in [0.4, 0.45)$，$\beta \in [-0.1, 0)$。

$L=2000$ 时，$E_{7,9}$ 幸存，$\alpha \in [0.35, 0.4)$，$\beta \in [-0.1, 0)$。

$L=5000$ 时，$E_{6,9}$ 幸存，$\alpha \in [0.3, 0.35)$，$\beta \in [-0.1, 0)$。

$L=20000$ 时，$E_{5,9}$ 幸存，$\alpha \in [0.25, 0.3)$，$\beta \in [-0.1, 0)$。

第 12 章彩图

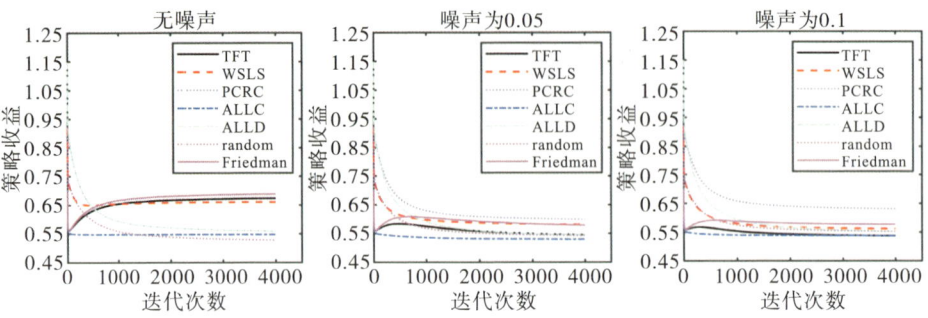

彩图 12-1　均匀分布下的策略平均收益随博弈进程变化情况

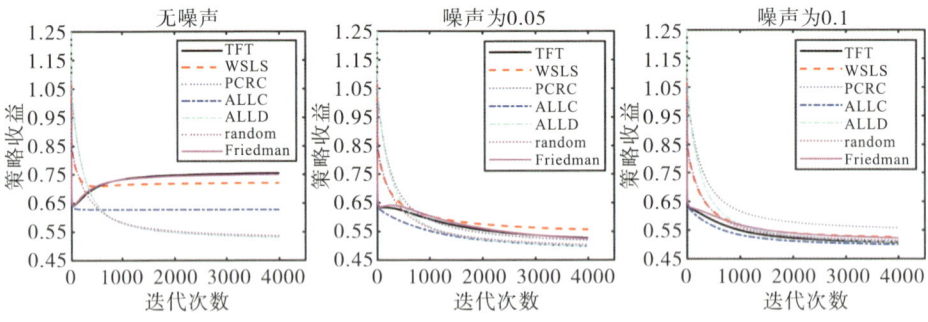

彩图 12-2　偏好合作分布下的策略平均收益随博弈进程变化情况

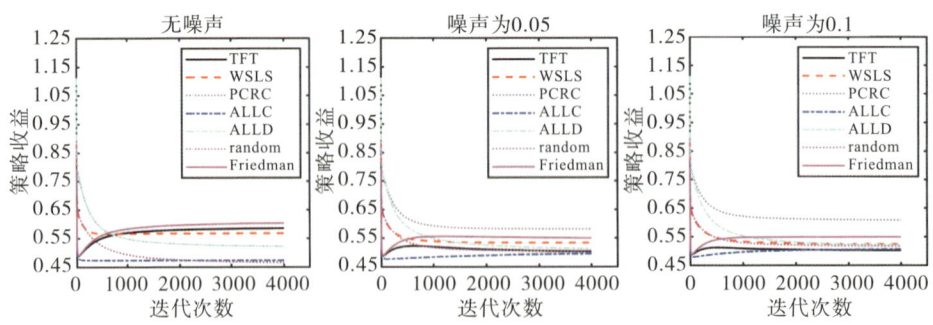

彩图 12-3　偏好背叛分布下的策略平均收益随博弈进程变化情况

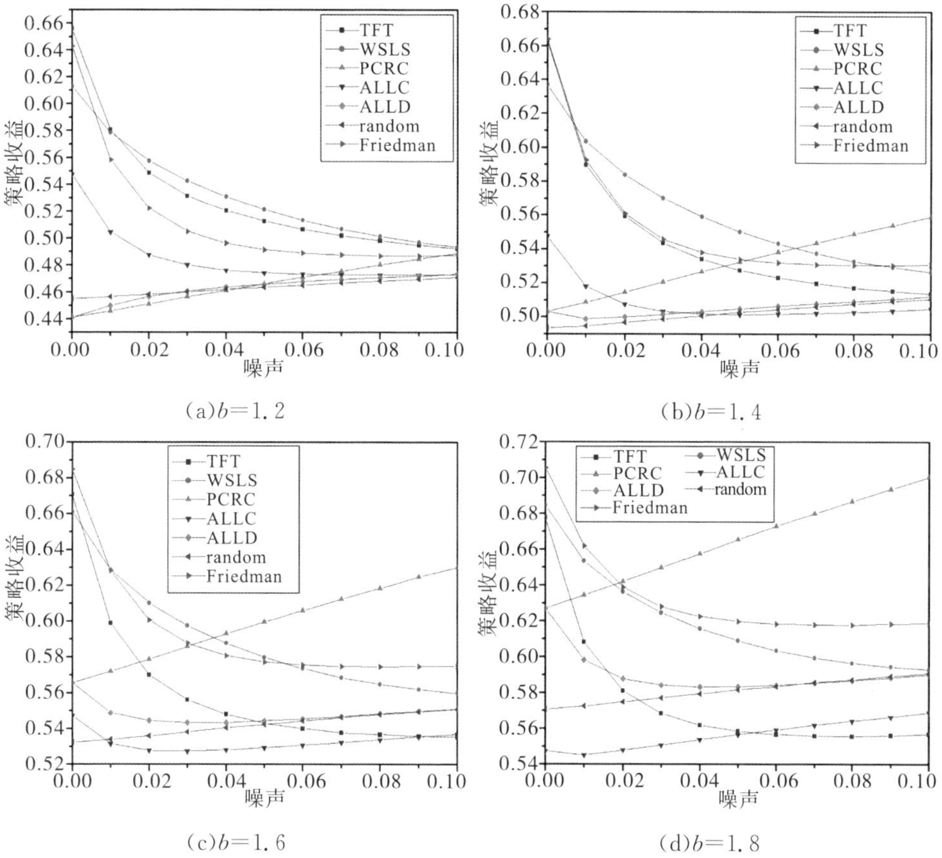

(a)$b=1.2$ (b)$b=1.4$

(c)$b=1.6$ (d)$b=1.8$

彩图 12-4 均匀分布下的策略平均收益随噪声变化情况

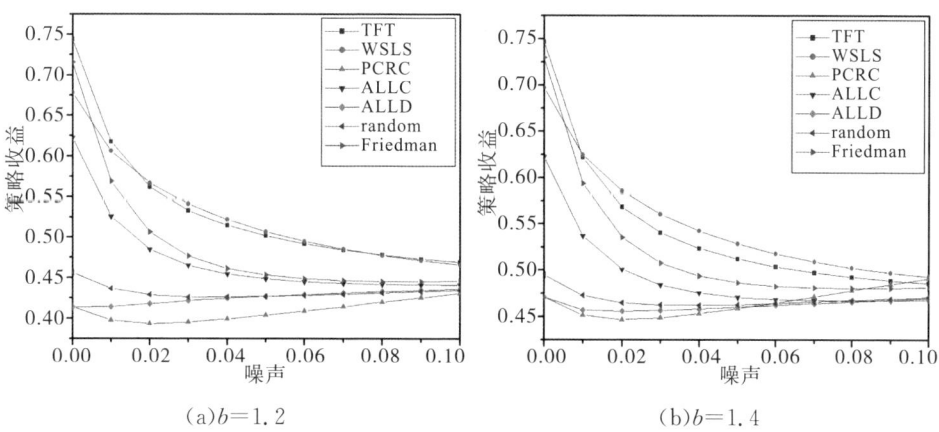

(a)$b=1.2$ (b)$b=1.4$

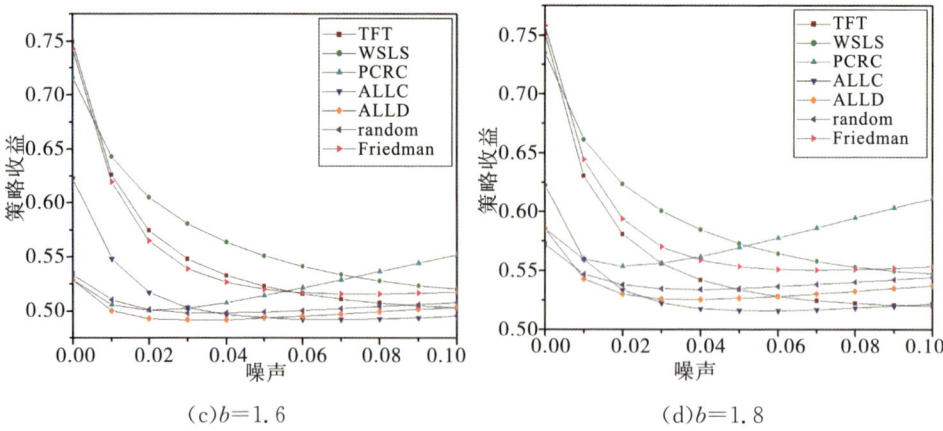

(c)$b=1.6$ (d)$b=1.8$

彩图 12-5　偏好合作分布下的策略平均收益随噪声变化情况

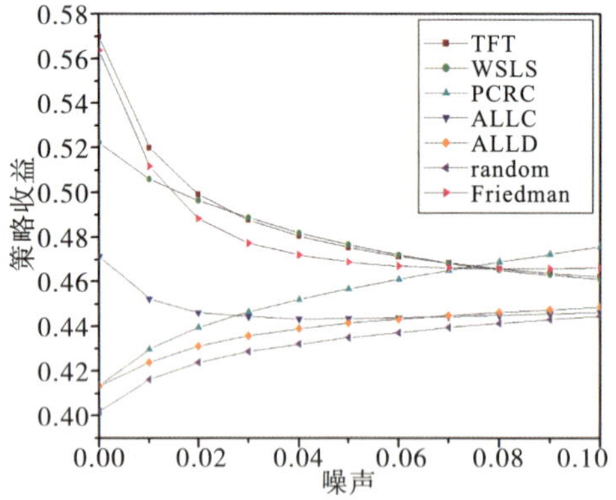

(a)$b=1.2$ 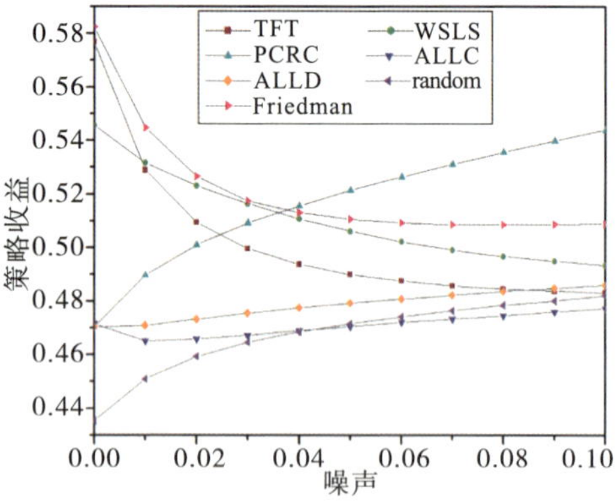 (b)$b=1.4$

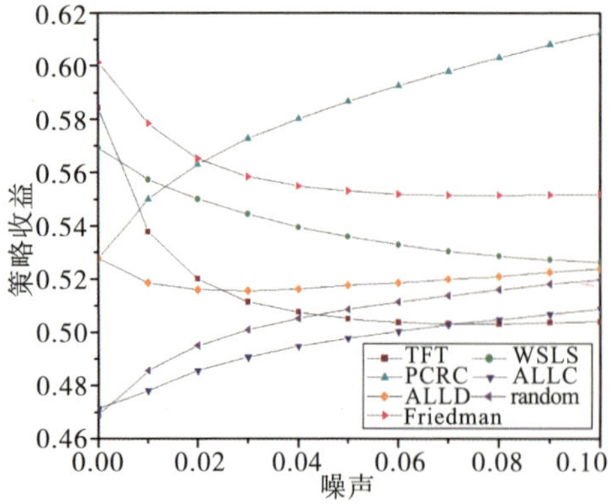

(c)$b=1.6$ 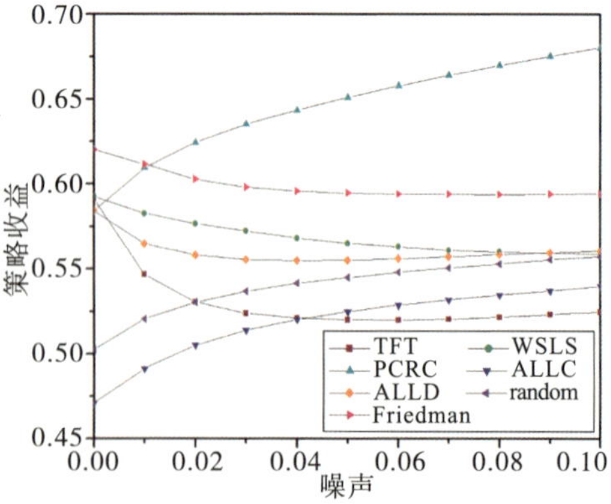 (d)$b=1.8$

彩图 12-6　偏好背叛分布下的策略平均收益随噪声变化情况

(a)b=1.2

(b)b=1.4

(c)b=1.6

(d)b=1.8

彩图 12-7　均匀分布下的策略平均收益随噪声变化情况(基于固定值)

(a)b=1.2

(b)b=1.4

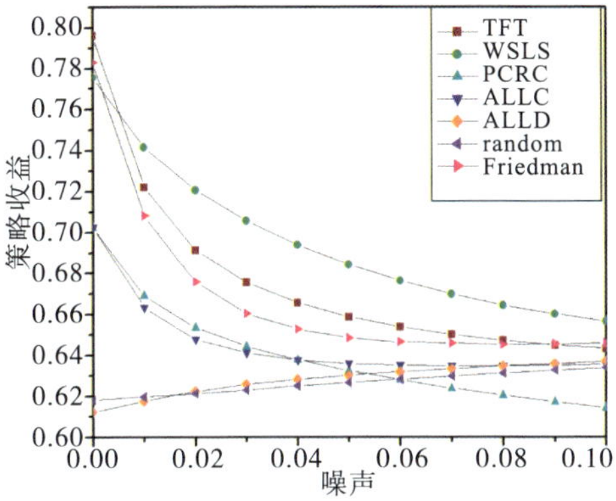

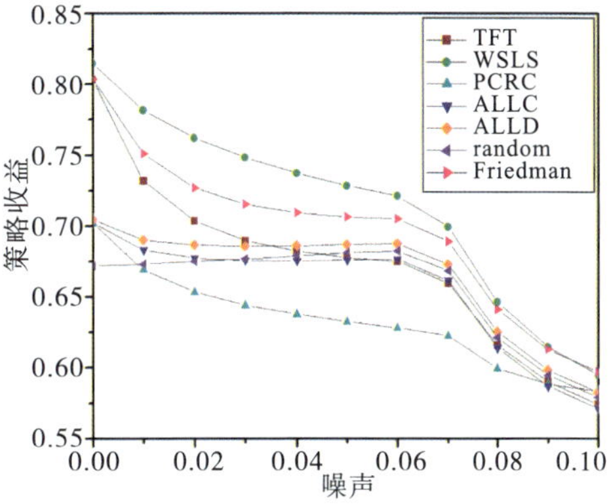

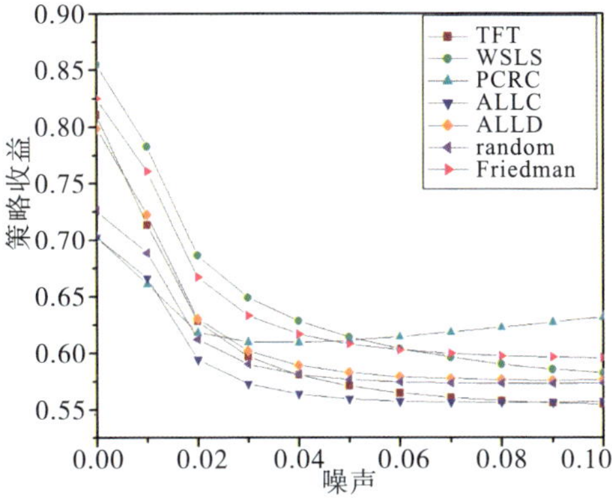

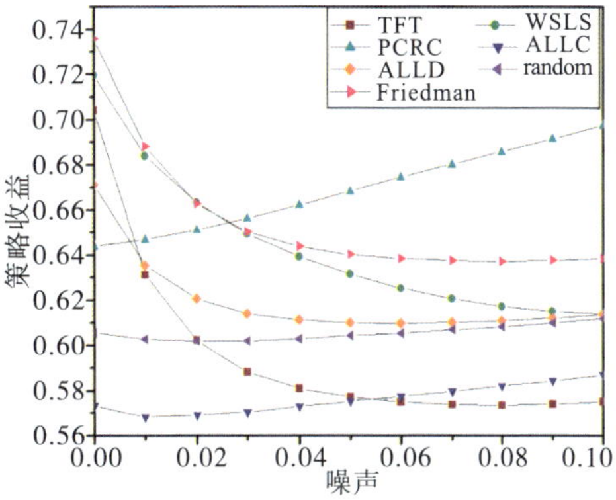

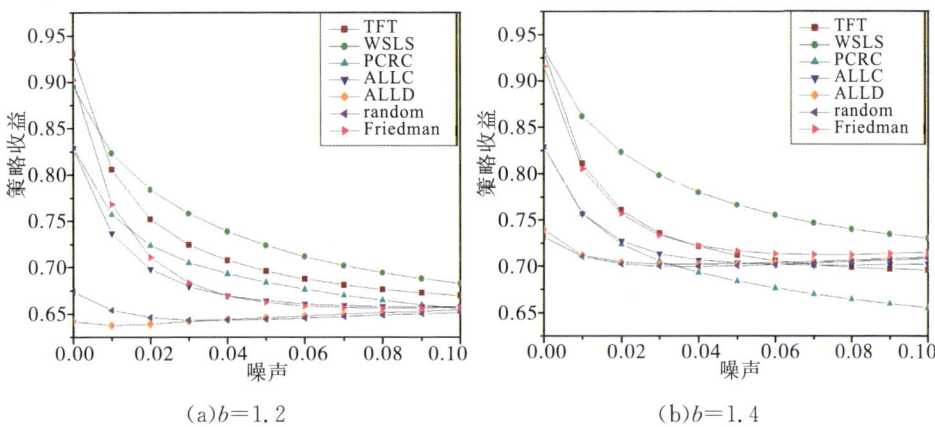

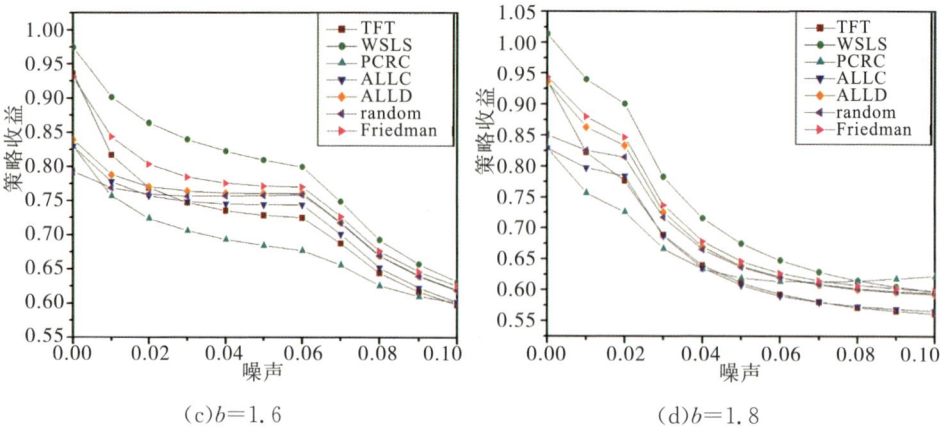

(c)$b=1.6$　　　　　　　　　　　　(d)$b=1.8$

彩图 12-8　偏好合作分布下的策略平均收益随噪声变化情况(基于固定值)

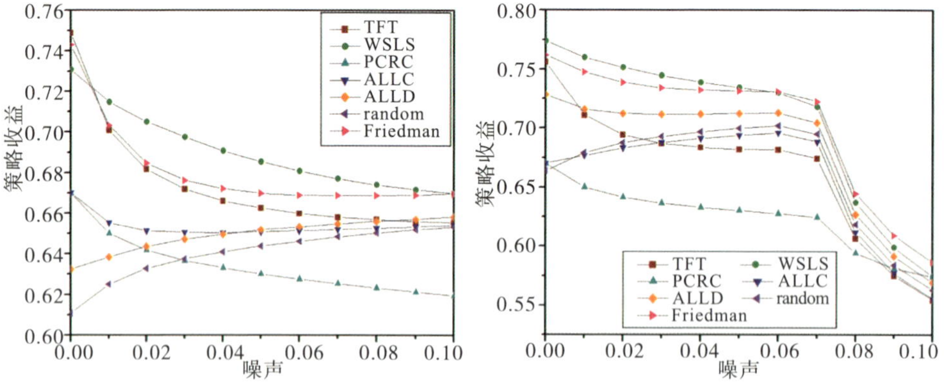

(a)$b=1.2$　　　　　　　　　　　　(b)$b=1.4$

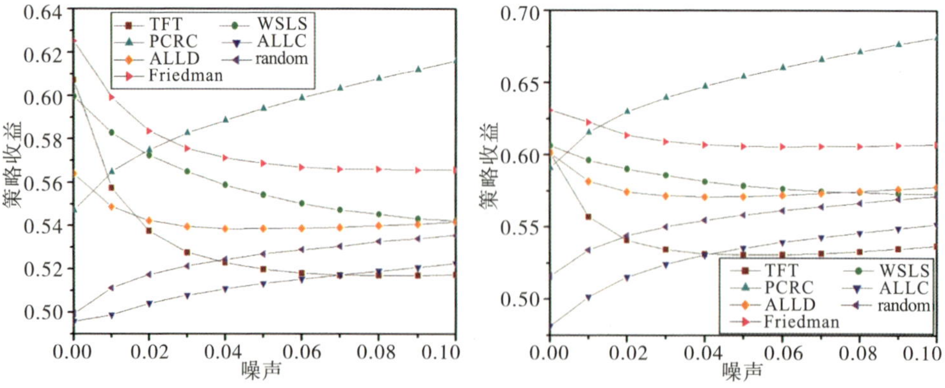

(c)$b=1.6$　　　　　　　　　　　　(d)$b=1.8$

彩图 12-9　偏好背叛分布下的策略平均收益随噪声变化情况(基于固定值)

第 13 章彩图

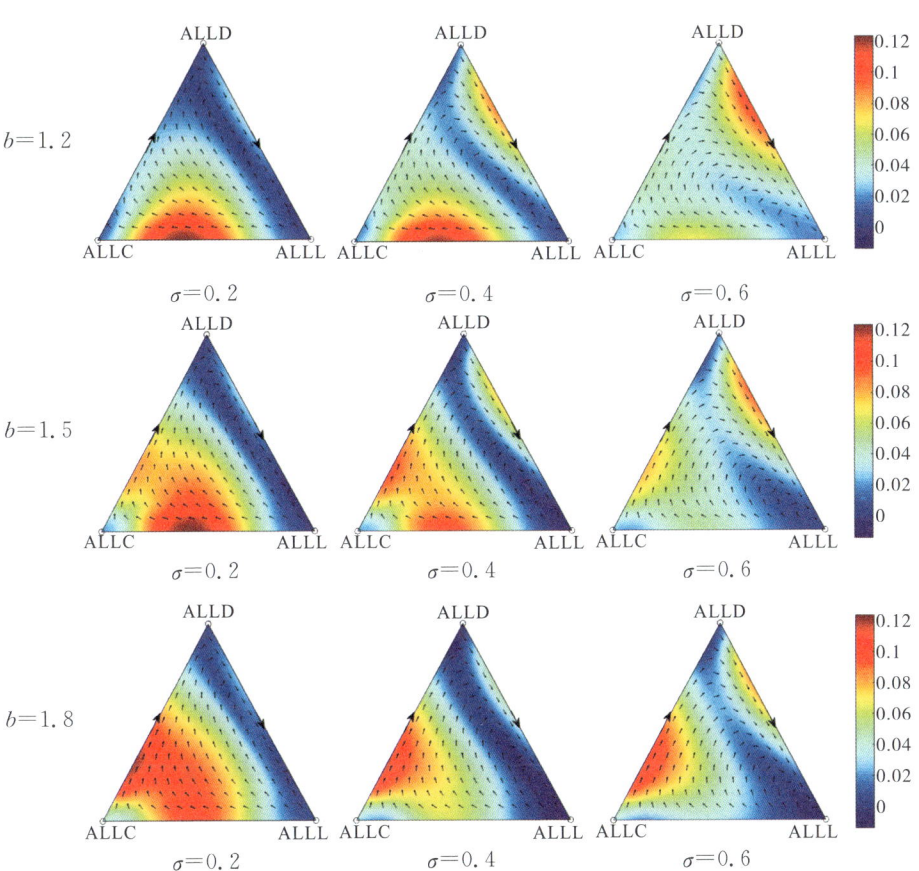

彩图 13-1 复制动态的平面演化相图（VPDG 模型）

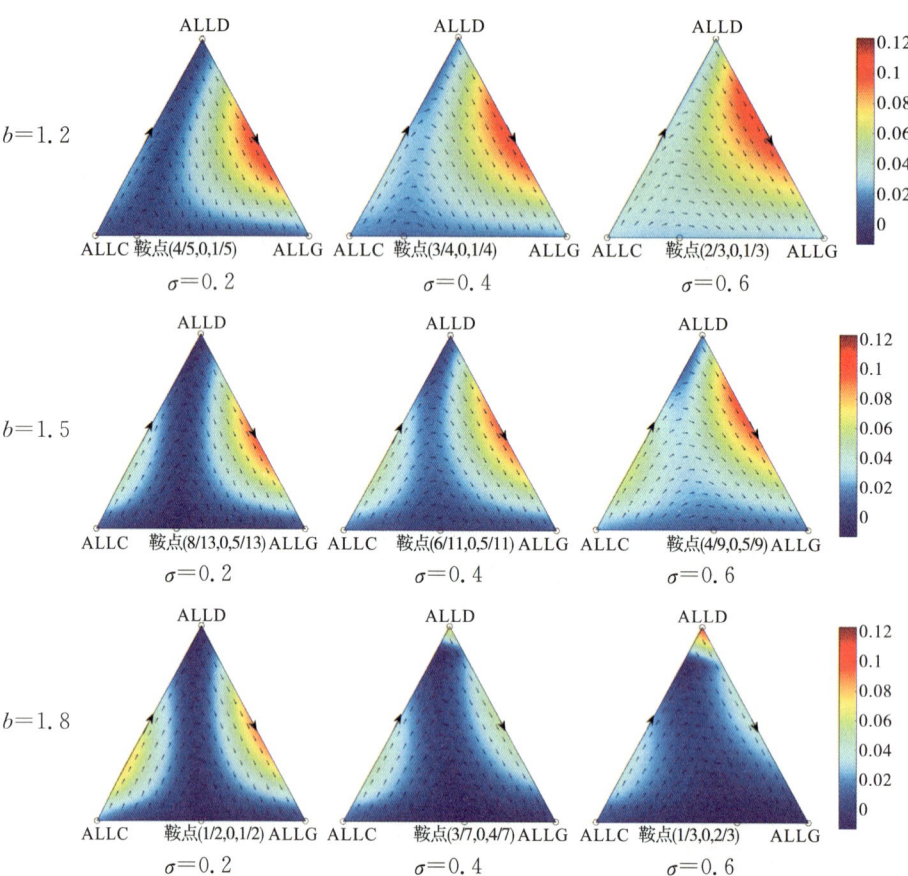

彩图 13-2　复制动态的平面演化相图（GPDG 模型）

第 14 章彩图

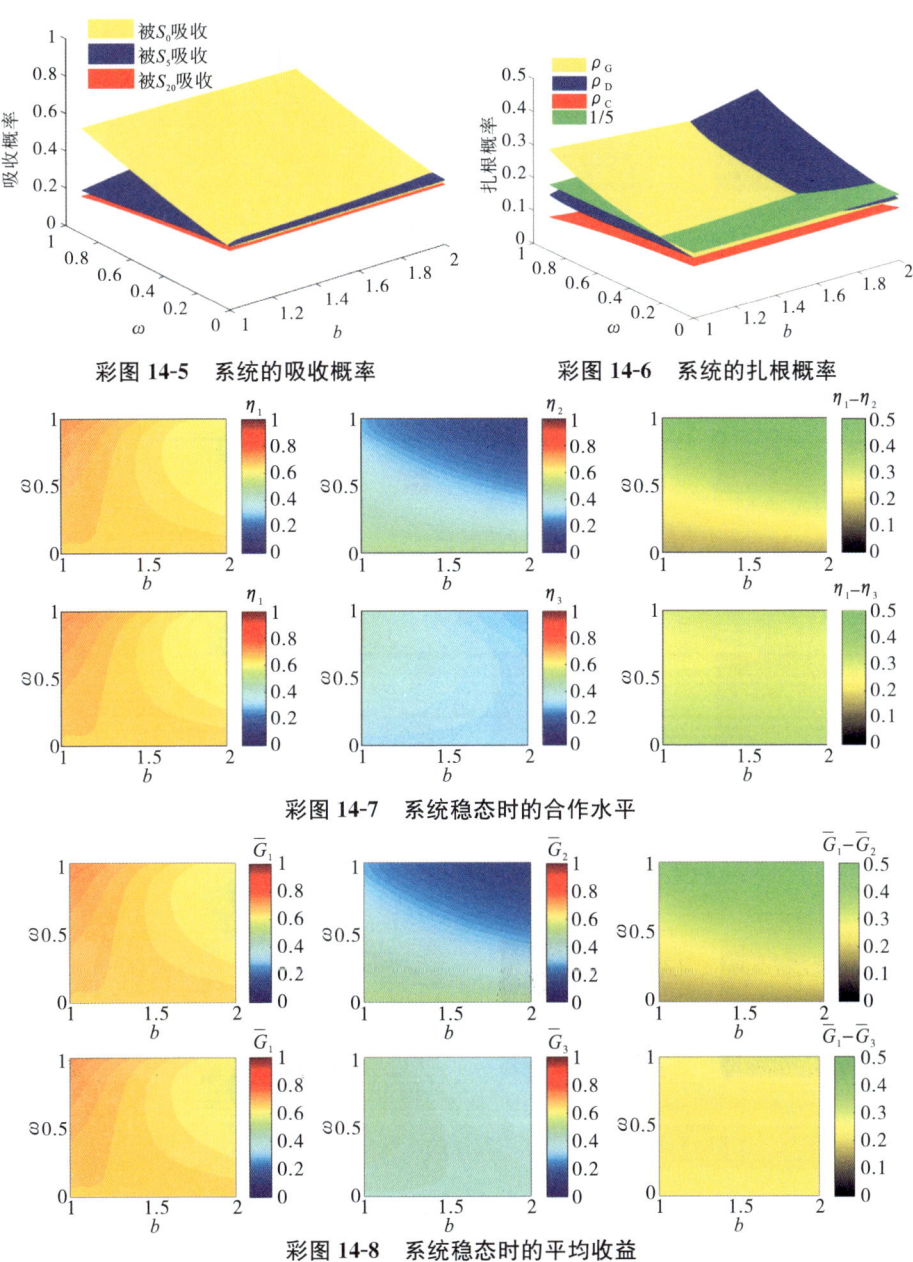

彩图 14-5 系统的吸收概率

彩图 14-6 系统的扎根概率

彩图 14-7 系统稳态时的合作水平

彩图 14-8 系统稳态时的平均收益

第 15 章彩图

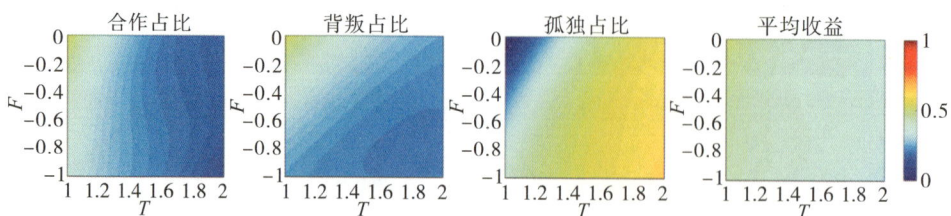

彩图 15-1 基于二维格子网络的 VPDG 模型结果(行为占比)

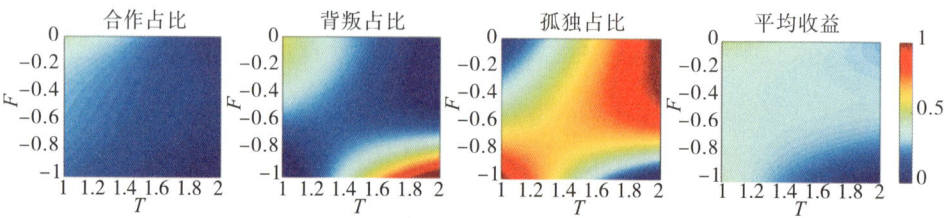

彩图 15-2 基于二维格子网络的 GPDG 模型结果(行为占比)

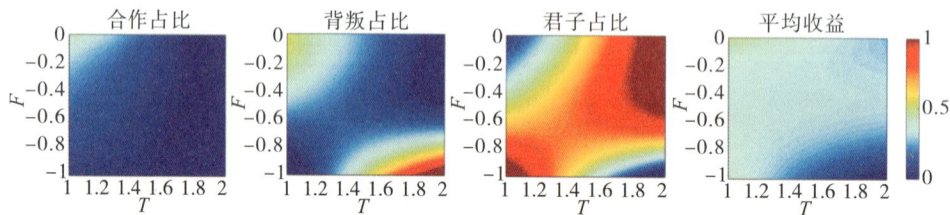

彩图 15-3 基于二维格子网络的 GPDG 模型结果(策略占比)

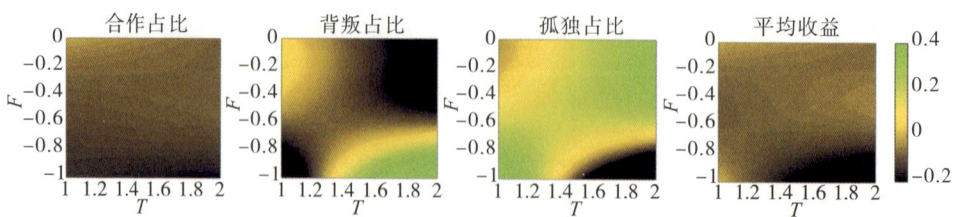

彩图 15-4 基于二维格子网络的 2 种博弈模型结果的差值

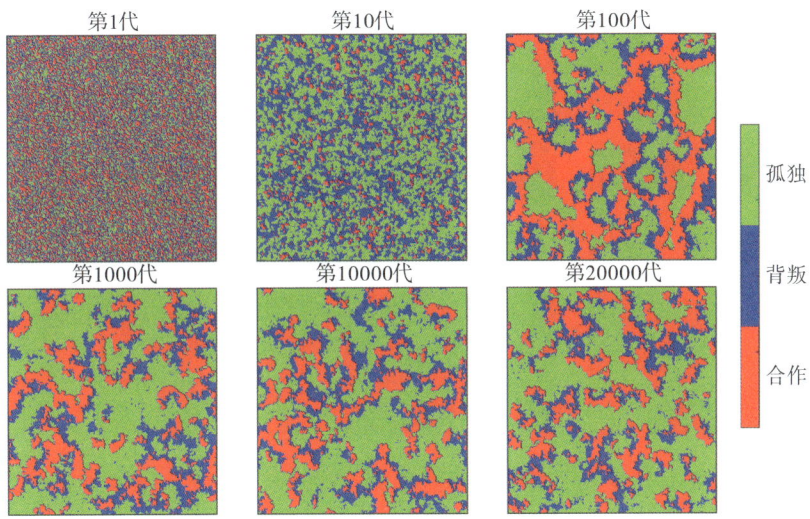

彩图 15-8 基于二维格子网络的 VPDG 模型空间演化斑图

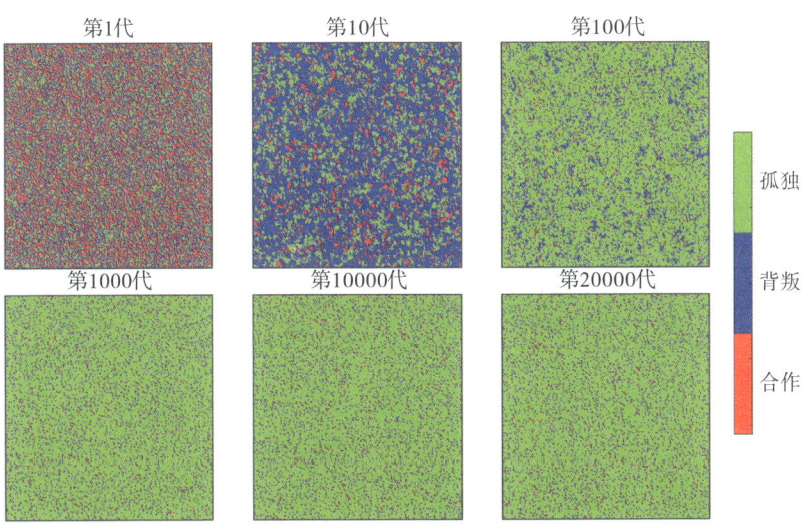

彩图 15-9 基于二维格子网络的 GPDG 模型空间演化斑图(行为特征)

318　情感博弈：合作演化的感性机制

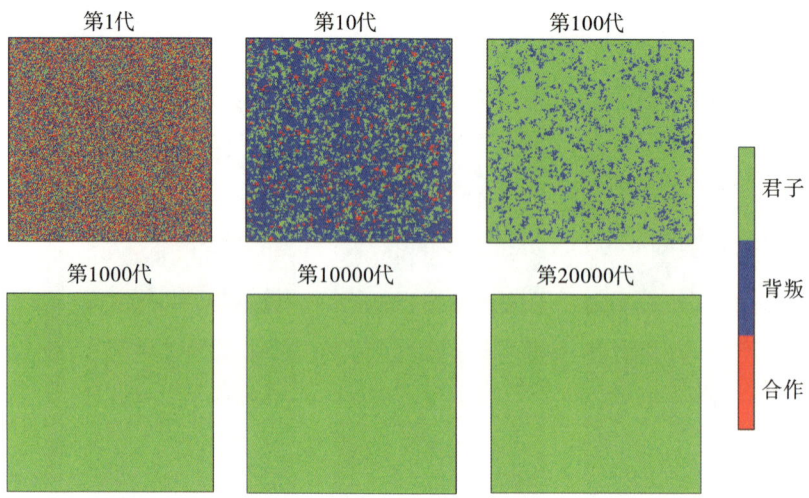

彩图 15-10　基于二维格子网络的 GPDG 模型空间演化斑图（策略特征）

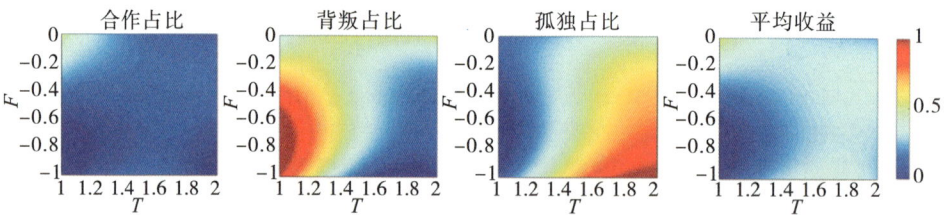

彩图 15-11　基于随机网络的 VPDG 模型结果（行为占比）

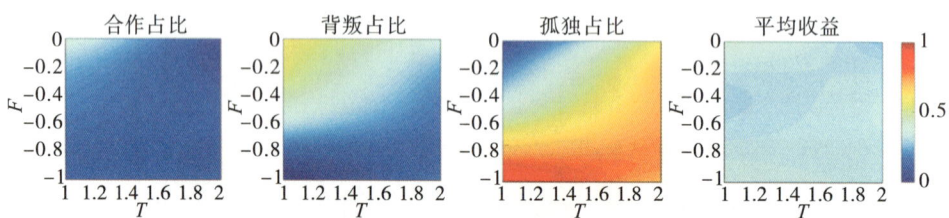

彩图 15-12　基于随机网络的 GPDG 模型结果（行为占比）

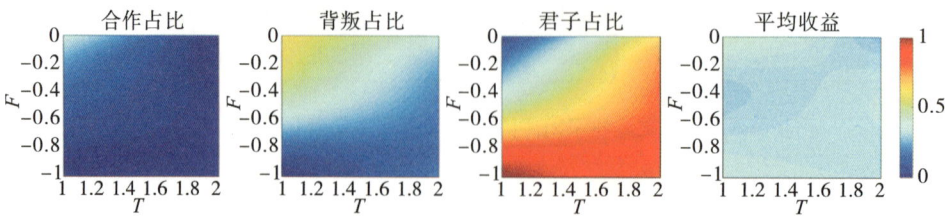

彩图 15-13　基于随机网络的 GPDG 模型结果（策略占比）

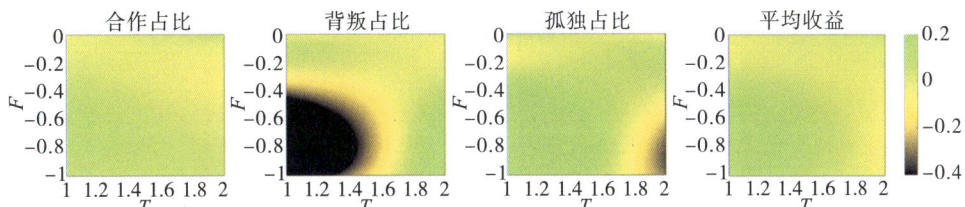

彩图 15-14　基于随机网络的 2 种博弈模型结果的差值

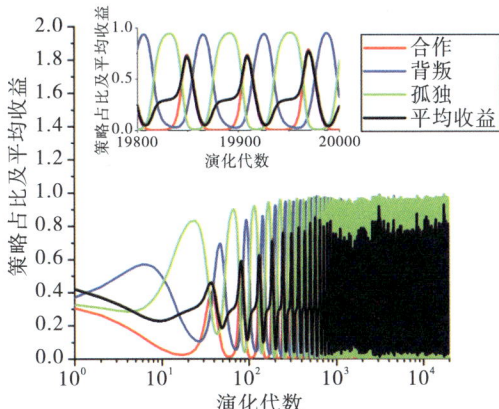

彩图 15-15　基于随机网络的 VPDG 模型演化迭代

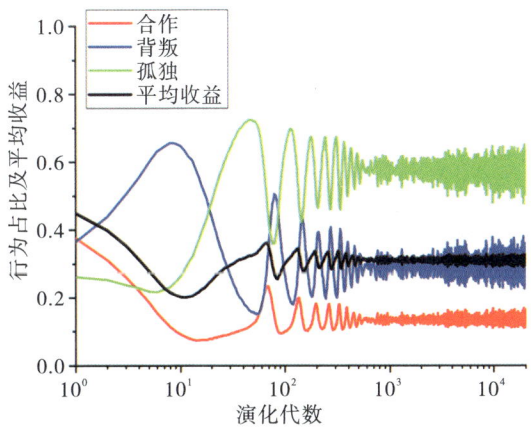

彩图 15-16　基于随机网络的 GPDG 模型演化迭代（行为占比）

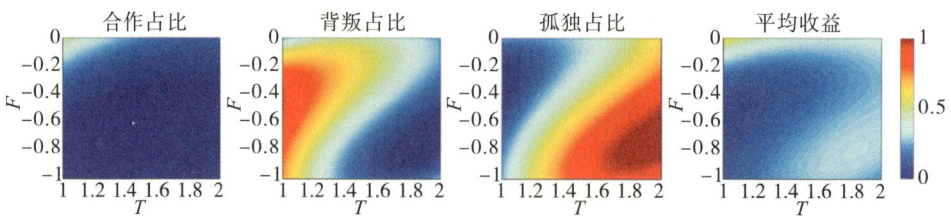

彩图 15-18 基于 BA 无标度网络的 VPDG 模型结果(行为占比)

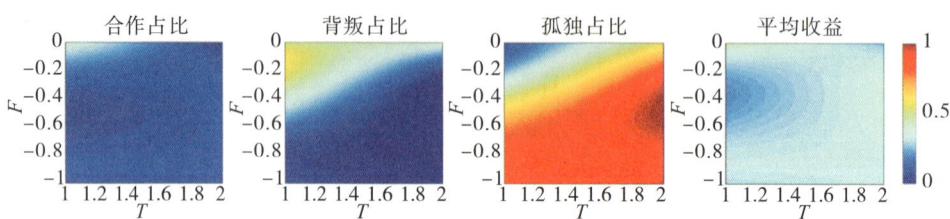

彩图 15-19 基于 BA 无标度网络的 GPDG 模型结果(行为占比)

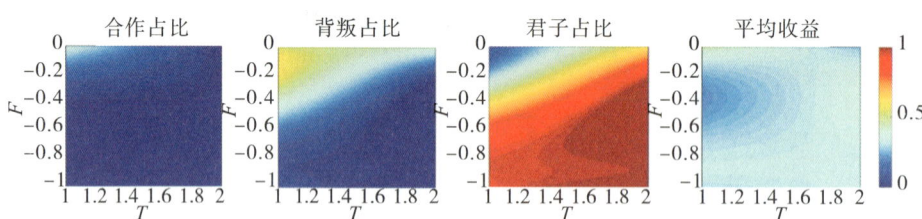

彩图 15-20 基于 BA 无标度网络的 GPDG 模型结果(策略占比)

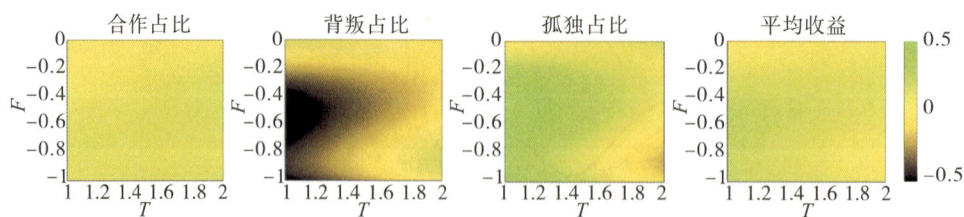

彩图 15-21 基于 BA 无标度网络的 2 种博弈模型结果的差值

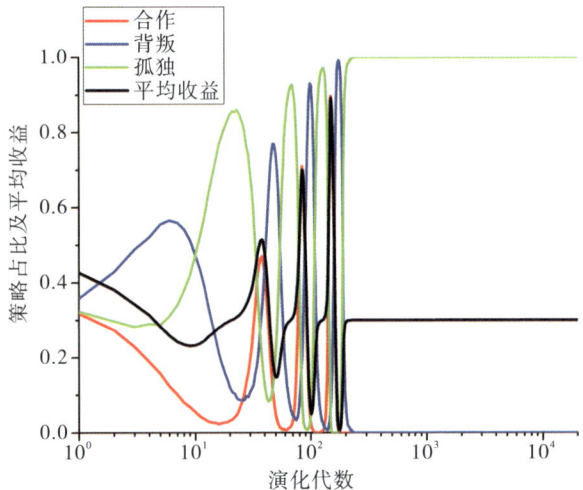

彩图 15-22　基于 BA 无标度网络的 VPDG 模型演化迭代

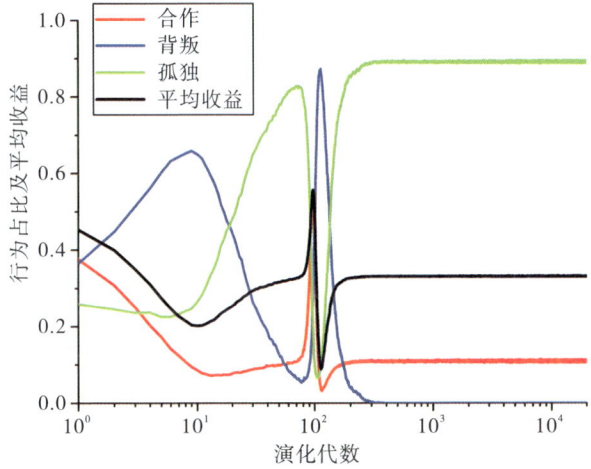

彩图 15-23　基于 BA 无标度网络的 GPDG 模型演化迭代（行为占比）

第 16 章彩图

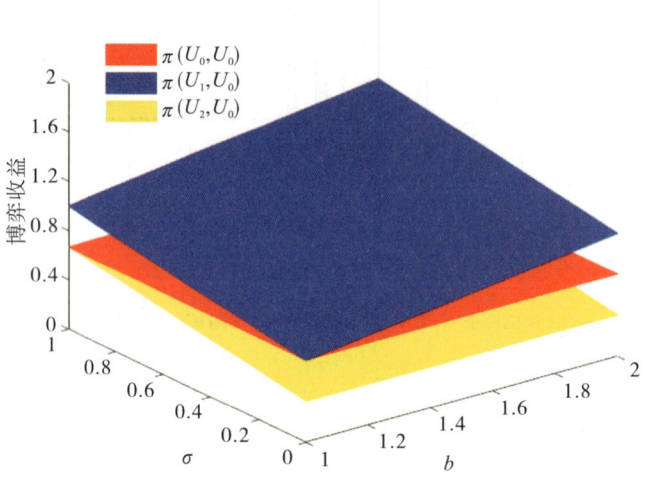

彩图 16-1　收益 $\pi(U_0,U_0)$, $\pi(U_1,U_0)$ 和 $\pi(U_2,U_0)$

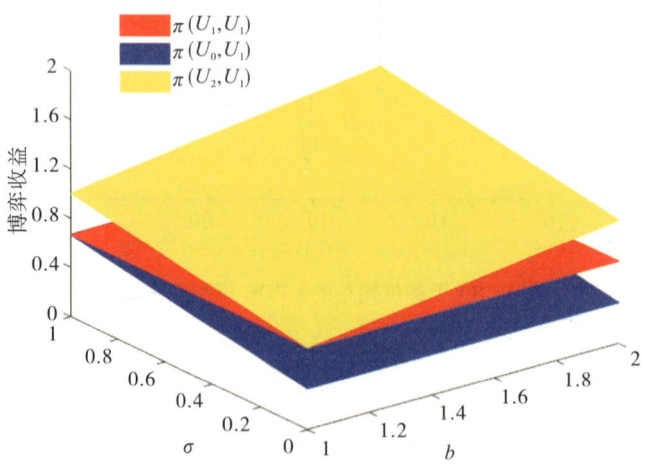

彩图 16-2　收益 $\pi(U_1,U_1)$, $\pi(U_0,U_1)$ 和 $\pi(U_2,U_1)$

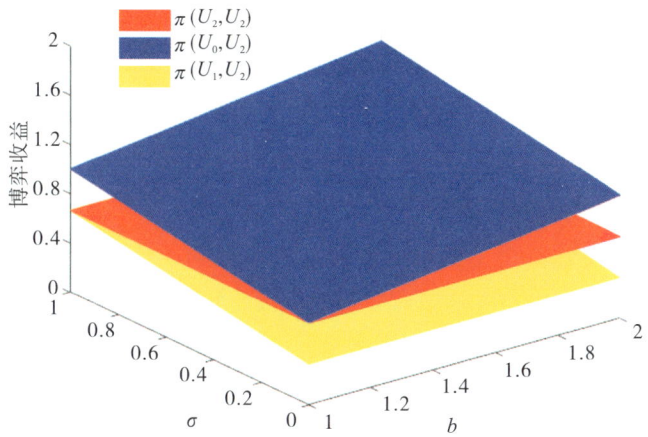

彩图 16-3　收益 $\pi(U_2,U_2)$，$\pi(U_0,U_2)$ 和 $\pi(U_1,U_2)$